华章经典·金融投资

专业投机原理

TRADER VIC
Methods of a Wall Street Master
TRADER VIC II
Principles of Professional Speculation

|典藏版|

[美] 维克托·斯波朗迪 著　俞济群 真如 译　丁圣元 校订

图书在版编目（CIP）数据

专业投机原理（典藏版）/（美）维克托·斯波朗迪（Victor Sperandeo）著；俞济群，真如译 . —北京：机械工业出版社，2018.10（2025.6 重印）
（华章经典·金融投资）

书名原文：Trader Vic：Methods of a Wall Street Master & Trader Vic Ⅱ：Principles of Professional Speculation

ISBN 978-7-111-61008-3

Ⅰ. 专… Ⅱ. ① 维… ② 俞… ③ 真… Ⅲ. 金融投资 Ⅳ. F830.59

中国版本图书馆 CIP 数据核字（2018）第 219395 号

北京市版权局著作权合同登记　图字：01-2007-3811 号。

Victor Sperandeo. Trader Vic：Methods of a Wall Street Master & Trader Vic Ⅱ：Principles of Professional Speculation.

ISBN 978-0-471-30497-2
ISBN 978-0-471-24847-9

Copyright © 1991, 1993 by John Wiley & Sons, Inc.
Copyright © 1993, 1997 by Victor Sperandeo.

This translation published under license. Authorized translation from the English language edition, Published by John Wiley & Sons. Simplified Chinese translation copyright © 2018 by China Machine Press.

No part of this book may be reproduced or transmitted in any form or by any means, electronic or mechanical, including photocopying, recording or any information storage and retrieval system, without permission, in writing, from the publisher. Copies of this book sold without a Wiley sticker on the cover are unauthorized and illegal.

All rights reserved.

本书中文简体字版由 John Wiley & Sons 公司授权机械工业出版社在全球独家出版发行。
未经出版者书面许可，不得以任何方式抄袭、复制或节录本书中的任何部分。
本书封底贴有 John Wiley & Sons 公司防伪标签，无标签者不得销售。

专业投机原理（典藏版）

出版发行：机械工业出版社（北京市西城区百万庄大街22号	邮政编码：100037）
责任编辑：施琳琳	责任校对：李秋荣
印　　刷：北京铭成印刷有限公司	
开　　本：170mm×230mm　1/16	版　　次：2025年6月第1版第17次印刷
	印　　张：34.5
书　　号：ISBN 978-7-111-61008-3	定　　价：128.00元

客服电话：（010）88361066　68326294

版权所有·侵权必究
封底无防伪标均为盗版

| 目 录 |

上 卷

卷首语

第一篇
建立基本知识

第 1 章　从赌徒到市场宗师
　　　　一位专业投机者的历程 / 15

第 2 章　鳄鱼原则
　　　　重点思考的必要性 / 31

第 3 章　一致性成功的事业经营哲学 / 38

第 4 章　在混沌的市场中寻找秩序
　　　　道氏理论 / 46

第 5 章　趋势的定义 / 69

第 6 章　技术分析的优点与缺点 / 80

第 7 章　创造财富的契机
　　　　辨识趋势的改变 / 91

第 8 章　失败可能来自分析报告未提供的资料 / 111

第 9 章　世界真正的运作方式
　　　　　经济学的基本知识 / 135

第 10 章　繁荣与衰退
　　　　　谁拿唧筒，谁拿刺针 / 162

第 11 章　衡量风险以管理资金 / 199

第 12 章　让你发生亏损的方法至少
　　　　　有50种 / 214

第一篇结论：综合整理 / 232

第二篇
迈向成功的决心：情绪的纪律

第 13 章　史波克症候群
　　　　　理性与情绪之间的战争 / 242

第 14 章　成功之道 / 258

第 15 章　改变才能坚持 / 270

第 16 章　克服谬误的自尊 / 299

第 17 章　追寻个人的自由 / 314

下　卷

卷首语

第三篇
基本面分析

第 18 章　健全投资哲学的基本原则 / 326

第 19 章　市场预测的经济原则 / 334

第 20 章　货币、信用与经济循环 / 348

第 21 章　政治对经济循环的影响 / 366

第 22 章　20世纪90年代的展望
　　　　　总体基本面分析的经济预测 / 382

第 23 章　美元的历史走势与未来发展 / 382

第四篇
技术分析

第 24 章　波动程度、交易机会以及
　　　　　GNP的增长 / 384

第 25 章　股票市场是一项经济预测指标
　　　　　历史的启示 / 398

第 26 章　风险-回报分析的技术性基础 / 425

第 27 章　市场分析的技术性原则 / 438

第 28 章　技术分析原则的运用 / 463

第五篇
期权交易

第 29 章　期权
　　　　　三位数回报率的交易工具 / 486

第 30 章　当日冲销的专业交易方法 / 514

第六篇
交易者的心理架构

第 31 章　交易者的特质与个性 / 536

上卷

| 卷首语 |

有关金融市场方面的书……我个人的图书馆里至少有1200本。它们主要是讨论证券分析、期权策略、期货策略、技术分析以及其他相关方面的书。这些书大多都包含相当不错的构想,其中约2%是真正优秀的作品。然而,它们大多存在一个共同的问题:试图推销一种"战胜市场"的方法,很多方法甚至没有经过实际市场的完整测试。另一些书的内容非常专业,除非读者已经拥有相当充分的相关知识与多年经验,否则根本就无法了解。

市场新手或专业老手都通过试错,花费大量的宝贵时间来学习有关市场的知识,或试图将某种方法运用到市场中。我希望寻找一本可以避免上述无谓浪费的书,它包含所有的市场基本观念与获利知识。结果,我却找不到一本合适的书,所以我决定自己写一本。另外,我也希望为读者提供我对市场的观察与发现,它们协助我在10年内,创出每年平均70.7%的名义回报率,而且其中任何一年都未发生过亏损(见表0-1)。

表 0-1 维克托·斯波朗迪的投资年回报率　　　　　　　　（%）

年　份	名义年回报率①	S&P 500②
1978（10月）	115.26	15.18
1979	74.48	18.65
1980	98.49	32.42
1981	49.99	（4.97）
1982	127.44	21.56
1983	30.79	22.55
1984	12.99	6.29
1985	9.58	31.75
1986	10.72	18.67
1987	165.36	5.20

① 维克托·斯波朗迪的 10 年期名义年回报率为 70.71%（不包括现金的利息）。
② S&P 500 的 10 年期名义年回报率为 11.5%（包括股息）。

在华尔街的交易生涯中，我总结出一种独特的方法来整合各方面的知识，包括：胜算、市场与交易工具、技术分析、统计概率、经济学、政治学以及人类心理学。大多数市场玩家都依赖其中 1～3 个领域内的知识，我却结合这些领域的知识试图从各个角度来评估风险与回报的关系，以确实掌握自己的胜算。这看起来似乎相当复杂与烦琐，实际上并非如此。将所有领域的相关知识浓缩为可以直接运用于市场的原则，复杂的体系可以简化为相对单纯、易于操作的基本思想。本书便是希望阐述这些基本思想，它适用于像我这类以书籍作为主要信息来源的市场玩家。

孩童时代，我阅读的第一本书是有关棒球选手的书。我非常热爱棒球，并希望有一天可以成为顶尖级的职业选手。于是，我阅读著名运动员的故事——"名人堂"内的选手，如泰·科布（Ty Cobb）。我模仿他们，学习他们的打击与防守风格，如此不断地练习，直至有一天，我发现我已经不再模仿了，因为我已经掌握了这些技巧。我的一生都以这种模式学习：选定一个目标，阅读与观察这些专业人士的教诲，通过模仿而不断地练习，最后我可以形成一种属于自己的独特风格。

然而，情况已经有了改变。我在孩童时代的愿望是成为英雄——成为另一个泰·科布，希望在奥运会上赢得金牌……但是，在成长过程中的某一阶段，你总是必须放弃这种追求荣耀的想法。

社会上普遍存在一种看法，在美国尤其如此：如果你在你所处的领域内不是第一，则你就必然有所欠缺。可是，位于第一的仅有一人，我认为如果人们以成为第一为主要目标，这相当于在追求挫折的人生，即使他们确实可以达到目标。以西部时代的快枪手为例，一旦你被公认为是最快的枪手，你也是众人希望击倒的对象，最后当你被击倒时，你还拥有什么呢？唯有在可以持续的情况下，荣耀才是美好的（当然你首先必须拥有它），但荣耀通常无法持续很久。以我最近观赏的美国网球公开赛为例，某位评论家引用施特菲·格拉芙（Steffi Graf）的说法，她在每 30 场的比赛中仅对其中的一场感到满意。格拉芙是最杰出的网球选手之一，在最近三年的比赛中，她的胜率高达 97%，但她对自己的比赛基本上都不满意。这非常不幸，像格拉芙这样拥有很大成就的选手，她对自己的表现却基本上不满意。

成功与快乐来自自我潜能的实现，并认识到错误是不可避免的过程，甚至是生命的一部分。在这个前提之下，我撰写本书是为了协助人们在金融市场中追求最大的人生意义：自我满足。

类似泰·科布、巴比·鲁斯（Babe Ruth）、威利·梅斯（Willie Mays）、米基·曼特尔（Mickey Mantle）以及其他当代著名选手，他们都成为孩童心目中的偶像，从而让孩童与成人都将运动视为一个绽放荣耀的领域。然而，每位优秀的职业球员都有一段非凡的经历。在激烈的竞争环境下，他们以经年累月的一贯性表现脱颖而出。这群历经考验的职业选手，对孩童的影响可能更胜过电影明星。近年来，许多顶尖级的职业选手丧失对自我的控制而沉迷于药物之中，这些通常都是荣耀带来的不好的结果。

我是一位市场专家（如果你认可的话，我称得上是一位大联盟的"球员"），是这个领域内的顶尖专家之一。然而，如果存在所谓的"交易名人堂"（Trader's Hall of Fame）的话，我想我可能无法入选。在任何特定的期间内，许多市场玩家都比我赚的钱要多。某些人曾经赢得交易竞赛，某些人曾经大赌一番而获胜。许多人曾经顶着荣耀的光环，但随后又黯然失色。我从来没有参加过交易竞赛，也从不参与我输不起的赌局。我想我最大的长处就是我的一致性表现。就如同那些荣耀焦点以外的棒球选手一样，我引以为豪的是我可以一直留在场内比赛，并持续地提升自己的技巧，或随着外界环境的变化而调整自己。

在阅读任何领域的书时，我总是要求该书的作者或讨论的对象拥有公认的成就。所以，如果我宣称自己拥有一致性的表现，我就应该拿出证明。

我的交易生涯起始于1966年，当时我在华尔街担任报价的工作。我为自己设定了一个目标：在非常稳定的情况下，经年累月地赚钱。从1971年开始独立交易以来，截至1988年1月停止从事例行的盘中交易为止，我的交易账户不曾在任何一年发生亏损。在1972年7月1日至1987年12月31日之间，我为自己与我所管理的账户总共赢得1000万美元的毛利。⊖ 在这些账户中，我必须对盈亏承担至少一半的责任。

表0-2列出了我在1972~1987年的业绩。我在州际证券公司服务时，也通过自己在雨果证券公司的账户交易，这部分交易并没有列入表0-2中。我在雨果证券公司的交易业绩大致与在州际证券公司的交易业绩相同，所以表0-2中的总业绩实际上应该增加1倍。然而，为了避免混淆，我并没有计入这段时间在雨果证券公司的交易记录，因为这些业绩除了来自个人的操作外，其中还包括我所委托的交易者的交易业绩。即使不

⊖ 20世纪80年代中期，我曾经管理一个发生亏损的基金 Victory Partners，但当时情况非常特殊，详细情况请参考第1章。

考虑这部分业绩，我想表0-2中所列的数据应该也可以代表相当不错的平均交易业绩，足以让我向人们传授一些交易技巧。

表0-2 净业绩记录：交易月盈亏[①]

（单位：美元）

	1972年	1973年	1974年	1975年	1976年	1977年	1978年	1979年
1月	[②]	17 016	37 913	（146 983）	25 613	[④]	29 482	（44 926）
2月	[②]	（4088）	13 261	90 634	37 498	[④]	[⑤]	122 894
3月	[②]	15 730	16 187	113 225	33 900	[④]	（7567）	1008
4月	[②]	16 752	（27 539）	38 247	（59 548）	[④]	17 869	90 872
5月	[②]	34 630	35 000	95 333	39 792	5464	78 507	（7884）
6月	[②]	8090	65 51	（79 290）	46 777	16 843	50 974	56 421
7月	15 693	33 002	103 999	[③]	10 637	40 190	22 639	（13 625）
8月	30 002	37 078	269 300	[③]	26 222	232 182	105 375	116 010
9月	7737	44 081	25 593	196 086	9824	97 910	52 369	60 952
10月	21 804	54 005	61 805	47 836	18 058	16 145	36 884	10 140
11月	11 272	56 577	81 116	33 041	[④]	（14 817）	67 280	（2222）
12月	21 893	53 662	13 001	3142	[④]	14 961	103 094	11 065
折扣							48 854	64 812
交易税年总额	108 401	366 535	636 187	391 271	188 773	408 878	60 560	46 5517
	1980年	1981年	1982年	1983年	1984年	1985年	1986年	1987年
1月	22 813	78 221	148 971	201 650	166 573	6816	40 890	（27 634）
2月	56 200	89 813	140 334	43 703	31 699	62 110	15 620	（30 045）
3月	43 47	156 169	（14 856）	87 672	65 600	11 039	30 527	（38 935）
4月	86 402	91 461	42 442	96 229	（1718）	4063	30 124	71 802
5月	25 512	41 006	（29 870）	（5497）	（26 188）	121 643	16 958	16 397
6月	86 440	54 504	173 507	151 067	74 708	（27 247）	（1219）	9006
7月	214 345	17 744	（93 951）	（73 841）	（34 668）	（20 558）	83 926	（5755）
8月	89 118	26 861	130 856	107 170	84 441	11 360	（9490）	（40 270）
9月	68 554	（3194）	180 533	69 610	93 368	19 102	84 629	33 933
10月	74 167	（29 924）	853 908	18 452	104 116	36 114	（12 050）	86 623

（续）

	1980年	1981年	1982年	1983年	1984年	1985年	1986年	1987年
11月	60 299	178 655	120 651	3564	(349 722)	28 572	(9471)	644
12月	122 015	(3659)	259 110	69 894	116 514	10 391	(5125)	11 662
折扣	74 734	31 381	0	0	0	0		
交易税年总额	984 945	729 038	1 911 633	769 672	324 721	263 405	265 320	87 488

注：各个期间的交易资本：1972～1976年为25万美元；1977年为50万美元；1978～1986年为200万美元；1987年为10万美元。
① 数据代表交易的净盈亏，但未扣除交易费用。
② 表示1972年7月开始交易雷纳（Ragnar）的公司账户。
③ 表示这段时间没有交易——雷纳期权公司（Ragnar Options Corp.）重整。
④ 表示没有交易——雷纳期权公司解散，准备前往威登公司。
⑤ 表示暂时休息，准备前往州际证券公司。

然而，除了基本的交易知识以外，你还需要学习许多相关技巧。即使是最优秀的交易者也有陷入低潮的时候，比如一些才华横溢的大学生交易者始终不能跻身进入大联盟。如果我在交易生涯中学到了什么，那便是：知识本身绝对不是成功的保证。除了知识，你还需要一套执行知识的管理计划以及严格遵守计划的心理素质，这样才可以免除情绪的干扰。这便是本书将要讨论的内容：在心理上与财务上界定一种从市场中获得成功的方法。

由于篇幅有限，我必须假定读者对金融市场的运作已经具备一定的基本知识。我撰写本书的主要目的是希望某些初学的专业交易员可以在校园外攻读"投机学"的博士学位；某些业余人士如果不希望将所有的市场决策交付给经纪人或基金经理人，则可以从本书中获得完整的交易技巧；对于某些专业老手，如果他们希望了解如何预测经济与市场，也可以从本书中获得一些帮助。

在股票与商品之中，都有所谓的市场玩家（market player，有时也可译为行情玩家）与价值玩家（value player）。市场玩家基本上是根据他对市场价格走势的知识来交易的。价值取向的玩家，则是买进价格被低估的股票或商品，并持有相当一段时间以等待升值。就大多数成功的交易者来说，他们都同时具有这两种取向，但前者多于后者。我的情况也是如此，主要是以市场行情为取向。所以，本书的重点在于：如何预测市场的价格走势，以及如何管理市场、股票或商品的风险。至于如何选择值得进一步分析的类股，并解释个股在何种条件下可以上涨，这在本书中仅居于次要的地位。有关如何详细分析个股，读者可以参考许多选股策略的好书，以及许多专业分析师在这方面的著述。非常感谢这些分析师，因为他们提供很多有用的信息，虽然这些信息经常相互矛盾。

我的市场经验可以回溯到1966年。到目前为止，我对我的交易业绩颇引以为豪。我总结出一套在金融市场中稳定获利的方法，而且不需要埋头于无数的公司财务报表，也不需要综合评估许多"专家"的分歧意见。⊖本书上卷将解释我所使用的方法的基本知识，这部分较为简单。下卷将解释如何综合这些知识，并让它们发挥应有的作用，这部分较难。

自从本书上卷1991年首次出版以来，市场出现了一种不寻常而又普遍的现象：市场总是具有相同的性质，因为它们都始终不断地变化。股票市场已经成为一种"机制性的泡沫"交易工具。我开始学习交易的时候，市场起伏不定而且波动相当剧烈。1966~1974年，有4年呈现上涨的行情，5年呈现下跌的行情。然而，自从1974年以来，则有15年上涨而仅有3年下跌。这三次下跌的幅度都相当有限，分别为1977年的7.1%、1981年的4.9%以及1990年的3.1%（这里以S&P 500为准）。最近10年，S&P 500的年回报率平均为19.1%。犹如20世纪40年代至80年代中期的房地产市场一样，股票市场已经成为"有保证"的投资渠道。

基于这个缘故，大额可转让定期存单的投资者纷纷转入股票市场，因为大额可转让定期存单3%的收益率显然不具吸引力。一般投资者与机构投资

⊖ 这句陈述并不意味着公司财务报表无助于分析证券，我完全没有这个意思。我所强调的重点是，本书所讨论的知识可以增加你在市场中胜算的机会。

者抱着这种"绝对不会亏损"的心理，终将导致 20 世纪 30 年代以来的最大财富损失。其原因并不难发现，1975 年联邦储备银行与卡特总统选择以通货膨胀为手段，促进美国经济恢复"增长"；20 世纪 80 年代预算赤字取代通货膨胀成为"经济增长"的动力；20 世纪 90 年代克林顿总统又回过头来选择通货膨胀。1991~1993 年，股票市场的表现如此耀眼，其原因很简单：

1. 调降公司所得税，平均税率由 43% 降为 37%。

2. 利率水平下滑，联邦基金的利率由 1989 年 3 月的 10%，降为 1992 年第二季度的 3%。这可以保证公司的盈余得到改善。请注意，美国是一个信用高度扩张的国家——在创造每一美元的税前盈余时，企业界在 1990 年需要支付 70 美分的利息费用，现在仅需要支付 50 美分。

3. 提高生产力（企业界大量裁员）！

这并不代表美国经济的增长，而仅是公司盈余的暂时性增加。在克林顿执政期间，当利率与税率调高时，公司的盈余将遭受致命的打击！我建议你仔细阅读第 9 章与第 10 章，以了解经济体系目前的基本情况。另外，第 6 章与第 7 章的技术分析内容也完全适用于现今的市场。

我真心希望本书能够对你有所帮助，并祝福你一切幸运。根据我个人的看法，在世纪的交替之际，你确实需要本书的协助和我的祝福。

| 第一篇 |

建立基本知识

"赌博例"的奥秘

"赌博例"（gamboni）的奥秘便是如何在金融市场中生存的奥秘。了解它……真正地了解它……你可以成为一位成功的交易者、投机者或投资者。所以，故事的发展如下。

乔是一位扑克牌高手、一位真正的玩家。事实上，他的技巧已经达到炉火纯青的地步，所以他必须到处旅行，以寻找不认识他而又愿意接受高赌注的对手。某天下午，在芝加哥邻近的一家酒吧中，他与调酒师闲聊着，并问道："这附近有没有比较好的扑克赌场？"

"你是指多大的赌注？"

"很大！"乔说道，"你所知道的最大赌注。"

"嗯，我听说附近的农场有一个赌局，距离这里挺远的，但那里的农民赌得很大。让我先打个电话确定一下。"

于是，这位调酒师打了电话，并告诉乔如何到达那个农场。

当天晚上，经过长途驾驶后，乔把车子停在一个荒凉的谷仓前。他慢慢走进谷仓内，小心地避开地上的猪屎。他在谷仓后头发现一个房门半开的房间，灯光夹着袅袅的烟雾从门缝中飘出。一股熟悉的兴奋感迅速贯穿全身，他走进房间，并做了自我介绍。

穿着工作服的农民围坐在一张圆桌边，每个人都含着雪茄或烟斗。乔粗略估计了一下桌面上的赌注，大约有4万美元，太完美了。于是，他坐下来。负责发牌的农民说道："下注！"接着，乔便开始了他的赌局。

大约过了一个小时，乔没有什么输赢。这时，他拿到三张A与两张Q——大满贯（full house）。桌面上的赌金已经相当可观了，他仍然加码1.5万美元。接下来的两个下家都没有跟进，但坐在对面那位不露声色的农民不仅跟进，而且又加码1.5万美元。乔确定他一定想唬人，所以跟进后，把手上 A 带头的大满贯摊下。那位农民也摊下手中的牌：毫无配对的三张梅花与两张方块。强压着笑容，乔便开始整理桌面上的赌金。

"请等一下。"这位农民带着不高兴的语调说道。

"等一下，你什么意思，"乔说道，"你什么也没有。"

"请你回头看右方的告示。"这位农民笑道。

于是，乔回过头看：

三张梅花与两张方块构成"赌博例"，
它在此处代表最大的一手牌！

乔确实非常生气，但规则就是规则，于是他用剩余的赌金继续玩下去。又过了一个小时左右，他拿到三张梅花与两张方块……"赌博例"！于是，他把所有赌金都押了进去，对手仍然是这位不露声色的农民，在最后一轮的加码中，他把手腕上的纯金劳力士也押上了。这位农民摊开手中的牌：Q 带头的黑桃同花顺。乔也摊开他的"赌博例"，并开始整理赌金。

"等一下，朋友。"这位农民说道，脸上的笑纹几乎可以夹死苍蝇。

"但我拿了一手赌博例。"乔大叫道。

"完全没错，但请看看那边的告示。"他指着乔的左后方。

乔回过头看到：

此处每晚仅允许一次"赌博例"！

乔除了可以感谢信用卡的发明者，他只能身无分文地离开谷仓，而且还狼狈不堪。那位不露声色的农民却开着拖拉机回家，而且手腕上还戴着纯金的劳力士手表。

所以，"赌博例"的奥秘是：如果你希望获胜，你就必须了解规则；另外，你还必须愿意坐上赌桌，这样你才有获胜的机会。

这便是本书讨论的范围：界定交易中需要的知识与规则，并使你经年累月地获取稳定的利润。除非你可以利用适当的计划将知识付诸实践，并按规则组织既定的计划，否则不论什么知识都毫无用途。在金融市场中，这意味着：获得相关的知识，界定操作的哲学，建立资金的管理方法，并严格遵守明确的规则，拟定每天的例行决策。根据本书所列的观念，你可以让资金发挥充分的作用，如果你能够严格执行相关的方法，你就必然可以获利。

| 第 1 章 |

从赌徒到市场宗师
一位专业投机者的历程

人们称我为交易者，但本书主要是为投机者与投资者而写的——如果你了解这三个名词之间的差异，你就可以发现其中的矛盾。所以，首先让我来做一件政客永远都不曾做的事：界定我的用词。任何市场同时都存在三种价格趋势：短期趋势，它可能持续数天至数个星期；中期趋势，它可能持续数个星期至数个月；长期趋势，它可能持续数个月至数年。在市场中，也就存在三种基本类型的参与者：交易者、投机者与投资者。

交易者的活动主要集中在盘中交易或短期趋势上。他们买卖股票、债券、商品或任何交易工具，时间框架都在数分钟至数星期之内。投机者专注于中期趋势，他们建立市场头寸，并持有大约数个星期至数个月的时间。投资者主要考虑长期趋势，持有的头寸可以长达数个月至数年之久。

在进一步讨论之前，我希望表明我的立场，当我提及投机者时，我没有任何贬损的意思。当我使用这个名词时，它仅代表上述说明的意思：主要是参与中期趋势的市场玩家。根据我个人的看法，投机行为经常被赋予一种负面的含义。一般来说，投机者被视为炒作股票、房地产或其他交易工具的人。然而，事实上，所有市场的投机者都是根据中期的价格趋势，希望通过买卖行为而获利。投机者可以为市场提供不可或缺的流动性,在大多数情况下,也可以促进金融资产的顺利转移,并通过资产配置让它们发挥最佳作用。本书其他部分还会进一步区分投机者和其他市场参与者之间的差别。

在我的职业生涯中,我大体上扮演投机者的角色,但这并不是我所扮演的唯一角色,因为我曾参与所有这三种趋势。在我进行的每笔交易中,我都熟悉相关知识,所以我应该可以被称为:一位愿意投资的投机性交易者。因为缺乏更合适的名词,所以我选用"交易者"这个头衔。

以我处理金融市场的方法来说,这三种行为都有相互重叠之处。换言之,投机行为的原理,经过适当的调整之后,它们也适用于交易与投资。如果你了解投机行为,你可以相当容易地转换为交易者或投资者的角色。更重要的,就近10年来市场所呈现的剧烈价格波动而言,我坚信,任何买卖行为如果不了解进出市场的重要性,或不根据中期趋势调整投资组合的结构,都是相当愚蠢的。这便是我决定将本书主题锁定在投机行为上的原因。

本书内容是根据我对投机艺术的了解,摘选其中的要点构成的。此处所谓的艺术是就一般意义而言的,并不是指真正的艺术(fine art)。然而,犹如每一位画家都有其独特的表达方式一样,每一位投机者也都有独特的市场风格。虽说如此,但每一位真正成功的市场玩家都必须运用一套相类似的工具:根据一套有效性始终不变的基本理念与知识拟定决策。我将从我的知识中,包括我对其他投机者的观察在内,抽取最根本的要点提供给你。

我的投机方法综合了各方面的知识,包括胜算、市场与交易工具、技术分析、统计概率、经济学、政治学、人类心理学以及哲学。我花了10年时间(1966~1976年)获得相关知识,并将它们组织为系统化的格式。在1974年之前,我是根据普通常识、技术分析以及谨慎的风险管理进行交易的。之后,我摸索着如何从宏观的角度进行交易。如果金融交易有一个最致命的缺失,那便是根据单一的事件拟定投资或交易的决策——在不了解整体风险的情况下投入资金。若希望了解整体的风险，仅有一种方法：学习系统性的知识。

在讲解我的方法与知识之前，让我概略地说明一下我的交易生涯，并解释一些关键的发展，它们引导我逐渐形成投机的知识。1966～1977年的11年，就像是我的学徒时期（很长的学徒时期），经过这段时期的训练之后，我掌握了一个毕生难逢的良机：1978年3月～1986年9月，我通过州际证券公司成为一位独立作业的承包人。在这段时期，我交易股票、债券、期货（包括商品与指数）以及各种期权，每年平均收入为60万美元，其中包括我个人的账户以及在"50-50盈亏均摊"的基础上与州际证券公司和少数其他金融机构之间的合作。我觉得我已经发现了自己毕生所追求的自由。

对自由的渴望

就我而言，自由（freedom）不仅仅代表政治上的自由（liberty），它还代表一种根据自己的理想与期望生活的能力，这需要一种全然独立的经济条件，而唯有赤裸裸的抢劫或自身的愚蠢才可能丧失这种自由。即使是在我10岁出头时，在我的心目中，送报或送货的工作便相当于是奴隶的生活——太多外来的控制。所以，我便以自己相对比较能够控制的方式赚钱：赌博。

我并不是从事实际的赌博，而是投机。赌博必须承担不利胜算的风险，例如，彩票或吃角子老虎机。投机是在掌握有利胜算的情况下才承担风险。投机的艺术包括许多能力：精确地解释当时的状况；掌握胜算；知道如何下赌注，即使是在输的情况下，你仍能参与下一盘赌局；具备良好的心理素质、客观的知识，而不是由情绪主导决策。

对我来说，"赌博"从来都不是一种高风险的行为。当我开始学习扑克时，我阅读所有相关内容的书，并发现输赢的关键是如何管理胜算。换言之，当你持有的牌可以掌握胜算时便跟进，否则便盖牌，如此你便居于赢方。所以，我记住每一种牌型的胜算概率，并依此决定对策。这便是风险管理方法的要点所在，虽然我当时并不了解这一点。

我曾经阅读一本约翰·斯卡耐（John Scarne）写的书㊀，它间接地改变了我的一生。他谈论了许多欺骗的方式，并解释了作弊的手法。我了解到：如果希望精通扑克，我必须学习如何识破作弊的手法。在研究这种新知识时，我发现一家魔术牌戏的专卖店——卢–塔嫩魔术店。在那里，我认识了一位影响我一生的人——哈里·洛瑞恩。

哈里是扑克牌魔术最优秀的专家之一，他有关记忆技巧的许多著述使他享有盛名。我当时非常崇拜他，而且现在也是如此。他的每一项技巧都是自己的创新发明，它们结合了意志、精力、智慧、练习与想象力。他是一位全然自创风格的人，我当时在许多方面都尽可能地模仿他。哈里不仅是我的偶像，也是我的朋友，每周六我大多都泡在卢–塔嫩魔术店，观赏他和其他魔术师的表演。

我不仅学习哈里的玩牌技巧，更重要的是他的记忆方法。为了练习玩牌的技巧，我随身都带着一副牌。我与女朋友在看电影时，我的左手会练习单手切牌，而右手就放在每一个16岁男孩与女朋友看电影时所应游走的位置。在16～20岁，我的收入颇丰，这主要来自扑克赌局与牌技魔术表演。

然而，1965年下半年，我发现扑克赌博是一种处于法律边缘的行业，显然不适合作为我一生的职业。所以，我翻阅《纽约时报》的就业版，并发现生物学家、物理学家与证券交易员的收入最高——每年2.5万美元！因为我知道自己对胜算的掌握技巧远胜过分析细胞或原子，于是我便前往珀欣公司从事报价的工作，目标则锁定为华尔街的交易员，实现我对自由的理想。

判读盘势的智慧

我开始观察金融领域内的成功操作技巧，并阅读所有相关内容的书。在珀欣公司工作期间，我的崇拜对象是米尔顿·利兹（Milton Leeds），他穿着雪

㊀ John Scarne, *Scarne on Cards*, New York：Crown Publishers，1969.

白色的定制衬衫与合身的西装，坐在高台上监视整个交易场所，他在我的心目中就像天神一般。当他通过麦克风喊"99"时，这代表公司方面即将下单，而且必须优先处理。所有员工都会保持肃静并全神贯注地看着他，直到他下达类似"以市价买进3000股电话股"的指令为止。

利兹被视为看盘高手（tape reader）⊖，但他通常都是根据新闻交易。他会监视美联道琼社与路透社的新闻报道，当重要新闻发布时，他可以迅速做出判断而下单。在几秒钟之内，场内经纪人便可以完成他的交易指令。由于他能够迅速判断新闻对市场的影响，再加上整个组织的配合，因此他总是可以掌握行情的先机，这便是他成功的原因。他是一位非常精明的人，交易记录极为优秀，尤其是记录中表现的一致性，虽然我从来都不曾模仿他的交易方法，但他却是我心目中的成功偶像。我当时的最大愿望便是有一天我也可以成为一位看盘高手。

在那个年代，大多数著名交易员与投机者都是以判读盘势交易的，我希望有一天自己也可以成为他们中的一员。我阅读这方面有限的图书，并练习看盘，记忆许多不同股票的最近价位。通过不断地练习，我开始对市场产生感觉了。

现在的人们或许并不了解何谓判读盘势，它是现代技术分析的雏形。犹如目前的技术分析一样，判读盘势需要依赖模式的认定。两者之间的最大差异是，模式认定主要是依靠潜意识，而意识的判断相对并不重要。这犹如体育比赛一样，当你停下来思考应该如何做时，你立刻就会丧失注意力。你必须随时掌握所有因素，所以你无法根据意识反应。你必须同时观察10～40只股票，不断地记忆先前的高低价位以及重要的成交量。同时，你在潜意识中还必须知道价量跳动的速度与韵律、报价机的响声、个股发布新闻的频率、大盘指数与个股价格的变动以及价格与成交量的模式。所有这些因素构成的

⊖ tape是指交易价格与数量的报道，但也泛指相关新闻的报道。——译者注

潜意识结论，就是通常所谓的"市场直觉"。

由于知识的进步（尤其是电脑与通信技术），判读盘势已经成为历史。目前，只要你的经济状况可以负担得起一套电脑化的报价信息系统，仅需要按下几个键，便可以完全掌握过去所谓的"直觉知识"。你可以随时知道任何个股、类股、指数或期货的走势图，而且还可以自动地更新每次的价格跳动。通过某些电脑软件，你还可以画出趋势线，设定买卖的警示价位……我相信，这种需要特殊才华的判读盘势能力，目前已经不切实际，而且也没有必要了，场内交易员或许是唯一的例外。因此，交易已经成为一种更加开放而且竞争更加激烈的领域。

然而，所有看盘高手目前仍然掌握一种优势。在拟定交易决策时，你必须绝对相信自己的正确性，但你还必须接受这一事实：市场可以证明你是错误的。换言之，在被证明为错误之前，你绝对正确。因此，你必须根据原则与法则交易，任何感觉或愿望都不得干涉这一程序。在买进或卖空时，你都必须扪心自问："在哪个价位上，市场将证明我是错误的？"一旦你确定这一价位，市场又触及此价位时，没有任何理由可以阻止你出场。这是最根本的法则：迅速认赔。在金融市场中发生重大亏损，最通常的原因便是人们违背这一法则。虽然很多书都不断地强调这一法则，并以不同的方式解释，但人们仍然会犯相同的错误，这说明人类的天性实在难以捉摸。为了探索这方面的问题，并给出适当的解释，我在本书下卷将讨论交易情绪与心理问题。

回首往事，在珀欣公司工作期间，我晚上还到皇后学院（Queens College）进修经济学与金融学。此外，我也开始阅读《华尔街日报》以及任何与金融市场相关的书。我在珀欣公司每周的工资是65美元，如此过了6个月，我转至标准普尔公司从事统计方面的可怕工作。此处的待遇较高，每周90美元，但这项工作实在不适合我的个性，这里就如同图书馆一样寂静无声，每天花费数小时时间登录与调整数据。如果有人打个喷嚏，我都曾感激万分，这让我有机会打破令人窒息的寂静而说句话："老天保佑你！"我犯了太多的错误，所以我被解雇了。这是我第一次在工作上遭遇挫败，因为我当时实在太沮丧了，所以我甚至没有感谢那位介绍我到此追求交易生涯的人，但我又踏上了另外一条类似的路。

非常幸运的是，我在大学修习的会计学让我找到另外一份簿记工作。当时是1966年年底，我来到雷曼兄弟公司，此处总共有32位合伙人，我负责为其中12位合伙人整理账目与交易记录。雷曼兄弟公司是一家主要的投资银行，它在许多投资中累积了庞大的资产，例如，以每股4美分的价格大量买进利顿工业，并持有至每股价格为120美元。在雷曼兄弟公司工作期间，我有机会实际观察投资银行的作业情况，并了解这家世界上最大的市场参与者之一是如何操作股票与期权的投资组合的。于是，我逐渐理解期权的运作方式，并因此成为期权会计账的专家。

我在雷曼兄弟公司学到一条我永生难以忘怀的经验。由于我负责登录账目，因此我相当了解他们赚了多少钱。有一天在登录账目时，我发现雷曼兄弟公司不断地为其信托基金买进超级电子的股票。当时我对投资尚懵然无知，我猜想这家大投资机构应该了解自己在做什么，所以我打电话给哈里·洛瑞恩，并把这件事告诉他。哈里听信我的说法，他以每股44美元的价位买进不少股票。在随后的几个月内，我无助地看着股价一路跌至30美元。哈里最后卖出他所持的股票，总共亏损4万美元。我当时的感受远甚于我个人的任何损失。这是我最后一次建议朋友买进某只股票，但不幸地却不是最后一次误信别人"应该知道自己在做什么"而建立头寸。然而，我确实学到了一个教训：**不可以基于帮助朋友的立场，免费提供任何有关市场的建议**。在职业的立场上管理他人的资金，这种情况是可以接受的，即使这个人是你的朋友也是如此；如果发生亏损，这只不过是职业上的协定。然而，当你认为是在帮助朋友而提供建议时，又完全是另一回事——实际的结果通常是伤害而不是帮助。

总之，我在雷曼兄弟公司工作的同时，仍继续研究，并利用哈里传授的记忆方法,熟记纽约证券交易所挂牌交易的1458只股票代码。1968年,我向法勒-施米特公司应聘工作时,我将这方面的技巧展示给负责招聘的合伙人里基·伯格曼(Ricky Bergman)。在赞不绝口的情况下,里基录用了我,我也充满热忱地开始了我的交易生涯。

期权交易

1968年,期权尚处于发展的初期。它们都在柜台交易市场交易,而且没有统一的合约规格。让我来进一步解释一下,股票期权是一种合约,持有者有权利在既定期间内,根据一定的价格(执行价格),买进或卖出一定数量的股票。看涨期权称为call,看跌期权称为put,1968年,每份合约的标准股数为100股(目前也是如此);执行价格通常都是期权发行当时的股票市价;最普遍的合约期限是6个月零10天(这是因为一项投资至少必须持有6个月零1天,才可以申报长期资本利得税)。当时与目前的最大差异就是期权的价格(期权费),它会随着时间与交易商的不同而有不同的报价。

某甲打电话给ABC期权公司,要求提供OXY(Occidental Petroleum)股票6个月零10天的看涨期权报价时,并不保证他可以根据报价买进该期权。此外,如果他打电话给另外一两位交易商,他可能会发现价格有20%~30%的差异!交易商提供给某甲的报价假定为每份合约225美元,这只是参考价而已,交易商随后将寻找愿意接受150~175美元价格的卖方。如果可以找到,交易商即可以扮演中间人的角色,将低价买进的合约转卖给某甲。如果交易商无法在合理的价格上找到卖方,只能算运气不佳而毫无所得。

1968~1970年,我在法勒-施米特公司便是从事这种期权中介的工作,每撮合一份合约可以赚取固定的佣金(6.25美元),稍后在美国期权公司则是根据"中介价差"提取某一百分比的佣金。在法勒-施米特公司工作期间,我也为一位客户斯塔雷特·斯蒂芬斯（Starret Stephens）管理我的第一笔对冲基金，他是我在雷曼兄弟公司服务时认识的客户。他拥有一个价值100万美元的投资组合，我建议他以看跌期权避险，以取代直接卖空股票，于是他拨出5万美元的资金供我操作。当时，这是相当新颖的操作手法。看跌期权可以提供一种具有杠杆效应的"保险功能"，并腾出资金做多。

该基金确实发挥了它的功能，1968年12月股价出现顶部之前，7月与8月便发生了一波拉回的走势。非常不幸，斯塔雷特在1969年便去世了，恰巧是在1969～1970年大空头市场正式展开之前。由于他的过世，该基金也随之解散。这是我第一次直接管理他人的资金，也是我第一次从事对冲基金交易，它使我有机会在市场中测试我判读盘势的能力。这次经验使我了解了卖空交易的重要性——目前，这仍然是我的专长之一。

这笔基金解散后不久，当时处于1969年的空头市场，为了追求更大的独立交易空间，我离开法勒－施米特公司，前往美国期权公司。因为当时正处于空头行情中，公司方面不愿意在薪水上做承诺。管理层建议让我就撮合期权的价差提取固定百分比的佣金。我答应了，但我明白地告诉他们，我第一年便准备赚取10万美元的收入。我这么说相当于是一个警告，因为我知道公司副总裁每年的薪水才仅有2.5万美元，而且其他期权交易员的年收入约为1.2万～1.5万美元。

经过6个月，我的佣金收入已经累计至5万美元。有一天，老板把我拉至一边，轻声地告诉我，"维克托，你干得不错，我打算让你开始领薪水。"

"哦？"我说，"多少？"

"每年2000美元。"他答道，似乎这是给我很大的面子。

"但……"我说，"我今年准备赚进10万美元，而且我已经完成一半了。"

"哦！没错，但我们准备成立一个按点数分红的奖金制度。你每销售一份合约，便可以得到一点。到年底的时候，我们提拨公司利润的15%为奖金，每个交易员根据点数分红。"

"嗯……"便是我的回答，但在我的心中立即浮现出一些很明显的疑问，例如，如果公司没有获利怎么办？公司的获利又怎么计算？不用说，我便开始寻找另一个更适当的猎场。3 周之后，我开始在马什－布洛克公司管理一个股票与期权的投资组合，并提取 50% 的绩效奖金。一位好朋友（他最后也离开了美国期权公司）后来告诉我，我过去的老板在 3 周休假中打电话告诉他：“我们让维克托领薪水完全是为他着想，他这个月好像很不高兴。”实在奇怪！他要求我减少 80% 的收入，还竟然希望我觉得很高兴！这更强化了我对自由的向往。

在马什－布洛克公司，我运用过去积累的判读盘势的经验与期权的知识，第一次利用股票与期权来配合交易。一般来说，我会买进一个期权的跨式价差交易合约，并根据盘势发展，随后再决定买进或卖空股票。跨式价差交易由一对期权构成：1 单位的看涨期权与 1 单位的看跌期权，它们的执行价格与到期时间完全相同。例如，假定 XYZ 股票目前市价是每股 25 美元，我认为它将跌至每股 21 美元。若以同业价格计算，我大约能获得 400 美元的期权费（每份合约一般为 100 股），买进 95 天期的跨式价差交易，并等待弱势反弹来卖空股票。

如果股价上涨至每股 27 美元，我将在盘势转弱时卖空 100 股。期权到期时，如果股价持续上涨至每股 30 美元，那么我将根据每股 25 美元的合约价格履行看涨期权，并回补空头的股票头寸，这时看跌期权将毫无价值，所以总的亏损为 200 美元。⊖ 如果在期权到期之前，股价正如我所预期的那样跌至每股 21 美元，则我将买进 200 股（包括回补 100 股的空头头寸），并实现股票空头头寸的 600 美元利润。在这个时候，我仍然拥有 200 股的多头头寸（100 股现股与看涨期权），其中 100 股现股可以锁定看跌期权时的既得利润（即 400 美元）。如果股价在期权到期之前回升至每股 25 美元以上，看涨期权还

⊖ 期权的成本为 400 美元，股票空头头寸损失 300 美元，履行看涨期权获利 500 美元，总共亏损 200 美元。——译者注

可以获利。㊀除此之外，我也可以在每股 21 美元的价位上仅买进 100 股股票，实现股票空头头寸的利润为 600 美元，并让期权的跨式价差交易继续发挥作用。在交易时，我永远要求风险／回报的比率至少为 1∶3。在我所采用的各种策略中，若判断正确，我可以获得巨额的利润；若判断错误，损失却相当有限，这便是资金管理的要点所在。

不幸的是，我在马什－布洛克公司所获得的待遇几乎是美国期权公司的翻版，唯一的差别仅是手段而已。当我收到每月利润表时，发觉我的"费用"大得荒唐。例如，我仅占用一条电话线，每个月却需要分摊 500 美元的电话费！总之，我希望进一步控制我的管理费用。

过了 6 个月左右，我认为唯有自行创业才是根本的解决之道。华尔街上的许多交易员显然都有过相似的遭遇，几乎我所认识且尊敬的每一位交易员，都准备承担风险与我一起工作。我找到一位提供资金的合伙人，并聘用一些华尔街上最优秀的交易员，于是，雷纳期权公司在 1971 年年中便正式开张。

独立的滋味

在雷纳期权公司工作时期，我们以非常前卫的方式经营期权业务。根据我的了解，我们是第一家提供明确报价与保证交割的经纪商／交易商，而且不为此收取较高的期权费。我们称此为"提供合理的明确报价"。如果我们不能在市场中找到既有的期权合约撮合一笔交易，我们便自己销售（write）期权。我们的竞争对手认为，我们一定拥有庞大的资本才敢承担相关的风险。实际上，我们最初的资本仅有 50 万美元，其中营运资本为 25 万美元，公司的交易账户为 25 万美元。我们的想法是，通过明确报价与保证交割来提高交易量，这样便可以吸收小额的亏损。这项策略确实有效。在 6 个月内，根据我的了解，雷纳期权公司已经成为全世界期权柜台交易市场的最大交易商。

㊀ 期权的成本为 400 美元，股票空头头寸获利 600 美元，看跌期权获利 400 美元，所以净获利为 600 美元，再加上买进期权仍有获利的可能。——译者注

1972 年 7 月前，我负责管理公司，并与其他交易员共同从事期权的中介业务；之后，我接替合伙人操作存货（running the inventory）。操作存货是指管理雷纳期权公司的期权与股票组合。这是我正式踏入独立交易员生涯的第一步。我第一次拥有完整的权利操作一个账户，交易业绩列于表 0-2 中，我正在迈向一致性获利的目标。

1973 年，芝加哥期权交易所（Chicago Board Options Exchange，CBOE）将期权的合约规格标准化，于是我们丧失了竞争优势，因为我们过去的成功主要是通过自己的程序将合约标准化。然而，我们买进交易所的 3 个席位，而且第一年交易量便占整个交易所的 15%。一切非常顺利，但 1975 年七八月间，我的主要合伙人在未经我的同意下，交易了一笔非常庞大的头寸，并造成严重亏损。虽然公司交易账户的情况相当理想，但因为我的合伙人发生亏损，所以我们被迫重组以满足最低资本的规定。

通过一些果断的处理，我们总算渡过难关。我记得当时与吉姆·布鲁克（Jim Brucki）会谈的情景，他在 CBOE 主管稽核的工作（吉姆后来也到州际证券公司，我们成为好朋友）。由于我的合伙人发生亏损，我们已经违反交易所的一些资本规定。吉姆是一位身材高大而粗犷的人，他看着我说："你准备怎么处理这个问题？"

我回答："让我们商量一下，我们会设法补足相关头寸的保证金。"

吉姆说："好的，你有 20 分钟的时间考虑如何继续经营。"

我和约翰·贝洛（John Bello）以及发生亏损的合伙人一起走进隔壁房间进行协商。我买断了这位主要合伙人的股权，补缴了所需要的资金。我勉强让雷纳期权公司保持完整的状况，又继续经营了 15 个月，直至威登公司提出非常有利的条件接收我们的公司，包括所有员工与我在内。在威登公司工作期间，我成为绩优热门股（glamour stocks）——类似 IBM、National Cash Register（NCR）、伊士曼–柯达等市场领导股的大额交易员。我仍然将雷纳期权公司维持为一个独立的经营实体，我目前还是通过它进行交易。

在公司重组前,市场中出现了一些比较好的机会,这是我交易生涯的重要转折点之一。我错失1974年10月初的急涨行情以及随后出现的暴跌走势,后者使道琼斯指数在12月跌至12年以来的最低点。这几个月内,我还是勉强有所获利,但整体发展却令我十分震惊——我错失了一个大好的获利机会。我疏忽了什么呢?我需要接受什么教训才不致重蹈覆辙呢?我扪心自问:"趋势究竟是什么?它有什么性质?它通常会持续多久?它向上或向下的幅度通常如何?修正的走势有何性质?它通常会持续多久?"于是,我开始研究以往自己疏忽的问题。

探究趋势的性质

为了回答上述问题,我首先必须界定、衡量、归纳所有趋势与修正走势,并设定一个标准作为"通常"的定义。1974~1976年,我利用所有空闲时间来研究市场历史,这些研究以道氏理论为主轴,因为我认为这套理论对市场走势的界定最明确。我所依据的资料是罗伯特·雷亚(Robert Rhea)在1939年过世以前的研究工作。我标示出道琼斯工业指数与道琼斯运输指数从1896年至目前(我现今仍然从事这方面研究)的所有趋势,将它们分别归纳为短期、中期与长期的趋势,衡量它们的幅度与期间,并登录于表格中。然后,通过统计分析的方法,将它们简化使我能够运用于交易格式,尤其是风险管理。本书后续章节将会讨论如何运用这些资料。

这段时期我为自己的交易方法建立起预测市场行为的基本理念,这种方法也适用于期货市场。毫无疑问,我在这两年内所获得的知识,是我在州际证券公司业绩突出最主要的原因。业绩最佳的月份是1982年9月,这也是州际证券公司当时的最佳单月交易纪录,我所管理的公司账户当月获利是88万美元,而账户的交易资本为100万美元,其他两个账户的获利率大约也是如此。这个月份的巨额获利来自一个行情预测,而这项预测直接运用了我在1974~1976年总结的统计方法与知识。

此处，我想谈论一段题外话。这两年的专心研究虽然使我在行情预测上获得了重大突破，但我在个人生活上也付出了惨重的代价。当时，我的女儿珍妮弗正处于关键的年龄（3～5岁），我几乎没有陪伴过她。我由办公室回家，吃完饭后便直接进入书房继续研究。当她走进我的书房时，我会不耐烦地赶她出去，完全忽略她非常需要她父亲的关怀与爱心。这是一个非常严重的错误，我们父女俩到今天还在为此付出代价。如果我可以重新来过的话，我一定会抽空多陪伴珍妮弗。

我提及这件事并不是基于忏悔的缘故，而是希望强调一个非常重要的观点。犹如我在前面的说明，本书希望可以协助读者在经济上与个人生活上获得成功。在我生命中的那一时刻，我未能综合这两个方面，显然是一个非常严重的错误。生命应该是一种平衡而协调的过程。重点并不在于你赚了多少钱，而是你整体的快乐程度。

1974年以后，我在事业上的发展也不是完全没有挫折。1983年，我同意管理一个4000万美元的基金：维克托里伙伴基金。或许我当时有一点自以为是，或许是因为我想接受挑战，我将基金的累积回报目标设定为每年25%（扣除佣金之后），唯有操作业绩超过此标准时，我才收取报酬。第一年大盘下跌15%，基金的回报率为13.3%。这意味着基金下一年度的回报率至少需要40%！

1984～1985年，市场的中期趋势非常不适合交易。价格没有什么波动，行情几乎呈水平状发展，我被迫在短线上进出。虽然我的其他三个交易账户都处于获利状况，但维克托里伙伴基金却发生13%的亏损。这主要是来自佣金费用。在州际证券公司，我支付场内经纪商的费率，相当于目前机构投资者适用的费率。然而，维克托里伙伴基金却必须支付零售的佣金费率（大约高出5倍）。在没有明显行情变化的情况下，短线进出便成为亏损的主要原因。另外，计算机程式交易也开始严重影响短期趋势的性质，使我多年来运用的交易法则完全不再适用。于是，我建议解散基金，我们在1986年正式解散基金……一个惨痛的教训。

我在预测行情时,并不是采用单一的分析方法。我永远**都会结合技术分析、统计方法以及经济基本面等因素,评估任何投机头寸的风险。唯有这三个因素相互配合时,我才会在市场中建立重要头寸**。另外,根据我的经验,了解政府当局对市场的既定或潜在干预程度,对投机的成败来说也有绝对的重要性。美国国会、总统、美国联邦储备委员会(简称美联储)、外国政府以及外国中央银行,它们的货币政策与财政政策可能产生的影响,你也必须能够了解。你不仅需要了解政府政策的影响,还需要掌握主管当局负责人的个性与心态,并预期他们可能采取的政策。在接下来的几章,我将会探讨这方面的问题,本书下卷则会深入解说。

自由的实现

1978年,一位真正优秀的交易员霍华德·夏皮罗(Howard Shapiro)邀我至州际证券公司工作,于是我度过了一段最令我满意的日子。最初,我只领薪水,并全权管理一个50万美元的交易账户。1979年,州际证券公司将我的职务变更为独立承包人,于是我成立了雨果证券公司,这是一家目前仍然存在的私人交易合伙公司。唯一的条件是:州际证券交易账户的一切都是"50-50盈亏均摊",包括获利、亏损与费用。这个条件也适用于我管理的其他所有账户。表0-1所列的业绩,涵盖期间为1978~1986年,这是我交易州际证券公司单个账户的毛利(尚未扣除费用)。我自己也有一个交易账户,但金额相对较小,另外还有一个账户,规模大约与州际证券公司的账户相当。因此,我实际的交易业绩大约两倍于表0-1中所列的数据。

州际证券公司的工作环境非常理想。我可以从事巨额交易,但除非发生亏损,否则完全不需要动用自己的资金。由于营运上所具备的经济规模,这里提供的信息网络设备非常完美。我的上班时间完全由自己决定,我既可以掌握自己的交易获利,又可以完全根据自己的方式生活。我已经找到我所需要的自由。

我非常幸运能够与华尔街的一些顶尖级交易员共事，包括弗兰基·乔、夏皮罗以及其他人。我们虽然各有不同的交易风格，但除了少数人外，我们大都赚进了非常可观的财富。然而，当我观察许多不同的交易员时，我开始了解这个行业中的许多不同层面：那些在工作中不能控制自己情绪的交易员会付出惨重的个人代价。我还发现，某些在个别领域内的顶尖级交易员，却基本上非常不快乐，我非常希望知道何以如此。我想了解，如何在最广义的层面上获得成功。我获得的结论包含在本书的下卷中。

　　天下没有不散的宴席，1986年9月州际证券公司决定将公司股票上市，并解散交易部门。主要的理由是交易部门的获利，在各个季度中过于不稳定，公司方面担心，公司盈余不稳定可能会对股价产生不良的影响。我认为这是一个错误的决定。根据我的了解，交易部门每年都有获利。我记得有一年，我们10个人便创造了3000万美元的收入，这意味着10个交易员便为公司带来约1500万美元的盈余。虽然如此，既然有了决定，那便是我离开的时候。

　　我在1986年10月成立了自己的办公室，并继续积极进行交易。1988年1月，我决定成立一家基金管理公司——兰德管理公司，这便是我目前交易的场所。

| 第 2 章 |

鳄鱼原则
重点思考的必要性

> 一个人放弃原则时……会产生两种主要结果：就个人而言，无法规划未来；就社交而言，无法沟通。㊀
> ——艾茵·兰德（Ayn Rand）

活生生的吞噬

我有一个交易法则被称为鳄鱼原则（alligator principle）。这来源于鳄鱼的吞噬方式：猎物越试图挣扎，鳄鱼的收获便越多。假定一只鳄鱼咬住你的脚，它会咬着你的脚并等待你的挣扎。如果你用手臂试图挣脱你的脚，则它的嘴巴一张一合，便同时咬住你的脚与手臂。你越挣扎，便陷得越深。

所以，万一鳄鱼咬住你的脚，务必记住：你唯一的机会便是牺牲一只脚。若用市场的语言表达，这项原则便是：当你知道自己犯错时，立即了结出场！不可再找借口、期待、祷告或采取其他任何动作，赶紧离场……不可试图调整头寸、避险或其他无谓的措施，赶紧认赔出场！

㊀ Ayn Rand, "Credibility and Polarization", The Ayn Rand Letter, vol. Ⅰ (1), 3.

犹如我学习的许多事物一样，这项原则也来自惨痛的教训。20 世纪 70 年代中期，我在 INA 上建立了一个很小的期权头寸。我买进 20 份 12 月到期且执行价格为 25 美元的看涨期权，价格为 1¼（每份合约 125 美元）。我买进之后不久，股价开始下跌，期权的价格先是下跌 1/8（每份合约 12.5 美元），接着出现 1/4（每份合约 25 美元）的跌幅。根据我当时交易期权的法则，当我损失 1/4 时便应认赔出场，然而，我当时不仅没有接受 500 美元的损失，反而以 3/8 的价格出售 60 份 12 月到期且执行价格为 30 美元的看涨期权。这时，股价因并购的谣言而开始上涨。我以 3/8 出售的 12 月到期且执行价格为 30 美元的看涨期权，其价格上涨至 1⅝ 美元，而 12 月到期且执行价格为 25 美元的看涨期权的价格则上涨至 2½，现在该怎么办？没问题，我仰仗着并购的谣言以 1⅛ 的价格出售了 25 份看跌期权！接着，公司方面正式否认并购的谣言，看跌期权的价格由 1⅛ 美元上涨至 1⅜ 美元！我每采取一步挽救措施，情况都会进一步地恶化。这只鳄鱼终于饱餐一顿——我把 500 美元的损失扩大为 6000 美元，这仅仅是因为我没有遵守一个我明明知道的正确的原则。

你知道吗？INA 当时算得上是一只冷门股，没什么交易量，价格也罕有表现。一旦价格出现明显变化时，我们应该很容易预测走势。我当时认为，如果承认自己在 INA 上犯了错误，相当于承认自己不认识英文字母。由于谬误的自尊（false pride）⊖与虚荣，我一再地违背交易法则。

根据重点思考

让我以一个例子来说明重点思考的作用。1989 年 10 月 13 日星期五早晨，我认为市场已经随时可能出现拉回的整理走势。开盘之前，我便开始打电话给客户，告诉他们我的看法，重点如下。

我认为，市场即将出现一波主要的修正行情。自从 3 月 23 日以来，市场便持续处于主升段中。在历史上所有的多头行情中，仅有

⊖ "false pride" 是引用心理学家 Karen Homey 博士的用语，本书稍后将讨论这个问题。

29%的主升段走势,持续的时间比这波行情更久。另外,这一期间,道琼斯运输指数已经上涨52%。相比之下,在道琼斯工业指数92年的历史中,包括多头与空头在内的174个上升走势,其中仅有8次涨幅超过52%。垃圾债券市场已经几乎瓦解——完全没有买盘。此外,道琼斯工业指数在10月9日创出高价以后,已经连续下跌4天,而10月9日的高点并没有受到道琼斯运输指数或行情宽度(breadth)⊖的确认,这显然是空头信号。

道琼斯工业指数持续攀升,市场气氛十分乐观,主要是受到公司并购消息与绩优热门股走势的影响,但绝大部分个股都已经出现顶部,并处于中期跌势中。日本与德国已经调高利率,美国目前的通货膨胀率约为每年5.5%,在近两个报告期间内,联邦储备系统内的自由准备金都有降低的趋势。在目前的情况下,我不认为联邦储备银行有放松银根的可能性。

所以,我目前正在买进指数的看跌期权,建立空头头寸;现在的规模还不算大,但如果出现价跌量增的盘势(大约1.7亿股),道琼斯工业指数跌破2752点的水平时(8月的高价),我则会积极卖空。

中午过后不久,盘势开始下滑,但成交量并没有放大。我慢慢买进指数的看跌期权,持续扩大我的空头头寸,并预测大盘下周将继续向下探底。我非常留意成交量的变化。大约下午2:45的时候,消息传出联合航空并购案的资金融通失败,成交量暴增,S&P 500期货开始一路挫跌,我也开始大量抢进看跌期权。大约下午3:00过后不久,我的买单再也无法成交——情况已经完全失控了。道琼斯工业指数收盘重挫191点。

星期一早晨,我预料开盘指数大约会下跌50点左右,如果情况真是如此,我已经拟定一张清单,列示了我希望做多的个股与期权。我持有的看跌期权都设定在开盘价卖出,然后等待开盘。在开盘后两个小时内,市场被笼

⊖ 这是衡量市场上涨与下跌家数之间关系的,通常以腾落指标(advance-decline,A/D)表示。——译者注

罩在一片卖压下,指数跌幅超过 60 点。我的空头头寸完全获利了结,并建立了股票与期权的多头头寸。我当初建立空头头寸的佣金成本约为 73 605 美元,毛利约为 831 212 美元,所以净利为 757 607 美元。接下来几周内,我继续持有多头头寸,最后又获得相当不错的利润。

我完全不知道,13 日星期五的收盘指数会重挫 191 点,这是历史上的单日第二大跌幅,我也不知道联合航空并购案会爆发融通失败的消息(见图 2-1)。如此重大的跌幅,确实是巧合,但我掌握这波跌势,与运气全然无关。我所使用的每一个分析准则,包括前面所未提及的多个理由,都显示大盘即将修正,所有的胜算都站在我这边。

后面我将逐一解释自己是如何预测这类行情的。然而,如果我必须将方法中的所有成分都用一句话表达的话,它将是:**根据重点思考**。

重点未必在于你知道多少,而在于你知道内容的真实性与相关性。《巴伦周刊》每周都有数十页印刷精美的摘要说明,叙述当周股票、债券、商品、期权以及其他交易工具的行情。信息如此繁多,处理所有资料并了解它们所代表的意义,实在超出人类心智的能力范围。

简化资料的方法之一就是专精于其中一两个领域。另一种方法是运用电脑处理组织与筛选的工作。但是,**不论如何简化资料,处理信息的关键还是在于:如何从每天无数的资料中提取出重点**。

为了掌握这种能力,你必须以原则来统辖信息,原则是界定金融市场性质的基本概念。原则是在无数特定事件与无数相关资料中,抽象化的一种普遍性概念。复杂的市场资料在原则的统辖下,将变得相对单纯且易于处理。

以一句简单的陈述为例:"增长需要依赖储蓄"⊖,这是不是真理?这是不是一个原则?在普通常识的层面上,这显然是一个原则。购买一栋房子,你需要支付首付款;若要支付首付款,你便需要储蓄。另外,凯恩斯学派的经济理论主张,以预算赤字的方式刺激经济增长,所以,储蓄实际上将妨碍增长,支出才是经济持续繁荣的关键所在。哪种说法才算正确呢?这涉及什么原则呢?

⊖ 所谓的增长,是指财富的持续累积。

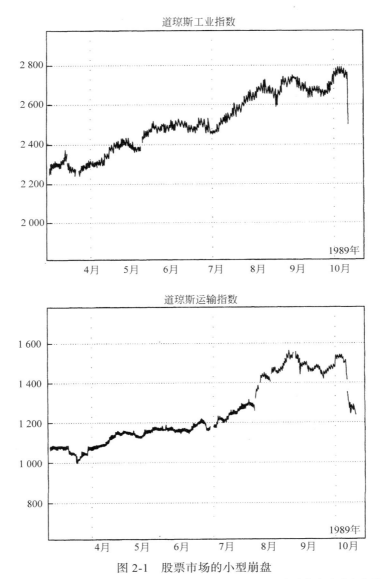

图 2-1　股票市场的小型崩盘

注：1989年10月13日，股票市场出现小型崩盘。由于联合航空的资金融通发生问题，道琼斯工业指数在一天之内下跌191点，这是历史上的第二大单日跌幅。同一天，道琼斯运输指数下跌78点。

我们暂时假定，增长确实需要依赖储蓄，而且不仅适用于购买房子的单一事件，也适用于经济活动中所有个人与团体——换言之，该陈述是一个原则。从金融市场的角度来说，这个原则告诉你什么？答案是"很多"！例如，它显示信用扩张的企业兼并活动不可能永远持续下去，尤其在股票市场的巅峰水平上。在经济不佳的情况下（经济衰退或经济萧条），一家公司的负债若远大于现金储备与流动资产的总价值，它的生存条件便相当脆弱。这类公司的生存，完全依赖于未来的所得或额外的信用。在经济衰退期，信用高度扩张的公司，将遭到销售量减退与信用成本提高的双重打击。如果你考虑投资的风险与相对的回报，你将会质疑这类公司的生存机会、未来的获利潜能乃至投资的潜在价值。

同理，这个原则也适用于整体经济。如果增长确实需要依赖储蓄，国家整体生产者创造的财富，必须大于整体消费。这样才可以将余额投资于未来产品与服务的生产。联邦政府持续采取预算赤字政策，相当于以明天的生产融通今天的支出。在这种情况下，仅有两个可能结果：①美国未来的总产量呈现突破性的发展，政府得以染指原本属于储蓄的部分，并以此清偿债务，而且剩余的储蓄仍足以融通投资；②由于政府不断增加课税，或以通货膨胀的手段稀释生产者既有的财富，将导致增长或增长率的减退。更重要的是，如果政府试图继续采取预算赤字政策，支出目前并不存在的财富，终将造成一场金融大灾难——严重的空头市场。

在这个例子中，我们的重点并不在于你是否同意这个原则的正确与否。这个例子的主要目的在于说明：一项陈述、一点点知识是如何形成一系列的推理与结论的。如果我们了解基本原则，那么原本看似非常复杂的现象，便可以整理为相对单纯的知识。

在任何领域内，明智的决策都需要依赖基本知识，使所有事件都可以诉诸这个统辖因果关系的根本概念中。在金融市场中，基本知识代表的是价格走势与价格趋势的原则。它们代表市场的普遍性质，并界定各个不同市场的特质。

掌握这种知识，需要持续将明确的事件转化为抽象的概念，并将抽象的原则套用在实际的事件上；根据对现在事件的分析，预测长期的未来；以适用近期与过去历史的同一个概念，了解现在发生的事件。我称这种程序为"根据重点思考"或"根据原则思考"。

认定你应该根据原则思考是一回事，而如何认定原则又是另一回事。在阅读有关金融市场的图书与杂志时，你会发现每个"专家"都有各自的看法，这些看法却经常相互矛盾。这些矛盾主要来源于对问题的界定。以我们每天都可以听到的名词为例：多头市场、空头市场、趋势、经济衰退、经济萧条、经济复苏、通货膨胀、价值、价格、风险/回报、相对强度、资产配置……金融业内人士大多都知道它们，但很少有人可以明确地界定这些名词。然而，界定这些名词不仅是一种概念化的程序，更是了解市场的基本步骤，并认定统辖它们的原则。

在本书的其他篇幅中，我将提出：了解市场的基本知识，以及如何利用这些知识获利——一位成功市场玩家需要的"投机原则"。

| 第 3 章 |

一致性成功的事业经营哲学

如果你阅读历史上伟大交易者的传记，你就会发现他们中许多都曾经至少破产过一次，有些甚至破产过两三次。另外，我们还知道，大约仅有 5% 的商品交易者能够赚钱。于是，你可能会觉得奇怪："这究竟是怎么一回事？"

人们在市场中发生亏损，虽然有很多原因，但有一个最严重也最容易触犯的错误，那便是把过多的风险资本投入单一的头寸——孤注一掷。这个错误之所以产生，是因为人们在交易之前，并没有为自己设定一种经营事业的哲学。

作为交易者，我的目标始终是：在经济独立的情况下保有自由，换句话说，我的目标是：经年累月地稳定赚钱。我一向都把自己的交易生涯视为一种事业经营，而一位谨慎的企业家首先便希望能够维持他的日常开销，然后再追求盈余的稳定成长。我从来不执着于大捞一票的机会，首要任务是保障资本，其次追求一致性的回报，然后以一部分获利进行较有风险的交易。结果，大捞一票的机会还是会出现，但我并不需要承担过度的风险——这一切并不是巧合。

让我们从经营事业的角度考虑，**我的哲学基于三个原则，按重要性排列**

如下：保障资本、一致性的获利能力以及追求卓越的回报。这三者是我的基本原则，因为它们是所有市场决策的最高指导原则。在我的投机策略中，每一个原则都有不同的分量，而且彼此之间有衔接的关系。换言之，资本保障将造就一致性的获利能力，后者又使我可以追求卓越的回报。

保障资本

在我的事业经营哲学中，**保障资本是最核心的原则**。换言之，在任何潜在的市场活动中，风险是我考虑的最重要的因素。在我问"可以实现的潜在利润如何"之前，我会先考虑"我所可能遭受的潜在亏损如何"。就风险/回报的角度思考，最大的可接受比率为1:3（该比率将在本章与第11章分别说明）。如果市场的风险/回报情况很差，我就会持有现金，不论普遍看法如何。所以，我并不关心我的业绩是否可以"超越大盘指数或平均水平"。我追求的是绝对的回报，而不是相对的回报。

对我来说，钞票并不是绿色的（美钞的颜色），它是黑色或白色的。黑色与白色对应着"真理与谬误""正确与错误""好与坏"。在伦理学的观点上，社会的教导是"并无所谓的黑与白，仅有灰色"：灰色（妥协与矛盾）代表缺乏绝对。然而，账册上的所有数据都是绝对数据：2+2必然是4，而2-6永远是-4！虽然如此，但在非常微妙的情况下，现代的投资者却被训练来接受基金管理圈子推销的灰色观念。如果大盘指数下跌20%，基金净值仅下跌10%，投资者应该觉得高兴——毕竟来说，他的业绩仍超过平均水平10%！

"我有没有赚钱？"这是投资者唯一的问题。为了确保这个问题有一个肯定的答案，你唯有在掌握明确的胜算——换言之，保持最低的风险时，才可以投机或投资。例如，如果所有指标都显示，股票市场（或大豆、原油……）的长期趋势已经接近顶部，至少中期的发展是如此，那么你的投资组合为什么要百分之百地站在多方呢？为了赚取较国库券获利率多几个百分点的回报，难道值得冒损失50%的风险吗？

请参考图 3-1 的价值线。如果投资者在 1984 年 12 月的低点买进，并持有至 1987 年 8 月 25 日（我的指标在 8 月 25 日出现卖出信号），不计算股息的获利为 67.9%。如果这位投资者持有至 10 月 2 日（卖出信号再度出现），获利仍有 65.9%。然而，如果他继续持有至 10 月 19 日，他将在 14 天之内损失两年零 10 个月累积的所有利润——换言之，不计股息的回报率将回归至零。很明显，当时市场完全不具备合理的风险/回报关系。你或许会说"后见之明永远是正确的"，但在 8～10 月，我几乎是两手空空，我的资金大多转至国库券，并在价格崩跌时卖空。当你继续阅读本书时，你将发现这为何不是运气。

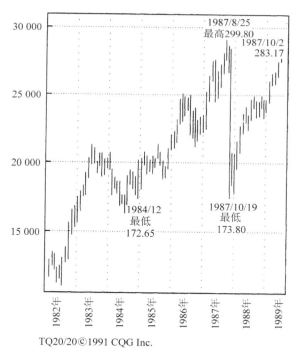

图 3-1　价值线的月线图

注：如果投资者在 1984 年 12 月的低点买进，并持有至 1987 年 8 月的高点，不计算股息的获利为 67.9%。如果这位投资者持有至 10 月 2 日，获利仍有 65.9%。然而，仅仅在两周后的 10 月 19 日收盘，所有利润将被一扫而空。

另一种我认为风险过高而不适合参与的活动：**在多头市场的末期，大量投资收购股票与垃圾债券**。某些人或许会告诉你，"不论股票市场的情况如何，市场中永远都有理想的交易"。嗯，或许没错。然而，我已经有相当多的经验了解空头市场的真正景象。股票价格日复一日地下跌，似乎永无止境。许多先前被视为实力雄厚的企业，被迫清算流动资产以清偿债务，而实力较差或信用高度扩张的企业则以倒闭收场。杠杆收购（leveraged buyout，LBO）便是如此，这股20世纪80年代盛行的投机泡沫终必破裂，1989年10月的联合航空便是一个典型的例子。

根据我的哲学，在市场顶部附近介入LBO的唯一的合理方法，是在风险/回报比率优于1:10的情况下，即早进场而少量做多买进看涨期权。然后，在股票价格到达收购目标之前，获利了结——走人！

此外，介入收购股票最理想的时机是在空头市场的底部或在多头市场的初期，这是股票具有真实价值的时候。犹如罗伯特·雷亚所说，空头市场的最后阶段"是来自健全股票的失望性卖压，不论价值如何，许多人急于对所持的一部分股票求现"。如果市场玩家可以避免在多头市场的顶部附近投资（恐慌性的崩跌可能会造成严重的伤害）并在空头市场中卖空，则此时便可以掌握这股失望性的卖压。在多头市场的顶部，你或许会错失最后10%甚至20%的获利（不过仍可以获取国库券的获利率），但当股票具有可观的上档潜能，且下档风险却非常有限时，你绝对有资金投资。根据我的看法，这种累积财富的方式便是：**保障资本，掌握一致性的获利能力，并耐心地等待正确的机会以攫取非凡的利润**。

一致性的获利能力

当然，市场不会永远位于顶部或底部的附近。一般来说，在任何市场的多头行情顶部与空头行情底部之间，优秀的投机者或投资者应该可以掌握长期价格趋势（不论向上或向下）的60%～80%。在这段时期内，交易重点应该放在低风险的一致性获利。

一致性的获利能力是保障资本的辅助原则。何谓辅助原则？辅助原则是一种概念，它直接来自一个更根本的原则。就目前讨论的情况来看，一致性的获利能力是保障资本的辅助原则，因为资本不是一种静态的数量，它会增加（获利）或减少（损失）。如果资本要稳定增加，你必须要有一致性的获利能力；如果你要有一致性的获利能力，必须要保障你的获利，并尽可能降低损失。因此，你必须衡量每一项决策的风险与回报的关系，根据已经累积的获利或亏损评估风险，这样才能增加一致性的胜算。

例如，假定你是以季度为基础操作。在季度的开始，任何新头寸的规模都应该很小（相对于风险资本而言），因为当期还没有累积获利。另外，你应该预先设定承认自己错误的出场点，一旦行情触及这个价位，你便应该认赔出场。如果第一笔交易发生亏损，任何新头寸都应该根据损失而按比例缩小。依此方式交易，在任何季度结束时，你都不会亏损所有的风险资本——你永远都还有筹码。反之，如果你有获利，应该将一部分获利运用在新头寸上，并将其余获利存入银行。这样，你不但可以增加获利的潜能，还可以保障一部分的获利。

如果我是一位年轻的投机者，并拥有 5 万美元的资金交易商品期货，我最初的头寸不会超过总资本的 10%（5000 美元）并设定止损而将潜在的损失限制在 10%～20%，即 500～1000 美元的损失。换言之，根据这项设计，我的亏损绝对不会超过总风险资本的 1%～2%。如果第一笔交易发生 1000 美元的损失，则次笔交易的头寸将减至 4000 美元，并将潜在损失设定在 400～800 美元，依此类推。

从另一方面来说，如果我第一笔交易获利 2000 美元，我将存入银行 1000 美元，并将次笔交易的头寸增至 6000 美元，这将增加我的起始风险资本（5000 美元）的 20%，而实际风险资本也增加相同的金额。依此方式，即使我下一笔交易发生亏损，就整个期间来说还是有获利的。⊖如果我对行情的判断有 50% 的正确机会，则这种交易策略将可以创造相当可观的回报。假设

⊖ 这是指一笔交易最多亏损 20% 而言。——译者注

我最多只接受 1∶3 的风险/回报比率，即使我每 3 笔交易仅有一次获利，我的收入仍然相当可观。换言之，如果你每一笔交易可能的回报至少是客观可衡量之潜在损失的 3 倍，长期下来，你便可以维持一致性的获利能力。

任何人进入金融市场，如果他预期将有一半以上的交易会获利，该预期会被很突然地醒悟。你不妨从棒球的角度思考——最佳选手的打击率也只不过是 30%～40%。然而，优秀选手都知道，安打的效益总是大于三振的伤害。回报应该总是大于风险的。

持续评估风险与回报之间的关系从而永远掌握胜算，这种理念适用于所有趋势。例如，我从事 S&P 500 期货的盘中交易时，我感兴趣的最小波段幅度，是我可以将潜在损失（通常在递单时便已经决定）限制在 3～5 档（每档相当于每份合约 25 美元），而获利方向的最近压力或支撑则在 15～20 档以上。我在中期趋势中寻找交易机会时，也会运用相同的原则，仅是单位较大而已。例如，1～3 点的风险与 3～10 点以上的利润。

以 1989 年 10 月的情况为例，由于杠杆效应的缘故，我虽然以期权建立空头头寸，但也考虑卖空 S&P 500 期货。基于第 2 章说明的理由，10 月 12 日星期四（请见图 3-2），S&P 500 跌破 8 月 5 日的高点 359.85 点时，我应该卖空，而我的目标价位至少是 346.50 点——前一波跌势的低点。如果行情回升至 364.50 点以上（10 月 10 日的高价），市场便证明我的看法错误。所以，我的客观风险如何？它是 4.65 点，相当于每份合约 2325 美元。可能的回报又如何？它是 13 点，相当于每份合约 6500 美元——风险/回报比率为 1∶2.8。虽然不完全符合我的准则，但其他风险评估因素可以弥补少许的不足。

一旦价格向下穿越可能的回报点时（②），我会调降出场点以确保获利。同时，我还会留意随后的次要支撑点（③、⑤与⑥），观察市场的反应，并向下调整我的止损。有一项交易法则这样说，"迅速认赔，但让你的获利头寸持续发展"。我对该法则的解释是，"任何既有的获利都不可再损失 50%"。就这个例子来说，一旦价格向下突破 346.85 点（②），我就会将止损设定在

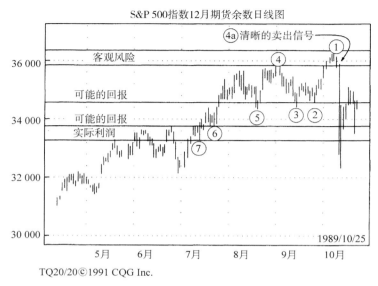

图 3-2　1989 年 10 月 13 日崩盘期间交易 S & P 500 指数期货

注：重要的交易价位水平：
① 10 月 9 日的高点：364.50 点。
② 前一波跌势的低点：346.85 点，可能的回报点。
③ 下跌时的可能支撑，回升时的压力。
④ 8 月 27 日的高点：359.85 点，等待突破的关卡价位。
⑤ 8 月 27 日以前形成的支撑，价格回升时，这是一个理想的止损点。
⑥ 另一个重要支撑。
⑦ 在 10 月 13 日至 16 日之间，这是可能的获利了结价位。价格向上突破此水平时，是设定止损的理想价位。

347.10 点，价格继续向下跌破⑥与⑦时，我会把止损再往下调整。这笔交易最可能的结果是在 342.15 点（⑦上方 4 档）止损出场，获利为 17.7 点，相当于每份合约 8850 美元。因为所有征兆都显示大盘将出现拉回的修正走势，我认为这是一笔低风险的交易，但我当时非常自信，所以我并没有进行这笔交易，而采用杠杆倍数更高的期权。

追求卓越的回报

当我已经获利时，仍然运用相同的推理程序，但会进一步追求卓越的回报。唯有当回报与风险之间存在合理的关系时，我才会以更大的风险追求更高的资本回报率。这并不意味着我改变了风险／回报准则，我仅是增加了头寸的规模。

1974年七八月间便发生了一个典型的例子，当时我在操作雷纳期权公司的账户。我们的会计年度于6月底结束，每一个会计年度开始，我的起始交易资本都是25万美元。7月，我已经赚进约10.4万美元的利润，所以当季回报率已经超过40%。当时，我非常强烈地看空行情，所以决定下个月将以半数的获利建立空头头寸。在那个年代，芝加哥期货交易所并没有看跌期权的交易，所以我的空头头寸是建立在所谓的合成看跌期权（synthetic put）之上的。我投入5万美元的风险资金，分别卖空3500股德州仪器、柯达、麦当劳与IBM，并各买进35份看涨期权。因此，我实际承担风险的资金是看涨期权的成本，每100股卖空的股票完全由看涨期权避险，这便是一个合成看跌期权。

当道琼斯工业指数跌破7月的低点750点时，我建立上述头寸，行情也正如我所预期的那样下跌。接着，8月8日尼克松宣布辞职，股价开始加速崩跌。在8月结束时，交易账户的当月获利超过26.9万美元，一个月的获利便超过这个会计年度的起始资本。这便是我所谓的"积极地承担风险"：胜算站在我这边，我就会投入更多的资金。即使我的判断完全错误，我也不过损失了先前的半数获利，我还有许多资金可以从事低风险的交易。

小结

保障资本、一致性的获利能力以及追求卓越的回报，虽然这是三个比较简单的原则，如果你确实了解其中的精髓，它们将会指导你在市场中获利。然而，如果要实际地运用这些理念，你还需要更多的知识。最佳的起点是了解市场价格走势的性质。一个人要想希望真正了解市场的行为，他需要拥有一套不可或缺的知识：道氏理论。

| 第 4 章 |

在混沌的市场中寻找秩序
道氏理论

在科学领域内有一个新理论——混沌理论（the theory of chaos），它主张某些类型的自然活动具有混沌而不可预测的性质，仅能以概率界定。例如，医生可以利用高度敏感的仪器监视并绘制心脏的跳动，但在某种情况下，心脏会进入随机的心脏纤维颤动期（random fibrillation，随机而混沌的跳动可能会导致生命危险），在此期间，心跳无法以数学模型预测。这种混沌的现象可能危及生命，但研究者又发现，正常人在注意力集中的时候，脑波也会呈现混沌的现象，而在癫痫病发作或吸食毒品的"高潮期"，脑波则是有规律的，并且可以预测。

许多科学家认为，气象预测是混沌理论适用的另一个领域。气象的不可预测性来自所谓的起始条件的敏感性。数学模型不完全适用于气象预测，这是因为模拟与实际的情况之间一旦有些细微的差异，因果关系便会产生一连串的复杂反应，使得模型的预测结果完全不同于自然界的实际现象。混沌理论认为，气象学家最多仅可以在概率的范围内预测气象。

如果混沌理论看起来像是一套消极的理论，那仅是因为我没有谈论它的正面作用。在研究混沌行为发生的原因时，科学家认为混沌行为可以阻止其中某些行为发生，或归纳其中另一些行为。这套理论的潜在应用领域极广，如医学生物化学、精神科学、气象学、计算机……所以，虽然承认自然界的某些事件并不遵循完美的数学秩序，也无法精确地加以预测，但混沌理论认为，它们仍然可以被了解，在某些情况下，甚至可以被预测与控制。

金融市场的情况也是如此。人类并不是数学可以控制的机械，他们是具有选择能力的生物。而且，人类便是市场，每天都会出现数以百万计的市场决策，每一项决策都会影响价格。一组如此复杂的成分，其中还包括自由意志，若试图以数学模型预测，则是非常可笑的想法。你永远都无法以绝对的必然性来预测市场构成分子对某些事件的总体反应，也无法预测市场将会产生什么新情况。但是，混沌中也有秩序，寻找其中的秩序便是投机者的工作。

市场预测属于概率的范畴，判断错误的风险永远存在。你最多仅能将风险降至最低，并将知识提升至最高——了解可能导致未来事件的最初状况。依此方式，你可能掌握有利的胜算，并使市场决策的正确机会多于错误。取得该知识的第一个步骤是寻找一种方法监视市场行为的脉动。

经过适当的了解之后，道氏理论就像是外科医生使用的高敏感心脏监视仪或预测气象的气压计，它可以在概率的范围内，协助我们预测未来事件。它不会告诉你变动发生的原因，但可以显示变动产生之前的征兆。它无法告诉你未来势必将如何发展，但可以提供未来较可能的发展概况。犹如威廉・彼得・汉密尔顿（William Peter Hamilton）所说："道氏理论是一种根据普通常识推论的方法，由市场指数每天的价格波动记录来预测未来的市场走势。"

好观念经常被误解

我们一般所称的道氏理论，是查尔斯・道、汉密尔顿与雷亚三人共同的研究结果。道是道琼斯公司（Dow Jones & Company）的创办人，也是《华尔街日报》的创办人之一，在1902年过世以前担任该报的编辑，他首先提出股票指数的概念，于是道琼斯工业指数在1895年诞生。1897年他又提出铁路指数，因为他认为这两个指数可以代表两大经济部门的生产与分配。

道希望以这两个指数作为经济活动的指标，他本人并未利用它们预测股票价格的走势。1902年过世以前，虽然他仅有5年的资料可供研究，但他的观察在范围与精确性上都有相当的成就。

道本人并未将他的观点组织成为正式的经济预测理论，但他的朋友A. J. 尼尔森却试图这么做，并于1902年出版《股票投机原理》一书。尼尔森将道的观点正式称为道氏理论。

汉密尔顿在道的指导下研究，他是当时道氏理论最佳的代言人。道过世后，汉密尔顿在1903年接替道担任《华尔街日报》的编辑工作，直至他于1929年过世为止，他继续阐述与改进道的观念，这些内容主要发表在《华尔街日报》上。另外，他于1922年出版《股票晴雨表》⊖一书，并使道氏理论具备较详细的内容与正式的结构。

雷亚是汉密尔顿与道的崇拜者，他从1922年开始直至1939年过世为止，在病榻上勉强工作，利用两人的理论预测股票市场的价格，并有相当不错的收获。通过周详的研究，雷亚使道氏理论具备较严谨的原则与方法论，并公布第一组道琼斯工业指数与道琼斯铁路指数的每日收盘价图形，其中还附有成交量。

雷亚对道氏理论的贡献极多，他提出成交量的概念，使价格预测又增加一项根据。另外，他还提出相对强度（relative strength）的概念，虽然他并未采用这个名称，我们稍后将于第8章讨论此概念。《道氏理论》一书由《巴伦周刊》于1932年发行，目前已经绝版，雷亚在此书摘取汉密尔顿的研究成果，并提出许多有助于了解道氏理论的参考资料。稍后，在《道氏理论在商务和银行业中的应用》一书中，雷亚提出，道氏理论可以稳定而精确地预测

⊖ 该书中文版已由机械工业出版社出版。——译者注

未来的经济活动。

雷亚在所有相关著述中都强调，道氏理论在设计上是一种提升投机者或投资者知识的助手或工具，并不是一种可以脱离经济基本条件与市场现况的全方位的严格的技术理论。根据定义，道氏理论是一种技术理论，换言之，它是根据对价格模式的研究，推测未来价格行为的一种方法。就这个角度来说，它是现代技术分析的鼻祖。

雷亚过世后，道氏理论落入一些无能之辈的手中。人们不再能够掌握这个理论的精髓，并做出不适当的解释与误用，以至于它被视为一套过时的理论，不再适用于现代市场。这是完全不正确的看法。我曾经做过研究，将道氏理论运用于1896～1985年的"工业指数"与"铁路指数"（现在的"运输指数"），我发现道氏理论可以精确地掌握74.5%的经济扩张价格走势与62%的经济衰退价格跌势，这是分别由确认日至行情顶部或底部而言的。

另外，根据我的研究显示，除了两次世界大战期间外，股票市场可以精确地预测经济趋势的变化，领先时间的平均数（median）[注]为6个月；还可以预测经济循环的峰位与谷底，领先时间的平均数为1个月。1949～1985年，根据严格解释的道氏理论来买卖"工业指数"与"运输指数"，理论上每年的平均回报率（未经复利计算）为20.1%。就这方面来说，我还必须补充一点，投资者若运用道氏理论，他将于1987年的崩盘期间卖空（我便是如此）。没有任何其他预测方法可以宣称，它具备这种长期的一致性预测能力。所以，每一位态度严谨的投机者或投资者都应该深入研究道氏理论。

道氏理论的"假设"

在《道氏理论》一书中，雷亚列举道氏理论中他所谓的"假设"与"定理"。事实上，它们应该分别被称为原则与定义，因为道氏理论并不是类似数

[注] 在本书中，作者都采用中位数（median），但他实际的意思是指平均数（mean），所以往后 median 一律译为平均数。——译者注

学或物理学等严格的科学体系。撇开这方面的问题不谈，因为人们对道氏理论的解释并不正确，所以我将直接引用最初的资料来源。[⊖]以下，我将引用雷亚本人的话以及他的说明。大体上，雷亚的观念仍然适用于目前的情况，但我在引文之后会做一些必要的澄清与修正。

根据雷亚的看法，道氏理论建立在三个基本假设之上，它们必须被"毫无保留地"接受。

> **假设 1**
>
> 人为操纵（manipulation）：是指指数每天的波动可能受到人为的操纵，次级折返走势（secondary reaction）也可能受到这方面有限的影响，但主要趋势（primary trend）绝对不会受到人为的操纵。

该假设的立论根据是股票市场非常庞大而复杂，任何个人或团体都无法长期影响整体股票市场的价格。这是道氏理论的重要根据，因为整体股票市场的价格如果可能经由个人意愿而改变，观察市场指数便没有任何意义了，除非你想了解操纵者的意图。我们在探讨"假设 2"时，可进一步理解"假设 1"的重要性。

道、汉密尔顿与雷亚都认为，当时人们都过于高估人为操纵（包括个人与集体的操纵）的严重程度。他们都认为，对人为操纵的指控主要是人们投机失败时，用来推卸自身责任的一种借口。

我相信，今天的情况也是如此。就严格管制的现代市场来说，个人对市场的操纵基本上是一种不可能的行为，甚至短期的操纵也不可能。然而，计算机程式交易则是一种重要的人为操纵形式，我们将在第 6 章讨论这方面的问题。就基本而长期的角度来说，主要趋势仍然无法被操纵，但趋势的性质可能会被改变，我们发现自 1987 年 10 月崩盘以来便有这种现象。机构投资

⊖ 维克托·斯波朗迪与尚德拉·孔泽（Sandra Kunze）的未出版研究报告：A Proven Method of Economic Forecasting。

者的交易动辄数十亿美元，这会加速主要趋势的进行。

> **假设2**
> 市场指数会反映每一条信息（the averages discount everything）：每一位对于金融事务有所了解的人，他所有的希望、失望与知识，都会反映在道琼斯铁路指数与道琼斯工业指数每天的收盘价波动中；基于这个缘故，市场指数永远都会适当地预期未来事件的影响（"上帝"的旨意除外）。如果发生火灾或地震等自然灾害，市场指数也会迅速加以评估。

附注：雷亚在括弧中的说明，应该改为"'上帝'的旨意与政府的行动除外，尤其是美国联邦储备委员会的行动"。

道本人也提及相同的基本看法：

市场价格不会像气球一样在风中到处飘荡。就整体价格而言，它代表一种严肃且经过周详考虑的行为结果：眼光深远而消息灵通的人会根据已知的事件或预期不久将发生的事件调整价格。⊖

就目前的情况来说，该假设需要稍加修正。不仅适用于道琼斯工业指数与道琼斯运输指数，任何主要市场指数都适用该假设，包括债券、外汇、商品与期权在内。

有关市场指数所具有的预先反映或经济预测功能，并没有什么神秘之处。投资者（长期持有证券与其他交易工具的人）会利用股票市场与其他交易场所，将资本分配至他们认为最有利的个股、商品以及其他金融交易工具。他们会根据过去业绩、未来展望、个人偏好以及未来的预期等因素来做评估，然后配置他们的经济资源。结果，最能够预测未来消费者（这里是指最广义的消费者，包括资本、批发与零售市场的消费者）需要情况的投资者与企业，

⊖ 除非另做说明，否则本章引用的文字都是摘自《道氏理论》，雷亚（《巴伦周刊》，1932）。

将可以生存并获得最多的利润。正确的投资将获得报酬，错误的投资将蒙受损失。

通过金融市场，投机者与投资者的行为结果通常会扩张有利的活动，限制不利的活动。他们的行为无法改变过去的事实，也无法解决既有资金转换性（convertibility）有限的问题，但他们通常确实可以防止劣币驱逐良币的现象。市场指数的变动仅是反映这种程序。

一般市场参与者如果不能正确地预期未来的经济活动，财富将会持续减少，也就无所谓的长期多头市场。然而，事实上，一般的股票交易者可以适当地预测未来的经济活动，并使股票价格的走势循环领先于经济循环的变动。两者在时间上的落差来自股票市场具有流动性，经济调整则不具备这种流动性，因为资金与存货的转换性较为有限。

雷亚在说"市场指数永远都会适当地预期未来事件的影响（'上帝'的旨意除外）"时，他确实是这个意思。但是，这句陈述还隐含另一层意思，适当地反映涵盖各种分歧的看法，换言之，它包括人们认为目前事件对未来经济活动之影响的各种不同意见。市场指数同时代表乐观主义者、悲观主义者以及务实主义者，包括一系列个人与机构的特殊看法，绝对不是任何个人可以复制的见解。

雷亚的陈述并不意味着市场参与者对未来事件的解释大体上必然正确，但该陈述确实表明，市场指数必然反映市场参与者的主要看法。对态度严肃的市场观察者来说，市场指数将显示长期趋势的方向与力道、市场何时处于超买或超卖的情况、市场普遍的看法何时产生变化、市场何时的风险过高而不适合于积极参与。

我在附注中在雷亚的假设中加上"政府的行动除外"，因为政府的立法程序、货币与财政政策以及贸易政策都会对经济发展造成长远的影响，所以就如同自然灾害一样，它们也会对股票价格产生立即而明显的冲击。另外，政府的决策者也是人，所以市场参与者也不可能永远正确地预测他们的行为。

我们可以找出一个典型的例子，1984年7月24日美联储主席保罗·沃尔克宣布，美联储采用的紧缩性货币政策并"不恰当"。在预期银根将转松的情况下，股票市场当天的指数成为低点，并展开一波新的多头行情。

> **假设3**
>
> 这项理论并非不会错误（the theory is not infallible）：是指道氏理论并不是一种万无一失而可以击败市场的系统。成功地利用它协助投机行为，需要深入的研究，并客观地综合判断。绝对不可以让一厢情愿的想法主导思考。

股票市场由人类组成，人类都会犯错。几乎在每一笔股票交易中，如果某一方正确，那么另一方便错误。虽然市场指数代表一种净结果，或市场参与者对未来判断的"集体智慧"，但历史告诉我们，以百万计的人们也像个人一样会犯错，股票市场当然也不例外。然而，市场有一种特性，它允许参与者迅速修正他们的错误。任何分析方法若认为市场不会犯错，那显然就是最根本的错误。

有效市场理论（the theory of efficient markets）便是一个典型的例子。它的主要论点是，计算机普及化后，信息的传播非常迅速而有效，所以任何方法都无法击败市场。它仅是将道氏理论的一个假设做了无限的延伸——"市场指数会反映每一条信息"，这实在是无稽之谈。有效市场理论认为，每个人都会同时取得每一条重要的信息。这是相当荒谬的假设，因为每个人对"重要"的定义未必相同。即使每个人确实可以同时取得每一条重要信息，但每个人还是会根据自身的环境与偏好做出反应。如果每个人掌握的信息都相同，而且反应也相同，那么市场根本就无法存在。务必记住，市场的存在是为了促进交易，交易之所以会产生，是因为参与者对价值的偏好与判断不同。⊖

⊖ 1901年7月20日的《华尔街日报》。

市场指数具有预测能力，是因为它在统计上代表一种市场的共识，这种共识以钞票表达。总的来说，价格取决于人们的判断与偏好。如果你问场内交易员，今天的价格为何上涨，很多人可能会半开玩笑地答道，"因为买进多于卖出"。这个回答的真正意思是，"我不知道为什么，但场内资金所代表的市场主要看法认为，价格应该上涨"。

投机者的基本工作是辨识主要的影响因素，它们会驱动或改变市场参与者的主要看法，而市场指数是这方面的最理想工具，因为它会反映大众对金融事件的看法。所谓的金融事件，涵盖面极广，包括政治与经济的发展、科技的创新、服饰的流行趋势乃至某家公司的盈余展望。因为上述程序仅能在历史范畴内进行，所以你最多可以辨识过去的重要因素，并以此预测未来。某些因素在整个历史上始终有效，一般来说，基本因素牵引的看法变化相当缓慢。经过适当的研究后，你可以提取这些基本因素，并根据它们精确地预测未来。

根据汉密尔顿的说法，市场指数是经济预测的气压器。在气象预测中，气压器是衡量空气压力的一种仪器。因为空气压力的变化会先于气象的变化，所以气压器是预测气象的一种重要工具。然而，气压器本身无法提供任何有关降雨量的资料，气压与温度之间也没有高度的相关性。同理，虽然市场指数是经济预测的基本工具，但我们还需要许多辅助信息才可以解开谜底。

道氏理论的"定理"

提出道氏理论的假设后，雷亚继续从道与汉密尔顿的著述中，整理出他所谓的"定理"。这些定理出版于1932年，基本上现在仍然适用。但是，我们不能用表面的意思来解释它们。为了真正了解这些定理的意义，我建议你准备一套道琼斯工业指数与道琼斯运输指数完整的走势图，包括成交量在内，并配合汉密尔顿与雷亚的相关评论，这些评论可以在《华尔街日报》或《巴伦周刊》的历史档案中找到。不过，这是你必须自行完成的工作。一旦了解汉密尔顿与雷亚的思想精髓之后，你就可以很容易地将这套理论运用于目前的市场，但你还需要知道其中的部分修正，我会在下列讨论中说明（相关讨论，请见图4-1）。

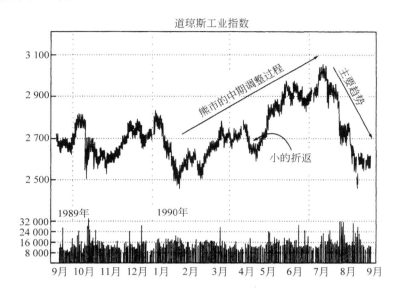

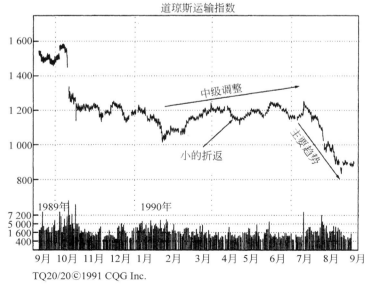

图 4-1　道琼斯工业指数与道琼斯运输指数的日线图（包含成交量）

> **定理 1**
>
> 道的三种走势（Dow's three movements）：市场指数有三种走势，三者可以同时出现。第一种走势最重要，它是主要趋势，整体向上或向下的走势被称为多头或空头市场，期间可能长达数年。第二种走势最难以捉摸，它是次级的折返走势，是主要多头市场中的重要下跌走势，或是主要空头市场中的反弹。修正走势通常会持续三个星期至数个月。第三种走势通常较不重要，它是每天波动的走势。[⊖]

雷亚的用词大体上相当精确，道的三种走势不仅适用于股票市场的指数，也适用于所有市场。雷亚的定理 1 可以重新整理如下。

> 股票指数与任何市场都有三种趋势：短期趋势，持续数天至数个星期；中期趋势，持续数个星期至数个月；长期趋势，持续数个月至数年。在任何市场中，这三种趋势必然同时存在，彼此的方向可能相反。

长期趋势最为重要，也最容易被辨认、归类与了解。它是投资者主要的考虑因素，对投机者来说较为次要。中期与短期趋势都附属于长期趋势之中，唯有明白它们在长期趋势中的位置，才可以充分了解它们，并从中获利。

中期趋势对投资者来说较为次要，但却是投机者的主要考虑因素。它与长期趋势的方向可能相同，也可能相反。如果中期趋势严重背离长期趋势，则被视为次级折返走势或修正。次级折返走势必须谨慎评估，不可将其误认为是长期趋势的改变。

短期趋势最难预测，唯有交易者才会随时考虑它。投机者与投资者仅在

⊖ 有关市场主观性质的进一步讨论，请参考第 9 章。

少数情况下才会关心短期趋势：在短期趋势中寻找适当的买进或卖出时机，以追求最大的获利，或尽可能地减少损失。

将价格走势归类为三种趋势，并不是一种学术上的游戏。投资者如果了解这三种趋势并专注于长期趋势，也可以运用逆向的中期与短期趋势提升获利能力。运用的方式有很多种。第一，如果长期趋势是向上的，投资者可在次级折返走势中卖空股票，并在修正走势的转折点附近，以空头头寸的获利追加多头头寸的规模。第二，在上述操作中，他也可以购买看跌期权或出售看涨期权。第三，由于他知道这只是次级折返走势，而不是长期趋势的改变，因此他可以在有信心的情况下，度过这段修正走势。第四，他也可以利用短期趋势决定买卖的价位，以提高投资的获利能力。

上述策略也适用于投机者，但他不会在次级折返走势中持有反向头寸，他的操作目标是顺着中期趋势的方向建立头寸。投机者可以利用短期趋势的发展，观察中期趋势的变化征兆。虽然他的心态不同于投资者，但辨识趋势变化的基本原则相当类似。

自20世纪80年代初期以来，由于信息科技的进步以及计算机程式交易的影响，市场中期趋势的波动程度已经明显加大。1987年以来，一天内发生50点左右的波动已经是寻常可见的行情。基于这个缘故，我认为长期投资的买进并持有策略可能有必要进行调整。对我来说，在修正走势中持有多头头寸，并看着多年来的获利逐渐消失，似乎是一种无谓的浪费与折磨。当然，在大多数情况下，经过数月或数年以后，这些获利还是会再度出现。然而，如果你专注于中期趋势，这些损失大体上都是可以避免的。因此，我认为，对金融市场的参与者而言，以中期趋势作为准则应该是较为明智的选择。

然而，如果希望精确地掌握中期趋势，你必须了解它与长期（主要）趋势之间的关系。

> **定理 2**
>
> 主要走势代表整体的基本趋势,通常被称为多头或空头市场㊀,持续时间可能在一年以内,乃至数年之久。正确判断主要走势的方向,是投机行为成功与否的最重要因素。没有任何已知的方法可以预测主要走势的持续期限。

了解长期趋势(主要趋势)是成功投机或投资的最起码条件。投机者如果对长期趋势有信心,只要在进场时机上有适当的判断,便可以赚取相当不错的利润。有关主要趋势的幅度大小与期限长度,虽然没有明确的预测方法,但可以利用历史上的价格走势资料,以统计方法归纳主要趋势与次级折返走势。

雷亚将道琼斯指数历史上的所有价格走势,根据类型、幅度大小与期限长度分别归类,他当时仅有 30 年的资料可供运用。非常令人惊讶的是,他当时归类的结果与目前 92 年的资料两者之间几乎没有什么差异。㊁例如,次级折返走势的幅度与期限,不论就多头与空头市场的资料是分别归类还是综合归类,目前正态分布的情况几乎与雷亚当时的资料完全相同,唯一的差别仅在于资料点的多寡。

这个现象确实值得注意,因为它告诉我们,虽然近半个世纪以来的科技与知识有了突破性的发展,但驱动市场价格走势的心理性因素基本上仍相同。这对专业投机者来说具有重大的意义:目前面临的价格走势、幅度与期限都非常可能落在历史对应资料平均数的有限范围内。如果某个价格走势超出对应的平均数水平,介入该走势的统计风险便与日俱增。若经过适当的

㊀ 多头市场(牛市)与空头市场(熊市)的来源,根据我的了解,这是因为公牛会把它的猎物顶高,熊会把它的猎物压低。

㊁ 维克托·斯波朗迪未出版的作品" Statistical Characterization of Stock Marker Movements",这项研究涵盖 1897 年至目前的股票走势。本章资料若未指明出处,便是引用这项研究报告的资料。

权衡与运用，这项评估风险的知识可以显著地提高未来价格预测在统计上的精确性。⊖

> **定理3**
>
> 主要的空头市场（primary bear markets）：它是长期向下的走势，其间夹杂着重要的反弹。它来自各种不利的经济因素，唯有股票价格充分反映可能出现的最糟情况后，这种走势才会结束。空头市场会历经三个主要阶段：第一阶段，市场参与者不再期待股票可以维持过度膨胀的价格；第二阶段，卖压是反映出经济状况与企业盈余的衰退；第三阶段，来自健全股票的失望性卖压，不论价值如何，许多人都会急于对所持的一部分股票求现。

这个定理有几个层面需要理清。"重要的反弹"（次级修正走势）是空头市场的特色，但不论是"工业指数"还是"运输指数"，都绝对不会穿越多头市场的顶部，两个指数也不会同时穿越前一个中期走势的高点。"不利的经济因素"是指（几乎毫无例外）政府行为的结果：干预性的立法、非常严苛的税收与贸易政策、不负责任的货币或（与）财政政策以及重要战争。⊜

我个人也曾经根据道氏理论将1896年至目前的市场指数加以归类，在此列举空头市场的某些特质。

1. 由前一个多头市场的高点算起，空头市场跌幅的平均数为29.4%，其中75%的跌幅介于20.4%～47.1%。

⊖ 读者如果对这种风险评估的统计方法感兴趣，请参考本书下卷。
⊜ 过去，我们政府的政策是以通货膨胀为手段，促进暂时性的景气。然而，随着经济的增长，不断膨胀的货币供给将反映在物价水平中，实质盈余与储蓄的增长将减少。人们开始了解，通货膨胀只不过是未来的税负，所以，通货膨胀成为人们最关切的问题，而政客当然也会有所反应。于是，美国联邦储备委员会开始收缩信用，而信用高度扩张的经济现象就如同骨牌般地崩溃。现在，我们大有作为的政府以预算赤字的方式取代通货膨胀。将未来的盈余用于目前的消费，这是一种无法持续的行为。揭开伪装的外衣，这两种手段的长期结果则完全相同。

2. 空头市场持续期限的平均数是1.1年，其中75%的期限介于0.8～2.8年。

3. 在空头市场开始时，随后通常会以偏低的成交量"试探"前一个多头市场的高点，接着出现大量急跌的走势。所谓"试探"是指价格接近而绝对不会穿越前一个高点。在"试探"期间，成交量偏低显示信心减退，很容易演变为"不再期待股票可以维持过度膨胀的价格"（见图4-2）。

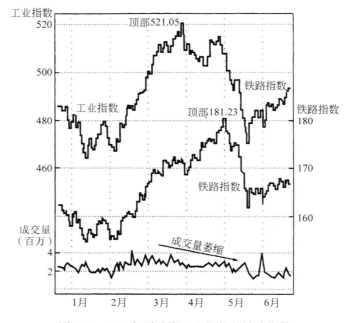

图4-2　1956年道琼斯工业指数与铁路指数

注：1956年空头市场的起点，这是空头市场开始的典型例子。高点的成交量偏低，显示"不再期待股票可以维持过度膨胀的价格"。

4. 经过一段相当程度的下跌之后，突然会出现急速上涨的次级折返走势，接着便形成窄幅盘整而成交量缩小的走势，但最后仍将下滑至新的低点（见图4-3）。

5. 空头市场的确认日（confirmation date），是指两种市场指数都向下突破多头市场最近一个修正低点的日期。两种指数突破的时间可能有落差，但这并不是不正常的现象（见图4-4）。

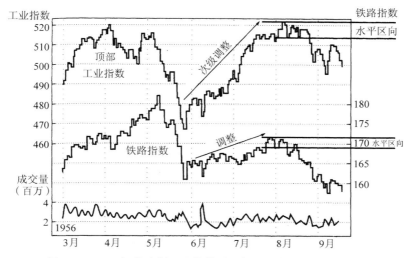

图 4-3　1956 年道琼斯工业指数（上侧）与铁路指数（下侧）

注：1956 年空头市场的第一波次级修正走势。在空头市场中，次级折返走势通常会突然急速上涨，接着便形成窄幅盘整而成交量缩小的走势，最后仍将下滑至新的低点。

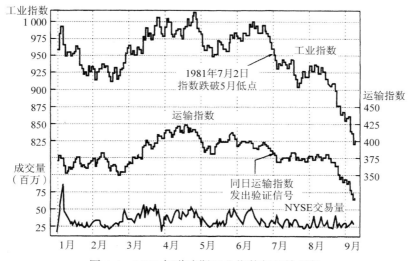

图 4-4　1981 年道琼斯工业指数与运输指数

注：1981 年道琼斯工业指数与运输指数——空头市场的确认。为了确认空头市场的走势，两种市场指数都必须向下突破前一个中期趋势的重要低点。就这个例子来说，道琼斯工业指数在 7 月 2 日向下突破 5 月的低点，道琼斯运输指数在同一天确认。不可将确认日与卖出信号相互混淆，前者是 7 月 2 日。

6. 空头市场的中期反弹，通常都呈现颠倒的"V"形，其中低价的成交量偏高，而高价的成交量偏低（见图4-5）。

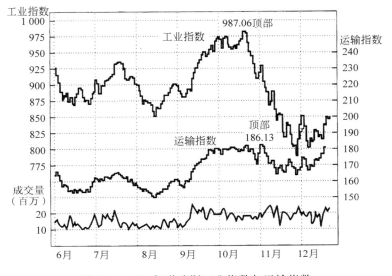

图 4-5　1973 年道琼斯工业指数与运输指数

注：1973 年道琼斯工业指数与运输指数——空头市场次级修正走势的典型"V"形模式。空头市场修正走势起始于 8 月，并于 11 月出现顶部，形成空头市场修正走势的典型颠倒"V"形模式。请注意，高点（工业指数为 987.06，运输指数为 186.13）的成交量相对偏低，而低点的成交量相对偏高。

有关空头市场的情况，雷亚的另一项观察非常值得重视：

在空头行情末期，市场对进一步的利空消息与悲观论调已经产生了免疫力。然而，在严重挫跌之后，股价也似乎丧失了反弹的能力，各种征兆都显示，市场已经达到均衡的状态，投机活动不活跃，卖出行为也不会再压低股价，但买盘的力道显然不足以推升价格……市场被笼罩在悲观的气氛中。股息被取消，某些大型企业通常会出现财务困难。基于上述原因，股价会呈现窄幅盘整的走势。一旦这种窄幅走势明确向上突破……市场指数将会出现一波比一波高的上升走势，其中夹杂的跌势都未跌破前一波跌势的低点。这时……明确显示应该建立多头的投机性头寸（见图4-6）。这项观察也适用于商品市场，当然，不包括其中有关股息的陈述。

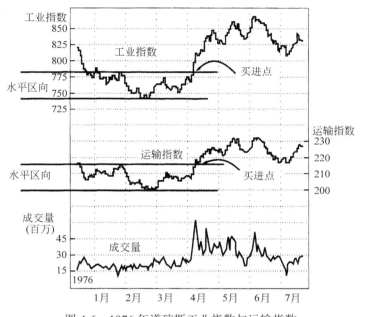

图4-6　1976年道琼斯工业指数与运输指数

注：道琼斯工业指数与运输指数——1976~1978年空头市场末期的窄幅盘整走势。在走势明确向上突破盘整区间时，通常是做多的理想时机。请注意，在走势向上突破盘整区间时，同时代表空头市场次级修正走势的结束以及多头市场的开始。

定理4

主要的多头市场（primary bull markets）：它是一种整体性的上涨走势，其中夹杂着次级折返走势，平均的持续期限长于两年。在此期限内，因为经济情况好转与投机活动转盛，所以投资性与投机性的需求增加，并因此推高股票价格。多头市场有三个阶段：第一阶段，人们对未来的景气恢复信心；第二阶段，股票对已知的公司盈余改善产生反应；第三阶段，投机热潮转炽而股价明显膨胀——这阶段的股价上涨是基于期待与希望（见图4-7）。

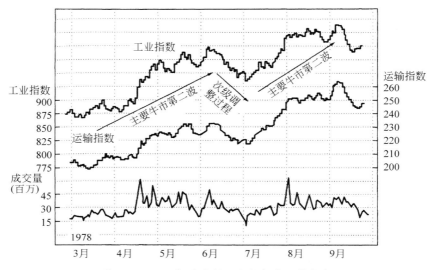

图4-7　1978年道琼斯工业指数和运输指数

注：道琼斯工业指数与运输指数——1978～1981年多头市场的早期阶段。这是多头市场典型的早期发展。就这个例子来说，在第一段与第二段主升波之间，夹杂着第一个次级折返走势。第一段主升波便是雷亚所谓的"……对未来的景气恢复信心"。

这个定理也需要理清。多头市场的特色是所有主要指数都持续联袂走高，拉回走势不会跌破前一个次级折返走势的低点，然后再继续上涨以创新高价。在次级的折返走势中，指数不会同时跌破先前的重要低点。主要多头市场的重要特质如下。

1. 由前一个空头市场的低点算起，主要多头市场的价格涨幅平均数为77.5%。

2. 主要多头市场的期限长度平均数为2年零4个月（2.33年）。在历史上的所有多头市场中，75%的期限长度超过657天（1.8年），67%介于1.8～4.1年。

3. 多头市场的开始以及空头市场最后一波的次级折返走势，这两者之间几乎无法区别，唯有等待时间确认。参考上述雷亚的评论，但把"在空头行情的末期"改为"在多头市场的初期"（见图4-6）。

4. 多头市场中的次级折返走势，跌势通常比先前与前后的涨势都剧烈。另外，折返走势开始的成交量通常相当大，但低点的成交量则偏低（见图4-8）。

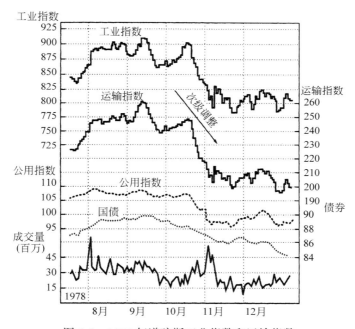

图 4-8　1978 年道琼斯工业指数和运输指数

注：道琼斯工业指数与运输指数——1978年多头市场的次级折返走势。多头市场中的次级折返走势，跌势通常比先前与随后的涨势都剧烈。在折返走势开始时的成交量通常都相当大，但低点的成交量则偏低。

5. 多头市场的确认日是两种指数都向上突破空头市场前一个修正走势的高点，并持续向上挺升的日子。

定理 5

次级折返走势：就此处的讨论来说，次级折返走势是多头市场中重要的下跌走势，或空头市场中重要的上涨走势，持续的时间通常

> 在3个星期至数个月。此期间内折返的幅度为前一个次级折返走势结束后之主要走势幅度的33%～66%。次级折返走势经常被误以为是主要走势的改变，因为多头市场的初期走势显然可能只是空头市场的次级折返走势，相反的情况则会发生在多头市场出现顶部后。

次级折返走势（也被称为修正走势）是一种重要的中期走势，它是逆于主要趋势的重大折返走势。判断何为逆于主要趋势的"重要"中期走势，这是道氏理论中最微妙与困难的一环。对信用高度扩张的投机者来说，任何误判都可能造成严重的财务后果。

在判断中期趋势是否为修正走势时，需要观察成交量的关系、修正走势之历史概率的统计资料、市场参与者的普遍态度、各个企业的财务状况、整体状况、美国联邦储备委员会的政策以及其他许多因素。走势在归类上确实有些主观成分，但判断的精确性却关系重大。一个走势究竟属于次级折返走势，或是主要趋势的结束，我们通常很难甚至无法判断。然而，此处与稍后章节的讨论，将可以提供一些有帮助的说明。

我个人的研究与雷亚的看法相当一致，大多数次级折返走势的折返幅度，约为前一个主要走势波段（primary swing，介于两个次级折返走势之间的主要走势）的1/3～2/3，持续的时间则在3个星期至3个月之间。对历史上所有的次级折返走势来说，其中61%的折返幅度约为前一个主要走势波段的30%～70%，其中65%的折返期限介于3个星期至3个月，而其中98%介于两个星期至8个月。价格的变动速度是另一个很明显的特色，相对于主要趋势而言，次级折返走势有暴涨暴跌的倾向。

次级折返走势不可与小型（minor）折返走势相互混淆，后者经常出现在主要与次级的走势中。小型折返走势是逆于中期趋势的走势，在98.7%的情况下，持续的期限不超过两个星期（包括周末休息日在内）。它们对中期与长期趋势几乎完全没有影响。截至1989年10月,"工业指数"与"运输指数"在历史上共有694个中期走势(包括上涨与下跌),其中仅有9个次级折返走势的期限不足两个星期。

在雷亚对次级折返走势的定义中,有一个关键的形容词:"重要"。一般来说,如果任何价格走势起因于经济基本面的变化,而不仅是技术面的调整,而且其价格变化幅度超过前一个主要走势波段的1/3,都称得上重要。例如,如果美联储将股票市场融资自备款的比率由50%调升为70%,这会造成市场上相当大的卖压,但这与经济基本面或企业经营状况并无明显的关系。这种价格走势属于小型(不重要的)走势。此外,如果发生严重的地震而使加利福尼亚州的一半沉入太平洋,股市在3天之内暴跌600点,这就属于重要的走势,因为许多公司的盈余将受到影响。然而,小型折返走势与次级折返走势之间的差异未必非常明显,这也是道氏理论中的主观成分之一。

雷亚将次级折返走势比喻为锅炉中的压力控制系统。在多头市场中,次级折返走势相当于安全阀,它可以释放市场中的超买压力。在空头市场中,次级折返走势相当于为锅炉添加燃料,以补充超卖流失的压力。

小结

道氏理论并不是一种具备绝对包容性的市场预测方法,⊖但任何态度严肃的投机者都不应该忽略该知识。道氏理论的许多原理都蕴含于华尔街和市场参与者的日常用语中,只不过一般人并没有察觉而已。例如,市场专业者对修正走势都有普遍的认识,但据我了解,唯有道氏理论对这个名词提供客观的定义。

在研究道氏理论的基本原理之后,我们便具备了一种基本的知识,即了解如何根据目前与历史的市场指数来评估未来的价格走势。我们对趋势已经

⊖ 以1987年的崩盘为例。崩盘后,道氏理论从来都没有产生明确的买进信号,当时的跌势非常突然而猛烈,许多人受到严重伤害而不愿意进行再投资。唯有基于经济基本面的长期考虑,人们才会再度进场投资。

有了较为普遍的认识。我们知道,任何市场都同时存在三种活跃的趋势,它们的相对重要性对交易者、投机者与投资者来说各自不同。

了解这些概念之后,可进一步探讨价格的趋势。毕竟,如果你知道何谓趋势,而且还知道它在什么时候最有可能发生变化,你实际上就已经掌握市场获利的全部知识了。

第 5 章

趋势的定义

上升趋势、下降趋势以及趋势的意义

很少有人（包括专业人士在内）真正了解何谓"趋势"，这是最令我惊讶的现象之一。例如，如果某人把图 5-1 摆在我面前，并问我对黄金趋势的看法，你认为我将如何回答？最合理的答案是："你是针对哪一种趋势而言的？"

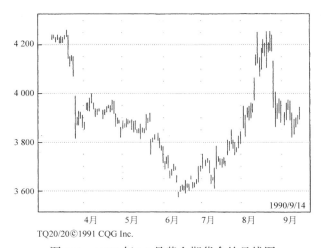

图 5-1　1990 年 12 月黄金期货合约日线图

注：1990 年 12 月黄金期货——黄金的趋势如何？图 5-2 标示出三种趋势。

我观察这张图形时发现，其中存在三种截然不同的趋势：长期趋势向下；中期趋势向上；短期趋势向下（见图5-2）。在判断价格趋势时，你必须非常明确，而且有一致性的标准。

图5-2 1990年2月黄金期货日线图

注：1990年12月黄金期货的日线图（上侧）与周线图（下侧）——三种趋势。长期趋势（数个月至数年）向下，它在下侧的图形中以A线表示的。中期趋势（数个星期至数个月）向上，它是以B线表示的。短期趋势（数天至数个星期）向下，它是以C线表示的。

我培养交易员时，几乎每个人都会拿出趋势线绘制并不正确的图形给我并说道："维克托，你看这个，趋势线已经被突破了，是不是很好的买进机会？"如果你并不真正了解何谓趋势，那么你几乎可以随意绘制任何趋势线，但根据这种"趋势线"所做出的结论并无用处。

第7章将详细解说如何以一致性的方式正确地绘制趋势线。目前，让我们进一步探讨何谓趋势以及它是如何变化的。

简化为基本点

在道氏理论中,你能得到的最重要知识之一可能就是它对趋势的定义,但这仅蕴含在说明中,并未做出明文解释。道将趋势划分为三类:长期趋势、中期趋势与短期趋势。唯有真正了解趋势的意义,才有可能判断趋势何时发生变化。而且,唯有精确地判断趋势的变化,并精确地设定买卖时机,才可以提升利润或降低损失。从道氏理论中,我整理出下列定义。

上升趋势——它是由一系列连续的涨势构成,每一段涨势都持续向上穿越先前的高点,中间夹杂的下降走势(换言之,跌势)都不会向下跌破前一波跌势的低点。总之,上升趋势是由高点与低点都不断垫高的一系列价格走势构成的⊖(见图5-3)。

图5-3 道琼斯工业指数周线图

注:道琼斯工业指数周线图——指数处于上升趋势(多头行情)。上升趋势由高点与低点都不断垫高的一系列价格走势构成。

⊖ 对市场指数来说,所有相关的指数都应该相互验证。若非如此,则存在背离现象——表明趋势可能产生变化。

下降趋势——它是由一系列连续的跌势构成，每一段跌势都持续向下穿越先前的低点，中间夹杂的反弹走势（换言之，涨势）都不会向上穿越前一波涨势的高点。总之，下降趋势是由低点与高点都不断下滑的一系列价格走势构成的（见图5-4）。

图 5-4　1990年黄金期货周线图

注：1989年黄金期货周线图——黄金处于下降趋势。下降趋势由低点与高点都不断下滑的一系列价格走势构成。

如果你希望在本书中有所收获，务必注意上述定义。它们非常简单，却具有绝对的重要性。它们是普遍性的定义，可以适用于任何市场与任何时间结构。从图5-3与图5-4中可以得出一个结论，顺势操作是在金融市场获利的途径。然而，上述定义并未明确说明，如何确定先前的高点与低点。这完全取决于你的交易活动是专注于短期趋势、中期趋势还是长期趋势。换言之，你究竟是从事交易、投机还是投资。

不论你参与的是哪一种市场或哪一种时间结构，除非你知道趋势的方向并了解如何判断趋势的变化，否则你不可能获利（运气除外）。趁着对道氏理论的记忆犹新，此处还将提出一些相当有用的观点。其中某些内容仅适用于股票市场，但绝大部分内容适用于任何市场。了解这些内容，将非常有助于你判断趋势可能在何时发生变化或已经发生变化。

验证的重要性

在股票市场的交易中，存在一种最严重的错误，那便是仅根据一种指数的走势做出判断。我们经常可以发现，某一市场指数出现反转走势达数个星期或数个月之久，另一种指数却呈现相反方向的走势。这种现象被称为背离（divergence），它仅有负面性质的用途。犹如雷亚所说：

> 两种市场指数必须相互验证（both averages must confirm）：铁路指数与工业指数的走势永远应该一起考虑。一种指数的走势必须得到另一种指数的确认，这样才可以做出有效的推论。仅根据一种指数的趋势判断，另一种指数并未确认，结论几乎是必然错误的。

雷亚在 1932 年提出这个观点。目前，除了道琼斯工业指数与道琼斯铁路（运输）指数以外，我们还有标准普尔 500 指数（S&P 500）、价值线指数、主要市场指数、债券指数、美元指数、商品指数……所以，上述原则经过更新之后，"两种市场指数必须相互确认"应该改为"所有的相关指数都必须相互确认"。1987 年 10 月崩盘后的情况便是一个典型的例子，它说明该原则的必要性。

首先，你应该记得道氏理论中有一个"假设"："这个理论并非不会错误。"这个假设便适用于崩盘后的情况。根据道氏理论，我认为 1987 年 10 月崩盘是空头市场的第二只脚。所有相关指数都跌破先前的主要低点，这显然是道氏理论中所谓的空头市场。然而，空头市场并未出现。若从事后的角度以严格的道氏理论解释相关的发展，则 1987 年 10 月 19 日之后的盘势属于主要多头市场的次级修正走势；然而，两种指数都向下跌破前一波次级修正走势的低点，市场却未进入空头行情，这是1991年以来首度发生的现象。

它必须被归类为修正走势，因为它不符合雷亚对主要空头市场的定义。根据我的看法，如果美联储没有在10月放松银根，而德国与日本也没有在12月采取宽松的货币政策刺激经济，则空头市场应该是合理的发展结果，这样才可以修正先前数年不当的投资现象。然而，它们毕竟干预了，S&P 500在12月见底，市场最后又创新的高点。这时，"所有的相关指数都必须相互确认"的原则便开始发挥它的效力。

1989年4月18日，"运输指数"首先向上突破1987年8月的高点。"价值线指数"在7月10日也出现类似的突破走势，"S&P 500"则在7月24日突破（但S&P 500成分股仅有29%的个股在1989年创新高）。然而，根据道氏理论的严格判读，确认日最早发生在4月18日，当时"工业指数"向上突破1987年8月的高点，并持续向上走高（见图5-5）。现在，就"运输指数"来说，我将1987年8月25日至1987年12月4日之间的走势，归类为主要多头市场的次级修正走势，而"工业指数"的修正走势则发生在1987年8月25日至1987年10月19日之间。当时的情况非常混乱，但如果没有道氏理论的客观指引，我会更加迷惑。

这里我必须指出，虽然1987年的行情发展相当特殊（从历史的角度来说），但根据道氏理论的严格判读，在10月14日便出现明显的中期卖出信号，当时"工业指数"以大成交量向下突破9月21日的低点（"运输指数"已经提早创新低点）。不论你将当时的长期趋势视为多头市场还是空头市场，这两个中期卖出信号都很有效。然而，如果你把崩盘走势视为空头市场的第二只脚，则往后便没有明显的多头进场信号。

在空头行情的假定之下，我在1987年10月24日建立多头头寸，因为我认为当时将展开次级向上修正走势。1988年3月结束多头头寸之后，我在1989年10月之前便没有再大量介入股市，而后者的情况已在第2章中做了说明。1989年10月13日，我对市场的预测主要是基于道氏理论。

图 5-5 道琼斯工业指数周线图

注：道琼斯工业指数周线图——多头市场持续的确认。1989 年 4 月 18 日确认多头市场持续发展，当时工业指数向上突破 1987 年 8 月的高点，并继续向上攀升。

行情的四个阶段

我称为信号的两个关键指标分别是窄幅盘整与成交量关系。任何市场都必然处于四种技术阶段之一：①承接（accumulation，长期投资者的买进）；②出货（distribution，长期投资者的卖出）；③向上或向下的趋势；④整理（consolidation，在经过确认的趋势中，发生获利了结之后的调整）。以另一种方式说明，如果市场并无趋势，便是处于窄幅盘整（line）的走势。雷亚将窄幅盘整定义为：

窄幅盘整是长达两三个星期及以上的价格走势，在此期间，两种指数大约都在 5% 的价格区间内波动。这种走势可能代表承接或出货。当两种指数同时向上穿越盘整区间的上限时,代表的是承接的盘整,而价格应该继续走高;反之,当两种指数同时向下穿越盘整区间的下限时,代表的是出货的盘整,价格应该继续走低。如果仅根据一种指数判断,另一指数并未确认,结论通常都是错误的。

窄幅盘整的走势通常发生在中期行情的顶部或底部,在这种情况下,雷亚的定义完全适用。在主要的市场顶部,拥有较佳信息而态度谨慎的长期投资者,试图在一段时期内出清(非常大量的)投资组合,又不希望明显压低价格。由于当时市场上的多头投机气氛仍然相当浓厚,他们可以分批出货,将筹码转手给交易者与投机者。因此,在数个星期及以上的时期内,价格将窄幅波动且没有明显向上或向下的趋势,这便形成了窄幅盘整的走势。这也可能发生在某特定的个股或商品市场上。

最后,当市场共识认为价格将下跌时,将穿越窄幅盘整的下限。就市场术语来说,这就是突破——卖空股票或商品的绝佳时机(见图5-6)。

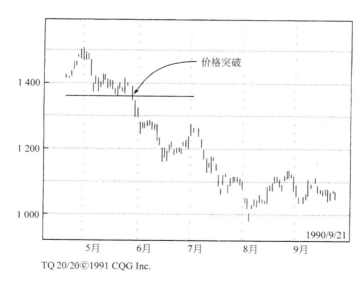

图5-6　1990年5月原糖期货日线图

注:5月的糖期货——价格突破,通常是理想的卖空信号。

在主要的市场底部经常也会发生相同的情况，但方向相反。当价格大幅下跌后，明智的长期投资者认为当时的股票价格具有长期投资的价值，于是开始建立大规模的头寸。或许是为了试盘，或许是不希望推升股价，他们在数个星期至数个月的时期内，默默地承接股票。结果也会形成窄幅盘整的走势。最后，当市场共识认为价格将上涨时，将穿越窄幅盘整的上限。就市场术语来说，这就是突破——买进股票或商品的绝佳时机（见图5-7）。在观察每天的价格波动时，突破是唯一对每一种市场参与者（不论是交易者、投机者还是投资者）来说都很重要的走势。犹如雷亚的评论：

> 每天的波动（daily fluctuation）：根据单日的指数波动推论，几乎必然是错误的，而且也没有什么价值，唯有窄幅盘整的走势例外。然而，每天的价格走势都应该加以记录，因为一系列的单日走势最后必然会发展成为一种易于辨认且具有预测价值的模式。

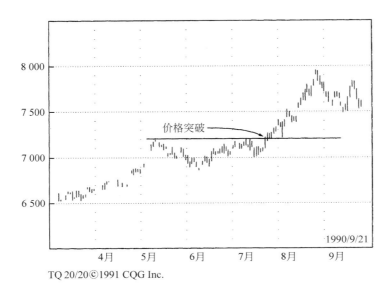

图 5-7　12 月瑞士法郎期货日线图

注：12 月瑞士法郎期货——价格突破，通常是理想的买进信号。

在某些情况下，顶部或底部形成后，趋势往往会突然改变，没有经过窄幅盘整的期间。另外，窄幅盘整的走势有时也会发生在经过确认之主要趋势的中间。这可能是源于下列两个原因中的一个：当价格走势（上涨或下跌）相当陡峭，许多交易者与投机者获利了结时，便造成趋势暂时停顿；或者，市场对未来发展并不确定、分歧的看法使得价格维持在相对固定的价位。第一种情况，我称之为整理；第二种情况，我称之为等待行情（waiting market）。

重要的成交量关系

在趋势明显的行情中，价量关系非常重要。犹如雷亚的评论：

成交量与价格走势的关系（the relation of volume to price movement）：在超买行情中，会出现价涨量缩而价跌量增的现象；相反，在行情处于超卖行情时，会出现价跌量缩而价涨量增的现象。在多头市场结束期间会出现活跃的交易，在开始期间则交易相对冷清。

根据定义，在超买行情中，价格主要受到感觉、希望与预期的驱动，但并非基于健全的经济判断与价值考虑。在这种情况下，掌握明确信息的人已经离开市场，一般参与者的热情也会逐渐冷却。市场已经具备恐慌的条件，只要出现些许的征兆，便足以引发层层卖压。所以，在超买行情中，通常会出现价涨量缩而价跌量增的走势。

超卖情况也适用类似而反向的推理。当超卖市场发展至某一阶段后，由于股票价位已经明显偏低，精明的投资者便开始在低档持续地买卖。市场中逐渐兴起一股对未来的希望与预期，在些许的刺激之下，便使股价在大成交量的情况下向上飙涨。这种价量关系虽然适用于任何金融市场，但不幸的是仅有股票市场可以提供即时的成交量资料。在商品市场中，估计的成交量公布于次一个交易日，实际的成交量则公布于次两个交易日。所以，请注意，价量关系是一种通常而不是永远适用的资料。它们应该是辅助工具，而不是主要的考虑因素。

小结

现在，你已经知道什么是趋势，什么是窄幅盘整，并了解一些引发趋势变动的征兆与原因。你也明白价格与成交量之间的重要关系，以及它们如何反映市场的心理状况。如果你可以根据本章与第 4 章的内容思考市场的行为，你就已经远远超过一般群众的层次。

下一个步骤是将这些知识（尤其是趋势与趋势变化的知识）简化为一种单纯而易于管理的系统。我将会提出一种独特而且非常单纯的图形系统。该系统是以模式认定为基础的，所以它是一种技术方法。然而，提出该系统以前，我需要先说明技术分析的优点与缺点。

| 第 6 章 |

技术分析的优点与缺点

华尔街中充满了技术分析者。场内交易员（floor trader）、楼上交易员（upstairs trader）、投机者甚至某些长期交易者，都试图运用可能重复出现的模式，预测未来的市场走势。这些模式之所以发生，并没有涉及什么神秘的理由。从心理角度来说，人们通常会以一致性的方式来对一组类似情况做出反应。然而，人类心理非常复杂，而且没有任何两组市场情况会完全相同。所以，利用技术分析预测未来的市场行为，在态度上必须非常谨慎。

根据罗伯特·爱德华兹与约翰·迈吉的说法，"技术分析是一种科学，它记录某只股票或'市场指数'的实际交易历史（价格的变动、成交量以及其他类似资料），通常是以图形记录的，然后，再根据历史图形推测未来的可能趋势"。⊖他们二人所采用的基本前提非常类似于"道氏理论"——市场的所有相关知识都已经反映在价格中。然而，技术分析者认为，价格与价格的模式是唯一的重要考虑因素，该假设则不同于"道氏理论"。

⊖ Robert D.Edwards and John Magee, *Technical Analysis of Stock Trends*（Massachusetts；John Magee Inc., 1966）（5th ed.），p.5. 该书中文版《股市趋势技术分析》已由机械工业出版社出版。

我并不是一位纯粹的技术分析者，但许多获利都是来自技术性的考虑，所以我无法像某些"基本面分析者"一样，对技术分析嗤之以鼻。一方面，它是拟定市场决策的重要辅助工具，使你可以掌握所有胜算，但许多市场玩家不能体会到这一点。另一方面，投资或投机行为若单独以它作为主要的评估方法，则技术分析不仅无效，而且还可能会产生误导的作用。

稍微调查一下专业交易者、投机者与投资者的看法，便可以显示技术分析的有效程度。完全仰赖图形方法，其操作业绩通常并不稳定。例如，1974年一位技术分析者来找我，他的名字是利奥，他认为我可以借助他的知识。我以每周125美元的试用薪水任用他，如果他的建议确实有效，他还可以提取某一百分率的红利。利奥每天早晨6:30便到办公室，开始研究120多幅彩色图形，并运用一些到目前为止我还不懂的分析方法。他每天工作16个小时，显然非常了解市场，但他在这方面的知识可能已经成了障碍。

当我要求他提供建议时，他会展示一些图形并解释道："这只股票可能在做底"，或"这只股票可能会填补缺口"。总之，不论他说什么，他的看法总是非常不明确，并提出一些相互矛盾的可能性。我通常会回答："好的，但我究竟应该怎么做？买进或卖出？"利奥无法给我一个简单明了的答案。我对他的印象非常深刻，尤其是他的衬衫袖口经常因磨损而发毛，午餐总是从家里带来的鲔鱼三明治。

我并不是说，所有技术分析者都是如此，但技术分析本身显然无法从根本重点上思考。如果你经常观看"金融新闻频道"（financial news net work，FNN）的节目，你应该了解我是什么意思。每位技术分析专家对于模式的解释都各自不同，而且都可以提出自己的故事。根据我个人的观点，我们仅需要一些最根本的技术分析原则，并以它们作为辅助工具。一套真正有效的系统，应该涵盖严谨而健全的经济基本面分析，以及对于个别证券与商品的评估方法，再纳入根本的技术分析精髓。

在我们的讨论范围内，各位必须了解三种技术分析者的活动：波浪观察者（tide watcher）、人为操纵者与纯粹派信徒（purist）。

波浪观察者

所谓的波浪观察者，试图根据盘中价格趋势的起伏而顺势操作。相对来说，他们并不关心经济的状况、个股市盈率或盈余增长或任何其他商品的经济基本面。他们所有的注意力几乎完全放在每天、每个时刻的价格走势方向上。随着趋势的上升、下降或横向发展，他们买进、卖空或保持空仓。

波浪观察者通常是主要交易所内的场内交易员或做市商。他们之所以被归类为波浪观察者，是因为他们仅关心价格的趋势——"趋势是你的朋友"是他们的根本思想。一般来说，他们并不理会任何重要消息，他们仅试图根据压力与支撑（可能造成波浪转向的先前高点与低点）掌握趋势（见图6-1）。

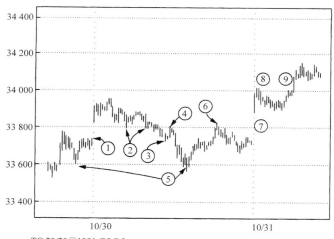

图 6-1　5 分钟线图

注：1989 年 12 月 S&P 期货——盘中的压力与支撑。
① 如果今天开高，则昨天的收盘价为支撑；如果今天开低，则昨天的收盘价为压力。
② "整数价位"被视为支撑或压力，就这个例子来说，它们是支撑。
③ 价格测试前一天的收盘价。
④ "整数价位"形成压力。
⑤ 价格测试"整数"价位与前一天的支撑水平。
⑥ 价格测试④的压力。
⑦ 经济领先指标出现利多消息，开盘价向上"跳空"。
⑧ 接近开盘价的最初高价形成压力。
⑨ 价格测试压力，并以大量向上突破而创当天新高。

在上升趋势中，高于目前价位的先前高点为压力，低于目前价位的先前低点则为支撑。在下降趋势中，低于目前价位的先前低点为压力，而高于目前价位的先前高点则为支撑。在上升趋势中，如果突破先前的高点而价格继续攀升，波浪观察者将是买家，而任何显著的连续向下跳动（tick，"跳动"是指价格的最低变动单位。股票为 1/8，期权为 1/16，等等）则代表可能的卖出信号。如果突破先前的高点之后，价格未能继续向上挺升，他们将卖出，任何显著的向上走势则代表可能的买进信号。此外，向下的趋势则适用类似而反向的推理。波浪观察者永远试图掌握"大众"在想什么、"大众"准备做什么，他们以价格走势的性质作为判断的方法㊀。

由于场内交易员大多属于波浪观察者，因此投机者与投资者应该了解他们对短期价格趋势可能造成的影响。在短期内，某只个股或商品的价格，可能仅因为他们之间的互动行为而上涨或下跌数点。

例如，假定某证券交易所的场内交易员发现，XYZ 股票的卖压很轻，而股价下跌也没有引发明显的追杀卖盘。如果这种情况持续一阵子，则他们可能认为 XYZ 股票几乎没有什么卖压。在这种判断下，他们可能会趁着回档的时机开始承接（在短线低档开始买进），然后试盘。

假定 XYZ 股票的买卖报价为 40¼～40⅜，㊁而 3/8 的价位仅挂着 500 股的卖单。在 1/2、5/8 或更高的价位上，卖单的情况究竟如何，仅能猜测，但他们认为买盘的力道相当强，一些精明的交易员开始买进股票测盘，以观察买卖单的变化。最重要者，当价格开始变动时，他们将观察外来的委托单是否变化，若是如此，这些买卖单的关系如何。

如果卖单不断涌现，交易员只好放弃而抛出股票，再找另外的机会。然而，假定市场中出现买单，并在 1/2 与 5/8 等价位上成交，接着又有一些经纪

㊀ "他们"是一种无所不在的市场拟人化概念，有关这方面的评论，请参考 G.C.Seldens，*Psychology of the Stock Market*（Vermont，Fraser Publishing Company，1965）。

㊁ 对于任何交易工具，买价代表当时场内愿意买进的最高价格，卖价代表当时场内愿意卖出的最低价格。

人跟进。如果这种情况持续下去，这只股票很快就形成一种短线的多头气势。

这时，场内交易员根本不知道 XYZ 公司的盈余展望是否有任何变化。当初的卖压不重，很可能就是因为这方面的缘故。总之，不论该公司的展望如何，如果股票出现相当的涨幅，便形成一个小型的飙涨行情。对于场内的多头交易员来说，他们关心的仅是价格上涨而已。

此外，场外的大笔卖单随时可能让涨势中断。由于这种小型飙涨走势纯粹是投机行情，因此在上档接手的买盘将遭到最严重的损失。小型的崩跌走势也适用类似而反向的推理，这种走势经常发生在小型飙涨走势结束后不久。计算机程式交易可以发动、加速与扩大整个程序。

如果投机者或投资者了解这类波浪观察者的行为与影响，则可将此知识运用于许多方面。首先，场外观察者⊖在报价荧屏中发现这类活动时，可以根据盘中价格的循环，设定中期或长期的买卖价位，以提高获利。其次，根据价格走势与基本面之间以及它与大盘之间的关系，可以在中期与长期的持续力道上判断价格走势的"合理性"。最后，波浪观察者活动的性质，代表市场共识的一个关键指标。

最后一点对投机者来说可能最为重要。犹如地质学家通过监视火山活动可以预测地震一样，投机者可以通过监视盘中与每天的市场活动，衡量未来行情的发展。具体来说，成交量、涨－跌家数比率、重大经济或市场新闻引起的短期反应以及价格变动率等因素，都可以评估市场参与者的主要心理驱动力量。

以 1989 年 10 月 13 日的情况来说，仅仅因为"联合航空"并购案发生融通失败的消息，便使市场陷入恐慌性的卖压中。这显示出市场当时的心理结构非常脆弱。市场显然极度怀疑多头走势的持续力道，只要有一些空头或次级修正的征兆，跌势便一发而不可收。

⊖ 场外观察者（upstairs observer）是指在远处一直使用荧屏从事交易的人。

人为操纵者

在华尔街，人为操纵是一个龌龊的字眼。它具有不公平与不诚实的意义，这种行为经常被联想成赌场中的作弊。事实上，情况截然不同。根据《兰登书屋词典》（1969年大学版）的解释，人为操纵是"以高明的技巧处理或影响"。《韦氏字典》（1972年大学版）又提出另一种解释："以不公平或狡猾的手段，有技巧地控制或处理。"然而，试图以自身的买卖行为造成价格的变动，并因此而获利，这并没有什么明显的"狡猾"或"不公平"——换言之，除非证券交易委员会的想法不同。若是如此，便有狡猾的问题，你可能因此而被判刑入狱。然而，个人会被判刑，但法人机构则不然。

大型的法人机构可以通过庞大金额的买卖，操纵市场的短期价格。它们的目标是通过相关市场的背离价格获利，它们自身的行为经常会诱导或造成背离价格。它们的成功，是利用波浪观察者的心理。

以一个规模为 20 亿美元的退休基金为例，假定它希望卖出价值 2 亿美元的股票。它知道，如此庞大的卖出将导致股票指数下跌，所以它可以根据该判断获利。在市况比较平静的时候，通常是下午 2:00 左右，它开始卖空 S&P 的指数期货，建立 200 万美元的空头头寸。这相当于股票现货头寸的两倍，大约需要卖空 1000~1500 份合约——就 S&P 期货市场的规模来说，这笔交易很容易被消化。

然后，下午 3:10 左右，它开始以每 5 分钟 1000 万美元的速度分批卖出股票，在临收盘前，再卖出一笔大单。由于这一笔笔的卖压，场内会出现相当明显的空头气势，价格开始下滑。相对地，期货价格也会按比例下跌。在现货与期货市场中，波浪观察者都会推波助澜，使价格形成一种小型的崩跌走势。

在股价的下跌过程中，该退休基金在现货的处理上虽然发生亏损，但空头头寸（两倍的数量）回补的获利足以弥补现货的损失。记住，期货交易的保证金只不过是 5%，而股票的融资为 5%，所以，通过杠杆原理，期货市场的获利潜能是股票的 10 倍。

第二天早晨，市场的整个浪潮又反转过来，买气开始蓄积，并造成一个小型的飙涨走势。由于预先已经知道整个发展的（几乎是必然的）结果，该退休基金可以掌握理想的买卖时机，在两个市场的上涨与下跌走势中，同时为自己与客户创造可观的获利，再加上佣金的收入与免费的公共关系。最后，市场几乎没有任何变化，不过，却有大笔的资金转手了。法人机构采用各种计算机交易程式，有些非常复杂，它们虽然不完全是为了操纵市场，但总是不当的赚钱手段。

就公正的原则来说，计算机程式交易蕴含的"不公平性"并不是来自市场本身，而是来自政府对市场的任意规范。如果个人的操纵行为应该被惩罚，而法人机构的操纵行为却被忍受，其中显然有不公平之处。犹如威廉·欧奈尔所说：

> 主管当局允许它们（法人机构）直接与纽约证券交易所的计算机连线，在瞬间之内便可以下达大量的交易指令。你和我则需要通过经纪人，要求他们把交易指令转至纽约，执行一项指令需要几分钟的时间。⊖

就我个人来说，完全自由化的市场是最理想的状况，但主管当局至少可以明确界定何谓"人为操纵"，从而使每个人都了解"合法"交易的范围。

自从 20 世纪 80 年代中期以来，计算机程式交易已经完全改变盘中价格走势的性质，并为市场带来前所未有的不确定性。目前，在任何时刻，一位程式交易经理人的判断便可以发动买进或卖出的计算机程式，并在纯粹技术的基础上（换言之，相关股票的盈余展望没有任何基本变化）造成 5～30 点以上的短线走势（见图 6-2）。

⊖ William J.O, Neil, "Program Trading vs.Investing in a New U.S.," Investor's Daily 10/7/89, p.1.

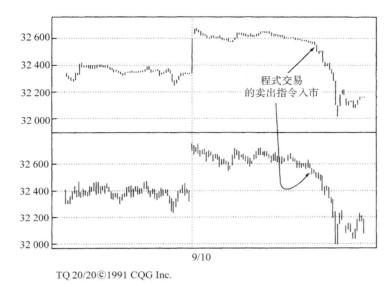

图 6-2　5 分钟走势图

注：1990 年 12 月的 S&P 500 期货与 S&P 500 现货指数的 5 分钟走势图。计算机交易程式对于盘中走势的影响：在计算机交易程式发明以前，任何如此大幅度的持续性走势中必然会夹杂着反弹。计算机程式可以使期货与市场指数出现巨幅的波动，经常会使交易者误判市场的趋势。

我过去经常从事 S&P 500 期货的当日冲销交易。在计算机交易程式发明以前，你绝对不会见到长达 1.5 时的跌势，中间没有夹杂任何反弹。你也很少看见目前经常出现的尖锐 V 形（或颠倒的 V 形）走势。由于机构法人的交易量非常庞大，一般大众因恐惧而退出市场。目前从事 S&P 的当日冲销交易时，你会感觉好像有人拿枪指着你。任何时候程式经理人都可以扣发扳机，于是市场在毫无预兆的情况下，突然出现不利于你的走势，而你根本没有迅速认赔的机会，尤其在交易头寸很大时。

市场一旦出现计算机程式交易的短线波动，如果你站在错误的一方，可能会造成致命的结果。当然，如果你站在正确的一方，获利也相当可观。问题是：这类走势由一个人发动，除了少数人之外，没有人知道整个交易计划，所以目前短线交易非常困难，而且经常演变为掷色子的赌博。然而，通过分析 S&P 500 现货与 S&P 500 期货的走势图，精明的投机者或投资者可以辨识计算机程式交易的模式，并以此设定最理想的买卖价位。㊀ 以此方式掌握进出场的时机，这对投资组合的业绩来说有相当大的帮助。相反，在计算机程式交易的威胁下，以"市价"大笔买卖股票或期货，是相当愚蠢的行为。

就中期与长期的角度来说，计算机程式交易基本上无法操纵价格，但可以改变价格趋势的性质，加速中期价格走势的发展。就上升趋势而言，它们可以引发大量的投机性买盘。就下降趋势而言，可以对主要跌势造成可怕的影响，就如同 1987 年 10 月崩盘的情况。

1987 年 10 月初，市场对基本面已经产生了怀疑。市盈率为 21 倍，这是历史上最高的市盈率之一。账面价值对股价的平均比率在名义上高于 1929 年的水平，若经过通货膨胀的调整，更高得离谱。这些因素再加上各经济部门的负债情况，使市场已经濒临一个主要的修正走势——如果不是空头市场的话。就当时的情况来说，问题已经不是"是否"而是"何时"。

10 月 19 日以前，法人机构的数十亿美元资金留在股市内，纯粹只是为了追求短期避险、套利与操纵策略的利润。显而易见，当时如果美联储大幅紧缩信用或美元汇率大幅下跌，这些"热钱"就会抽离股市，加重市场跌势。当时，《巴伦周刊》曾经访问我，并将访问内容刊登于 1987 年 9 月 21 日的一期中：

> 股票市场的跌势形成气候时，计算机程式交易会夸大整个情况的严重性，并造成史无前例的急跌走势……

这种夸大的跌势，通常被称为集体倒货，所以主要多头走势的顶部附近充满不确定性与风险。在这种情况下，如果持续以全部资金投入股市，显然

㊀ 如果你在场内有熟识的朋友，这对你也有帮助。

就完全忽视了风险／回报的合理原则。当情势即将变化时，首先变化的人往往获利最丰硕。

纯粹派信徒

在正式的理论基础上，某些技术分析者相信：价格就是一切，所有关于市场的已知或未来的可知资料都已经包含在市场价格与走势中。这便是纯粹的技术学派信徒，其中较著称者为艾略特（R. N. Elliott）与克朗多蒂夫（Krondodiov），某些不全然了解爱德华兹与迈吉理论的信徒也是如此，还有某些异端的"道氏理论家"。在不同的形式与程度上，纯粹的技术学派信徒主张，价格走势中存在一种形而上学的必然性（metaphysical inevitability），它们是由命运、"上帝"、演化或某种宇宙的力量决定的，经济分析与预测仅是要寻找正确的相关性或循环时间结构，阐明这些价格走势的性质。

试图以严格的循环理论或纯粹的数学方法预测未来，完全忽略市场活动中的主观性质。另外，这种态度也忽略了政府干预与联邦储备政策对长期趋势所造成的明确影响，有关这方面的问题，我们将在第9章与第10章中讨论。在某种程度上，这类理论系统确实可以成功地运用于行情预测与分析，这主要是因为它们已经脱离一致性理论需要的严格基础。或许它们的理论结构暂时符合市场的行为性质，因为市场参与者具有某些一致性的行为，在这种情况下，只是短期的技术性观察。或许它们的理论结构非常普遍或界定过于松散，而使用者有相当程度的解释与推论空间。

就第一种情况来说，以技术分析模型拟定投机或投资决策，并预测未来走势的幅度大小与时间长短，其业绩将缺乏一致性——市况会急速地变化。就第二种情况来说，理论结构实际上将妨碍健全的推论与分析。总之，市况将改变，市场参与者的态度也将改变，这类技术模型终究也会无效。

我必须再度强调，此处所谈论的并不是指所有的技术分析方法与运用，我仅指其中某些学派，他们主张：未来一切都已经预先确定，并因此而能以严格的数学模型来预测未来。

小结

技术分析可以提供重要的信息，但需要以合理的态度来看待它：**技术分析是归纳重复发生之价格模式的一种方法**。这些价格模式之所以产生，主要是因为市场参与者在拟定决策时，都具备类似的心理结构。在整个历史上，市场对类似情况通常都会产生特定的反应，而技术分析的最大贡献便是提供一种方法，以衡量这种反应的趋势。

在这种认识之下，技术分析可以为市场分析与经济预测提供一个新的观察角度，这是投机者与投资者经常忽略的一个领域。经过适当的了解与正确的界定，技术分析可以扩展市场知识的领域，并显示某些原本无法察觉的获利机会。

| 第 7 章 |

创造财富的契机
辨识趋势的改变

金融市场中最迅速而安全的赚钱方法，就是尽早察觉趋势的改变，建立头寸（多头或空头），顺着趋势前进，并在趋势反转之前或之后不久，了结你的头寸。任何市场的专业玩家都会告诉你，在低点买进而在高点卖出（或是在高点卖空而在低点回补），这仅能仰赖运气的眷顾。但经过适当的练习之后，你非常可能掌握中期或长期走势的 60%～80%。

为了做到这一点，你首先必须知道有哪些不同的市场，有哪些金融工具可供交易，如何与在哪里交易，保证金的规定如何，以及其他类似问题。⊖了解这些相关知识后，接着你需要以某种方法寻找具备理想投资机会的市场。

就此来说，你可以到图书馆，花三四年的时间研究全世界的所有市场。当完成研究时，你已经忘记你所学习的大部分内容。另一种可行的方法是学习如何观察图形。

⊖ 这类资料可以在大型书店或金融图书专卖店的适当的图书中找到。"Series 7" 的初级读物是相当不错的起点，可以让你概略地了解金融市场的运作机制。有关保证金的问题，则可以向你的经纪人咨询。

对一位有经验的市场玩家来说，如果希望在众多的市场中挑选潜在的买卖机会，观察价格走势图是最简单且最有效的方法。在学习一些简单的技巧以后，你就可以在一个小时内，浏览两三百幅图形，并从其中筛选较理想的对象。然后，经过进一步的评估后，你可以挑选5～10个值得研究的市场。你在筛选图形时，需要观察个股、指数、商品是否存在趋势变动的征兆。

在第6章中，我曾经严厉批评技术分析的某些观点，但我也表示技术分析是一种不可忽略的投机工具。现在，对于有关趋势变动的判定，我希望提出一些我最心爱的方法。我之所以偏爱它们，基于一个理由：长期以来，它们使我稳定地获利。它们非常简单，很容易记忆，经过相当的练习以后，你甚至不用铅笔便可以判断图形的内容。

根据图形解释资料（辨识价格模式，并推测未来的价格走势）属于技术分析的领域。如果你阅读有关技术分析方面的书，你将发现无数的价格模式：三角形、头肩形、窄幅盘整、楔形、空头旗形、多头旗形、七山（7 mountains）……我仅选用其中可以历经时间考验的模式，并将我的技术方法维持在最简单而基本的范围内。

我将我的技术性观察分为两大类。第一类包括本章内容在内，是处理趋势与趋势变动的根本原则，我在市场建立任何头寸之前，都非常仰赖这部分内容的协助。第二类将在第8章中解说，它们是判断趋势变动的辅助性工具，我的市场决策会根据情况而斟酌这部分因素。

本章中所列的方法，来自我对道氏理论的了解以及我个人多年来评估市场趋势与转折点的经验。犹如道氏理论一样，这些方法并不是完全没有错误的可能性，它们扮演的角色，仅是一个更广泛预测结构中的辅助性工具而已。这套方法有一个优点，它们可以毫无例外地适用于每一个市场：股票、指数、商品与债券。根据它们的判断，正确的机会远多于错误；在适当地运用下，一旦决策发生错误，它们也可以让你迅速认赔。

利用走势图拟定投机与投资的决策，这具备两个经常为人所忽略的重要优势。第一，对大部分人来说，运用视觉思考较为简单。第二，在走势图上设定明确的进场与出场点，你就可以避免巨额输赢时的情绪性压力。

务必记住，运用走势图拟定决策，技术上的一致性在长期中最为理想，中期稍差，而短期的变化情况最严重。在走势图中之所以存在模式，是因为市场参与者对类似的情况会产生类似的反应。就心态而言，投资者与投机者并不相同，但他们之间有许多共通之处，这些共通性质将反映在走势图的模式中。然而，盘中的短线交易者是根据截然不同的法则交易的，因此他们产生的模式必须另外考虑。我们必须感谢盘中交易者的存在，因为他们为投机与投资行为提供了不可或缺的市场流动性；除了提供流动性以外，他们的行为对中期与长期趋势几乎没有什么影响。

走势图的判读方法，虽然属于"技术性"的观察，但这是就最广义的角度而言的。换言之，它们在视觉上呈现人类行为的特质，而这些特质重复出现于市场价格走势的历史记录中。

如何决定趋势——绘制趋势线

根据先前数章的讲解，我们已经知道何谓趋势。让我们再回顾一下，趋势是某特定期间内，价格走势的方向。在上升趋势中，价格持续上涨而中间夹杂着暂时性的下跌走势，但下跌走势的低点不会低于前一波跌势的低点。下降趋势则相反，价格持续下跌而中间夹杂着暂时性的上涨走势，但上涨走势的高点不会高于前一波涨势的高点。在图形上，趋势呈现锯齿状的模式。就上升趋势而言，价格将持续创新高，其间所夹杂之回档走势的底部也不断垫高；就下降趋势而言，价格将持续创新低，其间夹杂着反弹走势的高点也不断下滑。

在分析趋势时，趋势线是最有用的工具。不论业余或专业的市场玩家经常会犯一个严重的错误：趋势线的定义与绘制，在方法上缺乏一致性。若希望趋势线能够发挥作用，必须精确反映趋势的定义。我设计的方法非常简单，而且具有一致性。它同时符合道氏理论中对趋势的定义，以及该理论对趋势变动的推论。

1. 选择考虑的期间：长期（数个月至数年）、中期（数个星期至数个月）或短期（数天至数个星期）。在既定的期间内，如果趋势线的斜率变动非常明显，可能同时存在数条趋势线。

2. 上升趋势线：在考虑的期间内，以最低的低点为起点，向右上方绘制一条直线，连接最高之高点前的某一个低点，而使这条直线在两个低点之间未穿越任何价位（见图 7-1 与图 7-2）。延伸这条直线而经过最高的高点。⊖当趋势线经过所考虑最高之高点后，它可能穿越某些价位。事实上，这是趋势发生变化的一种现象，稍后将讨论这方面问题。

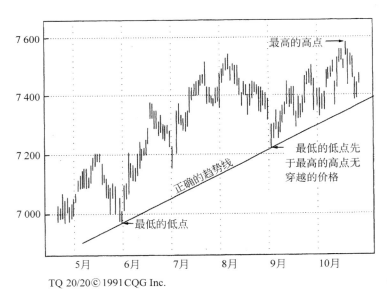

图 7-1　日线图 1

注：1989 年 12 月活牛期货——上升趋势。上升趋势线由最低的低点绘制一条直线，连接最高之高点前的某一低点，以便该直线在两个低点之间不会穿越任何价位。

⊖ 这是指水平轴上的位置而言的。——译者注

图 7-2　日线图 2

注：1989 年 12 月活牛期货——错误的上升趋势线。这条上升趋势线并不正确，因为在两个低点之间，趋势线穿越某些价位。这种错误会导致趋势变动的误判。

3. 下降趋势线：在考虑的期间内，以最高的高点为起点，向右下方绘制一条直线，连接最低之低点前的某一个高点，而使这条直线在两个高点之间不会穿越任何价位。延伸这条直线而经过最低的低点（见图 7-3 与图 7-4）。

这种方法虽然简单，却非常精确而具有一致性。如果你根据相同期间内的资料做线性回归分析，最佳套入直线的斜率将相当近似于趋势线的斜率。这与其他方法不同，它使你可以避免依据个人的主观看法绘制趋势线——避免将个人的欲望强加在趋势线之上。当趋势发生变动时，这种方法也可以在图形上提供判断的基准。

如何认定趋势的变动：简单的 1-2-3 准则

在底部买进而在顶部卖出，当然是最理想的投机方式，但这显然不是一种可以稳定达到的境界：市场的发展太过不确定。然而，我们可以在技术上判定，趋势何时将发生变动，并因此掌握大多数股票与商品的长期价格走势幅度的 60%～80%。

图 7-3 日线图 3

注：1989 年 12 月大豆油期货——下降趋势线的正确绘制方法。下降趋势线由最高的高点绘制一条直线，连接最低之低点前的某一高点，使该直线在两个高点之间不会穿越任何价位。

图 7-4 日线图 4

注：1989 年 12 月大豆油期货——错误的下降趋势线。这条下降趋势线并不正确，因为在两个高点之间，趋势线已穿越某些价位。请注意，在图 7-3 中，趋势线显示趋势可能已经发生变动；在图 7-4 中，趋势线未明确显示趋势变动的征兆。所以，以正确的方式绘制趋势线非常重要。

价格走势有三种基本的变动,它们之间的相互配合,可以界定任何市场的趋势变化:股票、商品、债券……它们分别如下。

1. 趋势线被突破。价格穿越绘制的趋势线(见图7-5)。

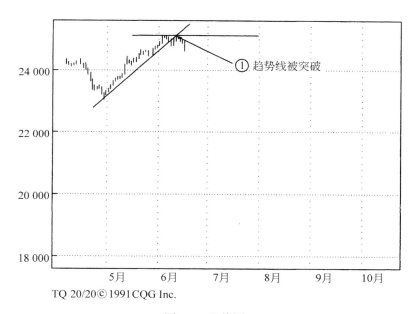

图7-5　日线图5

注:1990年价值线现货指数——突破中期趋势线。当价格穿越一条绘制适当的中期趋势线时,这是趋势变动的第一个征兆,即1-2-3趋势变动准则的第一种情况。

2. 上升趋势不再创新高,或下降趋势不再创新低。例如,在上升趋势的回档走势之后,价格虽然回升,但未能突破先前高点,或仅稍做突破后又回档。类似情况也会发生在下降趋势中。这通常被称为试探高点或低点。这种情况通常,但不是必然发生在趋势变动的过程中。若非如此,则价格走势几乎总是受到重大消息的影响而向上或向下跳空,并造成异于"常态"的剧烈价格走势(见图7-6)。

3. 在下降趋势中,价格向上穿越先前的短期反弹高点;或在上升趋势中,价格向下穿越先前的短期回档低点(见图7-7)。

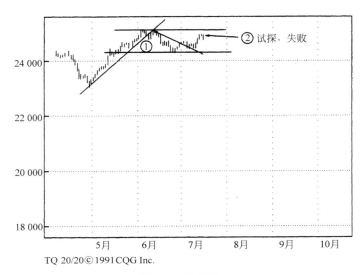

图 7-6　日线图 6

注：1990 年价值线现货指数——测试先前的中期高点而失败。当价格接近而未能到达先前的高点时，这是趋势变动的第二个征兆，即 1-2-3 趋势变动准则的第二种情况。

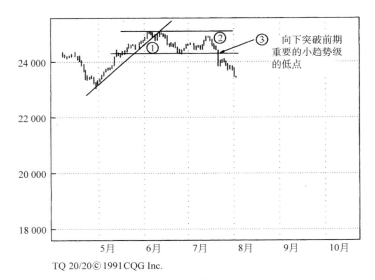

图 7-7　日线图 7

注：1990 年价值线现货指数——价格跌破先前的中期低点。当价格跌破先前的重要低点时，这是趋势变动的第三个征兆，即 1-2-3 趋势变动准则的第三种情况。

如果上述三种情况同时发生，则相当于道氏理论对趋势变动的确认。[注] 如果仅发生前两种情况，则代表可能的趋势变动。在三种情况中，若出现两种，则增加趋势发生变动的概率。三种情况同时产生，则界定所谓的趋势变动。

在走势图中观察趋势的变化，必须根据下列方式将先前的原则转换为图形的格式（见图 7-5～图 7-7）。

1. 绘制趋势线。

2. 在下降趋势中，绘制一条水平的直线穿越目前的最低价，再绘制另一条水平的直线穿越前一波反弹的高点。

3. 在上升趋势中，绘制一条水平的直线穿越目前的最高价，再绘制另一条水平的直线穿越前一波回档的低点。

就上升趋势来说，如果价格穿越趋势线，在穿越的位置标示①。如果价格接近、接触或稍微穿越该条对应目前高价的水平直线而未能突破，则在该点标示②。如果价格向下突破该条对应前一个回档低点的水平直线，则在该点标示③。如果这三种情况出现两者，则趋势很可能会发生变化。如果这三种情况全部出现，则趋势已经发生变化，并最可能朝新的方向继续发展。

稍做一些练习，你便能够以目测的方式判断趋势发生变动的准则，并以 1-2-3 准则思考：①突破趋势线；②测试先前的高点或低点；③向下跌破前一波回档的低点或向上穿越前一波反弹的高点。出现 1-2-3，即趋势已经发生变动了！

当然，根据这些准则交易，未必有百分之百的效果——没有任何方法具有绝对的效果。在流动性欠佳、对消息面非常敏感或高度投机的市场与个股中，特别容易出现突然的反转（见图 7-8）。假定你根据 1-2-3 准则或其他类似准则交易，而行情突然反转，这被称为"挨耳光"（getting whipped 或

[注] 我说"相当于"，是因为道氏理论仅处理股票指数的主要趋势与次级修正走势中的趋势变动，此处的定义则适用于所有市场。

getting whipsawed）⊖。避免挨耳光或降低损失的最佳方法是遵循下列准则。

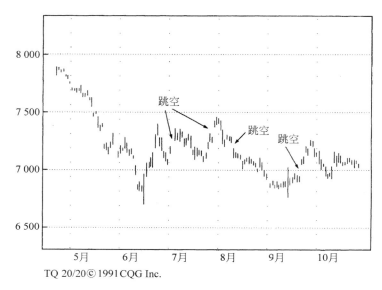

图 7-8　日线图 8

注：1989 年 12 月日元期货——一个对消息面非常敏感的市场。外汇市场对消息面相当敏感，因为中央银行可以操纵供给面。请注意，每天的开盘价经常跳空，趋势的变动也非常快。除非在适当的情况下，否则在外汇市场建立投机头寸的风险很高。

1. 交易仅选择流动性高，且历史上很少出现突然而大幅度反转走势的市场。从图形中观察，流动性欠佳的市场经常出现成交量不大而价格剧烈波动的走势。

2. 在可能的范围内，避开对消息面非常敏感的市场，或对政府货币政策与财政政策反应剧烈的市场。从图形中可以看出，这类市场经常出现跳空缺口——价格出现突然而巨幅的变动，而中间的价格并未经历（见图 7-9）。⊖

⊖　这是在价格波动甚为剧烈的行情中，当你买进之后，价格突然下跌，或当你卖空之后，价格突然上涨。——译者注

⊖　在交易所的场内，记录员会观察场内的活动，当新价格成交时，他们会输入新资料，并传输至场内与全球各地的报价荧屏上。在"快市"中，记录员无法跟上价格的变动，所以荧屏的报价无法精确地反映价格的变动。

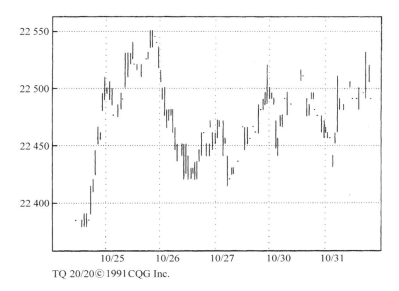

图 7-9　15 分钟线图

注：1989 年 12 月商品指数期货——流动性欠佳的范例。这是一份商品指数期货的 15 分钟走势图，它显示成交量稀少、价格波动大、许多跳空缺口与没有发生交易的期间。

3. 唯有当你可以将出场点设定在先前的支撑或压力价位时，才可以建立交易头寸。在这种情况下，如果市场证明你的判断错误，你可以迅速认赔。这类的出场点，如果事先已经递入交易指令，则称为止损；如果仅是预先设定，而价格已经接近此价位时，才递入交易指令，则称为心理止损（mental stop）（见图 7-10）。⊖

1-2-3 准则是一种简单而有效的交易方法，如果谨慎运用，成功的机会则远多于失败的机会。然而，它有一个缺点，当三种情况完全满足时，你通常已经错失一段相当大的行情。所以，此处将讨论一种可以协助你提早建立头寸的准则，它也是我个人偏爱的方法，我称它为 2B 准则。

⊖ 在译文中，不论是获利了结还是认赔出场，这类策略一律译为"止损"，所以，止损代表：限制损失的扩大，或限制获利的流失。——译者注

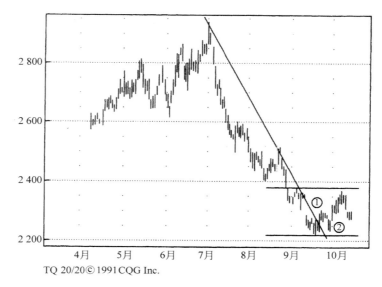

图 7-10　日线图 9

注：1990 年 12 月的玉米期货价格日线图——一个适合于设定止损的市场。当第二种情况满足时，这是进场做多玉米的理想时机。市场的流动性高，止损点最初可以设定在最低点，当价格穿越上方的水平直线时，止损点可以往上移至该处。

2B 是否可以成立往往是输赢的分野

在前面讨论趋势变动的第二准则时，我们曾经提到一种情况：在试探先前的高点（或低点）时，价格往往可以实际突破先前的高点（或低点），但走势却未能持续。虽然这仅是一种特殊形态的试探，但这种情况一旦出现，通常就是趋势变动的信号。换言之，单单这种现象的本身，便代表趋势非常可能发生变化；就概率来说，它的重要性远高于趋势变动三个准则中的任何一个。因为它具有特殊的重要性，所以可以被视为一种准则。

> **2B 准则**
>
> 　　在上升趋势中，如果价格已经创新高而未能持续上升，稍后又跌破先前的高点，则趋势很可能会发生反转。下降趋势也是如此。

该准则适用于三种趋势中的任何一种：短期、中期与长期（见图 7-11、图 7-12 与图 7-13）。

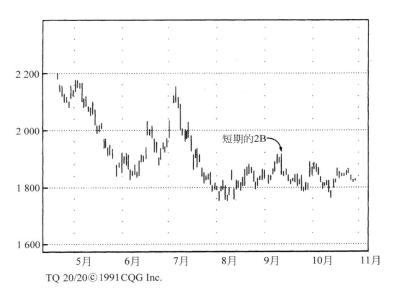

图 7-11　日线图 10

注：1989 年 12 月大豆粉期货——短期的 2B。这份大豆粉期货日线图显示短期的 2B。当价格创新高，而随后又跌破先前的高点时，如果当日冲销者在这个时候卖空，则获利相当可观。

在盘中的短线趋势中，价格创新高（新低）之后，如果 2B 准则成立，通常会发生在一天之内或更短。㊀在中期趋势中，价格创新高或新低之后，如果 2B 准则得以成立，它通常会发生在 3～5 天之内。在市场的主要（长期）转折点上，价格创新高或新低之后，如果 2B 准则得以成立，通常会发生在 7～10 天之内。在股票市场中，价格创新高之后，随后走势的成交量通常会低于正常水平，但反转的确认（即当价格跌破先前的高点时）却会爆发大额成交量。

㊀ 换言之，当价格创新高（新低）之后，如果 2B 准则得以成立，则在一天之内或更短时间便又向下跌破先前的高价（向上穿越先前的低价）。——译者注

图 7-12　日线图 11

注：1989 年 12 月可可豆期货——中期的 2B。这份可可豆期货日线图显示中期的 2B。先前的中期高点为 A，价格在 B 点突破，但三天后又跌破 A 点的先前高价。

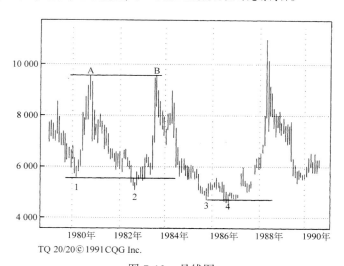

图 7-13　月线图

注：大豆的月线图——以长期的 2B 交易。这份大豆期货的月线图显示数个长期的 2B。在 B 点，价格未能正式突破 A 点的高价时，2B 则代表绝佳的卖空良机。在点 2，价格未能正式突破点 1 的低价时，2B 则代表绝佳的买进良机。在点 4，依据 2B 准则交易的长期投资者，至少会挨一个耳光而出场。然而，稍后你应该再建立多头头寸，就其随后的价格走势而言，先前认赔的金额并不算大。

依据 2B 准则交易，如果市场上出现不利的走势，你必须当机立断，即刻承认错误。例如，在当日冲销的交易中，如果你根据 2B 准则卖空，当价格再度回升穿越新的高价时，你必须立即平仓出场。

如果价格仍然未能正式突破高价，你就可以再卖空，但必须限制自己的损失，并让自己挨耳光出场。只要能够迅速认赔，你便可以"留得青山在，不怕没柴烧"。就当日冲销来说，2B 准则的成功机会大约仅有 50%。当错误时，可以限制损失；当正确时，让获利头寸持续发展，你可以因此享有巨额的获利。就中期与长期来说，2B 准则的成功机会则较高。

1989 年 10 月 13 日的道琼斯工业指数便出现典型的中期 2B（见图 7-14）。10 月 9 日，"工业指数"以低成交量创新高 2791.40 点，但新高并未受到"运输指数"的确认——明确的中期空头征兆。在随后的几天内，行情不断下滑，10 月 12 日的收盘指数为 2 759.80 点，距离 9 月 1 日的先前高点 2752.10 点仅有 7.3 点的差幅。所有相关指数也呈现跌势，2B 准则在 10 月 13 日成立的可能性很高，后续的发展都已经是历史了。在些许利空消息的影响下，大盘竟然在恐慌性的成交量下暴跌 191 点。

图 7-14　日线图 12

注：道琼斯工业指数与运输指数，其中工业指数呈现中期的 2B。运输指数未确认新的高点，更增加了卖空的成功机会。

试探的发生缘由与 2B 模式

为了了解这些模式发生的缘由,你必须知道交易所场内的情况。以商品交易所的场内为例,它是由场内交易员与经纪人构成的——前者为自己的账户交易,后者以执行交易指令来赚取佣金。场内经纪人仅为客户执行交易指令,但场内交易员则试图掌握盘中的趋势,并依据价格走势操作。

通过经纪人而由场外交易商品的人们,通常会采用止损单。所谓的止损单,是指设定的价位一旦被触及或穿越,则以当时市价买进或卖出。以 S&P 500 期货的交易为例,你可能告诉经纪人,"以 356.20 的止损价帮我买进 5 份 3 月 S&P 500 期货"。如果市场价格一度在 356.10 成交,随后又回升至 356.40,则场内经纪人将以当时的市价为你买进 5 份合约,因为你的止损价位已经被触及。

交易者经常会用止损单来限制损失。例如,一位交易者以市价买进 5 份合约,随后可能递入另一张交易指令,在市场证明他为错误的价位上,设定卖出 5 份合约的止损卖单。因为场内交易员每天都在交易池内打滚,优秀的交易员非常了解交易者的心理与状况,尤其是交易者如何设定止损点。在没有重大新闻的情况下,止损点通常都会设定在先前的(重要或次要)高点或低点。

由于了解止损点的位置,场内交易员与交易自己账户的经纪人,基于利益的考虑,都希望把价格推动至支撑水平的稍下方或压力水平的稍上方,迫使止损单成交。这被称为清除止损(taking out the stops)。在止损单清除以后,市场将重新调整。这便是大多数 2B 模式发生的原因,而且每一种市场都会出现这类活动。清除止损最常发生在短线的基础上,但也同样适用于中期与长期。在股票市场中,又涉及另一种相当微妙的特色。

证券交易所的场内也有场内交易员与经纪人,某些场内交易员被称为专员(specialists)⊖——他们负责某些特定股票的交易。他们根据登录簿(book

---

⊖ specialists 又译为专家经纪人。——译者注

交易——登录簿上列出买卖单的价位与数量。专员的工作便是为他所负责的股票做市（make the market）——以系统的方式，撮合股票的买卖双方。

一般来说，登录簿上每一价位的股票数量都是数万股，而专员每撮合100股便可以收取固定佣金，所以他们实际上也是经纪人。基于自身利益的考虑，他们当然希望推动价格以促使较多的单子成交。而且他们已经事先知道各个价位所挂的买卖单数量，至少就他们自己的登录簿而言是如此。

某些精明的交易员认识场内的专员，并培养出一种感觉而可以根据专员的行为判定他们登录簿上的大单子。对这些交易员来说，他们也有理由推动价格以使大单子成交。

例如，假定在多头市场的行情中，IBM股票买卖报价为110⅛—110¼，所挂的股数均为5000股。某位专员登录簿中的买单情况为：3/8为1万股，1/2为2万股，5/8为2万股。

精明的交易员可能对这位专员的登录簿相当了解，于是他在1/8买进5000股。其他交易员发现这种情况也随后跟进，他们精确地判定这位专员在上档的数个价位上都挂有大买单。于是，场内对IBM股票便产生一种多头的气势。成交量扩大，价格向上跳动，这位专员的单子不断成交，不仅赚进他的佣金，而且一路向上为自己的账户买卖而获利，因为他知道他不会发生亏损。交易员不断驱动价格，并一路获利。当走势的动能耗尽后，价格又回跌至原先的水平。

专员的世界是一个微妙的世界。在前面，我说专员在涨势中为自己的账户买卖而获利，这种陈述或许并不精确。实际的情况是这样的：谨慎的交易者打电话给这位专员："帮我买进100万股的IBM股票。"这位专员说道："噢！你要买进100万股。真巧合，我也是。"于是，他与审慎公司一起买进IBM股票。

每当他买进1万股时，自己分5000股，谨慎的交易者分5000股。现在，犹如我先前的描述，IBM的股票将酝酿出多头的气势。然而，他与谨慎的交易者并不同，后者是买进并持有，专员则是买进股票以推动股价。换言之，他买进股票，但当股价向上跳动时又反手卖出，而且他知道他的操作必然成功，因为买单已经挂在他的登录簿上了。所以，专员的行业可以代代相传而不会消失，这是金融市场中最没有风险的赚钱行业。

很显然，赚钱虽然可以，但专员不可以不负责任。如果他们仅顾自己推动价格，完全忽略客户的利益，他们将因此失业。此处希望强调的重点是：价格走势图中的明显模式主要都来自交易所场内的专业活动。

在讨论 2B 模式与发生的缘由时，我们假定市场并没有出现重大的新闻，或个股的基本面没有发生重大的变化。在没有结合专门知识的情况下，单独依据 2B 准则交易，可能涉及相当的风险，尤其是商品市场，因为它们对消息面的变化非常敏感。然而，如果在最广泛的知识配合下，该准则可以为投机者带来可观的获利。

次级修正走势的 ABC 三波浪

根据我个人的看法，艾略特波浪理论太过主观，不适合运用于专业的投机活动，但其中有一个观点则非常有助于判断多头与空头市场次级修正走势的顶部和底部。艾略特波浪理论认为，市场价格走势会遵循周而复始的波浪模式。在这些模式中，艾略特提出诸如图 7-15 所示的 ABC 三波浪走势。

不论是在多头市场还是在空头市场中，次级修正走势几乎都呈现这种模式。该模式中的另一个特色是 BC 浪的成交量会萎缩。一般来说，这种走势必须配合其他重要指数的确认才能有效。请注意，如果市场中出现重大的消息，则上述模式可能会被破坏。如图 7-15 所示，在多头市场次级修正走势的 C 点，价格可能试探或向下突破 A 点的价位。空头市场也有类似的情况。显而易见，如果你可以判定 C 点何时出现，则是做多（多头市场）或卖空（空头市场）的良机。

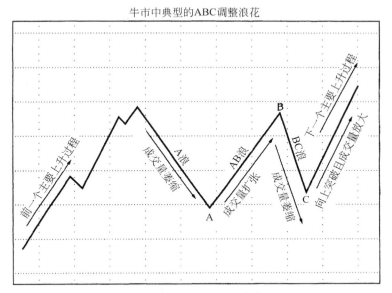

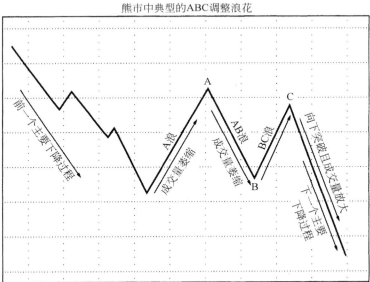

图 7-15　次级修正走势的 ABC 三波浪

注：次级修正走势的 ABC 三波浪——多头市场（上图）与空头市场（下图）次级修正走势的典型三波浪模式。

在多头市场次级修正走势的 BC 浪中，当价格向上突破 BC 浪的下降趋势线时，这是建立投机性头寸的理想机会，但有一个先决条件：**在 BC 浪的跌势中，成交量必须缩小**。止损点应该设定在 A 点与 C 点的较低价位，因为任何准则都有可能失败。

当价格突破 BC 浪的下降趋势线时，如果成交量并没有明显的变化，那么形成底部的可能性并不大。反之，如果突破时出现大成交量，突破走势非常可能不是代表空头的修正，而应该是主要多头市场的第二只脚，当然这还需要基本面的配合。

小结

投机的艺术是在中期趋势中买进与卖出股票、债券、外汇、商品以及其他交易工具。最理想的长期多头头寸，是建立在中期下降趋势底部的附近，这可能是空头市场的结束，或多头市场次级修正走势的转折点。反之，最理想的长期空头头寸，是建立在多头市场的顶部或空头市场中期修正走势的顶部附近。

如果你把上述方法作为初步的筛选标准，那么可以节省许多时间与精力。一旦熟悉这些准则后，你只要浏览图形，便可以很快地整理出适合买卖的证券、期货以及其他交易工具，并剔除许多太过模棱两可而不适合投机的对象。经过初步的筛选，你可以从较大的范围内做进一步的研究，并挑选回报潜能最高而风险有限的对象，并进行实际的投机。第 8 章将讨论另外一些技术分析的指标，它们可以协助你拟定投机决策。

| 第 8 章 |

失败可能来自分析报告未提供的资料

鳀鱼的资料有何重要性

我非常佩服某些分析报告的周详内容——严谨的研究,并从各个角度判定"市场价值"。无疑,分析报告中包含许多有趣的资料,某些报告的推理健全,文笔流畅,而且极具说服力。然而,你知道吗?许多年以来,我已经不再阅读任何分析报告了!

当我对市场专业者发表演讲时,我在开场白中经常会提到一个问题:

"如果秘鲁沿岸的海潮向外移动,那么你应该买进或卖出大豆吗?"

一般来说,听众的反应是:"我原本以为这家伙很棒,但他究竟在说些什么?"

然后,我会解释,当海潮向外移动时,秘鲁沿岸的鳀鱼便会随着海潮移往太平洋的外海,所以鳀鱼的捕获量将减少。鳀鱼主要是供日本人饲养牛的,当鳀鱼的产量减少时,日本人便会以大豆作为饲料。当大豆的需求增加时,大豆与大豆粉期货的价格也会上涨。因此,秘鲁沿岸的海潮向外移动时,你应该买进大豆。

这时,我通常已经掌握了听众的注意力,但仍有一些人表现出一副"那又怎么样"的态度。这个故事的重点并不是强调：你必须观察秘鲁沿岸的海潮，才可以有效地从事大豆交易。其重点是：在从事交易时，你没有必要知道每一种可以被知道的知识。事实上，你不可能知道所有相关知识。如果你根据特定市场的知识交易，则你很可能会因一件你不知道或未曾考虑的事件而失败。换言之，失败可能来自分析报告未提供的资料。

犹如彼得·林奇在《彼得·林奇的成功投资》⊖一书的解释，普通常识总可以胜过无数的报告与数据。然而，我与彼得·林奇的看法有一点不同，我认为如果你知道自己在寻找什么，市场便可以提供你所需要的大部分知识。具体来说，有一些重要的技术指标，它们正确的机会多于错误的机会，而且在我的交易生涯中，它们都历经各种考验。

随意翻阅爱德华兹与迈吉所著的《股市趋势技术分析》⊖，在短短的 5 章内，我便发现 20 多种不同的技术排列模式。我非常尊崇爱德华兹与迈吉以及他们的经典作品，但我并不建议以这些复杂的技术模式作为交易的主要工具。然而，适量的技术分析工具却可以提供有效的帮助，因为它们可以辅助我们判定任何交易中的潜能与陷阱，尤其是在股票市场中。我称它们为"辅助性"的工具，因为我绝对不会仅根据它们从事任何交易。相对来说，它们是告诉我"不可以做什么"，而不是"可以做什么"。

我最经常使用的辅助性技术工具为：

1. 移动平均线（moving average）

2. 相对强度指标（relative strength indicators）

3. 动能指标（震荡指标）(momentum indicators〔oscillators〕)

犹如我先前所说，唯有你掌握有利的胜算时，才投入资金，这便是投机的艺术。这些辅助性技术工具可以协助你衡量胜算。在我知道的所有技术分析指标中，除了第 7 章讨论的内容以外，它们的效果最理想。

⊖⊖ 该书中文版已由机械工业出版社出版。——译者注

移动平均线的概念

移动平均是取某特定期间内数据的平均值,并不断地剔除最早的数据而以最新的数据代入,然后再重新加总与平均。

以道琼斯工业指数收盘价的 10 天期移动平均值为例,你首先取最近 10 个连续交易日的收盘价,计算总和与平均值。第 11 天,你以当天的收盘价,加上前 10 天的总和,再减去第一天的收盘价,便是第 11 天的 10 天期移动平均值。每天都重复上述程序,则平均值将每天"移动";换言之,平均值每天都会根据最新的收盘价而变动。如果你将计算的结果逐日绘制于价格走势图上,便呈现类似如图 8-1 所示的情况。

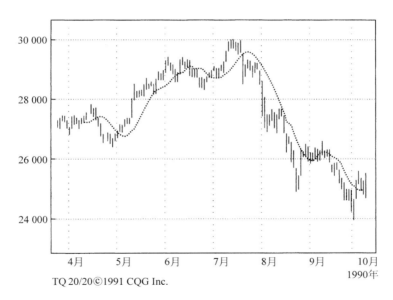

图 8-1 道琼斯工业指数日线图 1

注:道琼斯工业指数日线图——10 天期移动平均线。虚线是道琼斯工业指数收盘价的 10 天期移动平均线。请注意,相对于实际的价格走势,移动平均线较平滑,在时间上有落后的倾向。

这样做有何意义呢?移动平均线会将不规则的价格波动平滑化,并凸显趋势与趋势的反转。由于它们是某特定期间的平均值,因此(根据定义)它们是经过钝化的指数,落后于最近期的价格波动。采用的期间越长,钝化(落后)的效果就越大。详细研究各种移动平均线的资料,你可能会发现某些重复出现的模式,并根据这些模式判断未来可能的价格趋势。某些模式非常明确,可以用做股票与商品的买卖信号。

在我所见过的每一本走势图谱中,几乎都采用某些类型的移动平均线。许多技术分析者与交易者都采用他们自己设计的移动平均线,利用指数或其他加权方法计算。这里,我并不打算讨论各种类型的移动平均线,我仅提出我所使用的移动平均线,并解释我的运用方法。

就我个人而言,我认为股票市场(个股与指数)最理想的移动平均线,是200天期(200个交易日,相当于40周)的移动平均线(见图8-2)。

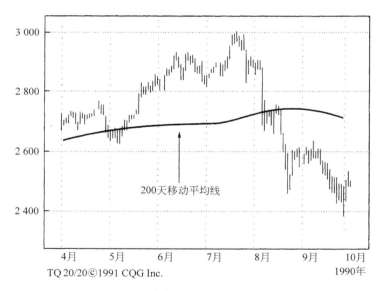

图8-2 道琼斯工业指数日线图 2

注:道琼斯工业指数与200天期移动平均线。

1968年我便开始采用这项指标,当时我阅读威廉·戈登(William Gordon)的一份研究报告发现,他将200天期移动平均线的买卖准则运用于

1917～1967年的道琼斯工业指数，每年的平均回报率为18.5%。同时，他的研究报告显示，投资者若在道氏理论对多头与空头行情的确认日买卖股票，每年的平均回报率为18.1%。⊖在这份研究报告中，戈登以两个简单的准则来决定移动平均线的买进与卖出信号。

1. 如果200天移动平均线由先前的下降趋势开始转为平坦或上升，而且价格由下往上穿越移动平均线，则代表主要的买进信号（见图8-3）。

图8-3　道琼斯工业指数日线图3

注：道琼斯工业指数与200天移动平均线——买进信号。如果200天移动平均线由先前的下降趋势开始转为平坦或上升，而且价格由下往上穿越均线，则代表主要的买进信号。

2. 如果200天移动平均线由先前的上升趋势开始转为平坦或下降，而且价格由上往下穿越移动平均线，则代表主要的卖出信号（见图8-4）。⊜

⊖ 我觉得我必须做出说明，一位真正了解道氏理论的人，很少会等待至确认日才建立头寸。在比较道氏理论与移动平均线时，戈登仅能够选择一个客观的标准（即确认日），这非常可以理解，但我坚信道氏理论对于市场走势的长期预测功能，绝对优于200天期移动平均线。

⊜ William Gordon, *The Stock Market Indicators*（New York：Investors' Press Inc., 1968）, pp.28-39.

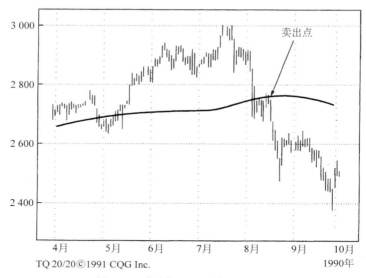

图 8-4　道琼斯工业指数日线图 4

注：道琼斯工业指数与 200 天移动平均线——卖出信号。如果 200 天移动平均线由先前的上升趋势开始转为平坦或下降，而且价格由上往下穿越均线，则代表主要的卖出信号。

你不仅可以利用长期移动平均线来预测市场指数，也可以将它运用于个股与商品中。对我个人来说，移动平均线有两个主要功能——确认道氏理论以判断长期趋势以及筛选个别股票。

在选择个别股票时，如果价格低于移动平均值，我绝对不会买进；如果价格高于移动平均值，我绝对不会卖出。你只要拿起任何图谱，并采用 35 周或 40 周的移动平均线，则你便了解我为何这样做——胜算的问题。

就较短期的移动平均线来说，我仅发现另一组移动平均线，具有一致性的功效，并经得起时间的考验。它不仅适用于个股与股票指数，也适用于其他许多商品。

1. 当 10 周移动平均线穿越 30 周移动平均线，而两者的斜率都向上，并且价格又同时位于两条移动平均线的上方时，这代表买进信号（见图 8-5）。

2. 当 10 周移动平均线穿越 30 周移动平均线，而两者的斜率都向下，并且价格又同时位于两条移动平均线的下方时，这代表卖出信号（见图 8-6）。

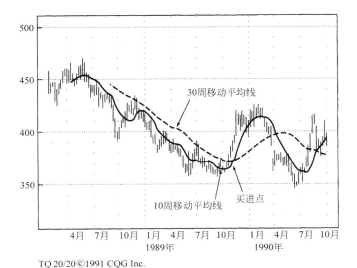

图 8-5　周线图 1

注：黄金期货周线图——10 周 / 30 周移动平均线穿越准则的买进点。当 10 周移动平均线穿越 30 周移动平均线，而两者的趋势都向上时，则代表买进信号。

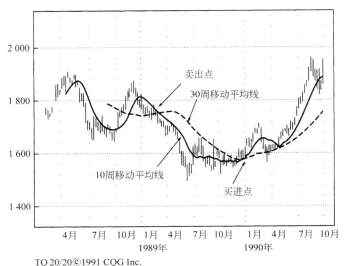

图 8-6　周线图 2

注：英镑期货周线图——10 周 / 30 周移动平均线穿越准则的卖出点。当 10 周移动平均线穿越 30 周移动平均线，而两者的斜率都向下时，这代表卖出信号。请注意，图形中分别呈现一个卖出信号与一个买进信号。

当然，与所有技术指标一样，这些指标也绝对不是百分之百有效。以 1989 年 10 月 19 日的情况来说，如果你仅采用 10 周 / 30 周移动平均线穿越准则，你势必会陷入崩跌的走势中。当你的指标发出卖出信号时，崩盘早就结束了。

在商品期货市场中，并没有明确的准则判断什么期间的移动平均线最理想；不同的市场与不同的时间，都需要采用不同期间的移动平均线。例如，我在撰写本书时，200 天的期间适用于债券、美元指数与黄金，其他商品则不太适用。

基本上，你必须认识这一事实，与任何技术分析工具一样，移动平均线的效能也会随市场情况的不同而改变。你的时间结构越短，情况越是如此。所以，你必须试探不同期间的移动平均线，并寻找一个最理想的期间。当它们不再有效时，你必须调整。以图谱来说，我一向采用 4 周与 11 周的移动平均线，并以类似 10 周 / 30 周移动平均线穿越的准则交易。然而，最近这组移动平均线的信号开始显得有些迟钝，我可能需要再试验其他期间了。

在运用移动平均线时（或任何其他技术分析工具），最严重的错误便是对它产生一种执着的态度。换言之，你绝对不可以认为自己已经发现"终结所有准则的一个准则"，这个世界上没有这种准则。每一个市场都处在不断变化的过程中，任何方法若未考虑这一事实，则它已经犯了最根本的错误。

在哲学上，我非常不认同实用主义（pragmatism）⊖，但就交易准则而言，我的态度却相当务实。当它不再有效时，你便应该抛弃它。否则，就如同人与人之间的关系一样，它会让你大失所望。我目睹了许多这类情况，这些人都曾经是华尔街最顶尖的交易员。所以，不论你发现何种技术性方法或指标，万万不可以让自己的感情涉入其中。

相对强度的各种应用

根据我的了解，相对强度的概念最初是由雷亚提出的，刊登于 1932 年《巴伦周刊》的一篇文章中。当时，他并没有采用"相对强度"这个名词，而

⊖ 这个学派认为，结果是判断真理的唯一准则。换言之，结果可以证明手段的合理性。

称此为"股票的习性与相互对照的业绩表现"。相对强度是一只股票与一群股票或大盘指数之间的比率关系,这种关系也可以存在于一群股票与另一群范围更广的股票或大盘指数之间。

犹如移动平均线一样,相对强度也有许多不同的计算公式。在某些图谱中,相对强度的计算较注重最近的价格资料。以纽约证券交易所每日图表系统为例,每只股票都附有相对强度线,它是以周为单位来表示个股价格与S&P 500 之间的比率关系;除此之外,还有另一种根据时间加权的相对强度指标,它被用于比较个股价格变动率与资料库内股价变动率之间的关系,并给予每只股票一个介于 1~99 的数据(见图 8-7)。以 52 为例,这代表这只股票的价格表现超过资料库内其他 52% 的股票。⊖

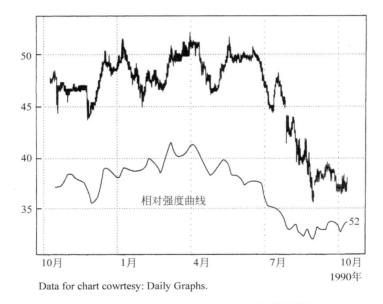

Data for chart cowrtesy: Daily Graphs.

图 8-7　TRW Incorporated(TRW)分化操作

注:纽约证券交易所每日图表系统采用的相对强度指标。就这个例子而言,它代表个股与 S&P 500 之间的相对强弱关系。52 是相对强度值,代表它的表现优于资料库中 52% 的股票。

⊖ 参考 New York Stock Exchange Daily Graphs,William O'Neil & Co., Inc., P.O.Box 24933, Los Angeles, California 90024。

相对强度的概念或许有些难以把握，因为我们是处在一个以消费者为主的环境内。当还小的时候，我们发现父母都是在大减价的期间采购，我们本身也维持类似的传统；我们希望在低价买进，在高价卖出。

例如，假定你喜欢吃柑橘类的水果，如果你在水果店里发现，橘子与葡萄的价格都是每磅⊖50美分，你可能会各买一些。一个星期以后，你再到这家店里，却发现葡萄的价格突然涨价为每磅1美元，橘子仍然是50美分，那么你可能会仅愿意买橘子，而等待葡萄的价格下跌。如果你以这种心态购买股票，你通常会吃亏。

你绝对不可仅因为某只股票的价格较低而买进它，股价偏低往往都有一定的理由。你买进股票是希望它有所表现，换言之，它的上涨速度快于一般的股票。相对强度便是衡量这类表现的。在所有条件都相同的情况下，如果你希望买进一只股票，你应该根据相对强度指标来买进一只最强劲的股票。

到目前为止，我仅讨论相对强度的一般使用方法。我们还可以从另一个角度运用相对强度的概念，这直接关系着我对趋势的定义。在上升趋势中，高价与低价都会不断垫高。所以，当我看到道琼斯工业指数创新高时，我会寻找在同一天或稍早也创新高的股票。

这些便是最强劲的股票——市场领导股。如果市场处于上升趋势中，这些股票便是你应该买进的对象（假定所有条件都相同），但不是在创新高的时候买进。你必须等待回档，在跌势中买进，因为它们迅速回升的机会较高。相对强度较高的股票，它们的上涨速度会快于其他股票。

在市场的顶部附近，你准备卖空的时候，我建议你不可选择相对强度较高的股票，因为万一你判断错误，损失将十分惨重。我也不建议你卖空最弱势的股票，因为它们的下档空间非常有限。我建议你卖空相对强度适中的股票，因为万一你判断错误，损失的程度不会太过惨重，如果判断正确，你还会获得相当不错的利润。

⊖ 1磅=0.453 592 37千克。——译者注

卖空强势股的时机，是当"工业指数"与"运输指数"都已经呈现中期或长期顶部的时候，而且趋势变动的1-2-3准则也加以确认。这是在短期内迅速获利的理想时机，因为当你确认强势股的顶部出现之后，如果行情持续下滑，很可能会出现1~3天的恐慌性暴跌走势。在这类交易中，你最好迅速获利了结，因为许多买盘基于先前展现的相对强势而在低档准备接手，所以它们往往会迅速反弹。

虽然相对强度是一种重要的辅助性指标，但我认为它的重要性尚不及移动平均线。换言之，如果某只股票非常强劲，但价格低于移动平均值，我仍然不会考虑买进。

相对强度的概念也适用于商品市场，但在运用上稍有不同。假定你考虑在贵金属商品中建立多头头寸，你就可以比较黄金、白银、白金以及其他类似商品的相对强度，并挑战最强劲的一种商品。以图8-8为例，它分别列出黄金与白银的日线图。稍加浏览，我们便可以察觉两种现象：第一，白银在9月创新低，而黄金则没有；第二，黄金突破先前6月的中期高点，白银则未突破先前3月的中期高点。所以，黄金的走势显然强于白银——它的相对强度较高。

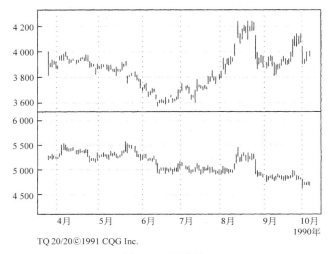

图8-8　日线图1

注：1990年12月黄金（上半部分）与1990年12月白银（下半部分）期货——相对强度的比较。稍加浏览便可以发现，黄金创了新的中期高价，而白银则没有。另外，白银在9月创了新低，而黄金则没有。所以，黄金的相对强度高于白银。

在商品中，你也可以把相对强度的概念运用在价差交易的头寸上，以谷类商品为例，你可以比较玉米与小麦的相对强度。迅速浏览图 8-9 的两份日线图，你就可以发现玉米的走势显然强于小麦，所以你应该做多玉米而卖空小麦。该决策可以由图 8-10 获得确认，它是玉米对小麦的价差日线图。

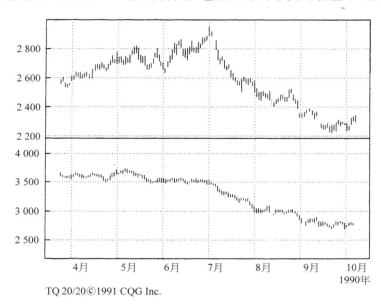

图 8-9　日线图 2

注：1990 年 12 月玉米（上半部分）与 1990 年 12 月小麦（下半部分）期货——相对强度的比较。价格是以每蒲式耳⊖ 0.1 美分为单位（换言之，2400 相当于每蒲式耳 2.40 美元）。稍加浏览便可以发现，玉米与小麦都处于下降趋势中，但玉米的表现优于小麦——它的相对强度较高。

动能指标（震荡指标）

运动中的物体具有一种被称为动能的性质，你可以称它为物体的运动量（quantity of motion of an object）。动能实际上代表质量（mass）与速度的乘积。以摇动中的钟摆为例，它的动能不断变化，若以时间作为水平轴描绘动能，其形状便如图 8-11 所示。

⊖　1 美式蒲式耳＝35.238 升，1 英式蒲式耳＝36.368 升。——译者注

第8章 | 失败可能来自分析报告未提供的资料   123

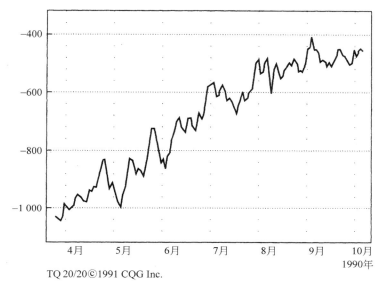

图 8-10　差价日线图

注：1990年12月玉米、小麦的每日价差走势图。犹如相对强度的比较，"做多玉米而卖空小麦"是一个理想的价差交易头寸。

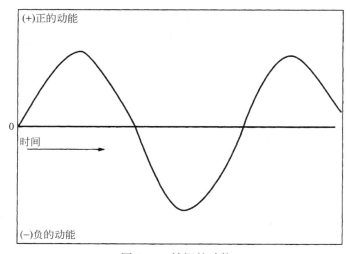

图 8-11　钟摆的动能

注：以时间为基准绘制钟摆的动能。钟摆的动能是以基线为准而上下振动。你可以发现，这种模式与金融市场的动能震荡指标非常类似。

市场也具有动能，虽然它并不符合物理学上的严格定义。你可以将钟摆动能的模式视为一种理想化的市场行为，价格以某点为中心而上下震荡，而价格变动的速度始终不断地变化。在图形中，顶部与底部的反转则对应市场的顶部与底部。

然而，钟摆有固定的质量与变动的速度，市场动能的质量（成交量）与速度（价格变动率）都不断变化。此外，还有一些外来的干扰力量，例如，政治上与经济上的重大新闻，都可以随时改变市场的动能。

所以，我们无法以精确的方式衡量市场的动能，也无法利用它精确地预测市场未来的转折点。然而，我们可以寻找一些高度相关性的市场动能，以协助预测价格趋势的变动。这类最佳指标被称为震荡指标。

震荡指标这个名词目前已经是一种标准化的金融术语，根据我的了解，它最初出现于《股票市场的利润》，这是 H. M. 加特利在 1935 年的作品。犹如移动平均线与相对强度一样，震荡指标也有许多不同的计算公式，但这些公式之间都有共通的性质，它们都是衡量市场参数在某期间内的差值。因此，它们是衡量重要市场参数的变动率，这些参数可以是价格、行情宽度、移动平均线、成交量……它们会以基线为准上下震荡，就如同钟摆的动能一样。

在股票市场中，我采用两种震荡指标，分别以行情宽度与价格为参数。在商品市场中，我采用的震荡指标，则是以两种移动平均值的差值为参数。

在股票指数中，我运用的震荡指标（价格与市场宽度）自 1975 年 1 月采用以来便始终有效（见图 8-12 与图 8-13）。我在商品市场中运用的震荡指标，其计算公式已经设定在我的报价系统中，我可以随时更改移动平均线的计算期间，以便就特定商品寻找最佳的适合（a good fit）期间（见图 8-14）。

从图 8-12～图 8-14 中可以发现，一个理想的震荡指标会在市场趋势开始变动的同时或之前开始反转。在大多数情况下，我采用的震荡指标都相当精确。一般来说，当市场处于上升趋势时，震荡指标也会随之上升。当震荡指标越高时，市场也越呈现出超买的情况。在理想的状况下，就如同图 8-11 的钟摆一样，当市场接近顶部时，震荡指标也会"迟缓下来"，换言之，它会趋于平坦而做头。然后，当价格开始反转时，震荡指标会向下，而且持续向下，直至市场接近超卖的情况，并出现类似于顶部的反转走势。

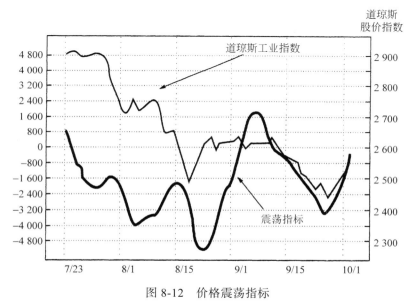

图 8-12　价格震荡指标

注：1990 年道琼斯工业指数以及我的长期价格震荡指标。自从 1975 年我采用它以来，这个长期价格震荡指标的表现便相当理想。请注意 9 月底的情况，震荡指标在价格之前便已经反转。

一般来说，**震荡指标的数值越高或越低时，相对于先前出现的其他高点或低点而言，它们越重要**。现在，让我阐述一下这些震荡指标的计算方法，以及如何运用它们。

在衡量股票行情宽度的动能时，最理想的指标可以称为"10 天约当期—净变动—移动平均线—行情宽度震荡指标"（10-day equivalent，net change，moving average，breadth oscillator）。这看起来十分复杂，实际上却很简单。在我正式讨论它的计算方法前，先稍微解释何谓行情宽度。

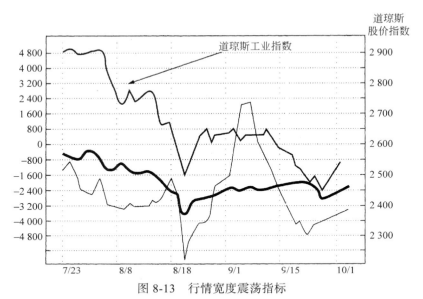

图 8-13　行情宽度震荡指标

注：1990年道琼斯工业指数以及我的行情宽度震荡指标。较细的线代表短期指标，较粗的线代表长期指标。比较这两个震荡指标与图 8-12 的情况。

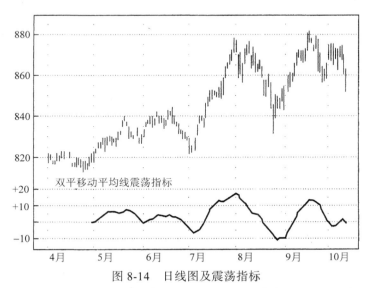

图 8-14　日线图及震荡指标

注：活牛期货日线图以及超买／超卖震荡指标。图形下侧的震荡指标是以 7 天与 21 天移动平均值的差值为计算基准。这两个期间适用于活牛，却未必适用于其他商品。

行情宽度指标用来弥补加权股票指数在分析上的缺失。以道琼斯工业指数为例，它由 30 种股票加权而构成。在某些情况下，如果权数较大的股票出现较大的走势，市场指数将无法合理代表整体工业类股的表现。对照所谓的腾落线（advance/decline line，代表行情的宽度），可以判断大盘指数是否代表整体市场的情况。

腾落线（A/D 线）计算纽约证券交易所每天上涨家数与下跌家数的差值，并绘制成图。一般来说，腾落线与道琼斯指数会呈现相同方向的走势，一旦两者之间出现背离，通常是趋势即将变动的信号。

宽度震荡指标是衡量市场动能的方法之一，发出的信号通常早于价格趋势与腾落线本身。

我实际上采用两种宽度震荡指标，一是短期，二是长期，但通常较重视长期指标。就短期指标来说，每天早晨，我首先登录上涨与下跌家数的净值；我以纽约证券交易所近 10 天以来的资料为准，并计算、登录、绘制上涨与下跌家数之净值的移动总和。换言之，我每天都会计算前一天上涨与下跌家数的净值，然后加总近 10 天的数据。计算程序如表 8-1 所示。

表 8-1　宽度震荡指标的数据

日　　期	今天的 A/D①	10 天前的 A/D②	10 天的总和③	30 天前的 A/D④	30 天的总和⑤	除以 3⑥
7 月 23 日	−1203	91	−1556	−552	−2167	−722
7 月 24 日	−2	−440	−1118	355	−2524	−841
7 月 25 日	312	465	−1271	458	−2670	−890
⋮						
10 月 1 日	761	−87	−3517	−1020	−6826	

①每天的上涨与下跌家数的净值——在纽约证券交易所的所有股票中，以上涨家数减去下跌家数。
②第 10 天以前的当天上涨与下跌家数的净值。
③最近 10 天 A/D 净值的移动总和。以昨天的 10 天移动总和，加上今天的 A/D 净值，再减去先前第 10 天的 A/D 净值。以 7 月 24 日为例：(−1556) + (−2) − (−440) = −1118。
④第 30 天以前的当天上涨与下跌家数的净值。
⑤最近 30 天 A/D 净值的移动总和。
⑥将最近 30 天 A/D 净值的移动总和除以 3，这便是 10 天的相当值的移动总和。

就长期指标来说，我取 30 天为期，并做相同的计算，但将计算结果除以 3，以代表 10 天的相当值（见表 8-1）。图 8-13 将上述结果描绘为图形。

随意浏览图 8-13 便可以发现，在转折的情况下，宽度震荡指标与道琼斯工业指数之间存在显著的相关性。然而，你还可以发现，如果你根据短期震荡指标交易，经常会"挨耳光"。另外，长期震荡指标的转折点上，经常会落后中期的价格趋势；所以，若仅根据它交易，也无法即时掌握机会。这便是为什么我仅以它们作为辅助性工具，但是，就整体上来说，自从我 1975 年开始采用这两个指标以来，它们与指数之间的相关性都很理想。㊀

我采用的价格震荡指标稍微复杂一些，但在评估行情时，它的重要性也高于行情宽度震荡指标。我以纽约综合指数每天的收盘价为基准计算，每天早晨，我计算前一天与先前第 5 天的收盘价差值。然后，加总最近 10 天以来的上述差值，这便是 10 天移动总和。最后，再以昨天的 10 天移动总和，减去先前第 10 天的 10 天移动总和，这便是 5 天价差的 10 天净移动总和（请见表 8-2）。将每天的计算结果描绘成图形，并与道琼斯工业指数比较（见图 8-12）。我们可以发现，在转折的情况下，价格震荡指标与道琼斯工业指数之间存在显著的相关性。

表 8-2　价格震荡指标的计算

日　期①	纽约综合指数 5 天净值②	10 天移动总和③	10 天净移动总和
7 月 23 日	−627	63 397	886
7 月 24 日	−320	63 077	300
7 月 25 日	−428	62 649	−482
7 月 26 日	33	62 682	−859
8 月 3 日	−536	61 866	−1 531
⋮			
10 月 1 日	302	52 238	−2 586

①以纽约综合指数为基准，以昨天的收盘减去先前第 5 天的收盘。
②前一栏的 10 天移动总和。
③最近 10 天的净移动总和。以 8 月 3 日为例，61 866−63 397＝−1 531。

㊀ 事实上，我曾经采用两种价格震荡指标衡量"工业指数"，一是短期，二是长期，但从 20 世纪 80 年代中期计算机交易程式出现以后，短期的价格震荡指标便不再有效。

我运用行情宽度与价格震荡指标，以预测与确认行情的转折点。浏览上述图形可以发现，当震荡指标的数值越偏高或越偏低时，中期价格趋势发生变动的可能性也越大。犹如铁路平交道上的红绿灯一样，当震荡指标接近或穿越先前的重要高点或低点时，这代表即将有危险的情况。它们不会告诉你，究竟会发生什么危险，或危险什么时候会出现，它们却会提醒你是否需要谨慎行驶或全速前进。

在商品方面，犹如先前所述，我的报价系统已经设定震荡指标的计算公式，它由两个移动平均值的差值构成。如果你也做类似的设定，你可以随时尝试改变移动平均线的期间，针对特定商品寻找最适当的移动平均线。

对商品交易而言，这种设定有其必要性，因为个别商品与股票指数不同，前者的"正常"价格行为经常发生变化。所以，商品市场震荡指标的可靠性远不如股票指数。虽然如此，如果可以找到适当的震荡指标，那么它们在确认趋势变动上就有不可忽视的价值。

事实上，有时候你可以发现非常理想的相关性，几乎仅需要运用震荡指标便可以交易获利。我个人绝对不会这样做，也不建议这样做，但这是可能的，我也相信有许多交易者就是如此。这种做法存在一个问题：当你判断错误时，经常都是严重的错误。

许多技术分析师运用极端复杂的震荡指标，不仅应用于大盘指数，还应用于个股。不过，我并不这样做。

投机者经常会过多地运用信息。我认为，你最好仅采用少数几个震荡指标，而且仅作为辅助性的工具，以确认或否定第7章所讨论的主要趋势变动的指标。弗兰基·乔有一条交易准则被称为"KISS"，它代表"Keep it simple, stupid"（保持简单，笨蛋），这是一位"专家中的专家"提供的建议。

个股的选择

截至目前，我讨论的所有方法，几乎都适用于每一个市场，包括个股、商品与指数。无疑地，某些人仅交易个股——我过去也曾经以此为交易的重心。对于个股的选择，我们可以把道氏理论作为预测行情的一般性准则；在这个范围内，你可以利用我们所讨论的技术方法选择股票。现在，我再提出一些专门适用于个股操作的辅助性方法。目标当然是进一步提升你的胜算。

技术分析与基本面分析的比较

市场中有一群人专门操作个股，他们在个别股票中投资、投机或交易。这群人基本上可以被分为两个学派：纯粹的技术分析与纯粹的基本面分析。根据我个人的经验判断，这两种纯粹的学派都很难获得稳定的业绩。

大多数成功的投机者都属于折中学派：他们结合上述两种学派的精华，同时采用技术分析与基本面分析的工具。我个人采用折中而偏向技术分析的方法。我结合这两章所讨论的技术性方法与基本面的统计资料，前者非常可能反映市场参与者的未来判断，后者则与价格走势之间保持长期而稳定的相关性。

基本面分析者认为，长期来说股票价格取决于三个因素：股息收益率、盈余能力以及个别公司的资产价值。换言之，任何股票的价值都取决于这三个基本因素。我认为，这种主张存在一个问题，它完全忽略了价值的主观性质。唯有当股息收益率、盈余能力以及资产都必须直接反映在市场的集体判断中时，这样，基本面分析学派的主张才有效。事实上，情况并非如此。在基本面分析者中，经常发生一种现象：他们的判断虽然"正确"，但时效的把握却不准。

格雷厄姆（Graham）与多德（Dodd）的选股方法是基本面分析学派的主流之一。格雷厄姆与多德的方法认为，你应该买进低市盈率与低账面价值的股票，这是一种过于简化的原则。他们的主张蕴含着一个假设性的前提，这类股票很可能是"价值低估"的成长型股票，因为高市盈率代表市场已经认同，并给予股票"适当的评价"。在股票市场处于多头行情的初期至中期阶段以前，这种选股方法确实相当有效——除了少数本质最差的股票之外，所有股票都会上涨。然而，假以时日，你可能会遭遇麻烦。一般来说，某只股票的市盈率与账面价值偏低，背后必然存在理由，而且市场已经知道这些理由。

我认为，市盈率与账面价值都是非常有用的工具，但我的运用方式却截然不同。如果你观察整体市场的市盈率与账面价值，并以此比较过去的市盈率与账面价值，你可以发现一种理想的次要指标，其显示整体市场的超买与超卖情况。然后，你可以比较个股与大盘指数在市盈率与账面价值上的关系，并将这种关系视为次要的（或许应该称为更次要的）指标，以评估个股和大盘指数在超买与超卖上的相对表现。

盈余增长的变动率

基本面分析有一项非常理想的统计关系，它是盈余增长变动率⊖与股票价格变动率之间的相关性。戈登·霍姆斯（Gordon Holmes）在1969年的著述中表示："价格趋势的斜率，在时间上几乎都会领先对应或对等的盈余趋势斜率。时间的落差通常为3个月。"⊜

我对这现象有三点评论：第一，它通常正确；第二，它经得起时间的考验；第三，它符合道氏理论的根本观点——市场会"反映所有事物"。然而，你如何运用这个现象呢？

首先，你必须确定这种相关性是否存在于你评估的股票中。大多数企业的盈余都会受到季节性因素的影响，因此你观察的盈余数据不可少于6个季度，如此盈余增长才是未来股价变动的有效指标。将盈余的数据描绘在股价走势图的同一时间坐标轴上（盈余的数据必须落后3个月），这样你可以比较盈余增长（衰退）与股价上涨（下跌）之间的相关性。这种相关性必须存在于

⊖ 作者是指盈余的变动率。——译者注
⊜ 我从贾斯汀·马米斯（Justin Mamis）的著作中获得这个震荡指标，请参考 *The Professional Tape Reader*，目前由 Stan Weinstein 出版。

考虑的整段期间内，否则两者之间的相关性便不显著，其盈余也不适合用来预测未来的股价。

霍姆斯根据盈余增长与其他因素，设计了一套相当复杂的选股方法。[1]我的运用方法稍有不同。在威廉姆斯·奥尼尔提供的纽约证券交易所每日图形系统（New York Stock Exchange Daily Graphs）中，盈余的数据以季度为单位，其中还包括下一季度的盈余预估值。假定盈余与股价之间的相关性确实存在。就买进来说，如果盈余增长变动率小于股价变动率（或趋势线的斜率），则可以考虑买进该股票。如果盈余增长变动率大于或等于股价变动率（或趋势线的斜率），则另外寻找适当的对象。卖空也是如此。

如果你以这种方法交易，我希望能给你一些忠告：许多人根据企业盈余交易，在这种情况下，预估的每季度盈余报告可能会让你一败涂地，尤其是高市盈率的股票——它们经常出现暴跌的走势。**务必要知道实际的盈余报告何时公布，如果股价已经接近高点，则在报告公布前应该出场**。如果实际的数据不如预期的那样理想，则股价可能向下跳空，你累积的获利也将在一夜之间消失！

观察股息收益率与市盈率的目的是寻找高成长的潜力股。然而，事实上，盈余增长是最能够反映成长潜能的因素。就股息收益率来说，它是股息除以股价。偏高的股息收益率必然是因为股息偏高或（与）股价偏低。可是，股价何以偏低呢？因为其盈余不佳！

以花旗与旅行者为例，1990年7月，两者股价大约持续下跌6个月，股息收益率随之上升。虽然股价持续下跌，但公司方面却维持既定的股息。因为股价的下跌幅度大于盈余的衰退，所以市盈率下降。这两只股票的市盈率都很低，股息收益率则偏高，你觉得怎么样？这是否代表它们是低价承接的理想对象呢？

---

[1] Gordon Holmes, *Capital Appreciation in the Stock Market* (New York : Parket Publishing Company Inc.), p.32.

我不认为如此。如果这两家公司的表现持续不理想，那该怎么办？如果不考虑盈余增长的范围，市盈率与股息收益率都是非常不可靠的数据。我经常喜欢把一种观念表达为一个简单的句子，"如果股价下跌，必然有下跌的理由！"你通常不可能在市场之前，发现价格低估的股票。

让我举一个例子，说明盈余增长为何是选择股票的一个关键因素。在纽约证券交易所挂牌交易的所有股票中，大约八成的公司会将盈余的30%~65%分派为股息。假定一家成立不久的公司，股票价格为10美元，每股盈余为1美元，分派的股息为0.5美元（占盈余50%，股息收益率为5%），盈余增长率为25%。市盈率为10倍，股息收益率为5%，这都是属于中等的数据，所以很难根据这两项资料判断这只股票是否适合买进。可是，25%的盈余增长率却代表非凡的意义！

根据25%的盈余增长率计算，该公司的盈余在2.9年后将增长1倍。假定你现在持有这只股票，而且股息分派的比率维持不变，则你的股息收益率在3年后便可增加大约1倍（约为9.8%，这是假定股价不变），再过3年之后又可以再增加1倍（约为19%）。如果盈余增长率保持不变，不到8年，你的股息收益便约等于你当初投资的金额，这尚不包括股票非常可能出现的升值。根据市盈率与股息收益率挑选股票，将完全忽略这方面的潜能。

基本面的其他考虑因素

在两只股票中选择时，假定它们在其他方面都非常类似，我会依赖一些基本面的其他考虑因素做最后的决策。

第一，对于两幅多头气势相同的走势图，我会选择低市盈率的股票。同理，对于两幅空头气势相同的走势图，我会卖空高市盈率的股票。格雷厄姆与多德的教诲还是有些分量的！

第二，在考虑买进的时候，我会选择信用扩张程度较低的公司，信用扩张程度越严重，越容易受到银根紧缩的影响。在卖空的情况下，我也会做类似的考虑。

第三，不论买进或卖空，都必须有足够的市场流动性。

总之，股票市场中的某些投机者会判断一家新上市公司或已上市公司提供的产品或服务，是否可以受到市场的接受。在这种情况下，股票市场的交易者可能会判断错误，或是低估消费者的需求，或是高估产品的吸引力。

虽然我通常不会参与这类投机活动，但这确实属于一种投机行为。我之所以不参与，是因为我无从衡量其中的胜算。这种行为的成功与否主要取决于普通常识。如果新产品很不错、很有品位、很独特，而且营销策略很完善，总之，如果普通常识的评价很高，你大可买进一些股票，如果你承受得起损失的话。

技术分析的最后补充

除了本章与第 7 章讨论的技术工具以外，我还希望就个股的技术分析提出一些补充。基本上，道氏理论的主张都适用于个股，但它们并不是十分有效的。

在任何统计分析中，你的样本越多，重复发生的现象就越普遍。个股具备许多大盘指数的性质。例如，某只股票所有的相关知识都会反映在价格走势中，成交量的关系也大致相同。股票循环的心理也是如此，所有的判断原则都相同。然而，道氏理论有一个假设：该理论并非不会错误，它更适用于个股。另外，你仅可以根据个股推论，没有其他指数可以提供确认。虽然如此，但道氏理论对个股操作仍有很大的帮助。

小结

目前，我们已经了解了一套单纯而有效的技术工具，可供分析金融市场的价格走势。我们从普遍的原则与道氏理论的概念开始，接着讨论主要与次要的技术分析方法，最后则就个股的技术面与基本面提供特定的考虑。第 9 章将为投机的弹药库增添一种更有力的装备——普通常识或经济学的基本知识。

| 第 9 章 |

世界真正的运作方式
经济学的基本知识

拼图游戏

设想一种游戏：在没有图形或模式可供参考的情况下，拼凑一幅1万片的拼图。假定每一碎片都仅是灰色的且没有任何图案，形状仅有些许的差异。完成这个拼图需要非凡的耐心，而结果仅是一个毫无意义的灰色长方形。你认为，你是否会尝试拼凑它？我相当怀疑。虽然你可能会怀疑设计者的意图，但你应该将它搁置到一旁，让少数有"怪癖"的人去寻找其中的莫名意义。

对大多数人来说，当代经济学就如同上述拼图琐碎而无意义，经济学家都是具有"怪癖"的人，他们试图解决无聊而复杂的难题。经营企业或从事任何行业，我们都很难发现它们与经济学理论之间究竟有什么显著的关系。然而，如果你希望在金融市场中交易获利，把经济学视为无聊的东西而搁置一旁，可能是一个致命的错误。你必须了解，经济学家的理论设计以及政府官员与国会议员对经济问题提出的解决方法，这将决定经济活动的长期发展，并主宰价格的走势方向。

如果你曾经留意市场的情况，你应该可以发现股票、债券与期货市场如何反映政府的政策，例如，新预算的赤字水平、美联储对货币供给的态度、财政部对美元币值的报告以及有关新贸易法案的传言。金融市场认为，政府可以主导美国的经济。现在，绝大部分投资与投机行为的成功与否都取决于是否可以正确地判断政府的行动与影响——货币政策、财政政策以及就个别市场与一般经济循环进行的干预性立法。

我们的经济根据市场原理运作，但舞台的布景是由政府决定的——布景随时可能变动，这便是关键所在。如果你可以了解舞台经理人变更布景所依据的经济理论，你就以预先判断新的舞台布置，并调整自己的行为与立场。所以，成功的投机与投资都需要具备经济学的知识，任何有效的市场预测系统都必须以它为基础。

虽然我到纽约市的皇后学院学习经济学理论，但我发现它几乎全无意义——除非从负面的角度考虑。换言之，我学习了当代经济学思想中的错误之处而不是正确之处。

我的正式学校教育让我了解主流凯恩斯学派的观点，我们政府便是以这套理论拟定经济政策的。然而，在自修的过程中，我发现大多数大学所传授的经济学理论都违背了主要经济学家的思想原则，例如，亚当·斯密（Adam Smith）、米塞斯（Ludwig von Mises）、哈耶克（Frederick Hayek）、黑兹利特（Henry Hazlitt）、兰德以及其他学者。我认为，凯恩斯只不过是一位思维较周密的商人与一位泡沫的营建者。㊀我发现凯恩斯经济理论中的根本矛盾，并在现代奥地利经济学派（Modern Austrian School of Economics）中发现正确的经济原理。㊁于是，我开始了解如何利用政府的泡沫行为获利，在通货膨胀的初期进场，并及早离场；当泡沫破裂时，我已经安然落地，并准备进场收拾。

㊀ "泡沫"是一种有技巧而不健全的资金筹措方法，以"无中生有"为目标。典型的例子有连锁信、金字塔式的策略以及政府以预算赤字融通支出。

㊁ 现代奥地利经济学派是由米塞斯（1881—1973）创立的，他在1934年由日内瓦逃至维也纳，因为他担心奥地利可能受到纳粹控制。1940年，他移民至美国。诺贝尔奖得主哈耶克便是他的众多学生之一，他对现代经济思想有着不凡的贡献。现代奥地利经济学派主张完全自由放任的资本主义（laissez-faire capitalism）。

我不认为你需要通过接受正式的教育，来取得金融交易活动所需要的经济学知识。事实上，我曾经鼓励一位非常优秀的年轻人不要上大学，并为他提供一个交易员的工作。我告诉他，在市场中学习，他的收获将远胜过大多数大学的教育。通过他的观察与经验，他将学习这个世界上真正的运作方式，而且很快成为一位优秀的交易员。

此外，我认识一位在某大型金融机构服务的证券分析师，她主修经济学，并有5年的市场经验。我向她请教，美国政府究竟能否清偿公债。她回答："不行，政府的债务将继续扩大。"然后，我又问她，在人们怀疑政府清偿债务的能力以前，公债的规模还可以持续增长多久。她回答："我不知道，但最后这些债务都必须被一笔勾销。它们毕竟只不过是一些纸张而已！"只不过是一些纸张，不可思议！在下一个空头市场中，她将无助地看着股票与债券不断创新低。不幸的是，我曾经与无数人谈论这方面的问题，他们都持有类似的见解，显然，这是一种普遍性的观点，它源自对经济学基本原理的误解。

你不可以颠倒因果关系。华盛顿一些所谓的"经济大师"，不可能仅凭"国会"的纸上作业创造经济繁荣。经济学不是一个神秘的领域，也不是只有少数专家与天才才能获得的宗教启示。许多政府决策者只不过是懦弱的政客，他们不敢告诉特殊的利益集团：天下没有白吃的午餐。反之，他们采用各种复杂的技巧来掩饰扩张支出的事实，并试图逃避或故意忽略这些政策的必然结果——通货膨胀或经济衰退。然而，他们的行为都是在经济学的名义下进行的。

凯恩斯在他所谓的"新经济学"中，正式给予这些经济谬论类似于科学的地位。他让政府取得合理的根据，干预自由市场，控制货币与信用的供给，并采取不负责任的赤字预算与通货膨胀政策。除了极少数的例外，学术界将这些谬论视为经济学的公理，并进一步将它们发展为极端复杂的体系、术语、符号以及数学方程式。难怪大多数人将经济学视为畏途，或一门沉闷的学问。

如果你觉得经济学非常沉闷或深奥，这是因为政治家与学术界多年来不断地主张，我们的社会与市场间的交互运作太过复杂，不适合一般人自行处理。他们认为，现代社会的"复杂经济议题"需要相互权衡，必须在"理想"与"现实"之间取得平衡。

他们酝酿出一种普遍的见解，唯有政府（在无数人员、高薪顾问、众多委员会与官僚机构的协助下）才有能力在考虑全国的分歧与利益下，寻找一个正确的"妥协之道"。他们认为，政府应该管理经济：通过通货膨胀的手段，增加信用与货币的供给，以促进生产，同时又针对最具生产力的产业，课征"超额利润"的税金；通过预算赤字的方式，提供"被剥削者"公平的机会，同时又强迫可能为他们提供就业机会的企业，支付最低的工资、社会安全的摊派与失业保险；通过贸易障碍保护国内的产业，同时又提供低利贷款或援助给发展中国家，以便赢得它们的"友谊"；通过价格津贴政策以补助小麦、糖、大豆、牛奶与其他农产品的生产，以"维系美国农民的独立与竞争力"，同时又将剩余的作物以免费或低于成本的价格卖给外国以及其他无数类似现象。

我对这套说法的反应，难以用文字表达，所以我仅提出一个忠告："不要让他们愚弄你！"如果你每个月都可以让支票账户保持平衡，并了解不能永远以债养债，则你对经济学的理解就已经远远超过了大多数政府决策者。他们和他们矛盾的计划与法律，每年都要耗费美国生产者无数的所得（我所谓的生产者，并不是仅指产业界，而是指每一位有收入的人），这一切仅是毫无意义的拼图游戏。然而，如果你具备正确的知识，那么你就可以利用这些碎片套入你自己的拼图；你还可以将政府的非理性行为转变为银行账户内的钞票。

身为一位交易者、投机者或投资者，你的赚钱方式是基于预期中的价格变化而买卖交易工具。若希望把这份工作做好，你需要掌握一些基本认识：人们为何要交易、何谓市场、谁参与其中、价格如何决定、价格为何会发生变化、什么因素会造成价格的变化、价格何时发生变化……另外，由于政府对市场的干预，较其他任何因素都会造成更大的价格波动，因此你必须了解政府的政策如何影响市场。犹如一位新闻记者的报道一样，你必须提出并回答下列问题：谁（who）？什么（what）？何时（when）？哪里（where）？为什么（why）？如何（how）？从一般层次上回答这些问题，就属于经济学的领域。从具体的市场角度来回答它们，则属于行情预测的领域。经济学提供行情预测的基本观念。

掌握正确的经济学基本原理，你就可以开发出合理的市场预测方法，从无数的资料中筛选信息，摒弃那些无谓的垃圾。你可以由一个简单而正确的概念开始，观察市场的资料，并推演出合理而精确的结论。你可以听取分析师与"专家"的意见，并试探他们的结论是否具备根本不变的有效性，判断其中的矛盾与错误。总之，你可以成功地与那些"博学之士"相互竞争。

知识的多寡并不重要，重点在于知识的素质与有效性。我认识一个人，并亲自观察到他正确地回答每一个关于交易的问题，但他却是一位失败的交易员。他花费无数时间开发出巧妙而错误的市场预测方法。我非常佩服他的智力，在交易中，他却遭逢无法克服的问题——他无法辨识主宰市场行为的基本原则。

本章的目的是提出并界定经济学上的基本原理与术语，稍后我将说明如何运用它们来预测经济循环并用这些知识在市场中获利。犹如拼图游戏说明书中的图形一样，这些原理将指引你如何拼接市场预测的拼图。

鲁宾孙的经济学

> 我认为节俭是最重要的美德，而政府负债是最危险的行为；我们必须在节俭与自由（liberty）和浪费

与奴役之间做出选择。如果我们可以防止政府假借照顾之名浪费人民的血汗钱，他们将会很快乐。

——托马斯·杰斐逊（Thomas Jefferson）

在上述陈述中，"节俭"具备两种不太相同的意义。当杰斐逊说，"节俭是最重要的美德"时，他是指以谨慎而节约的态度管理公共收益。当他说"我们必须在节俭与自由和浪费与奴役之间做出选择"时，他是指政府的主要功能应该是什么——应该扩张它的"荷包"提供公共服务或应该保护人民的生命、自由与财产。

杰斐逊较历史上任何政治家都更了解，政府的"浪费"只能由"人民的血汗钱"清偿。他知道，政府"假借照顾之名"不断增加预算，并不断扩充服务，这必然需要牺牲私人的财产与个人的自由。

不幸地，在过去两个世纪以来，这个国家的人民通过政治领袖的推举，已经选择了浪费优于自由。所以，我们现在每工作三天，便需要把一天的收入交由政府花费，即使如此仍然不够。如果目前每年超过1000亿美元的赤字持续发展下去，我们的子孙将继承一笔无法负荷的财务重担。如果杰斐逊地下有灵，恐怕将寝食难安。

之所以陷入目前的困境，是因为我们采纳错误的观念，不仅是错误的经济观念而已，也包括错误的哲学观念。美国人民被诱导并认为，世界上并无所谓的绝对正确与错误——一切都仅是相对因素之间的平衡；生命是一种非常复杂的过程，所以应该把经济政策交由"专家"处理。

本书并不是一本哲学性的著述，但没有任何事物比"生与死"更真实——所谓"生"是指经济上的生存。我不认为每一件事都很单纯，但我认为大多数事物都没有表面上那样复杂。我无法列举每一种错误的经济观念并反驳它，但我可以提供基本的定义与原理，我知道它们是正确而合理的观念。它们或许无法以传统的智慧证实，但我银行账户内的钞票却可以确认它们的有效性。

所以，让我们从头开始，并探讨何谓经济学。

经济学是一门研究人类某些行为的学问。根据经济学家米塞斯的定义："它是一种科学，研究如何运用手段达成既定的目的㊀……它并不是讨论有形的事物；它的对象是人类，他们的意义与行为。"㊁换言之，经济学是研究人类为了达成目标而运用的工具、方法与行为。该定义是经济分析与市场预测的第一原则，只有了解它之后才可以将其他原则综合为一贯的系统，并加以运用。

大多数经济学教科书对经济学的定义可能是：研究"生产和分配，以及如何运用所得、财富与商品"的一门学问。㊂虽然这是经济学的研究范围，却不是真正的定义。例如，它指出所得与商品已经存在，而且有异于财富。它假定情况已经发展到某种程度，而分配是一种主要的考虑因素。总之，它假定人类生存于一个高度复杂化的社会，事实上，这种高度的复杂化是基本经济原理发展的结果，但这些原理最初适用于个人，即使是单独生存在荒岛上也是如此。

以丹尼尔·笛福（Daniel Defoe）笔下的鲁宾孙为例。他的活动明确显示个人经济行为的基本层面，这也是市场经济的构成基础。漂流至一个只有食人族的荒岛上，鲁宾孙首先设计一种方法，以取得较目前所需更多的食物，并将它们储存起来，这样他才可以设法取得其他必需品。他利用所节省的时间建造住所，布置设备以防御土著人的攻击，并制造衣物。然后，通过辛勤的工作、独特的创意以及时间的管理，他简化取得必需品的程序，并在时间允许的范围内，制造其他奢侈品。

㊀ Ludwig von Mises, *Human Action*（Third revised edition, Yale University Press, 1963）p.10. 如果各位对"现代奥地利经济学派"的思想有兴趣，我建议一本很好的书：Thomas C.Taylor, *An Introduction of Austrian Economics*（Auburn, Alabama：Ludwig von Mises Institute 1980）。如果需要更进一步的资料，请联络：The Ludwlg von Mises Insitute of Austrian Economics Inc., Auburn University, Auburn, Alabama 36849。

㊁ *Human Action*, P.92.

㊂ *The Random House Dictionary of the English Language*, College Edition, 1969.

在提高生活水平的过程中，关键在于：评估、生产、储蓄、投资与创新发明。他评估当时可以掌握的目标与方法，根据他的需要做出最适当的选择。对于他追求的每一种事物，其价值是根据许多因素判断的：对需要之迫切性的感觉、追求它需要具备的方法以及需要花费的机会成本。他生产生存所需的必需品，并加以储蓄，所以他可以集中投入精力生产需要或想要的产品。每一事物的价格，是他评估自身需求而愿花费的精力与时间。他的活动是一种交易的行为，从事某项活动而放弃另一项活动，机会成本之间的差异便是他的利润。如果判断错误，他将遭受损失。他安排与管理每一个步骤的时间，并根据短期、中期与长期的考虑来选择。通过技术的创新发明，生活必需品的成本（以所需支付的时间与精力表示）将降低，他就能投入更多的时间与精力追求"奢侈品"。

在解释鲁宾孙的活动时，我所特别强调的概念，即它们与市场经济之间在行为和结果上存在的对应关系。事实上，市场经济只不过是这个相同的概念表现在社会层次上而已。在理性的个人基础上，评估、生产、储蓄、投资与创新发明都是人类生存和成长的必要条件。

在适当的考虑下，经济学的研究对象是人类维持生存可运用的方法，但因为人类是群居的动物，所以人与人之间的关系也是经济学的重要领域。然而，经济学的根本重心仍在于个人，因为社会只不过是个人的集合。

何谓市场

就群体而言，维持生存可以运用的基本方法也完全与个人相同。唯一的差异仅在于生产与交易活动的复杂程度。就个人而言，交易是从事某项活动而放弃另一项活动，交易的代价以其个人的时间与精力表示。

在自由的社会中，个人能够以自己的产品（财产）交换（交易）他人的产品与服务，并通过分工、专业化以及他人的创新发明而得到利益。所以，市场经济使生存变得较为简单，但运用的方法则较个人复杂。就可供运用的资源与选择而言，市场经济活动较复杂；但就个人的生存与成长而言，市场经济活动较简单。如果鲁宾孙担任荒岛上的清洁工作，他就无法维持生存；但在纽约市，很多人可以靠着清洗摩天大楼的玻璃窗而过着不错的生活。

类似鲁宾孙这样的个人，如果被迫生存在群体中，将基于自身的利益而试图自愿交换产品。他们会评估交换品的价值，根据自己的能力讨价还价，并选择最需要或最想要的对象。在一笔交易中，每一方都会以价值较低的物品交换价值较高的物品。交易涉及个人的判断，每个人都会评估交换品的价值。评估价值的程序必然具有主观的成分，换言之，这取决于个人的特定偏好、判断、价值观与目标。

由于价值具有主观的性质（人们对于价值的判断不同），这使人们具有交易的欲望与动机，而交易的双方也可以同时获利。⊖玉米生产过剩而肉类不足的农夫，他对玉米的价值判断将低于牧人，后者需要玉米来饲养牛，于是交易的机会便出现了。当交换剩余品（exchanging their surpluses）的活动涉及越来越多的人时，交易将变得相当复杂。许多个人之间的互动，社会将通过自由的结合而提供生产与交易的场所，这便是市场。

当人们根据供需原理而自愿交换时，便是以市场作为交易的场所。这个定义同时适用于路边小摊与纽约证券交易所。虽然交易的系统可以简单或复杂，但都适用相同的市场定义：市场由一群从事交易的个人构成——他们基于自身的利益而试图交换财产。

货币的功能

唯有市场成员具备高度的生产力，并对生命具有长期的控制能力时，货币才有其必要性。就最基本的形式来说，货币只是一种人们普遍需要的商品，

⊖ 价值具有主观的性质，由于人们对价值的判断不同，才能够产生交易。这种观念看起来似乎很简单，但实际上是由米塞斯正式提出的。在古典经济学的理论中（亚当·斯密与其他人），交易的物品必须有相同的价值。

因为它被公认为交换的媒介。它就如同腌鱼一样是商品，但它具有耐久性，具有公认的价值，容易分割，而且携带方便。货币可以简化交换的程序，人们无须采用"以物易物"的交换方式。它使经济价值可以计算，人们可以将主观的经济价值转换为数据的形式。它提供一种计量的方法，使人们能以货币的形式储存未消费的生产。接受美元、黄金或任何公认的交换媒介，人们可以相信它未来（不论是数分钟、数天还是数年之后）的购买力。所以，货币仅是一种具备"交换媒介"与"储存价值"的产品，它就如同任何其他产品与服务一样，必须受制于供需的原理。

信用是一种较复杂的货币形式。信用是市场创造的货币，它让原本未被利用的储蓄得以发挥功能。在信用发展的早期阶段，当时是以黄金或白银为货币，金属本身可以借贷（通常是作为抵押品），而清偿借贷需要附加利息。于是，货币出现一种新的形式——纸钞。

贷款者发现，承诺支付持有者特定数量黄金或白银的纸钞，较适合作为交换的媒介。基于发行者的健全信誉，纸钞一旦被普遍接受以后，发行数量总是会超过实质货币的存款，于是产生以信用为基础的信用媒介（fiduciary media）。㊀

发行者只要谨慎维系它的清偿能力，并让存款者相信其信誉健全，它创造的替代货币（纸钞）数量便可以超过实质货币的存款。㊁依此方式，财富可以加速增长，速度将远超过实质货币借贷可能的范围——一切都取决于贷款者如何判断借款者未来的生产与交易能力。

如果政府完全不介入，信用纸币（fiduciary note）的增长主要取决于市场因素。㊂换言之，发行银行最后必须有能力回赎所有在外流通的黄金或白银纸

㊀ 以信用为基础的交换媒介，是纸钞超过实质货币存款的部分，它是人为创造的货币。
㊁ 以"金本位制"来说，实质货币为黄金，以黄金为准备发行的纸钞，在理论上，但实际上并非如此，数量应该等于黄金存量，否则就会造成通货膨胀。——译者注
㊂ 然而，根据我的了解，历史上从来没有真正自由化的银行市场。

币，所以贵金属的存量是信用扩张限度的一个客观标准。犹如任何行业一样，某些银行会欣欣向荣，某些银行会倒闭；某些存款者可以赚取利息，某些存款者会损失一切。然而，就整体而言，将信用扩张至实际的储蓄数量之上，确实可以大幅提升财富的增长速度。

当今，不可兑换的货币（fiat money）——政府宣布为法币（legal tender）的纸币——是一种普遍被接受的交换媒介。不可兑换的货币与信用纸币相当类似，都仅是一种交换的媒介，货币本身并无任何用途，前者却没有客观的价值（黄金或白银）作为后盾。在不可兑换的货币体系内，货币与信用的供给数量并非直接取决于市场因素，而是由政府决定的。货币发行数量已经不再有客观的限度，一切都取决于政府官员的主观判断。

银行体系不再以贵金属为准备金，改用随时可以支付的政府纸币⊖，后者由具备课税与印制钞票权力的政府发行。⊜政府可以控制信用的宽松程度，采用的方法是规定银行贷款与买卖政府货币市场交易工具的准备金比率，并直接或间接操纵利率水平。这大致上可以决定企业界与消费者的借款能力，后者又将决定货币供给的增长率。

虽然政府可以控制货币与信用的供给，货币的购买力与信用成本却仍然受制于市场原理。货币与信用也仍然受制于市场的供需原理，供给面却受到操纵。然而，健全的企业扩张仍然以储蓄为基础，以谨慎的态度扩张信用。

经过适当的管理，信用可以使财富加速增长，因为它能以最有效的方式运用储蓄与潜在的产能。储蓄的货币是一种对未消费物品的求偿权。储蓄者决定放弃目前的消费，选择未来的消费（投资）。通过信用的发明，他们可

⊖ 你的支票账户便是一种可以随时动用的存款，换言之，你随时可以到银行提领实际的钞票。我们的通货包括联邦储备银行发行的纸币。你不妨把纸币视为有抵押的借条（IOU），然而，我们的纸币却没有任何抵押。所以，纽约联邦储备银行负责外汇业务的前副主席约翰·埃克斯特（John Exter）称它们为"我什么也没欠你"（IOU Nothing）！

⊜ 第10章将详细讨论联邦储备系统的运作方式，并说明货币的创造过程。

以有所选择，或是自行持有货币，或是将货币存于金融机构，并让他人借用他们的储蓄消费或投资，并因此在未来取得更高的购买力（这是指利息而言的）。借款者利用借款购买未经消费的物品，并消费或投资，但他们都必须创造足够的新财富以清偿借款与利息。贷款机构在贷款时，将创造新的货币，但如果借款者不能以创造的新财富偿还这些货币时，实际的储蓄将被消费。

何谓财富

财富是累积而来可供消费的产品与服务。唯有一种方式可以创造财富：生产多于消费，这需要仰赖科技的进步。科技是一种应用科学，而科学代表知识。人们取得知识而应用它，以提升生产力。从许多方面来说，我们的生活太过忙碌而遗忘了科技的贡献。我们将许多创新发明所带来的市场效率视为理所当然，例如，专业生产、分工合作与机械化程序。这些都是创新发现，使人们的构想得以付诸实现。在市场经济中，每个人都可以受惠于创新者的发现。科技创新带来的效率可以延伸至整个市场，使每个人都能以更少的时间制造更多的产品与服务。当每个人的生产力都提高时，根据供给与需求的原理，每个人的消费都可以提升。

不论产品与服务变得多么复杂，也不论整个程序涉及多少人，鲁宾孙在荒岛上适用的原理仍然有效。为了生存，他必须评估自己需要或想要什么以提高生活的品质，并生产以供交换。他支付的价格是取得交换品必须做的牺牲。为了累积财富，他必须储蓄，并投资当前的时间与产品以换取未来的消费。分工合作需要创新发明，这可以提高生产力。

经济学与人性

> 经营事业犹如逆水而上。他毫无选择，不进则退。
> ——刘易斯 E. 皮尔逊（Lewis E. Pierson）

自由市场经济是人类创造的制度，它奠基于一种观念，人类具有独立而理性的思考能力，他们能够维系自身的生存。它虽然是人类创造的制度，却是自然产生的，它是个人在社会结构内理性行为的自然结果。政府并未创造市场，它们以强行的干预破坏市场。如果政府让它的子民自由发展，市场将自动产生，它们犹如有自己的生命。

我们可以看一些计划经济下的情况，虽然生产与交易受到严格的控制，"黑市"却相当猖獗，而且主管当局大多默许这种现象，甚至鼓励。例如，最近有一个电视节目报道某个国家的情况，解释某地方政府在一个小城选择一块几英亩⊖大的土地，划分为许多小块（每块的面积甚至小于许多美国家庭的后院），将它们分配给人们，他们可以种植蔬菜供自己消费。不久，使用这些土地的权利便在政府默许的黑市中交易，价格远超过波兰一般家庭的年收入。何以如此？因为新鲜的蔬菜水果当时（我想目前还是如此）几乎不存在于公开市场，仅在黑市中高价交易。一个家庭如果可以取得几块土地，并将收成的作物在黑市上卖出，那么其可以增加数倍的收入。

如果希望预测未来的经济政策，你必须了解政府可以运用的政策武器以及主要当权者的个性与意图。就美国来说，最根本的政策武器有：税制、融通预算赤字的方法与水平、美联储对货币与信用的控制以及限制生产与贸易的特殊法规。应该观察的关键人物有：总统、美联储主席、财政部部长以及国会的重要人物。首先必须了解这些人物能够做什么，然后再根据他们个人的观点，推测他们可能做什么，这样你便可以调整自己的头寸以配合政府未来的政策。

相对于预测新政策来说，分析其影响较为简单。犹如亚当·斯密在《国富论》(*The Wealth of Nations*) 所说：

⊖ 1英亩=4 046.856平方米。——译者注

> 富裕的国家可以让人民轻易取得必需品与生活上的便利……谈论国家的财富，便是谈论其人民的富足。所以，任何政策如果会造成物价上涨，将减少大众的富足程度与国家的财富，也因而减少人民的必需品与幸福。

政府干预对经济所造成的影响，将受制于市场原理。一个简单的原理是：价格控制会造成供给缺乏，价格补助会造成供给过剩。例如，里根（Reagan）于1980年当选总统时（他在1981年1月上任），国内的石油产业在政府的支持下一片繁荣，进口石油课征偏高的关税，OPEC操纵市场而造成人为的短缺，以及卡特政府运用复杂的价格控制与退税制度来限制"旧有油井产油"的价格，但放任新油井产油的价格。这引发疯狂的钻井热潮——人们普遍参与钻井的投机活动。

里根当选后，宣布石油产业将自由化。在此之后不久，一位从事股票经纪业务的朋友打电话给我，建议我买进汤姆·布朗公司的股票，这是一只柜台交易市场的石油股票，它在前一段期间由每股2美元上涨至68美元。我告诉他："吉米，石油股的行情已经结束了，我可能会卖空这只股票。"他要求我不要这样做，因为汤姆·布朗是他的好朋友，我听从他的意思，但我卖空了许多其他石油股。

我告诉吉米，中东的石油卡特尔（Cartel）很快便会在竞争的压力下瓦解，里根的自由化政策绝对会扼杀国内的石油产业，因为自由竞争会导致价格下跌。于是，他减缓买进石油股，但基于税金上的考虑，他仍然持有石油股的头寸希望拖至1981年。然而，1981年1月，他的石油头寸已经下跌25%。S&P 500在1980年11月出现顶部，因为指数内石油类股的权数很大。汤姆·布朗公司的股票最后又跌回2美元附近。不用多说，我大有收获，而我根据的仅是简单的原理。

现在，让我运用相同的原理推测未来。最近，法定最低工资向上调整，这将造成速食店与零售商店的获利能力降低，并迫使某些店面歇业或裁减员工。自动化设备将趋于更为普遍，因为劳工成本的提高使它更具有使用价值。年轻人与无特殊技术的劳工将出现更严重的失业，而政府的失业福利支出也将增加。政府"假借照顾之名"的行为又将增添国家的困境。政府的干预无法回避供需的原理，它仅会胡乱更改天平两边的砝码。

容我再次强调，经济学之所以重要，是因为它说明了人类在达到目标时所运用的工具、方法与活动。经济学的重心，首先必须放在个人的行为上，其次才是在社会结构内研究个人的活动。适用于个人的原理也适用于任何团体或整个社会。正确的经济学原理，必须假设人类是独立思考的个体，并追求自身的福利。任何其他见解都会造成矛盾——根据这些见解进行的活动，必然造成错误的判断与失败的结果。犹如鲁宾孙一样，每个人都必须了解评估、生产、储蓄、投资与创新发明等概念，这样才能维系人类的生存与富足。**对交易者、投机者与投资者来说，市场预测绝对必须仰赖周详而正确的经济学知识，尤其是如何评估政府干预行为对价格走势的影响。**

生产创造富足

> 如果善于把握，机会将是无限的；如果忽略它们，机会将消失。生活中充满许多机会。财富并不是在于赚钱，而是使人们能够赚钱。成功是来自生产而不是破坏。
>
> ——约翰·威克（John Wicker）

假定你为某人工作，整天仅是坐着喝咖啡，看漫画，摆弄公司文具——就这样混日子。你认为你可以混多久？不会太久，我保证。你的老板应该会开除你，因为你对公司没有任何贡献——你没有任何生产。

为了生存与富足，人类必须生产，这是无法逃避的事实。生产是将天然资源或人造要素重新排列与组合，并创造具有特定用途的新物品。我所谓的"创造……新物品"，并不是指"无中生有"。既有的鱼类，渔夫把它们转变为食物，通过其行为与创新而生产食物；既有的钢、铜、铝、塑胶……汽车制造者把它们转变为汽车；制片家结合导演、演员、编剧与技术人员，制成影片以供娱乐、广告或教育之用；医生试图恢复病人的健康；股票交易员提供价格与交易，这些都是生产的行为。

生产的行为可以简单或复杂——采集食物、制造塑胶品乃至石油精制品。产品可以是生理必需品或抽象概念（食物或诗歌），但每一种生产行为都是根据预定的用途或目标而创造出新的物品。某些有影响的民间组织，谴责过度生产。它们认为，人类由于"过度生产"而越来越远离"自然的境界"，并谈论某些偏远地区的人们仍然采集食物而过着"自然就是美"的生活。例如，"地球之友"（Friends of the Earth）的组织宣言中写道，"唯一的理想科技便是没有科技"，并进一步宣称，经济发展是"少数精英分子对自然世界所课征没有对应选举权的税金"（我怀疑何谓人为的世界）。另一些人则渴望着童话中的"伊甸乐园"，将它视为人类的乌托邦，并认为生产性工作是人类追求知识得到的惩罚。

完全仰赖变幻莫测的大地之母，每天忙着打猎与收集食物，你是否希望过着这种一成不变而永无止境的生活呢？你是否真正愿意生活在"乐园"之中，那里不需要思想，而"生产"也不具有任何重要性？如果你的生存必需品与所有的决策都已经被预先决定（任何选择都没有必要，也不可能），你的快乐将来自何处？不论这类"乐园"究竟如何，它绝对不是一种合乎"人性"的生存场所，我也绝不希望涉足其中。我实在不了解为何人们认为河狸所筑的挡水坝是自然的景观，而纽约的摩天大楼便不是——两者都是动物根据天性创造的建筑。

根据艾茵·兰德的说法，生产的基础是"将理性运用于生存问题"。[一]人类的生存必须仰赖心智的运用；辨识他们的需要与欲望，根据认定价值的相对重要性排列先后顺序，寻找达到目标的方法，采取生产的活动。人类与其他动物的不同之处是他们根据自然法则重新构造自然，并创造生存的环境。他们从艰难的自然环境中自我提升，使稀有的必需品变为富足，延长生命，开创崭新领域的挑战与机会。然而，他们之所以能够创造这些成就，仅因为他们可以自由地生产。

我非常谨慎地提出生产的定义，它泛指具备既定目标的所有活动。有一种相当普遍的经济观点认为，唯有创造有形物品的活动才属于生产。许多经济学家将产业划分为生产部门与服务部门，似乎服务业并不具备生产性。某些人悲叹自动化与机械化生产程序日益普及，迫使劳工转向服务部门。因此，造成有技术的高级劳工不断减少。他们认为，服务业仅是扮演重新分配的功能，不是创造真正的财富。这是非常短视而错误的见解，它们来自对经济价值与财富观念的误解。

可以满足需求的任何东西都具有经济价值，依此认定，商品与服务都有经济价值。此处所谓的"需求"泛指人类需要与想要的任何东西，我认为仅有一个人可以决定何谓需求——个人。如果相当数量的个人想要某种东西，并愿意支付对应的经济价值作为交换，它便具有市场价值。

企业的目标是判断或创造市场价值，并在满足消费者欲望的过程中获取利润。在追求这个目标时，企业家运用机械化、自动化和其他创新的程序制造更多的产品与服务，使更多的人可以享有更低廉的价格。因科技创新而暂时遭到解雇的劳工，可以转向服务业，或留在制造机械化与自动化等高资本投入的产业。不论他们是留在制造业还是前往服务业，都是新的财富资源。机械化过程中储蓄的人力、物力与时间，可以投资于新产品与服务，于是国

[一] Ayn Rand, "Capitalism: The Unknown Ideal", What is Capitalism? (Signet, First Printing), P.17.

家的净财富便可以增加。你可以称此为人类生活的自然提升。崭新的生产程序淘汰旧有的方法，迫使社会上各个层次的人们提升知识与技术，以便在市场上竞争。

虽然也有一些态度强硬的人们，尤其是有组织的劳工团体，宁可选择停滞不愿成长，但那些拥抱变动、不断提升知识的人可以成长——包括经济与个人的成长。持续的思考、学习与生产，这是获取自尊与自我价值的基本必要条件。如果这一事实可以被更广泛地了解与运用，就可以促进一个更健康、更快乐与更具生产力的文化。

服务业不具备生产价值，这种观念完全没有根据。除了衣、食、住、行等民生商品以外，人们还有许多可供消费的空间——财富的运用。如果他们挑选一家高级餐厅进餐，这是在消耗财富，但他们的消费可以用来支付餐厅的装潢与设备、房东的房租、侍者的薪水……总之，他们的消费可以支持其他无数人的生产活动。

经济学家经常将人划分为"生产者"与"消费者"，似乎两者是不同的群体，甚至相互对立。这种划分在经济分析上当然有其价值，但每一位生产者也都是消费者，每一位消费者也都是生产者（除非你是靠祖产或政府的救济过活）。在汽车装配厂服务的工人，将各种零件组装成汽车。他虽然仅从事组装的工作，但仍是生产行为。餐厅侍者也是如此，他提供服务与气氛，并因此获得报酬。生产者交易产品以支付劳工的工资，后者又交易他们的工资换取其他产品与服务。对于每个人来说，都同时扮演生产者与消费者的角色，这是由生产与交易活动构成的链环。在自由市场经济中，生产与交易是达到个人目标的唯一合理途径。

生产创造潜在的财富。财富是由未经消费的物品累积而成的，不论这些物品是产品还是服务都是如此——只要它们在市场上被认为是有价值的。在这种观点下，餐厅侍者未经使用的服务也是一种财富。目前，我们通常都以金钱为单位衡量财富，这并没有改变财富的基本性质。金钱的累积相当于累积请求权，可以在市场上换取产品与服务，但金钱的购买力可能会随着时间的流逝而变化。

在市场中，成功是以财富的累积能力来衡量的，财富来自创造或预测其产品与服务的需求情况，使价格不仅可以维持当前的消费，还可以累积而促使经济增长。在这个程序中，首先是生产，其次才是储蓄。

储蓄、投资、信用与财富

> 储蓄即是投资。
>
> ——黑兹利特

生产是生存的必要条件，储蓄则是经济增长的必要条件。为了累积财富，首先便是生产的数量必须超过立即的消费。其次则有两种可能的选择：将剩余品储存起来以供未来的消费，这被称为单纯的储蓄；或者，被储存的产品可以用来提升未来的生产力，或用来维持某些较费时间的生产活动，这被称为资本储蓄或资本累积。

在单纯的储蓄中，产品暂时被储存，但迟早会被消费而不复存在。在资本储蓄中，产品累积的目的是提高生产力或创造全新的产品。资本储蓄可以改善人类的物质生活条件，使其有充裕的能力提高生活水平，不仅可以增加知识与生产，而且还可以享受休闲娱乐。资本储蓄是对未来的投资，就此观点而言，储蓄就是投资。

储蓄是一种选择的行为，储蓄者需要比较：将产品留至未来消费的目前价值以及目前立即消费产品的价值。目前产品与未来产品之间的价值比率被称为基源利率（originary interest）⊖，它是衡量目前消费与未来消费之间的利率。基源利率越高，资本储蓄率越低。反之，基源利率越低，资本累积率越

⊖ 有关基源利率的完整讨论，请参考 *Human Action*, pp.524-537。

高，财富的增长率也越高。

在金融市场中，基源利率将反映在资本财富的增长率或衰退率上，⊖它直接关系着个人储蓄与信用供需的水平。资本累积与利率之间并没有直接的关系。市场利率代表信用的成本，基源利率仅是信用的一部分成本。然而，**当人们决定在目前或未来消费时，基源利率是最根本的考虑因素。基源利率取决于个人的偏好与其他许多条件**。第 10 章讨论货币政策对经济循环的影响时，我们就可以了解上述区分的理由。总之，储蓄取决于放弃目前消费以换取未来更高报酬的能力与欲望，它是为了换取明天的增长，选择今天不消费。

新科技是经济增长的动力，它来自创新发明与知识、时间、精力以及储蓄资源的投资。科技是知识的应用，而发明则是创造的行为。所以，科技发明是创造新方法以应用知识的行为。第一位以渔网捕鱼的渔夫是发明者，渔网便是新科技。事实上，渔网是一种储蓄的形式，它是一种简化生产程序的资本财富。

第一位以网捕鱼的渔夫，必须储蓄以取得知识、时间、精力与物料制造渔网。一旦他创造了渔网，并掌握如何使用它之后，就可以简化生产程序。他不仅可以提供自己家庭所需的鱼肉，还可以将剩余的产量交换其他物品。由于生产程序的简化，鱼肉的稀少性也随之降低，他的邻居可以专事于其他必需品的生产以交换鱼肉。这个例子从较原始的层次上显示，个人的储蓄、创新发明、投资与资本累积所带来的效率如何贡献给整个社会，并提升每个人的生产力。

在文明进步的每一阶段中，我们都会继承前人的知识，并加以改进。这也是促进增长的一种储蓄形式。我们继承独木舟而发明帆船，帆船变为蒸汽船，蒸汽船又变为柴油动力的超级油轮，所有情况都是如此。整个程序都是

⊖ 资本财富可以用于未来的生产，或在追求更长期而更有利润的目标时，用以维持生存。两者都是储蓄的形式。

建立在前人的准备工作以及个人的创造力上。如果我们的祖先完全消费他们的渔网与独木舟而不愿投入时间来重置它们；如果我们的祖先没有将种植小麦与制造面粉的知识流传下来；如果人类犹如其他动物一样，仅是单纯的消费者，目前的文明便无法存在。唯有通过产品与知识的储蓄，投资与增长才有可能。

从社会发展的原始层次上观察，我们很容易了解储蓄是投资的基础。然而，在复杂的市场经济中，我们很难体会两者之间的关系。例如，当一家工厂借款投资较有效率的新设备时，我们很难从这种行为中察觉储蓄的功能。事实上，类似于凯恩斯之流的经济学家，说服（或至少提出理由）其他具有影响力的经济学家与政治家，生产与储蓄并不是经济增长的必要条件。

根据凯恩斯学派的理论，生产的驱动力量来自总需求，后者以可支配收入的货币单位衡量。该理论认为，让每个人持有一些额外的钞票，他们就会支出，这样便可以创造需求，并促使生产者增加产量（这当然必须假定生产者不会仅仅提高价格）。此外，储蓄会造成"消费不足"，降低总需求与GNP，并妨碍经济增长。根据这个观点，政府仅需要运用赤字预算增加支出，采取宽松的信用政策增加经济体系内的货币供给，并鼓励每个人尽量支出而不要储蓄，这样便可以保证经济的繁荣。对凯恩斯学派的经济学家来说，问题仅是如何谨慎地管理政府的支出与货币的供给。

我在前面曾经提及，货币是一种交换的媒介与储存价值的工具，当某人储蓄金钱时，他就持有对未消费产品或服务的请求权。单就这两种陈述的字面意义来说，储蓄似乎不具备生产力，事实上，储蓄与投资之间似乎没有直接的关系。你可能认为，储蓄将减少市场对产品的需求，减少产业界的获利，并因此导致经济活动的衰退。这是完全错误的推论。

储蓄基本上可以分为两类：一类是将钞票藏在床垫下的守财奴；另一类是普通的储蓄者，他们将金钱存在银行，或购买债券、黄金、股票以及其他储蓄工具。一般来说，将钞票藏在床垫下的守财奴并不多，这种行为将造成货币流通量（相对于其他商品）减少，形成物价下跌的压力，并提升货币的购买力。请注意，货币是一种商品，它就如同任何其他商品一样也受制于供需原理。当货币供给量减少时，它以其他产品表示的价值便提高。如果未考虑货币的购买力，财富将不能以货币的数量表示。

在19世纪末的几十年中，工业迅速扩张，美国的生活水平以罕见的速度提升。如果仅以货币数量衡量财富的话，则无法反映上述现象。在经济扩张最巅峰的20年内，以黄金与白银为基础的货币供给相当稳定，一般物价水平却下降50%。事实上，在整个18世纪与19世纪，除了政府在战争期间需要通过发行纸币筹措经费以外，物价水平都处于普遍下跌的趋势中。

目前，物价下跌的现象被视为奇观，因为我们已经习惯于政府采用的通货膨胀货币政策。然而，如果你将货币视为一种商品，上述现象便很容易理解。现在，企业界在拟定产品价格与估算收益时，都会考虑物价上涨的因素；同理，过去的企业经营都会预估物价下跌的影响。即使营业收入下降，企业的获利也可能增加，因为货币购买力的提高。过去之所以不同于现在，是因为货币与信用的供给是由市场因素而不是政府决定的。

许多现代经济学家在物价下跌与经济衰退之间画上等号，这是因为自20世纪20年代末期以来，物价普遍下跌仅发生在经济萧条或衰退期间。谨慎分析这些期间的情况，便可以发现政府干预的程度最为严重。以20世纪30年代为例，美联储减少1/3的货币供给，国会却同时通过法案维持20世纪20年代的物价水平。为了维持较高的价格，政府付款给农民烧毁马铃薯，并犁去棉花作物（20世纪30年代，许多农民以驴子犁田，而驴子以顽固著称。在犁棉花时，驴子必须踏在作物之上前进，但据说驴子不肯这么做。当时某份报纸发表评论道，驴子对经济学的了解远胜过政府）。如果商家遵照政府拟定的偏高价格，便可以把获赠的"蓝鹰"（Blue Eagle）徽章挂在窗口。罗斯福总统在炉边闲谈中，鼓励消费者在挂有"蓝鹰"徽章的商店购物，并抵制价格偏低的商店。劳工法案授权工会调升工资，并鼓励它们防止资方降低工资。

于是，在经济普遍衰退而失业严重的情况下，实质工资却得以上升。基于某些缘故，政府官员似乎始终都不了解，物价的下跌是来自货币供给的减少。结果，当然就导致了美国历史上最漫长的经济大萧条。

我们政府的支出与货币政策，总是摆荡在两个相互矛盾的行为之间，先是以宽松的信用政策驱动通货膨胀的繁荣，接着又以紧缩货币与信用的手段控制通货膨胀，于是又造成经济衰退。由于政府的赤字支出政策与联邦储备系统控制的货币供给，使得现代的美国人无法想象物价下跌的经济繁荣。如果你可以不担忧通货膨胀，把钱存在银行而其购买力又会随着时间的推移而增加，难道不是很美妙吗？你可曾想过，随着科技的进步与价格的竞争，再加上货币购买力的提升，高科技产品价格的下跌速度会有多快吗？重点在于：经济衰退并不是由物价下跌造成的，两者之间未必存在任何因果关系。

守财奴减少货币流通数量的行为，对物价与市场的影响非常有限。假定货币供给数量维持不变，物价将因货币流通数量的减少而向下调整。如果货币的供给数量相对于其他产品与服务而持续增加（犹如目前的情况），守财奴所藏货币的购买力将减少。如果守财奴1940年在床垫下藏100万美元，就美元的购买力而言，这笔资金现在仅值12万美元。所以，在储藏（hoarding）的行为中，守财奴仅会伤害自己。

许多理由支持政府应该控制货币与信用，其中最具影响力的论点是由凯恩斯提出来的主张，储蓄是一种不具生产力的行为——经济衰退是由"消费不足"造成的，这是针对储藏而言的。多年以来，储蓄都被视为储藏，但储藏实际上是一种相对罕见的行为，通常并不会对整个经济形成真正的伤害，最多是造成自己的损失而已。

一般来说，储蓄者并不是守财奴，他们会把钱存在银行与其他金融机构，或购买债券、股票等交易工具，并将储蓄提供给信用市场。这类储蓄者委托他人或机构保管他们的储蓄，并预期未来可以获得报酬。这种储蓄便是经济扩张的动力。另外，储蓄水平越高，信用成本越低，这是简单的供需原理。

鲁宾孙储蓄食物以便腾出时间建造住所，也是运用相同的原理。在市场经济中，这个原理仅发生在较抽象的层次上，而信用交易程序的步调也会稍快一些。

信用交易是一种协定，贷款者将产品或未经消费之产品的请求权（货币）借予他人或团体，在一段时间之后取得清偿，通常还会附加利息。这类交易奠基于贷款者相信借款者能够以未来的生产来清偿。如果借款者清偿借款的话，他虽然消费借来的请求权（资金），但他创造的新财富具有更高价值的请求权（本金加利息）。对贷款者来说，清偿价值大于借出价值之间的差额，便代表它未立即消费的报酬。

如果借款者未履行清偿的义务，那么他在运用产品的请求权时，至少已经消耗部分商品，而创造的新财富又不足以重置原来的请求权。债权人可以取回债务人持有的剩余价值。借出与取回之间的市场价值差额便是损失（被消费的财富），它先前代表的市场产品已经不复存在。

信用交易既不是礼物也不是援助，它是市场上的交易。借款者（不论个人或团体）培养信用的方式，是稳定地从事生产，并根据交易协定（合约）履行清偿义务。借取的资金可以用于消费或投资，但他必须承诺清偿所借资金或物品。贷款者选择贷款而不是立即消费或自行投资，是因为他相信借款者的清偿能力。

信用交易建立在债权人与债务人之间对时间偏好上的（time-preference）差异。⊖债权人（更明确地说，储蓄的存款人）决定延后自身的消费或投资，债务人则决定提前消费或投资，并以未来的生产清偿。

在复杂的市场经济中，大多数经济交易都会涉及某种形式的信用。零售店从批发商那里进货，通常在30天及以上的时间才会付款。汽车经销商可以借取资金购买存货，这是因为它们可以高价转售。企业可以发行债券融通事

⊖ 在解释信用交易发生的原因时，时间偏好的概念是现代奥地利经济学派最重要的特色之一。米塞斯在其重要著述《人的行为》（*Human Action*）中有详细的解说。

业的扩张，投机者可以融资买进股票。然而，不论信用的形式如何，都代表对未经消费产品的请求权，交易的一方提供信用，另一方则承诺清偿。贷款者延后消费的行为，借款者则以未来的消费换取目前的消费。

我先前曾经谈及，银行在从事贷款业务时，并没有借出实际的储蓄，而只是创造新的货币。虽然如此，但实际的储蓄（以资本的形式）确实必须承担风险。乐观地看，借款者将创造足够的新财富，使清偿贷款后仍有获利或持平。消极地看，如果借款者未履行清偿的义务，既有产品（储蓄）将被消费或变为无用。当企业借取资金投资新的机械设备时，会造成双重影响：借款者承诺储蓄一部分未来的利润，贷款者必须以实际的储蓄承担风险。从这个角度思考，不论政府的财政政策与货币政策如何，信用与储蓄之间都有直接的关联。

当你借取资金时，实际上是借取某人对未消费物品的请求权。如果你认为我过于强调这种观念，我要提出辩解，因为实在太多的人不了解储蓄、信用、投资与财富之间的关系了。储蓄是信用扩张的基础，信用是加速资本财富投资的燃料，资本财富的累积则可以加速经济财富的增长率。然而，不论任何时候，当贷款被"一笔勾销"时，迟早某个人必须以某种方式完全承担储蓄的损失。换言之，物品被消费而没有重置。

社会上普遍存在一种非常危险的错误观念，因为政府与银行体系似乎能够以"无中生有"的方式创造货币，一旦发生坏账时，它们也应该可以"一笔勾销"而不用承担实质产品与服务的损失。公债尤其被看成是一种几近于无限的资源，唯一的限制就是大众的信心。然而，犹如"永远不沉"的"泰坦尼克号"一样，政府在特殊利益集团的要求下任意挥霍，在正常的信用标准下，公债早就应该被宣布破产了。

有关政府的借款以及政府担保的纸币与贷款，其中并没有什么神秘之处。当政府发行债券或国库券时，这是购买者延迟消费而让政府消费，但政府承诺未来予以清偿。然而，这与商业性借款不同，政府的清偿能力并不是来自未来的生产能力，而是来自未来的课税能力。换言之，政府借款的清偿来源是我们与后代子孙未来的实质所得——美国人民的生产力。

政府的所得，不论来自课税、借款还是以通货膨胀的方式增加货币供给，本质上都必须由全国的产能承担。这是一种强制性的财富重分配，并更改常态市场要素的均衡位置。大多数政府活动在本质上都是以消费为导向而没有任何生产。㊀

政府的借款与贷款虽然经过"担保"，但并没有太大的意义，因为担保完全仰赖课税或印制钞票的能力。如果政府选择以印制钞票的方式清偿债务，通货膨胀则会导致美元贬值，这是另一种形式的税金（但会造成极端荒谬的影响）。你不能"无中生有"，但你可以"从有变无"。政府以预算赤字融通支出，这些债务迟早都必须全额清偿，但经济扩张所仰赖的宽松信用也将随之消失。整个经济不论以较高的税金、通货膨胀、普遍的经济下降（经济衰退或萧条）或者这三种方式的结合，我们支付的代价都完全相同——财富已经被消费了。

小结：仅次于免费的早餐

美国是一个始终令我都觉得惊奇的国度。我的办公室里有一部价值1600美元的传真机，我几乎每周都会发现它的令人不可思议之处。不知如何地，纸张上的影像可以转变为电波，然后随着电话线穿越数英里的距离，并在另一部机器上转为一模一样的影像。

我对电子晶片、数据机等新奇的科技产品可以说全然无知，但我仅花费1600美元的代价便可以享有如此神奇的机器，这个产品是通过创造性思维花费无数的时间与资金研究、开发及营销而来的。

㊀ 这个陈述有例外情况，如邮局等以收费方式经营的政府机构，它们确实可能获利，并创造财富。除此之外，国防方面的研究发展成果也可以创造财富。可是，就整体而言，政府消费的财富远多于生产，而其生产也远较自由市场缺乏效率。

以日常生活的例子来说，我的早餐可能是两个蛋，再加上吐司与果汁，如果我自己准备，成本不会超过 1 美元。如果我必须自己生产相同的一份早餐，种植小麦、磨成面粉、种植果树、饲养母鸡……这份早餐的代价恐怕就难以想象。这真是太神奇了——仅次于免费的早餐。

　　这虽然神奇，却不是意外或奇迹，这是一群人在市场上自由交易的结果。如果没有政府的干预，新科技发明、消费者的偏好发生改变或信用情况发生变化时，市场将调整而发生自然的小幅景气循环，但生产与繁荣仍会保持永远向上的趋势。然而，我们始终不能避开政府的干预。所以，我们会经历上下巨幅波动的经济循环。每个人都喜爱向上的发展，却很少人知道如何在经济衰退时保护自己。

　　犹如企业家一样，**经济发生衰退或萧条时，避开财务灾难的唯一方法是正确地预测行情的转折点，并依此调整自己的立场**。这是指在市场的底部扩张信用而做多，在市场顶部则由多转空。这样做需要具备本章所讨论的经济学原理以及先前数章阐述的准则。

　　在本章中，我提出一些经济学的基本概念，这是了解政府干预政策如何影响市场的必要知识。在接下来的两章中，我将解释政府如何通过预算赤字与联邦储备系统，以财政政策与货币政策进行干预，并论述政府干预为何是经济长期趋势的主要决定因素。本章与接下来两章的主要目标是教导你如何运用基本的经济学原理以防止这些干预给你带来的损失，并在这个过程中获利。

| 第 10 章 |

繁荣与衰退
谁拿唧筒，谁拿刺针

> 影响经济体系的波浪状变动，在经济萧条（衰退）之后又是经济繁荣，这是不断尝试扩张信用而降低市场毛利率的必然结果。以扩张信用带来的经济繁荣，绝对无法避免最后的崩解。唯一的选择仅有：自愿放弃进一步的信用扩张而使危机较早到来，或是稍后等待整体货币系统的全然瓦解。㊀
>
> ——米塞斯

繁荣与衰退：经济循环

18 世纪下半叶以来，人们便争论市场经济循环波动的起因究竟是什么。我希望在本书的讨论范围内解答这个问题，使你不仅在市场的上升阶段可以获利，而且在下降阶段也是如此，这个时候，许多企业家与大多数投资者都处于亏损状态，或至少是流失先前的大部分获利。

㊀ Ludwig von Mises, *Human Action* (Chicago: Contemporary Books, Inc., 1996), p.572.

在本章之初，我引用米塞斯的评论，因为就经济循环的起因而言，这是最精辟而明确的见解。他的表达方式或许过于朴实，答案却非常简单明了。然而，犹如爱因斯坦提出的简单公式 $E=mc^2$ 一样，在简单的陈述下蕴含着无限知识。

如果你可以理解米塞斯的这段陈述，而且掌握其中所有细节，并运用于美国与世界的货币信用体系中，那么你对市场主要转折点的预测能力就可以超过市场中 90% 的投机者。

在这段陈述中，米塞斯认为，如果要理解经济循环，你必须理解货币、利率、信用以及信用扩张对经济的影响。

经济循环的性质

几乎每个人都了解金字塔式计划的性质（类似于连锁信函），而且我们大多都不会参与这些活动，因为我们知道这些计划的创始者可能心怀不轨，或我们可能成为金字塔底部的最后一位"有输无赢"的参与者。经济循环非常类似于金字塔式的计划，而且不断重复发生，它们或许不是故意的行为，却是来自普遍被接受的错误经济观点。

18世纪以前并无所谓真正的经济循环，以往虽然有经济萧条的现象，但它们的起因都非常明确。或者是为了筹措战争的经费，或者是为了供自己随意的挥霍，国王会派遣他的卫队四处征收税赋。这些行为将冲击人民的"正常商业活动"，并导致经济衰退。

或者由于战争，一个国家可能剥夺另一个国家重要的经济资源，例如美国独立期间，北方军夺取英国在美国主要的棉花资源，冲击相关产业，使经济普遍衰退。不论原因是什么，我们都能相对容易地判定经济衰退的起因。如果没有发生外部事件，经济活动将呈现直线状稳定而缓慢地发展。

然而，大约从1750年开始，工业化国家的经济活动出现重复发生的循环波动，它们的起因并不明显。这一期间，同时发生两件重大事件：一是工业革命，它起源于英国，并蔓延至整个西方世界；二是中央银行的活动，更明确地说，这是由政府当局控制的部分准备金（fractional reserve）中央银行活动。由于当时仅发生这两件重大经济事件，因此政治经济学家开始探索，经济循环是否起因于这两个因素中的某一个。

当时，基本看法可以分为两个学派。一是重商主义者，他们认为经济活动的循环波动起因于市场经济内部的某些因素。对这个学派来说，研究重点是寻找这些起因并运用政府的控制手段消除它们，提供一个经济发展的稳定环境。二是以李嘉图为首的古典经济学派，他们主要分析纸币与信用扩张对贸易的影响，并以此解释经济循环。

根据古典经济学的看法，经济循环起因于外部因素，换言之，政府对货币与信用市场的干预。不幸的是，重商主义者赢得了胜利，后来并形成凯恩斯经济学的独霸地位，这套经济学目前仍以各种不同形式主导着世界的经济思想。所以，世界上主要工业国家都采用部分准备金的中央银行体系，也因此无法避免繁荣与衰退的经济循环。

"因为中央银行的存在，所以繁荣与衰退的经济循环也存在"，我认为这个陈述并没有足够的证据，但中央银行确实是起因。稍后，我将解释中央银行的货币和信用扩张如何导致繁荣与衰退的循环。在此之前，我先提出一个历史上的案例，这是一个不断重复出现的典型范例，只是玩家不同而已。

虽然 18 世纪中期以前，经济循环还没有正式出现，但英格兰银行在 1692 年已经开始从事中央银行的业务。当时，第一种不可兑换的纸币（fiat money）已经出现，被称为 The Royal Commonwealth of Massachusetts。即使是在银行业务的早期发展阶段中，某些政府顾问显然已经知道，部分准备金制度与信用扩张的短期利益。说明这方面情况的最佳例子或许就是所谓的密西西比事件（Mississippi Scheme），它发生于 18 世纪的法国。⊖

⊖ 这段故事的所有资料都是取自 Charles Mackay 所著的 *Extraordinary Popular Delusions and Madness of Crowds*（New York：Harmony Books，1980），pp.1-45。

路易十四当政期间（1643～1715年），由于其奢侈荒唐的行为，法国的财政与经济状况百病丛生。在王室超额支出的刺激下，巴黎与其近郊曾经出现一段繁荣期，但在路易十四于1715年过世之后，国内与对外贸易都开始衰退，法国政府的偿付能力出现严重问题。

法国的公债总金额高达30亿银币（livres）㊀，公债的名称为billets d'etat，国家每年税收为14.5亿银币，政府预算为14.3亿银币，但不包括30亿公债的利息。政府是否应该宣布破产而重新开始，当时曾经引起一场辩论，但政客担心这会引来革命，所以只能采用其他权宜之计。

政府最初的相应措施是采用重铸货币的方式，将银币贬值20%。新银币的重量为旧银币的4/5，面值却相同，并以法令强迫人民兑换新的银币。结果，国库虽然增加0.72亿银币的收入，但整个国家的贸易运作更加混乱，经济也更加衰退。

为了平息民众对贬值的抱怨，政府稍微调降税率，并开展一项改革计划，清除税务人员普遍的贪污现象。这些措施转移了大众的注意力，并避开国家的财政危机，但政府的偿付能力并没有因此而得到改善。

这个时候，一位苏格兰人约翰·劳（John Law）出现了。他是一位狂热的赌徒，也是一位经常周旋于贵妇人之间的花丛老手，他因某位女人而在决斗中杀死一个人，被迫由苏格兰逃至欧洲大陆。他在欧洲得以发挥他的赌博技巧，并运用他对货币、信用与政府融通的新颖观念。劳坚信，在没有纸币的辅助之下，整个贵金属货币体系无法因应商业交易的需求，并会限制经济增长。换言之，犹如凯恩斯一样，劳认为，通过妥善管理的信用扩张，并以通货膨胀的方式发行货币，即可以实现经济的繁荣（我非常好奇，凯恩斯的思想是否受到劳的影响）。

劳向当时法国摄政王奥林斯（Orleans）公爵进言，㊁说服摄政王相信私有

㊀ 这是法国当时的货币单位，最初价值相当于1磅的白银。然而，由于银币的重铸与政府以赤字方式融通支出，livre不断贬值，因此当时它兑换英镑的汇率大约为24:1。

㊁ 路易十四的继承者年仅7岁，所以由奥林斯公爵担任摄政王。

中央银行的必要性，并采行他的货币与信用理论，即可让法国重新成为经济强国。

1716年，摄政王发布命令，授权劳与他的兄弟成立一家银行Law and Company，并发行1.2万股的股票，每股500银币。在购买股票时，可以支付1/4的银币，其余以公债抵付。摄政王又授权劳发行银行纸币，并宣布纸币可以依据面额缴纳税金（某种程度内，这相当于宣布纸币为法币）。

劳并不是银行业务的生手。他的父亲是苏格兰的银行家，劳本人精通货币、信用与交易业务，他了解必须赢得大众对银行纸币的信心，这样整套计划才能得以运作。所以，在发行纸币时，他宣布银行纸币见票即可以兑换一定成色的银币。大众普遍预期银币会进一步贬值，所以非常愿意持有银行的纸币；发行之后不久，纸币便对银币出现溢价。

大众对劳与纸币的信心迅速增强，纸币兑换银币的溢价高达15%，而银行也在法国的五大金融中心设立分行。这一期间，公债的交易价格则有78.5%以上的折价。

截至目前，劳完全根据健全的经济学原理行事。毕竟，当时法国需要的是人民对国家信用与货币的信心。劳发行充分可以兑换的通货，便具有这些功能。

事实上，持有纸币可以防范银币的贬值。只要大众继续相信银行的信用以及纸币与白银之间的兑换能力，他的纸币"就像黄金一样有价值"。由于人们对通货恢复信心，国内与对外贸易也开始复苏。税收情况趋于稳定，公债的清偿虽然缓慢，但一直在逐步改善。

奥林斯公爵虽然不了解这究竟是怎么回事，他却知道神奇的纸币治愈了法国所有的经济病症。由于他认为这是迅速清偿政府公债的良机，摄政王在1717年犯了两个致命的错误。

第一，他授权劳成立一家新公司，它拥有唯一的特权在路易斯安那特区（Louisiana Territory）交易，这包括整个密西西比河西岸在内，当地蕴藏大量的黄金与白银。这家公司发行 20 万股的股票,票面金额为每股 500 银币,购买者可以根据公债的面额抵缴股款,虽然公债当时的交易价格仅约面额的 16%。

第二,摄政王将劳的银行改为国有银行,并称之为法国皇家银行(Royal Bank of France)。在随后的几年内,摄政王发行十几亿银币的纸钞,他显然不明白这项政策的后果。我们不知道劳当时是否同意这项政策,但银行在他的管辖期间内,纸币的发行量从来不曾超过 6000 万银币。

十多亿银币的纸钞并不是在法国街头散发,而是以贷款的方式发行。换言之,以通货膨胀方式发行的纸币造成大量而快速的信用扩张。除此之外,政府又以另一种方法赎回仍然流通在外的公债,摄政王又下令重铸银币,人民可以拿旧有的 4000 银币,再加上 1000 银币面值的公债,交换重量较轻的 5000 新银币。

信用扩张带来的显著的结果是投机性的繁荣。商人大量举债而买进国内外的商品,国内产业大幅扩张,进口增加,建筑业加速发展(尤其是巴黎近郊)。在这次繁荣期中,最闪亮的明星是劳的密西西比公司(Mississippi Company)。奥林斯公爵授权该公司拥有唯一的特权在印度、中国、南海与法国东印度公司的所有属地交易。公司也改名为印度公司(The Company of the Indies),劳立即发行 5 万股新股票,每股为 500 银币,购买者可以根据公债的面额来抵缴股款,而且承诺每年发放每股 200 银币的股息。

新股票的发行立即造成投机的热潮。民众相信劳是金融奇迹的创造者,数以千计的人在他的住宅外排队等候,试图购买每天价格不断上涨的股票。摄政王目睹了这种强烈的反应,认为这是赎回所有公债的良机,于是又授权再发行 30 万股新股票,每股价格 5000 银币,购买者还是可以根据公债的面额抵缴股款。

你可能认为发行如此巨量的股票,必然会浇熄疯狂的投机热潮。事实上,并非如此。在信用扩张的煽火助威下,新股票的价格在几个小时内便上涨

10%~20%。马夫与女佣可以一夜致富，人们普遍认为这种神奇的繁荣可以永远持续下去。非常令人惊讶的是，纸钞的信用竟然维持了数年之久，但支持纸币的黄金与白银逐渐而稳定地流往国外。

犹如所有信用驱动的繁荣一样，以通货膨胀方式发行纸币，导致了法国的物价普遍上涨，国外产品的价格相对低于国内。随着进口的增加，出口的差额必须以硬币结算，所以国内的黄金与白银存量不断减少。另外。有些人知道，法国皇家银行的黄金与白银准备金仅是纸币流通数量的一小部分，他们悄悄地把纸币兑换为银币，并移往国外的银行。

1720年，银币严重缺乏，以致无法正常对外贸易，因为对外贸易必须以硬币结算。为了防止人们储藏黄金与白银，政府首先宣布银币对纸币贬值5%，随后又将贬值的幅度增加至10%，并规定银行的硬币付款不得超过100银币价值的黄金与价值10银币的白银。

上述禁令使政府得以暂时度过危机，直至劳在1720年2月又犯下一个致命的错误。在他的建议下，政府宣布禁止任何人持有500银币价值以上的硬币，并禁止民间储藏贵金属、宝石、银器……若违反规定，不仅处以重罚，而且还没收收藏物。这项法令使得一些贪官污吏可以浑水摸鱼，以一半的价值出售没收品。相关措施不仅没有恢复人们对纸币的信心，反而彻底瓦解大众的信心，并将法国推往革命的边缘。

1720年5月20日，银行终于停止支付硬币，与劳有关的股票价格受到重挫。泡沫破裂，金字塔崩坍，我相信这是股票历史上的第一次崩盘。印度公司的股票价格狂跌，虽然政府尽全力挽救，但纸币对黄金与白银的价值一路下滑。商业活动完全陷于停顿，政府的每一项措施都仅仅使问题更加恶化。劳曾经被视为法国荣耀的救星与英雄，现在却成为代罪羔羊而几乎被愤怒的群众谋杀。最后，他被迫离开法国，几乎没有带走任何他曾创造的巨额财富。

于是，法国成立一个紧急委员会，试图恢复金融体系的秩序。经过查证以后，他们发现政府公债的金额不仅没有减少，反而增加至 31 亿银币。他们又发现政府财政官员的腐败程度非常严重，某些官员被终身监禁于巴士底监狱。最后，经济秩序与政府偿付能力终于稍有改善，但犹如历史所显示的那样，相同的错误不断重演，造成人民的生活艰难，贵族与劳动阶层的贫富差距也越来越大。这些与其他问题终于导致法国大革命的爆发以及拿破仑的执政。

我实在无法克制自己不提这段故事，因为它是一个显示信用扩张对经济影响的典型范例。经济历史上每一个繁荣／衰退循环都呈现类似的模式，仅是程度或许没有如此剧烈而已。经济衰退持续一段时间以后，经济活动趋于迟缓，社会要求政府必须提出"某些对策"。虽然市场已在调整，但某些自以为是的经济学家还是配合政府提出了复苏经济的计划。

毫无例外地，这些计划会呼吁停止以通货膨胀的方式发行货币，平衡政府预算，减少政府赤字（如果有的话），稳定本国货币相对于外币的价值。但是（永远有一个但是），为了实现这些宏伟的目标，政策上必然需要以某种形式干预市场的自由运作，最后又出现新的信用扩张，接着又是另一个繁荣／衰退的循环。

中央银行的信用扩张为何必然造成繁荣／衰退的循环呢？简单地说，它会不当地配置资源，混淆经济计算；结果，必须像吸食毒品一样，以越来越强烈的信用扩张预先防范不可避免的后果；或者，经济将趋于冰冷——经济衰退或萧条。然而，如果希望真正了解其中的发展，则需要诉诸经济学的基本原理；你必须了解信用扩张对基源利率的影响。

在第 9 章中，我们曾经讲解米塞斯对基源利率的定义，它是目前物品与未来物品在价值上的比率，换言之，"将未来的物品折现为目前的物品"。⊖

⊖ 乍一看，基源利率的概念似乎相当晦涩。然而，它是了解经济循环的一种必要概念。本质上，基源利率是实际利率之所以存在的主观基础。每个人心中都有这种主观的利率，以判断他生产的物品是要在目前消费，还是留待未来。

在市场上从事交易的个人，以基源利率为基准，判断他的消费水平以及单纯储蓄与资本储蓄的水平。换言之，基源利率将决定市场中的产品供给有多少是用于目前的消费，多少是用于未来的消费。它在市场中表示为市场利率的一个组成部分。

市场利率会根据主要市场参与者的基源利率水平调整。然而，我们必须注意，市场是一个持续变动的机制，基源利率的水平也会不断变动，它会因人而异，因市场（状况）而异。然而，通过企业家之间的相互竞争，基源利率也会趋于一致性的水平。

如果希望了解信用扩张如何导致繁荣／衰退的循环，你必须了解基源利率与市场毛利率之间的差异。市场毛利率由三个部分构成：基源利率、企业家成分与价格升水。企业家成分代表债权人提供资金供他人投资的诱因部分。价格升水是预期货币购买力发生变动的溢价（正值）或折价（负值）。以最简单的方式来说，基源利率是市场评估目前消费相对于未来消费的主观价值，企业家成分是债权人根据其对债务清偿信心所做的加码，价格升水是债权人根据其对目前与未来之货币购买力预期变动所做的加码。

在每一笔信用交易中，市场毛利率一定包含这三个部分；它们都会持续变动，而且相互影响。犹如任何其他市场一样，每笔贷款的名义利率最后都是取决于供需的力量。在自由市场中，企业家与推销者都希望获利，产品的销售价格高于生产成本与市场毛利率的总和。市场毛利率显示企业家与推销者如何减少生产要素的立即消费，以供未来生产更多的产品。市场毛利率让企业家了解，如何最有效地运用数量有限的既有资本，后者来自市场参与者的储蓄（"既有"是指"可供运用"的意思）。

在某种情况下，中央银行扩张信用时，市场毛利率的功能将会完全遭到破坏。假定信用扩张采用的方式是增加货币供给让银行贷款，犹如法国在密西西比事件中发生的情况。在这种情况下，货币本身便是一股驱动的力量，而且在商品与劳工价格变动以前，贷款市场已经直接受到影响。

最初，基源利率并不会变动，但因为资本明显增加，这会导致市场毛利率中的企业家成分降低。虽然额外的资本实际上并不存在，但在企业家的纸上作业中，货币供给的增加确实使资本显得实际存在。在此之前，某些计划并不可行，但现在却可行了。在信用扩张的早期阶段，企业家无法分辨既有资金与既有资本之间的差别——于是，整个经济计算的基础便被扭曲了。

以人为的方式降低市场利率，这与既有资本的供给或与基源利率当时的水平都没有关系。然而，因为增加既有信用造成的扭曲，在拟定相关决策时，上述关系便如同存在。所以，资本会从最佳的用途中移开，鼓励不当的投资，最后造成资本的浪费。

此外，在进行经济计算时，市场利率中的价格升水成分，其功能也完全被破坏。因为货币供给增加，在影响物价以前，会先直接影响贷款市场，所以价格升水必须经过一段时间才可能会合理地反映物价的上涨，而后者是货币供给增加的必然结果。所以，在信用扩张初期，市场利率中的价格升水会明显偏低，因为债权人无法合理估计货币未来的购买力。㊀

在部分准备金的银行体系（fractional reserve banking system）内㊁，信用扩张总是会导致通货膨胀的货币供给，我稍后会详加解释。某些主张以通货膨胀方式扩张信用的人们认为，通货膨胀的货币供给造成的物价上涨首先会影响商品价格，其次才会影响工资。所以，生产者的成本将增加，消费者物价将走高，但因为薪水与劳工阶层的储蓄倾向㊂和能力都相对低于其他阶层，他们将被迫减少支出，这些储蓄便可以供应资本的扩张。

此外，他们认为，企业家与商业界的储蓄倾向较高，所以当价格上涨造成收入增加时，储蓄的增加幅度将大于消费。因此，当薪水与劳工阶层的消费减少时，整个经济的新资本累积将增加。这种强制性的储蓄将促使基源利

㊀ 分析近来发生的储贷机构危机，这种现象便非常明显。
㊁ 就目前来说，世界上所有的银行都采用这种制度，我稍后将详细讨论。
㊂ 换言之，每增加一单位所得时的储蓄变动量。——译者注

率下降（减少立即的消费），而资本投资将增加，于是加速经济进步与科技创新的步调。

这或许没错，过去也确实曾经发生这样的现象，但这种论证忽略多个重要的层面。首先，工资的反应未必落后于商品价格。以20世纪70年代的工会为例，它们了解通货膨胀的影响，并要求提高实质工资。换言之，工资的调整幅度大于消费者物价指数（CPI）的涨幅——所谓的"工资-物价的恶性循环"（wage-price spiral）。其次，企业家与商业界的储蓄倾向也未必高于薪水与劳工阶层。然而，这种论证忽略了一项最重要的事实，通货膨胀将促使市场提高消费资本的倾向。

通货膨胀（由于中央银行扩张信用而导致货币供给的增加）将扭曲经济与会计的计算。当中央银行增加信用市场可运用的资金时，就会创造原本并不存在的贷款机会。名义利率（实际的平均利率）或许不会变动，但因为贷款市场的资金增加，市场毛利率也会降低。所以，市场会发生额外的贷款，如果没有扩张信用，这些贷款原本都不会发生。这便是美联储目前（1991年2月）尝试的行为。

对企业家来说，他们处理的是实际的金额数据，一旦信用市场可运用的资金增加时，先前原本不可行的计划，现在就变得似乎可行。对他们来说，信用是投资新计划的未消费商品请求权。当越来越多的企业家着手新计划时，将刺激商业活动，于是经济趋于繁荣。然而，不论在任何时间，可供经济扩张的产品与劳工数量都是有限的（换言之，它们都是稀有资源）。信用扩张造成这些稀有资源的需求增加，所以工资水平与产品的价格都会趋于上涨。

当工资增加时，消费资金的需求也会对等地增加，价格也会上涨。这些现象会发生在不同阶段，在不同的时间以不同的程度影响经济中的不同部门。对许多厂家来说，它们的产品价格在消费市场中逐渐攀升，将造成实质获利增加的假象。

在实质获利增加的假象影响下，商业界估计它们有能力消费更多，这也促使消费物价的上涨。生产者物价首先受到影响，影响的程度也最大，但消费者物价的上涨使生产厂家觉得安心，虽然生产成本提高，但收入的增加可以因应资本的扩充计划。

米塞斯是第一位理解这套程序的经济学家。他的解说有些复杂，但我希望读者耐心地研究下面的分析，因为这可以使你避免在多头市场的顶部全额投资而遭受损失。

以米塞斯的符号表示，p 代表信用扩张前夕可以运用的资本数量，r 代表以 p 生产时所必须储蓄的重置资本，而 g 则代表 p 可以生产的消费品数量。假定在信用扩张前，经济是处于增长状态而可以生产 p_1 与 p_2 的剩余资本（资本储蓄），其中 p_1 用来继续生产原先已有的产品（数量为 g_1），而 p_2 则用来生产新发明的产品（数量为 g_2）。

如果没有信用扩张，则 p（既有资本）将生产 $r+g$（必要的重置资本与消费），以及 p_1+p_2 的资本储蓄（生产既有产品与投资新计划所需的新资本）。经济增长则是来自 p_1+p_2 生产的 g_1+g_2（更多的既有产品与新发明的产品），而科技创新可以加速这种程序。然而，实际情况并非如此。中央银行为了刺激就业与生产水平，在经济体系内注入资金，并创造可供运用的额外信用。

在信用扩张的刺激下，企业家决定生产额外数量的既有产品 g_3 以及新发明的产品 g_4。为了生产 g_3 与 g_4，需要额外的资本 p_3 与 p_4。然而，犹如先前所述，经济扩张可以运用的资本仅限于 p_1 与 p_2；p_3 与 p_4 并不存在，它们仅是看起来存在而已！企业家计划生产 g_3 与 g_4，这项决策来自信用扩张所造成的假象。

从另一个角度来看，企业家在计划中可以实际运用的资本数量为 p_1+p_2+r，但看起来似乎有 $p_1+p_2+p_3+p_4+r$。企业家打算以看起来似乎存在的资本，生产 $g_1+g_2+g_3+g_4$，但因为缺乏实际存在的资本，于是市场会竞价争取 p_1+p_2+r。生产资料的价格可能首先上涨，并超过消费资料的价格涨幅，从而导致基源利率在短期内下降。

这一期间内，增加未来产量的意愿，实际上可能创造新的实质财富。然而，当信用持续扩张时，消费者物价的涨势最终会超过生产者物价。在资本尚未形成生产消费资料以前，工资与企业利润的增加（这主要都是似乎存在的增加，而不是实质的增加），将导致消费资料的需求增加。于是，消费者物价上涨。如果消费者物价持续上涨，人们希望尽快拥有消费资料，避免未来支付更高的价格。换言之，基源利率将趋于上升，人们希望增加立即的消费，而减少未来的消费，资本（以储蓄的形态而言）被消费了。情况发展至此，类似如特朗普（Donald Trump）之流的投机客，将尽可能举债买进他们认为短期内价格将上涨的物品。

从计算的角度来看，当贷款的需求增加时，利率可能攀升。然而，利率中的企业家成分与价格升水成分，其调整在时间上必然会落后，因为资本的"适当"配置需要花费时间。银行界认为，偏高的利率应该可以弥补物价变动的影响，所以它们继续贷款给企业界，并相信经济扩张将永远持续。

事实上，银行界对经济扩张的信心并没有合理的根据，因为它们并未察觉自己是在扮演煽火助燃的角色，催动稀有资本资料的价格战争。企业家判断销售金额的增加可以因应生产成本的增加，所以持续增加贷款以扩充生产，利率将持续上升，生产资料与消费资料的价格也不断上扬。银行唯有持续创造货币，不断增加货币供给，这样经济繁荣才能得以持续发展。

然而，不需多久，甚至增加货币供给也无法支撑经济繁荣。如果银行持续采行扩张性政策，人们终究会了解真相。他们发现货币的实质购买力不断下降，于是开始囤积实质物品——基源利率将急速上升，货币需求暴减。于是，演变为失控的通货膨胀，犹如不久前的巴西与目前的阿根廷。米塞斯称这个阶段的信用扩张为"崩解的繁荣"（crack up boom）。

然而，事态通常不会演变到这种程度。固定收入的消费者因为生活成本的提高，将向政治家做出激烈的反应。政治家又会责怪某些人，于是迫使中央银行踩刹车。中央银行开始紧缩信用。企业家再也无法负担目前转为稀少的贷款了，当他们察觉自己必然失败时，便放弃新的扩张计划。银行停止贷款，因为它们发现自己的行为已经超过谨慎经营的限度。银行开始回收贷款，信用停止扩张。

这个时候，经济繁荣反转。企业界为了清偿债务，抛售存货以求现，物价开始下跌。一般来说，生产资料的价格跌势远甚于消费资料，以 1929～1933 年的情况为例，当时的零售销量下降 15%，资本资料销量的跌幅高达 90%。工厂关闭，劳工失业。当经济体系内的信心趋于低迷时，利率中的企业家成分大幅调高，更加速通货紧缩的发展。在这类发展程序中，通常会爆发震撼性的新闻，使既有危机转变为恐慌，这经常反映在股票与商品的价格崩跌中。于是，经济步入衰退。

在这种情况下，经济学家通常会责怪资本主义制度的缺陷，认为过度投资是造成经济衰退的主要原因。这是有关"繁荣／衰退循环"的最严重误解。造成经济循环的原因并不是过度投资，而是米塞斯所谓的"不当投资"。当信用扩张导致市场毛利率下降时，将鼓励企业家把似乎存在的资本 $p_1+p_2+p_3+p_4+r$，视为实际存在的资本 p_1+p_2+r，这才是问题发生的真正原因。这必然会使经济体系超出资本实际供应的范围，进行投资与资源的分配。

这犹如以兴建 2500 平方英尺㊀房屋的水泥分量，打 5000 平方英尺房屋的地基——你或者必须修改设计，或者兴建一个无法支撑整栋建筑的超薄地基。

我在前面曾经说明，增加财富必须以储蓄投资，才可以增加未来的生产。虽然科技的创新发明可以加速财富的增长，但唯有通过储蓄的资本才有可能。一般来说，在信用扩张的过程中，一部分 p_1+p_2+r 将投资于创新发明，这虽然可以加速财富的增长，并抵消上述一些负面影响，但仅有缓和的功能。

信用扩张造成的不当投资迟早会令经济繁荣趋于瓦解，财富也因此而被浪费。在繁荣／衰退的循环结束时，实际的生活水平与整个经济的财富或许

㊀ 1 英尺＝0.3048 米。

仍大于循环之初；虽然情况经常如此，但如果没有不负责任的信用扩张，情况必然就更理想。

在中央银行信用管制影响下的市场中从事投机活动，你必须能够辨识"繁荣/衰退循环"的发展阶段。为了具备这种能力，你必须了解各种不同形式的信用扩张。具体而言，你必须了解美国联邦储备委员会与财政部如何控制货币和信用。因为各国中央银行的运作方式基本上都相同，所以你只要了解美国的体系，便可以清楚所有中央银行的情况。因此，当政治家试图协调国内与国际的货币政策时，你便可以理解甚至预测可能发生的经济后果。

联邦储备系统的结构与功能

在本章的标题中，我提出一个问题：谁拿唧筒，谁拿刺针？在"密西西比事件"的法国，答案是约翰·劳与奥林斯公爵。在当今的美国，类似的答案则是美国联邦储备委员会与联邦公开市场委员会（Federal Open Market Committee，FOMC）。这两个机构拥有独占的权力，控制整个联邦储备系统的货币与信用供给，范围实际上涵盖全国所有存款机构。

它们所掌握的经济权力绝对可以让你心惊肉跳。事实上，我们都必须仰赖美联储的脸色来生活，在判断未来政策动向时，我们必须揣摩美联储主席、重要理事与联邦公开市场委员会成员的晦涩评论。美联储主席的一句话便可以扭转整个股票市场的走势，这发生在1984年7月24日，当时美联储前主席保罗·沃尔克宣布，"美联储的（紧缩性）政策并不恰当。"股票市场在同一天见底，隔天便展开新的多头走势。

非常具有讽刺意味的是，可以用一句话扭转股票市场的政府机构，在《1913年联邦准备法案》的章程中表示，美联储的目标在于稳定货币与信用市场的运作。

根据法案的规定，美联储的成立宗旨是"供应一种具有弹性的通货，提供商业票据的贴现服务，改善与监督银行的业务"。1963年，美联储扩大其目标以"协助反通货膨胀与通货紧缩行动,共同创造有利的环境,以维系高度的就业水平、稳定的美元币值、国家的增长,并提升消费水平"。⊖请注意,重点在于消费而不是生产——凯恩斯理论下的标准产物。

目前,美联储几乎已经是政府的另一个部门,它在拟定政策时,将会配合国会、总统、财政部与其他国家的中央银行。然而,美联储的主要功能是扮演美国中央银行的角色。首先,让我们观察它在这方面的运作。

身为一个国家的中央银行,美联储的主要功能是:

……管理银行信用与货币的流量。执行这个主要功能,基本上是搜集与解释有关经济和信用情况的信息。另一个功能是检视与监督国有银行……取得有关它们状况的报告,并协调其他监管当局以发展与管理政策……⊜

美联储最大的权力基础在于"管理银行信用与货币的流量",简言之,这是以通货膨胀或通货紧缩的方式来控制货币与信用的供给。

在进一步讨论之前,让我简单界定美联储的意义。联邦储备系统有三个组成部分:理事会(Board of Governors)、联邦公开市场委员会(FOMC)与联邦储备银行。作为联邦政府机构之一,联邦储备系统的组织由法律规定。理事会与FOMC(理事会的7位成员占FOMC12个席位中的7席)可以独立拟定与执行美国的货币政策。当提及美联储时,通常是指这两个部分。

理事会的7位成员由总统提名,经过联邦参议院同意后任命,任期为14年。任期经过特殊的安排,每个偶数年份都有一位理事卸任,任满14年的卸任理事不得再被提名。联邦公开市场委员会共有12个席位,包括理事会的7

⊖ *The Federal Reserve System*: *Purposes and Functions*, fifth edition, Published by the Federal Reserve Board, 1965, p.1.

⊜ *The Federal Reserve System*: *Purposes and Functions*, fifth edition, Published by the Federal Reserve Board, 1965, p.4.

位成员、纽约联邦区域银行的总裁，另外 4 个席位则由其他 11 个联邦准备区域银行的总裁轮流担任，任期为一年。

FOMC 负责拟定与执行美国的货币政策。虽然理事会有全权控制贴现率与法定准备金，但它的政策必须遵照 FOMC 会议多数投票决定的政策目标。

目前，FOMC 每年定期举行 8 次会议。该委员会可以自行决定开会的议程，并随时都可以召开临时会议。另外，FOMC 会根据政策目标拟定公开市场操作的计划，并由纽约联邦储备银行负责执行。

公开市场操作是指由美联储在公开市场上买卖政府证券。这些交易会直接而立即地影响银行体系持有的准备金，并借此来控制信用水平与货币供给的增长率。通过公开市场操作，美联储可以放宽或收缩信用，并操纵利率水平。让我详细介绍一下这一程序。

货币与信用：如何创造和控制

如第 9 章所述，在银行发展的早期，贷款者发行的金本位或银本位银行纸币数量，可以超过它们实际持有的黄金或白银。只要大众相信发行机构随时有能力以硬币兑换纸币，银行就可以创造纸币（信用媒介），这些纸币在市场中普遍被视为交换的媒介。我在"密西西比事件"中也曾经说明，如果纸币的发行数量过多（相对于黄金与白银），就会造成灾难性的后果——价格的通货膨胀与经济的瓦解。

在联邦储备系统内，基本原理也完全相同，仅有一个重大的差异——除了政府宣布为法币以外，没有任何东西支持美元。这是一种不可兑换的货币系统（fiat money system）。美元的价值完全取决于市场对其购买力的信心，货币购买力最后则取决于通货相对于市场中其他产品与服务的供需关系。

在贵金属本位的制度中，相关金属的数量可以限制纸币的发行。在不可兑换的货币制度中，美联储则以法定准备金来控制货币的发行数量。自从《1980 年货币管制法案》（The Monetary Control Act of 1980）通过以后，美国

所有存款机构都必须遵守法定准备的规定。○

法定准备是指存款机构的准备金负债必须提取一定百分比作为准备金资产。准备金负债包括交易存款、定期与储蓄存款以及对国外银行的净负债（欧洲美元的负债）。准备金资产包括存款机构持有的现金（实际的钞票与硬币）以及存放于联邦准备区域银行的准备金存款。基本上，当存款机构扩张信用与货币供给时，法定准备是唯一的客观限制。

例如，假定某商业银行拥有1亿美元的交易存款（可以随时开支票的存款），目前它至少必须提取120万美元的资金存入联邦准备区域银行或以现金形式持有。1亿美元是准备金负债，120万美元是根据目前的准备金比率计算的法定准备。表10-1是美联储公布的准备金比率。

表10-1 准备金比率（1990年5月）

负债类型	准备金比率（%）
交易账户	
0～4040万美元	3
超过4040万美元	12
定期与储蓄存款	
个人	0
非个人	
到期时间少于1½年	3
到期时间在1½年以上	0
对国外银行的净负债（欧洲通货的负债）	3

就货币的创造来说，准备金比率与存款机构所能创造的货币数量之间存在一种反向的关系。例如，如果准备金比率为10%，银行体系内每增加1美元，所创造的新货币为10美元。以较实际的例子来说，假定美联储在一周内买进价值2.5亿美元的政府公债，以10%的准备金比率计算，货币供给的增加潜能就是25亿美元。相反，美联储卖出2.5亿美元的公债，则最高可以收缩25亿美元的信用。

○ 存款机构是指商业与储蓄银行、存贷机构、信用合作社、外国银行在美国的分行或办事处以及可以经营外汇交易的银行。

如果我们从所有存款机构的整体角度来思考，同时观察它们在市场中的交易，以及它们与联邦准备区域银行之间的交易，或许容易造成混乱。所以，我们以一个假设性的模型解说，一个称为 ABC 的国家，它的中央银行采用的是部分准备金制度。

现在，我将逐步介绍信用扩张的程序，并说明美联储（或任何中央银行）如何大笔一挥便创造或消减货币。为了简便起见，我仅列出资产负债表中受到影响的部分，所以请不要介意资产与负债之间的不平衡关系。在完整的资产负债表中，借贷双方必然平衡。

为了简便起见，假设 ABC 仅有活期存款，总额为 10 亿美元，全部都对外贷款，另外，中央银行设定的准备金比率为 10%。我们又假定 ABC 的银行体系会在中央银行的许可范围内做最大额度的贷款。在这种情况下，ABC 所有存款机构与中央银行资产负债表的相关部分（见表 10-2 和表 10-3）将分别如下。

表 10-2　ABC 中央银行：资产负债表相关部分 1

（单位：1 000 美元）

相关资产	
政府证券	150 000
相关负债	
ABC 中央银行纸币	100 000
准备金存款	95 000

表 10-3　ABC 所有存款机构：资产负债表相关部分 1

（单位：1 000 美元）

主要资产	
贷款	1 000 000
现金	5 000
中央银行的准备金存款	95 000
政府与其他证券	150 000
主要负债	
活期存款	1 000 000

请注意，所存款机构的准备金资产（现金与中央银行的准备金存款）恰好

等于准备金负债的 10%（活期存款的 10%）。这个时候，银行体系创造货币的能力已经发挥到了极限。如果银行增加新的贷款，贷款将成为活期存款，并使银行体系违反 10% 的法定准备规定。

假定中央银行认为，ABC 目前的失业率太高，决定增加货币供给，刺激经济景气，创造新的就业机会。

假定中央银行决定通过公开市场进行操作，向银行体系买进价值 5000 万美元的 ABC 政府公债。在进行这笔交易时，中央银行以自己的名义开立支票（无中生有），然后商业银行把支票存入它们在中央银行的准备金账户。中央银行大笔一挥便完成这笔交易。

现在，整个银行体系增加 5000 万美元的准备金。所以，它们的资产负债表的变化如表 10-4 和表 10-5 所示。

表 10-4　ABC 中央银行：资产负债表相关部分 2

（单位：1 000 美元）

相关资产	
政府证券	200 000
相关负债	
ABC 中央银行纸币	100 000
准备金存款	145 000

表 10-5　ABC 所有存款机构：资产负债表相关部分 2

（单位：1 000 美元）

主要资产	
贷款	1 000 000
现金	5 000
中央银行的准备金存款	145 000
政府与其他证券	100 000
主要负债	
活期存款	1 000 000

现在，银行体系拥有 5000 万美元的超额准备金，换言之，银行体系根据既有活期存款，提取 10% 的准备金存入中央银行的准备金账户之后，账户余额尚多出 5000 万美元。代表它们的超额准备足以支持另外 5 亿美元的贷款

（5000万美元除以10%等于5亿美元）。由于银行的主管都非常慷慨而爱国，他们都希望看见充分就业与经济增长，因此立即同意各类贷款。

当银行贷款时，创造的资产与负债在账目上会自动平衡。就这个例子来说，银行会在贷方的借款者活期存款账户中登录5亿美元，并在借方的贷款科目中登录5亿美元，所以资产负债表（见表10-6）如下所示。

表10-6 ABC所有存款机构：资产负债表相关部分3

（单位：1 000美元）

主要资产	
贷款	1 500 000
现金	5 000
中央银行的准备金存款	145 000
政府与其他证券	100 000
主要负债	
活期存款	1 500 000

所以，通过公开市场操作买进价值5000万美元的政府公债，中央银行就可以增加5亿美元的货币供给——新创造的5亿美元。如果中央银行在公开市场卖出债券，整个程序恰好相反。

我希望读者了解，这便是实际发生的情况，只不过是一个较简单的版本罢了，不仅联邦储备系统如此，这也代表世界上每一个中央银行所运作的方式。虽然实际情况较复杂，但不论程序涉及多少银行，对信用与货币供给的潜在影响来说，大致上便如同前述ABC的情况。我将详细说明这一点，对心存疑惑的读者来说，这是一场不错的心智练习。

就净效果来说，当美联储买进政府证券时，在账面上便创造了买进证券所需的货币，这仅是以自己的名义开立一张支票。这笔新的资金于是进入银行体系内，并增加银行体系的准备金资产。准备金资产增加的部分可以通过信用扩张增加货币供给，货币供给的最大潜在增加数量相当于准备金的增加部分除以准备金比率的平均净值。当我们抛开ABC进入真实的世界时，情况将变得稍微复杂一些。

如果回头观察一下表 10-1，你就可以发现联邦储备系统目前规定的准备金比率介于 0~12%，不同的负债类型适用不同的比率。如果你从床垫下翻出 1 万美元，并到银行买进 10 年期的定期存单，这笔交易适用的准备金比率为 0（这是到期时间在 1½ 年以上的定期存款），整个银行体系潜在的贷款增加数量为 10 000/0.12＝83 000！当美联储买进证券时，情况也完全相同。

净准备金比率——依此比率计算，所有存款提取的准备金恰好符合法定准备的规定取决于市场如何处理货币。我们可以举一个实际的例子，说明法定准备与存款负债之间的关系。根据 1990 年 5 月 7 日《巴伦周刊》的报道，货币供给的最广义衡量值 M3 为 4.066 兆美元，而联邦准备区域银行的准备金存款总额为 603 亿美元。在 4 兆多美元的货币供给中，实际的钞票仅有 2284 亿美元，代表其余货币是存放于各个机构中的某种存款（负债）。

所以，准备金资产对货币总存款的比率为 1:70。即使我们认为 M3 不足以代表真正的货币总供给，同期的《巴伦周刊》也刊载，美联储持有价值 233 966 000 美元的政府证券。假定准备率的平均净值为 10%，则 FOMC12 位成员便有权为整个经济体系增加 2.3 兆美元的信用——超过 M3 的一半！

现在，你了解公开市场操作为何是如此强而有力的货币政策工具了吗？

希腊的大哲学家柏拉图相信，一般人无法管理自己的生活与周围的事物。在理想的状况下，世界应该由哲学之王掌管。在某种层面上，柏拉图的理想已经实现。FOMC 的成员便是美国经济的哲学之王，而由于美国是世界上强大的工业国家，因此这 12 位成员足以影响全球的经济。他们是国王，而市场是他们的子民——他们的行为仅受到法律的规范。

FOMC 仅由 12 位成员构成（理事会的成员与五家区域银行的总裁），他们投票决定政策，以主宰自由市场的经济活动。他们根据总体经济数据设定目标，并采取行动，重要的经济数据包括：失业水平、产能使用率、消费者物价指数、生产者物价指数（PPI）、货币供给（以 M1、M2 与 M3 来衡量）的增长与增长率、贸易余额货币供给水平（M1、M2 与 M3）的指数、准备金余额以及其他指标。他们随时监视这些总体指标的变化，以多数同意的方式决定如何制定政策目标，并依此调整策略——在 FOMC 的秘密会议中。

在这里，我忍不住要插上一段题外话。当 FOMC 开会时，他们会尽量防止市场得知会议的决定。然而，该委员会的 12 位成员都会带着他们的助理与会。大多数成员都已经结婚而有了家庭，他们的助理也是如此。另外，还有许多秘书与员工需要整理会议记录。我们知道美国是一个什么样的国家，国家安全局的一举一动都无法逃避媒体的视线（我并没有藐视的意思），你是否真正相信会议的决定绝对不会对外泄漏？我不认为如此。事实上，这让我有一种想法。

我们无须再增加税金与福利计划，政府可以在 FOMC 开会之后，立即将会议记录秘密地交给国内各贫困地区的特殊委员会。政府可以训练这些委员会如何在市场中交易，于是他们可以根据这些内线消息在市场中获利。这样便可以解决贫困地区所有的财政问题！当然，这只是玩笑而已，但我相信必然有少数人可以取得这些内线消息。

谁拿唧筒，谁拿刺针？毫无疑问便是美联储，而唧筒和刺针则是公开市场操作与其他政策武器，这使它们可以控制信用与货币的供给和需求。根据重要性的先后顺序排列，美联储掌握三项货币政策的主要工具：设定法定准备、设定贴现率以及执行公开市场操作。

法定准备金、联邦基金利率、贴现率

就法定准备金的运作机制来说，此处无须再做过多说明，大致情况便如同前面有关 ABC 银行体系的讨论。然而，我们必须了解，银行如何以各种不同方式提取准备金，以及美联储如何在这个范围内影响货币与信用的供给，并监督贷款机构的活动。

理事会利用准备金比率规范法定准备，后者仅能以两种准备金资产的形式持有——现金与联邦准备区域银行的存款。就具体贷款机构来说，资金将不断地流进与流出，所以机构的准备金资产在短期内可能会发生不足或过剩的情况。当准备金不足时，银行或贷款机构有两种解决方式：在短期的基础上，借取其他机构的超额准备；还可以向联邦准备区域银行的贴现窗口借款。

金融机构超额准备的借贷市场被称为联邦基金市场，利率水平被称为联邦基金利率。这种"借债还债，东借西还"的市场以及利率水平，都是非常值得观察的重要指标。从表面上看，这个市场仅是让银行可以短期融通不足的准备金，但实际上则使整个银行体系得以进行最充分的贷款。

事实上，在1979年以前，美联储的政策目标便是以联邦基金利率表示，并以此为公开市场操作的准则，这可以显示联邦基金市场的重要性。为何如此？因为银行间利率水平可以决定准备金借款的宽松程度，并被视为整体信用市场的利率指标。然而，回顾卡特执政期间（1976～1980年），最初发生几近失控的通货膨胀，接着是利率管制，然后是信用紧缩，再就是自由化与22%的利率！

将联邦基金利率视为唯一的目标利率，显然不足以控制市场的信用水平。犹如市场中的任何事物一样，供给与需求将决定信用扩张的程度。卡特执政期间，银行愿意以高利率贷款，人们也愿意借款，因为他们认为利率将继续走高。然而，1990年年底体系内出现巨量的超额准备，但银行就是不愿意贷款。

1979年之后，除了控制联邦基金利率之外，美联储还试图利用再贴现率控制信用扩张。再贴现率是贷款机构向联邦准备区域银行借取准备金时适用的利率。理论上，再贴现率是由各联邦准备区域银行决定的，但需要经过美联储的同意。然而，实践上，各联邦准备区域银行的再贴现率一律相同，它们会自动接受理事会建议的再贴现率。

在融通准备金的时候，再贴现率与联邦基金利率之间有相当大的差异。在贴现窗口融通，这是最赤裸裸的通货膨胀。当银行向贴现窗口借款时，美联储以自己的名义开立一张支票，创造的货币便可以作为借款银行的新准备金。

借款银行根据贴现率支付利息，整个银行体系贷款最高的增加额度大约是借取准备金的10倍。由于贴现率必然低于市场利率，因此就如同我最初从事期权交易的情况一样，借款银行扮演"中介的角色"，以较低的利率向贴现窗口融通，然后以较高的利率贷款。

然而，这种中介交易也有瑕疵。向贴现窗口借款，代表借款者超额贷款。任何金融机构都不愿意被美联储盯上，所以贷款机构会严格限制贴现的次数。基本上，当它们向贴现窗口融通时，都会接到一种沉默而明白的警告："你要好好自我检讨。如果你需要准备金，那就从自己的管道筹措。"

相比之下，联邦基金市场非常自由。银行只要可以"充当中介角色而撮合交易"，并清偿向同业借取的款项，便可以在联邦基金市场上借款。20世纪70年代末期，市场信用正处于失控状态，因为美联储不愿卖出足够数量的政府证券，以推高联邦基金利率，所以无法抑制扩张信用的银行间借款行为。

当时，沃尔克所能做的仅是要求理事会同意（4票对3票），将再贴现率由10.5%调升至11%，该策略的效果远逊于以公开市场操作来推高联邦基金利率。

美联储在20世纪70年代显然不了解，利率并不是决定信用与货币供需的唯一因素。这需要回顾米塞斯对市场毛利率的解释，以及其三种成分在"繁荣／衰退循环"中的变化。

在扩张期间，如果基源利率因物价走高而偏低，如果价格升水成分因市场利率走高而被市场认为偏低，如果企业家成分在盈亏的计算中被视为可以接受（不论名义利率有多高），则市场参与者都会尽可能地借款！

换言之，不论实际利率水平如何，只要信用的供给与需求都没有问题，银行就会持续贷款，信用也会持续扩张。美联储无法抑制20世纪70年代的信用扩张，其中还有另外一个理由，因为当时只有联邦准备体系的会员银行才必须遵守法定准备的规定。这意味着不受管制的贷款机构可以随意创造货币，其中一部分会成为美联储会员银行的新存款，并让它们扩张信用。另外，会员银行与其他机构的外国负债（欧洲美元）都不受到法定准备的规范，所以国外创造的美元可以回流至美国国内，并进一步刺激货币供给的增长。

当时，我们处于信用扩张的繁荣末期，物价普遍上涨，人们认为物价水平将永无止境地攀升。群众在房地产、股票、商品以及其他任何可供投机的对象上累计庞大的账面财富，同时，固定收益的一般劳工却身受其苦，抱怨政府未能有效抑制物价。这是"密西西比事件"的大规模重演。

然而，只要利率继续上扬，今天的贷款还是会胜过明天的贷款，因为市场了解美元的购买力在不断下滑。政客为了讨好选民，频频向美联储施压，要求保持偏低的利率水平。虽然政府部门中有些人了解情况的危急，却不敢采取行动，因为担心整个经济像多米诺骨牌一样崩塌，进而影响民主党的下届大选。

1979年最后一个季度，美国经济已经出现"囤积实物"的普遍心理。黄金价格飙涨，1980年1月初期货市场出现每盎司⊖875美元的天价。没有人愿意持有纸币，人们抢进股票、期货、房地产或黄金，持有一年，甚至几个月，便可以获得20%以上的利润！太神奇了，唾手可得的财富！这难道没有敲响警钟吗？这看起来不正是"密西西比事件"吗？

非常幸运的是，我们毕竟还具有最根本的经济智慧，了解我们正迈向"崩解的繁荣"，类似20世纪30年代德国与目前南美洲某些国家的情况。1979年10月12日星期二，沃尔克提早由南斯拉夫的贝尔格莱德返回，他当时正在参加国际货币基金组织与世界银行的会议，并宣布FOMC将于当周六召开紧急会议（美联储偏爱挑选休假日开会，以使市场无法立即反应）。

周六晚上6点，沃尔克举行记者会，宣布他准备彻底改革美联储货币政策的计划。

⊖ 1盎司＝28.3495克。——译者注

沃尔克宣布,再贴现率由 11% 调升为 12%,而且法定准备金也将适用于银行的国外负债。这两项行动显示,美联储已经有控制通货膨胀的决心。另外,沃尔克又宣布,从此以后,FOMC 不再仰赖设定联邦基金的目标利率,将通过公开市场操作直接控制银行的准备金,并以此直接控制货币供给。这才是货币政策的关键改革。这个时候,沃尔克仅是采用心理战术来平息投机热潮。1980 年大选之后,真正的紧缩才会开始。

我详述这段故事的目的是希望说明,"哲学之王"确实控制我们的经济,他们的知识却相当有限。美联储以尝试错误的手段追求真理,却以我们的经济生活当作实验品。在我进一步说明美联储这方面的问题之前,让我先讨论一下公开市场操作。

公开市场操作

任何公开市场操作(美联储买进或卖出政府证券)都会以 1 美元对 1 美元的效果影响银行体系内的准备金数量;买进会增加准备金,卖出会减少准备金。如果你了解金本位制度的运作方式,则美联储在公开市场操作上具有的权力相当于美联储拥有数百万英两的黄金,可以随时注入或移出银行体系——如果在私人部门,这应该被视为一种独占的权力。

公开市场操作有数种不同类型,而每一种方法对信用供给与货币增长的影响都稍有不同。有些操作相当隐秘,有些相当公开。如果你了解各种操作方法,并以此观察美联储的活动,不仅可以掌握货币政策的方向,还可以了解理事会与 FOMC 成员的心理。因为经济活动的方向主要取决于这些大人物的心智,所以我们需要尝试了解他们的思想。

公开市场操作基本上可以分为两种:长期与短期。为了达到长期的操作目标,主要工具是买断或卖断政府证券,所谓"政府证券"通常是指财政部发行的国库券、中期与长期债券。如果目标是增加准备金的供应量,经理人会在拍卖过程中,由交易商买进证券,直至准备金达到理想的水平为止。如果目标是减少准备金的供应量，经理人会在拍卖过程中，将证券卖给交易商。另外一种增加准备金的方法是听任银行体系投资组合内的证券到期而不替补。

经济体系内出现季节性的货币需求增加（例如，圣诞节的采购旺季），或因其他技术性的短期因素而导致准备金不足时，美联储会运用回购协定（repurchase agreement，RP，市场上简称为repos）。在回购交易中，美联储由交易商买进证券，交易商同意根据特定的价格，在特定期间（期间可能为1~15天，通常为7天）内买回这些证券，但交易商通常有权利在到期前终止合约。

回购协定的反面是配对的卖出–买进交易（matched sale-purchase transactions）。市场上通常称为配对卖出（matched sales），由两部分构成，一是立即卖出证券（通常为国库券）的合约，二是稍后（通常不超过7天）向同一位交易商买进相同数量证券的配对合约。当发生季节性或其他技术性情况时，美联储可以在短期的基础上利用配对卖出减少体系内的准备金。

根据上述讲解，这些操作似乎没有害处，甚至相当合理。然而，容我再次强调，你必须了解所有的公开市场操作都是创造或减少银行账面上的存款。当增加额外的准备金时，银行体系可以通过贷款增加货币供给。在这种情况下，以米塞斯的话说，不论名义利率的水平如何，市场毛利率的水平都会下降。

相反，如果美联储卖出证券而抽取系统内的准备金，就会减少银行准备金账户内的余额。如果美联储的紧缩使整个银行体系的准备金不足，银行将提早回收贷款，经济将开始收缩——即使名义利率维持不变，市场毛利率的水平也会上升。

回购与配对卖出虽然是短期操作工具，但可能产生显著的长期影响。如果美联储固定从事回购交易，始终保持一定余额的回购协定，那么从银行体系的角度来看，则相当于买断。

联邦基金是一个非常有效率的市场。基于利益的考虑，任何银行一定都会通过市场借出超额准备，即使只是隔夜的贷款也是如此。如果美联储通过回购协定而持续释出准备金，那么对联邦基金市场与联邦基金利率来说都会构成重大的冲击。如果美联储终止以回购协定提供短期准备金的例行性政策，相当于以隐秘的手法"稍加"紧缩。配对卖出或变动配对卖出的余额，对市场来说也会产生类似而反向的影响。

在美联储所有的政策中，买断与卖断的意义最明显。当发生这类交易时，新闻媒体会立即加以报道，它们的影响通常很容易预测。

然而，有关美联储政策影响的最佳指标并不是买断与卖断的数量，而是银行体系内自由准备的水平与变动量。

自由准备金等于超额准备金减去贴现窗口不包括长期融通的借款余额。㊀ 该数据是衡量美联储政策宽松或紧缩的关键指标，每个周日都会刊载于《巴伦周刊》与其他金融刊物上，你也可以直接向美联储取得该资料。概略上，如果自由准备金为正值，你就可以将该数据乘以10，计算当前市场中的信用供给潜能。如果自由准备金为负值，则代表信用正趋于紧缩。然而，当美联储在紧缩信用时，该数据未必为负值。

当美联储紧缩信用时，该数据也可以是正值。从米塞斯的市场毛利率角度来思考，或许比较清楚。如果自由准备金的水平趋于下降，不论名义利率如何，市场毛利率的水平都会上升。

这代表可供投资的资本已经看起来比先前来说较少。如果其他条件不变，自由准备金的水平上升，则情况恰好相反。在判断信用的发展状况时，你应该观察自由准备金水平的变动量以及联邦基金利率、贴现率、调整后基础货币（adjusted monetary base）的增长（下降）率㊁、货币供给增长率、消费者物

㊀ 美联储除了在短期的基础上对贷款机构融通准备金以外，在某些情况下，也可以通过贴现窗口贷款给个人或公司，这部分的贷款被称为长期融通。

㊁ 调整后货币基础是由圣路易斯联邦储备银行负责计算的，包括：银行体系的准备金总额，加上通货总量，再根据法定准备金变动与季节性因素调整。它主要是为了衡量美联储所有行动对M1的影响，M1包括：通货、旅行支票、活期存款以及其他无条件可以开支票的账户存款。

价指数（CPI）与生产者物价指数（PPI）。

长期来说，美联储的政策有一个基本趋势，它将持续扩张，货币供给将继续增加，美元的购买力将不断下降。根据美国劳工部与劳工统计局的资料显示，1988年12月价值1.20美元的物品，在1961年为30美分，在1913年12月为10美分。然而，美联储的扩张性货币政策并不是导致美元价值下降的唯一因素。美国政府持续采用的赤字支出政策也应该负起相当的责任，所以我们必须了解赤字支出对经济循环的影响。

赤字支出：对于货币与信用的影响

此处将提供一些令人心惊肉跳的事实。美国政府最近一次未出现赤字的年份是1969年，当年的预算盈余大约为40亿美元。从此以后，赤字支出便处于恶性膨胀的趋势中，所以1990年3月预算赤字（单月份的预算赤字）便大于1975年整个会计年度的预算赤字。

根据《格兰特利率观察》（*Grant's Interest Rate Observer*）的资料显示，在1989会计年度结束时，联邦总负债为2.866兆美元，尚不包括政府保险计划的面额4.124兆美元，以及在外流通的联邦信用1.558兆美元。1989年，政府支出经费为GNP的22%，创7年来纪录的新低！联邦债务的利息费用占GNP的3.3%，而且自从1983年以来便不曾低于3%。以1988年9月30日为基准，联邦审计长（Comptroller General）估计美国的净值为 –2.4526兆美元，不包括以面额计算的公有土地与采矿权。㊀

基本上，这些数据本身便足以反映其意义。美国有一个举债成瘾的政府，如果这个趋势持续发展的话，则达到债瘾的一定剂量终将致命。

假定你向两家银行各申请一张信用卡，你每个月都以一张信用卡支付另一张信用卡的支出，而且你的支出始终大于你的收入。这两家银行都不了解

㊀ 本段所有资料都取自 Grant's Interest Rate Observer，April 27, 1990, Vol.8, No.8, p.5. 联系地址为：233 Broadway, New, York, NY 10279, 电话：（212）108—7994。

你的行为，并因为你每月都按时付款而增加你的信用额度——在银行的心目中，你是信用最佳的客户。

虽然银行不了解你的情况，但你开始半夜惊醒，盘算着每个月不断膨胀的利息费用，担忧整个计划还可以维持多久。

这基本上便是美国政府数十年来的运作方法。它有两个主要举债管道：一般民众或美联储；为了清偿债务，它每年都必须借入更多的资金。

如果你倾听政治家分析预算赤字的情况，以及它们对美元价值与经济循环的影响，你将一头雾水。在野党永远指责预算赤字造成的恶性通货膨胀，执政党则宣称预算赤字与通货膨胀毫无关系。

这两种说法都不正确。如果财政部发行的债券是卖给一般民众的，并以此筹措资金来融通赤字，资金则从一般民众的手中转移至政府。然后，通过政府的支出，资金最终还是回流至一般民众的手中。除了财富重新分配以外，上述程序基本上并不会导致通货膨胀——发行债券并未直接创造新的货币。

此外，如果财政部发行的债券是直接卖给美联储的，债券的款项以"印制钞票"的方式支付，美联储便在"财政部"的账户中登录一笔存款，这样就拥有公开市场操作的筹码了。这种程序显然而直接地具有通货膨胀的效果，但这并不是经常的作业方式。赤字支出会以一种更微妙的方式引导美联储的通货膨胀政策。

如果我们有一个举债成瘾的政府，美联储便是毒品（信用）的供应者。整个过程大致如下：如果政府需要销售1000亿美元的公债给一般民众（包括银行体系在内），美联储会通过公开市场操作买进100亿美元的公债，使银行体系可以增加贷款1000亿美元，以融通新债券交易所需的资金。

这是一套圆满的计划，本质上无异于"密西西比事件"。如果政府以这种方式运作，短期内可以保证自身的信用供给，长期则会为我们所有人带来经济危机。

有关公债的问题，经济主流思想中存在许多错误的观念，其中最严重的错误是政府的赤字融通对私人部门的信用供给并无影响。某些分析家以1982~1983年的情况证明这一论点，当时的赤字不仅庞大，而且还在增加中，但名义利率却趋于下滑。

事实上，根据我在1983年1月的研究显示，预算赤字与名义利率之间通常存在一种反向的关系；赤字偏高时，利率几乎必然趋于下滑，而赤字减少时，利率则攀升。然而，这并不表示赤字不会影响信用的供给。将名义利率视为借款的实际利率，是非常严重的错误。

赤字支出与名义利率之所以会呈现反向的关系，主要原因在于美联储的政策。在经济衰退期间，失业增加，产业界减少生产，借款较少，获利也减退，所以政府的收入也减少。同时，由于经济不景气，人们更加仰赖政府的福利计划。因此，在经济衰退期间，政府的赤字支出会增加。

为了平息政治上的反衰退压力，美联储在公开市场中大量买进公债，创造超额的准备，以人为方式降低市场毛利率。偏低的利率仅是一种假象而掩盖了实际情况——可供借取的实质资本相当缺乏。

虽然如此，偏低的名义利率仍然吸引企业家投资，并刺激经济复苏。当复苏的步调加快时，贷款增加，信用需求增加的速度快于供给，利率开始攀升。随着经济复苏，就业增加，政府税收增加，而赤字减少（至少赤字的增加速度会减缓）。

通过供需原理，赤字支出对信用市场还有一个重大的影响。任何时候，政府在市场中借取资金时，私人部门的潜在资源便转移至政府的手中。

所借取的货币是对未消费品的请求权，市场在任何时候都仅存在有限数量的未消费品。所以，当政府借取资金时，它取走原本属于私人部门的未消费品请求权。没有任何借口可以改变这一事实。虽然政府大量借款，但美联储不断在信用市场上增加货币供给，使利率维持不变，甚至降低，这将掩盖实际情况——以人为的方式降低市场利率，扭曲经济的计算，并以不合理的方式分配经济资源。

以1969年开始的一个例子说明。美联储降低货币供给的增长率，利率急速攀升，整个国家立即陷入衰退。信用需求降低后，利率开始下滑。政府因税收减少而支出增加，预算从1969年的盈余转为1970年的赤字28亿美元，1972年的赤字暴增至234亿美元！

贴现率稳定下降，由1970年的6%降至1971年的4.5%。所以，信用扩张又开始产生预期的效果。经济趋于活跃，就业水平得到提高，企业盈余得到改善。于是，联邦税收增加，赤字急遽降为1974年的47亿美元。

消费者物价也受到影响——暴升！消费者物价指数（1982～1984年＝100）从1969年的35.6增加为1974年的46.6——5年之中上涨超过28%！

面对不断攀升的物价，美联储再度踩刹车，经济又再度衰退。1974～1976年，贴现率由8%降至5.25%，而赤字则由47亿美元增加为664亿美元。这个循环持续至今天。

增加税收可以减少赤字，这是另一种普遍的误解。犹如帕金森定律（Parkinson's Law）所说，"支出会随着收入而增加"。自从肯尼迪执政以来，政府的净税收逐年增加，但目前的预算赤字已经创新纪录。减少预算赤字的唯一方法就是减少预算。

直接的预算赤字似乎还不够严重，政府的另一项负担也在不断加重，这就是詹姆斯·格兰特（James Grant）所谓的潜在赤字（the latent deficit）——自从"新政"（New Deal）时期以来累积的政府担保与所有可能发生的负债。美国政府的保险计划面额由1979年的6620亿美元增加为1989年的4.214兆美元。直接贷款、政府担保贷款与政府资助企业等可能发生的负债，则由1970年的2000亿美元增加为1989年的1.558兆美元。

这些天文数字似乎已经失去意义，但我们不妨从另一个角度观察。在所有农业贷款中，大约75%由政府融通；在房屋抵押贷款中，大约88%由联邦政府以某种方式资助。㊀

㊀ Grant's Interest Rate Observer, April 27, 1990, Vol.8, No.8, pp.2, 5.

我不希望被视为悲观的预言家，但这个程序迟早都必须结束。一旦结束，由于影响的层面如此深远，我们将目睹历史上最严重的经济调整——大萧条。然而，这取决于美联储、行政当局与美国国会如何处理问题，我们还有很长的时间可以过目前的日子，一段繁荣的经济扩张期以及随后一段短暂而剧烈的经济衰退，可以缓和先前的通货膨胀扩张。

作为这种环境下的投机者，你必须随时留意下档的可能性。你必须密切观察美联储与财政部的活动和声明，并防范市场的反应。

如何根据货币与财政政策预测趋势和趋势的变动

任何市场的长期价格趋势最终都是由市场力量（供给与需求）决定的。然而，不论何种市场，在供给与需求的方程式中，总有一部分货币和信用的供给与需求。不论是股票指数、个股还是商品，美联储和政府的财政政策都会明显影响货币与信用以及价格趋势。

我最大的交易胜利来自我能预测政府政策的结果（当然还需要配合其他方法）。然而，我最大的失败发生于我假定政府会采取合乎理性的行为。

例如，1982年7月，我持有毕生罕有的庞大多头头寸。当时处于空头市场中，道氏理论发出了买进信号。我一路买进，在3个星期内累积38.5万美元的获利。

然而，7月23日，参议员鲍勃·多尔（Bob Dole）提出一项税法修正案，这是历史上最大的增税方案。我误以为里根会信守大选时不增税的承诺，并因此认定这项法案不可能通过。14天内市场下跌12天，当我结束头寸出场时，已经转盈为亏了。单月亏损为9.3万美元，这是我毕生第二大单月亏损（我实际的亏损约是这个数目的两倍，9.3万美元仅是我在州际证券公司的损失）。

当美联储准备采取宽松政策的消息传出后，市场在8月12日见底。如果你认真思考当时发生的情况，这一切实在太荒唐了。因为赤字造成的压力，联邦政府在空头市场濒临结束时宣布增加税金,以缓解赤字的负担。

由于增加税金很可能会使经济陷入更深的衰退中,美联储了解到,除非经济能够复苏,否则增税法案毫无意义可言,于是开始增加货币供给,驱使利率下降,经济也开始扩张。基本上,通过信用扩张,美联储使政府的增税法案可以达到增加税收的目的。人们称这一切为自由市场经济!

我因误信政治家的言论而造成的第二次亏损发生在1984年11月,当时是里根竞选连任获胜后不久。他提出所谓简化(simplified)而收益中性(revenue neutral)的税法。我相信他,并因此建立了毕生最庞大的多头头寸——一页一页数之不尽的股票看涨期权。结果,所谓的"收益中性"是指政府将拿企业界的钱来补助个人,市场在11天之内下跌9天。当月亏损超过34.9万美元,这是我毕生最大的单月亏损。同样地,总亏损大约是这个数目的两倍。

在这两个案例中,我的失败是因为我未按照政治家的思路思考,但我至少获得了一些教训。不论这些政治家表露的意图是什么,你绝对可以相信他们能够找到权宜之策(或务实的策略)。当我得知格林斯潘(Alan Greenspan)接任美国联邦储备委员会主席时,实在忍不住笑了出来,他一直坚决提倡金本位制度与自由放任的(laissez-fair)资本主义,结果变成一位废话连篇、毫无内容的专家——标准的"优秀"政治家。在里根大选时,大声疾呼"有限度的政府"与"回归市场经济的原则";结果,预算不断扩大,赤字完全失控。这个美国经济史上最快速的信用扩张使得经济泡沫极度膨胀。1987年年中,我已经准备妥当,等待着刺穿泡沫的针刺出现,接下来的发展则是各位都已经耳熟能详的历史了。

大体上,美联储的成员将被迫根据执政党务实而短期的政策行动,他们追求的并不是健全的经济政策。"绝对不可以做多政治家,而且美联储是由一群政治家构成的",这条交易准则并未列入稍后要讲解的交易准则中。

根据政府的财政政策与货币政策预测市场的长期趋势,基本上是在经济循环的范围内，运用经济基本原理思考。整个问题的重心在于如何掌握政治家的心态，如何评估总统、财政部部长与美联储重要官员的讲话。价格的长期可能性实际上仅有两种：向上或向下的趋势。美联储为了配合政府财政政策，或试图主动扭转下降的市场趋势时，转折点就将出现。容我在此再次引用本章之初米塞斯的评论。这个时候，这段评论的意义应该就更为清楚了。

> 影响经济体系的波浪状变动，在经济萧条（衰退）之后又是经济繁荣，这是不断尝试扩张信用而降低市场毛利率的必然结果。以扩张信用带来的经济繁荣，绝对无法避免其最后的崩解。唯一的选择只有：自愿放弃进一步的信用扩张而使危机较早地到来，或是稍后等待整个货币系统的全然瓦解。

小结

在本章中，我们知道经济循环是信用扩展与收缩的结果，这是因为我们采用不可兑换的货币制度，而且由美联储以独占的方式操纵货币政策以及政府政客玩弄的财政政策。我们还了解到，只要政府继续控制货币政策，必然有繁荣与衰退。而且，只要有繁荣与衰退，投机者就有机会在价格上涨与下跌的过程中赚钱。说起来或许有些荒唐，我是自由市场经济最坚决的信徒，但如果我们改采用金本位制度并取消美联储，我的大部分知识将全然无用。然而，不幸的是，我恐怕无法目睹这种情况发生了，至少在我的有生之年是如此。

只要政府继续操控货币与信用市场，并导致经济的循环波动，投机者的工作便是从中获利。留意观察政府的政策与政策的拟定者，你经常可以预先判断他们可能采取的政策，并预测这些政策将产生的经济后果。所以，这一切都回归到我在第1章中所强调的重点——根据原则思考。

当美联储的政策与政府的财政政策明目张胆地违背经济的基本原理时，根据相关的经济学基本原理判断，你的结论应该正确。之后，问题仅在于时间的掌握——市场需要经过多久的时间才了解所发生的一切，并对政府错误政策的影响做出反应。于是，道氏理论、技术分析方法以及我们截至目前所讨论的所有基本要点，便是它们发挥作用的时候了。

| 第 11 章 |

衡量风险以管理资金

风险的真正意义

假如我告诉你,股票市场的风险可以根据客观的方式衡量,如果你是一位经验老到的市场专家,我知道你会怎么想:"狗屎!不可能!"假定现在是 1989 年 10 月 9 日,你在市场中做多,我告诉你,市场大幅拉回整理的可能性是 7:1。如果你知道这个比率,并相信它,你是否会改变既有的策略呢?如果你当时做多行情,我想你会的。

事实上,在股票市场中,确实能够以定量的方法衡量风险;有些方法可以判定市场上涨 $x\%$ 与下跌 $y\%$ 的概率。它不是一种"系统",而是一种一致性的方法,衡量当时市场趋势持续发展或反转的可能性。运用这种方法时,投机者或投资者无须再仰赖变幻莫测的主观"价值"判断,而改用客观的方式衡量风险。

然而,何谓"风险"?当我 1966 年年初踏入金融圈时,对扑克赌博的了解远超过市场,我知道两者之间有许多相似之处。两者都需要技巧与运气,但技巧的成分要多于运气。两者都需要了解如何管理资金,所以即使连输几手牌，你还有本钱玩下去。而且，两者都暴露在发生亏损的可能性之下，这便是风险。

在我十几岁时，并没有在杂货店里赚那种不能再低的工资，而是靠着扑克赌博过着相当不错的日子。我是一个扑克高手，因为我知道如何衡量与管理赌局内的风险。我考虑的重点不是台面上赌金的多寡（以价值为主的评估方法），唯有掌握有利的胜算时，我才会跟进。换言之，我跟进时，我的考虑重点是相关的风险。风险涉及概率，概率涉及胜算。胜算有两种形式：专业高手的主观判断，或是根据有限可能性的统计分析计算概率，然后再用概率衡量胜算。

在扑克赌局内，胜算是明确、客观而且可以衡量的数据。例如，假定你坐在庄家右侧，与5位对手玩5张牌的扑克。假定底注是10美元，第一轮后，台面上有50美元。如果第一位对手喊10美元，除了你之外每个人都跟进，所以现在已经有了90美元的赌金——你的潜在回报是9:1（虽然其中有10美元是你自己的，你每一轮都必须分别考虑风险／回报的关系）。假定你已经有4张红桃，并希望最后一张牌可以凑成同花（同花能赢的概率最少为0.9963），最后一张牌是红桃的概率是1:5.2——你的风险是5.2:1。风险为5.2:1，而回报是9:1，所以风险／回报的比率是1.73:1。因为风险／回报的比率是1.73:1，同花赢牌的概率为0.9963，所以调整后的风险／回报比率是1.73×0.9963。换言之，你的胜算优于1.72:1。

如果你完全根据这种策略玩扑克，某一手牌仍然有可能输钱。你偶尔还有可能手气甚差而连续输钱，但长期来说，你赢的钱会多于输的钱。我不认为这是赌博，赌博是盲目承担风险。投机则是只有在掌握有利胜算时才承担风险，这便是赌博与投机之间的根本差异。

在纸牌中，专注于风险的策略相当有效，所以当我到华尔街投机股票时，自然也希望以某种客观的方法衡量胜算。然而，当我向一些专家请教如何判断风险时，他们总是咯咯地笑道，"你不能在市场中衡量风险，这不是玩扑克，这与数学没有关系，市场是随机漫步的游戏"或"有效市场理论使风险/回报的分析全然无效"。

他们并不衡量风险，却谈论着如何分散风险，或更常专注于价值，并说"寻找价值，买进有价值的对象，然后抱牢。就长期而言，你将因此获利"。这些建议不合我的胃口。除非我能客观地掌握有利的胜算，否则我不希望暴露在风险中。

目前，市场专家在这方面的建议要比20世纪60年代末期复杂许多，但基本态度还是相同的。大多数专家目前都是根据某些相对性的业绩或价值来分配资金。就股票投资组合的管理而言，阿尔法系数与贝塔系数便是典型的工具。阿尔法系数是衡量素质的指标，比较个股相对于大盘的业绩。假定某只股票的阿尔法系数值为1，代表这只股票的业绩平均每个月优于大盘1%。所以，如果大盘在6个月内上涨10%，该股票将上涨17.8%。贝塔系数是衡量价格的波动程度。如果某只股票的贝塔系数值为2，当大盘上涨10%或下跌10%时，这只股票应该分别上涨20%或下跌20%。

大多数账户经理人买进股票时，都是根据某一组合的阿尔法系数与贝塔系数，再配合其他相对性指标，如市盈率、账面价值与收益率，而且他们称此为风险评估。然而，这些指标究竟与风险有什么关系呢？它们是否可以显示当前的经济趋势或美联储政策变动的影响？它们是否可以充分反映整个市场发生剧烈变动的可能性？答案是："很少！"

我并不是说这些指标全无用处，我完全没有这个意思。然而，如果以价值作为投机或投资的主要工具，它应该是一种客观而静态的概念。价值蕴含着评估价值，这是由个人心智决定的。某种东西的价值如何将完全由市场中的个人决定，价值是一种变幻莫测的东西。不妨以Penn Central为例观察。

1970年年初，价值线投资公司（Value-Line Investment Service）评估Penn Central每股的价值为110美元（以该公司的资产衡量），当时74美元的股价处于价值低估状态。根据这个衡量标准，股价应该大涨。然而，它下跌至每股2美元！分析家以该公司持有的资产来评估其价值，但他们显然没有考虑经济衰退会使资产价值下降。他们假定市场衡量价值的标准将保持不变。

以最近的例子来说，1990年6月，某些分析家认为花旗银行的股价24.5美元处于低估状态，而我最近所查看的价格为14美元。他们假定花旗银行的规模太大而不可能发生问题，经济不会出现衰退，所以它先前的坏账可以恢复为正常的应收账款。他们所有的结论都来自上述假定，而未考虑行情下跌的风险。

当行情下跌时，花旗银行、特朗普或任何仰赖持续性通货膨胀而以资产高度信用扩张的个体，都免不了价值下挫或失败的命运。

现在，让我们考虑"买进并持有价值"的概念。这种观点必须面对一个事实——唯有市场才可以判断价值。例如，IBM是"价值"的典型代表。然而，如果你在1983年1月或以后买进这只"蓝筹股中的蓝筹股"，并持有至1989年11月，你将会发生亏损，这一期间是20世纪股票市场的第三大多头市场！为什么要"持有价值"而投资下跌中的股票呢？为什么在你可以赚钱的时候而忍受这些痛苦呢？

金融市场中的每一种传统方法，都不能解答一个简单而根本的问题："市场维持目前趋势的胜算有多少？"换言之，目前做多或卖空的风险如何？阿尔法系数、贝塔系数、价值、市盈率、收益率、账面价值，这些指标都有它的价值，但都是次要的考虑因素，首要任务在于判断市场趋势的最可能方向。最重要的是建立一种衡量市场风险的标准。所以，当你在股票市场做多或卖空时，如何来衡量风险？

衡量风险的革命性方法

我用了很多年的时间来思考这个问题。为了衡量某种事物，你首先必须建立一种标准的参考单位，然后才能通过比较来计算数量上的关系。在金融市场中，这是一个非常复杂的问题：你如何建立一种衡量风险的标准，判断成功的概率，而且在程序中不可涉及任意主观成分？

市场并不像扑克牌一样仅存在有限的可能排列,市场是由个人组成的,每个人都有特定的价值观与欲望,而价值观与欲望在性质上都是主观的——取决于个人的心智结构与情绪。所以,如果你希望衡量市场的行为,并预测任何投资成功的可能性,你似乎必须无所不知——你必须随时掌握每个人的心智,并了解他们对未来事件的反应。在绝对确定的情况下,预测未来的价格走势是不可能的。我们最多仅能以概率来处理,所以问题将是:你以什么标准衡量市场的概率?

所谓概率,是指根据统计分布计算某事件发生的可能性。保险公司便是根据死亡率统计表计算保险费的。例如,24岁白种女性每年在纽约死亡的可能性目前为50 000:1。对这群人而言,假定金额为10万美元的保单,人寿保险每年平均保费为100美元。根据统计概率显示,可能的结果是保险公司每支付1美元给死亡的24岁白种女性的受益人,保费的毛利为50美元。所以,保险公司掌握的有利胜算为50:1——相当不错的胜算管理。难怪大多数管理完善的保险公司都有理想的获利(这是指它们的资产负债表内没有太多的垃圾债券与房地产)。

对任何人来说,都无法精确地衡量其剩余寿命,但仍然可以界定一种标准,衡量某特定健康状况的个人活至某一年龄的可能性——保险公司便是以此为生的。类似的推理也适用于股票市场。1974年,我以两年的时间全心研究股票市场的走势,资料可以回溯至1896年,这项研究目前仍在进行中。我发现市场走势也像人类一样,其平均寿命的分布在统计上具备显著的意义。让我来进一步解释一下。

1974年10月,我错失低档的进场机会之后,开始思考一些问题以避免重蹈覆辙,这些问题包括:趋势到底是什么?它们的幅度通常如何?它们持续的期限又如何?根据道氏对同时存在的三种趋势的定义(短期趋势,持续数天至数个星期;中期趋势,持续数个星期至数个月;长期趋势,持续数个月至数年)我将道琼斯工业指数与道琼斯运输(铁路)指数的历史价格走势加以归类，登录它们的幅度（价格走势相对于先前高点或低点的百分率幅度）与期限（价格走势所持续的日数），并绘制统计分布的图形。

根据雷亚的分类方法（以及我的部分修正），我将走势划分为主要走势（长期的多头或空头市场）、中期的主要走势（介于两个次级折返走势之间的一段主要走势）、中期的次级修正走势（与主要趋势相反的重要中期走势），再加上其他较不重要的分类（这个程序的最困难部分是区分次级折返走势与逆趋势的小型走势）。研究结果显示，自从1896年以来所有的市场走势，其幅度与期限形成一个具有显著统计意义的正态分布（见图11-1）。

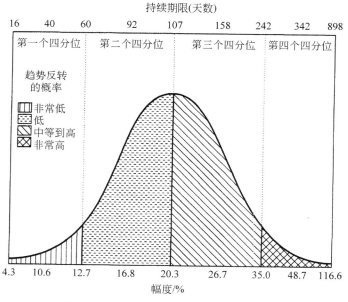

图11-1 主要走势的幅度与期限分布图

注：自1896年以来，道琼斯工业指数在多头市场中主要走势的幅度与期限分布图。

在这个正态分布中，统计样本倾向于集中分布在平均数附近。例如，道琼斯工业指数在多头市场中主要中期走势的涨幅，目前的平均数为20%。1896年以来曾经出现112个多头市场的主要走势，其中57个走势（50.89%）的涨幅介于15%～30%，最小的幅度为4.3%，最大的幅度为116.6%。在这些走势中，25% 的走势涨幅超过 30%，33.04% 的走势涨幅低于 15%。仅就这个准则而言，你可以判断主要走势的涨幅通常介于 15%~30%。当然，在做相关判断时，你绝对不可以仅仅依赖这个准则。

不妨考虑一下人寿保险公司如何搜集资料。它们提出的第一个问题是年龄，接着是工作的危险程度、医疗记录、家庭记录，等等。然而，死亡率统计表是标准的参考依据，并以此作为起点评估某项保单的风险。同理，我以上述正态分布为依据，计算某行情到达或超过特定幅度与期限的概率。我绝对不会以此预测当时走势的确切幅度与期限。当大多数市场参与者的判断改变时，市场转折点便发生了……就是这样。市场参与者改变他们的看法，通常是源于经济的基本因素、美联储的政策、主要的国际事件以及我在前几章讨论的种种理由。

以幅度与期限的分布结构预测某特定行情的确切转折点，这就如同保险公司可以根据死亡率统计表，在你买保险时，判断你将在哪一天因为什么而过世一样。我并不希望说不吉利的话，但每个人都会在不同的时间、不同的情况下，因为不同的原因过世，行情的结束也是如此。然而，你明年在舞台上比较可能看见谁，梅莉·史翠普（Meryl Streep）或乔治·伯恩斯（George Burns）？这些结构在历史层面上显示概率的分布，以供你判断当前的市场趋势会持续或结束。

让我们再回到保险的比喻中。如果有两个男人，一个 18 岁，另一个 75 岁（美国男人的平均寿命），健康状况都非常理想，他们到保险公司购买期限相同的人寿保险，年轻人的保费将很低，老年人的保费将很高。保费的水平是根据风险计算的，换言之，在所缴保费总额超过保单金额（包括利息在内）之前，受保人死亡的概率必须很低。然而，如果这位年长者的体温高达华氏 102 度⊖，又是一位老烟枪，保险公司可能根本不愿意卖保险给他。

⊖ 华氏 102 度 ≈ 摄氏 38.9 度。——译者注

从相同的角度考虑1987年10月的崩盘与1989年10月的小崩盘。1987年崩盘时的主要中期趋势起始于1987年5月20日，截至1987年8月25日，道琼斯工业指数在96天以内上涨22.9%，道琼斯运输指数则在108天以内上涨21.3%。不论是就幅度还是期限而言，它们都已经是历史上多头市场中期走势的平均水平了。以人寿保险的行话来说，行情已经到达平均寿命，换言之，在历史上所有中期走势中，50%是结束于此之前。仅就这个准则而言，提高警惕是必要的，所以应该进一步检查病历表。

当时的市场已经不是身心健康的"人"了。指标出现背离："工业指数"在8月创新高，但腾落比率（advance/decline ratio）却未创新高——空头的征兆。市场的平均市盈率（盈利倍数）为21倍，这是1962年（当时为22倍）以来最高的水平。平均账面价值（未考虑通货膨胀的名义价值）对股价的比率高于1929年的水平。政府、企业界与消费者的负债都到达前所未有的水平，其他还有我先前讨论的种种现象。1987年10月，市场不仅不是一位身心健康的"人"，它还酒精中毒，再加上肺炎第三期，而且每天还抽三包无滤嘴的"新乐园"。

所以，我断然出场，并等待卖空的机会。10月的第一个坏兆头是《华尔街日报》刊登的一篇报道："美联储主席格林斯潘认为，如果金融市场普遍存在通货膨胀的忧虑，利率将有调高的危险。格林斯潘指出，这种忧虑并没有根据，但他暗示贴现率可能被迫调高以缓和市场的忧虑。"隔天，股票市场重挫91.55点，除了格林斯潘发表的评价以外，似乎没有其他立即的理由导致市场的暴跌。道氏理论在10月15日发出卖出信号，我想即使是最轻微的刺激，这位病人的心脏也可能因此停止跳动，于是我开始卖空。

德国与日本不愿意接受贝克（James Baker）的要求，以通货膨胀的手段刺激它们的经济，并协助支撑美元汇率，心脏病终于发作了。为了回应德国与日本的"不合作"态度，贝克在10月18日星期日对全世界宣布，他"将听任美元下滑"。这个时候，我知道金融市场将因美元的贬值而崩跌。10月

19日，市场跳空下跌，我在开盘时卖空 S&P 500 期货，仅仅这个头寸就让我获得可观的利润。然而，这个情况并非毫无瑕疵，我聘用的一些独立交易员（他们可以自行交易），当时是做多行情，所以他们的损失抵消我的一部分获利。

我在此说明 1987 年 10 月崩盘前的思考方向，这是为了显示幅度与期限的准则，可以提醒你观察市场的健康状况——它们提出警告，促使你留意基本面的变化。它们的作用往往不仅如此而已。例如，1989 年 5~10 月，我几乎完全没有进场，这一方面是为了筹备我的基金管理公司，但另一方面也是因为担心下档的可能性。截至 1989 年 10 月 9 日，"工业指数"起始于 1989 年 3 月 23 日的主要中期走势，涨幅为 24.4%。同一期间，"运输指数"在兼并股票的带动下暴涨 52%。让我将这段发展纳入我的统计结构内。

在多头市场的中期主要走势中，净涨幅的平均数（假定你在中期修正走势的谷底买进，并持有至次一个中期修正走势的谷底，其股价净上涨的百分比）为 10%。另外，在历史上的 112 个类似走势中，仅有 15 个走势的净涨幅超过 24.4%（这是 10 月 9 日已经出现的涨幅）。更重要者，不论是多头市场还是空头市场，在 174 个上升走势中，仅有 8 个走势的幅度等于或超过"运输指数"当时的涨幅（54%）。换言之，根据历史资料，当时趋势结束的胜算介于 7.46:1~21.75:1。这告诉我应该了结所有的多头头寸，并等待卖空的机会。若仅根据这个统计准则考虑，在 1989 年 10 月做多行情，必须承担非常不利的风险。此外，基本面分析与技术分析也都支持统计分析的结论。

"工业指数"在 10 月 9 日创新高，但"运输指数"并没有确认——空头的信号。10 月 13 日星期五，日本与德国分别调高利率，使它们的企业界与消费者必须承担更高的信用成本购买美国的产品。美联储紧缩信用与货币的供给（相对于前两个报告期间的自由准备而言），消费者物价指数已经攀升至每年 5.5% 的水平，当时并没有空间刺激相当疲软的经济。东北部的房地产价格已经明显下滑，这影响了大多数区域性银行。垃圾债券市场早就跌破底部。

总之，这位"病人"的年纪既高，体质又弱，心脏病也随时可能复发——不论保费多高都不是承保的适当时机。这当然也不是做多的时机。我在正确的时机，卖空正确的交易工具，这当然有幸运的成分，但上述统计分布结构让我了解了下档的机会。

任何了解我的人都知道，我完全不介意卖空操作。我希望强调，上述风险评估方法也同样适用于退休基金的经理人，他们在某一程度上必须做多股票。假定根据基金的章程规定，股票最低的投资比率为20%，最高为60%，经理人希望确定股票市场适当的资本配置比率。如果股票市场处于多头市场的第三个主要上升浪，根据统计数据显示，第三个主升浪的涨幅与期间平均值分别为18.8%与139天。如果行情已经在103天内上涨12%，经理人必须了解，在历史上23个多头市场的第三个主升浪中，有16个走势持续得更久。仅就该数据来考虑，经理人的持股比率不应该超过最高水平60%的69%。换言之，仅就历史统计数据判断，持股比率不应该超过41.4%。

我希望再次强调，这仅是一个起点而已，一个评估市场风险的根据。如果在上述统计数据背景下，通货膨胀率为1%，市盈率为9倍，利率为5%，而企业盈余正处于快速成长的阶段，则应调降统计数据所代表的意义，并维持最高的持股比率60%。

就我个人的成功而言，**上述风险衡量具有绝对的重要性，尤其是在判断长期与中期走势的转折点方面。它让我把思考重心摆在风险之上，这是我的投机方法的基础。**不论你以什么方法预测行情或选择股票，都应该在市场平均剩余寿命的结构内评估市场风险。这套方法为风险管理提供了一个崭新而独特的领域。

以胜算管理配置资本

第2章曾经提到，我主要的考虑重心在于降低风险，同时将充分的资金摆在适当的场所，以赚取稳定的利润。这个目标是以谨慎的资金管理系统实现的。

资金管理是配置金融资产与判断进出场时机的一种艺术。任何有效的资金管理系统都应该包括三个重要部分：①评估风险／回报的方法；②判定一笔交易成功概率的方法（不论是短期的交易、中期的交易还是长期的交易）；③资产配置的系统。因为你处理的是资金，所以这三个部分基本上必须简化为客观且可以衡量的准则。

前面已经讨论了风险评估的统计结构。另外，如果你还记得的话，我也曾经指出，我的风险／回报比率最多只能是 3∶1，而且我还说明如何用技术分析的方法在价格走势图上计算这个比率。基本上，你只需要观察图形，判断价格可能到达的价位——目标价位，并确定市场证明你为错误的价位——出场价位，然后计算下列比率：

$$\text{风险／回报比率} = \frac{\text{买进价位} - \text{出场价位}}{\text{目标价位} - \text{买进价位}}$$

这个比率从技术分析的角度表示风险／回报的关系：最大的可能损失与可能的潜在获利。不论从什么角度考虑风险／回报，都应该是一种概率。然而，当我们处理非技术性因素时，如何计算量化的概率，这就有些棘手了。在评估整体性的风险／回报关系时，应该考虑所有信息，包括技术分析与经济的基本原理。让我以实例说明如何结合所有这些相关因素。

这个例子发生在 1989 年 10 月的黄金市场。1989 年 10 月 27 日，黄金价格向上突破先前的反弹高点 367.70 美元，确认 1-2-3 中期趋势变动的信号，我进场买进黄金。在这个时候，根据相同的准则判断，长期趋势也可能发生变动——价格向上突破趋势线（条件 1），并已经试探先前的低点而未跌破（条件 2）。⊖

在中期趋势上，因为趋势变动已经确认，如果价格跌破我的买进点，证

⊖ 请注意，就这个例子来说，条件 2 完成于趋势线的突破之前。没有任何准则规定，趋势变动的 1-2-3 准则必须以什么顺序发生。

明我的判断错误，所以我将心理止损设定在稍低于375.70美元的位置。中期趋势的目标价位设定在1989年7月25日的高点399.50美元。因此，我的风险／回报比率为：

$$\frac{376.70-375.70}{399.50-376.70}=\frac{1}{22.8}$$

在长期走势图上（周线图），上档空间更广。我判定目标价位在433.50美元（压力水平）。如果可以突破，上档的另外两个压力区分别在469.50美元与502.30美元，如果观察更长时间的图形（月线图），目标价位在800美元附近。我不想再计算每一价位的风险／回报比率，但这些比率显然非常有利。

从技术分析的角度来说，如此理想的机会不常出现。唯一的问题是计算成功的概率，并决定进出场价位。你应该怎么做：以中期趋势为准来操作，或采取买进并持有的长期策略？

为了解决这个问题，我采取最保守的假定。换言之，因为根据定义中期趋势已经变化，所以我假定这是一个为期3周～3个月的中期趋势。于是，我取出1981年以来的黄金价格资料，挑选为期3周～3个月的上升走势，并登录走势的幅度。

我发现这类走势总共有18个，最小的涨幅为9.4%，最大的涨幅为68.8%，平均涨幅为15.2%。以12月期货的低点360.60美元为基准，黄金价格涨幅至少为9.4%的概率非常高，这相当于每英两（即盎司）33.90美元的涨幅，价位为394.50美元。另外，根据近9年的资料显示，50%走势的涨幅都超过15.2%，若以此计算，12月期货的涨幅为54.81美元，价位为415.40美元。

就资产配置而言，上述资料有什么意义？技术性的风险／回报比率极其偏低，该波段走势至少到达394.50美元的历史概率很高，所有基本面的考虑也支持在10月27日建立多头头寸。在这种情况下，所有条件都非常理想，这显然是采取积极行动的时候了。

这也表明在走势的初期，你应该尽可能运用杠杆效果。在我管理的所有投资组合中，我以大约10%的资金购买黄金期货的看涨期权、某些黄金个股的看涨期权以及某些黄金个股（股票是为风险取向最低的客户提供的）。当价格向上突破400美元时，我开始分批获利了结，但我仍持有少部分多头头寸，并保持偏高的杠杆倍数，我打算继续持有这部分头寸，直至市场证明我的判断错误为止。

我为什么要了结一部分获利呢？因为价格到达中期趋势的目标价位以后，继续持有头寸的风险/回报比率大幅增加。至于我为何继续留在场内，这是因为我相信长期趋势仍然向上。我必须强调，我已经回收本金与一部分获利，而持有的头寸仅是总利润的一部分。你猜结果如何？我的判断错误，这部分头寸发生亏损。虽然我未察觉到黄金无法维持涨势，但我的资金管理方法让我全身而退，并保有一部分获利。

让我说明上述程序与我的交易哲学之间的直接关系。首先，利用杠杆原理，挑选适当的买进点与止损点，我的资金并未暴露在偏高的风险中。如果发生非常罕见的情况，价格再度向下跌破趋势线，我会认赔出场，损失最多是1%～2%。随后，如果价格又回升，我就还有能力再进场。总之，这笔交易符合保障资本的原则。

其次，当价格到达目标价位时，我了结相当比例的头寸锁定获利，这符合一致性获利能力的目标。

最后，我以一部分获利继续持有多头头寸而追求卓越的业绩。我对长期趋势的判断虽然错误，但整体头寸却仍有获利。根据相关的风险配置资本，设定初步的目标价位以锁定利润，再运用一部分获利去追求更高的业绩，这样，即使连续发生数次损失，你还有能力继续留在市场内交易。

资本配置

不幸的是，我们没有简单的公式可以设定在电脑中，计算最佳的资本配置。例如，我无法在历史资料与"工业指数"和"运输指数"等买卖价位之间，建立一种线性的风险关系，因为这违背市场的性质。你的市场判断必须尽可能根据广泛的知识，结合所有知识评估未来事件。

假定我们处在一个强劲的多头市场中，涨幅与期限都已经超过历史的平均水平；通货膨胀率仅为2%；全球政局非常稳定，没有任何潜在的冲突；企业界的获利情况与财务结构都很理想；每个主要国家的预算大致维持平衡，或仅有小额的赤字，而且都采用自由的金本位制度。很棒，是吗？在这种情况下，你显然应该投入100%的资金。

事实上，你需要根据主要的市场驱动因素，建立一个风险评估的表格，考虑它们相对的重要性，判断你应该以何种方式投入多少风险资本。如果你决定投资，那就应该再根据上述背景，选择最可能达到目标的交易工具。

截至目前，我仅讨论抽象的原则，所以需要我做出更明确的说明。在评估股票市场的风险时，你应该回答下列问题：

1. 长期趋势如何？它是处于上升趋势、下降趋势、窄幅盘整或趋势正在变化中？

2. 就历史资料来看，目前长期趋势的期限与幅度如何？它是处于初期、末期还是中间阶段？

3. 就历史资料来看，目前的中期趋势如何？

4. 道氏理论对目前的行情有何看法？是否存在背离的现象？成交量是否有明显的变化？行情宽度是否配合趋势发展？

5. 移动平均线的情况如何——应该买进、卖出还是持有？

6. 根据震荡指标显示，行情是处于超买阶段、超卖阶段还是中间阶段？

7. 经济面的情况如何？

（1）通货膨胀的情况如何？美联储的政策取向如何？政府、民间、企业界与私人部门的负债情况如何？以自由准备金来衡量，信用的增长率如何？货币供给增长率如何？利率水平如何？市场对政府债券的接受程度如何？

（2）美元汇率的走势如何，贬值的可能性如何？日元与德国马克汇率的趋势如何，日本、德国的政府是否会采取维护汇率的措施？

（3）美国消费者普遍的心态如何：生产和储蓄、借款和支出或介于两者之间？

（4）哪些产业部门最强劲？哪些产业部门最疲软？市场中是否有领导类股？根据目前的情况判断，如果有些许利空消息，是否会使整个行情出现反转？

（5）哪些潜在问题可能会使人们对整个经济状况的判断发生突然的改变？

8. 是否存在可供运用的重大谬论，尤其是在行情发生变动的时候？

一旦回答上述问题后，你便可以决定在何时、何处、投入多少资金。在决定采取行动时，你必须在严格的纪律下操作。这便是交易准则的重要性所在，它们是第 12 章讨论的主题。

| 第 12 章 |

让你发生亏损的方法至少有 50 种

4017 美元的吹风机

  1979 年的某一天，我在盘中交易时，接到朋友苏珊的电话。我当时做多 40 份小麦合约，行情已经出现，所以我必须密切观察市场的发展。我设定了一个准备认赔的心理止损价位。总之，苏珊打电话给我，她的情绪非常激动（一把眼泪，一把鼻涕），我不清楚她在说什么。

  我当然非常关心。我想她可能跟丈夫发生激烈的争吵而必须立即解决。结果，我总算了解了事情的真相。

  她哭哭啼啼地说："我的……吹风……机……坏了！"

  我几乎不相信我的耳朵。"你的吹风机，这就是你这么伤心的理由！"我看着多年的好友也是同事诺曼·坦迪……他仅是抿着嘴笑。

  "苏珊，"我说道，"苏珊，不要伤心，你的吹风机值多少钱？"

  "……17 美元。"

  这个时候，我几乎忍不住要笑出来，"我买一个新的给你，如果这样可以让你觉得好过一点的话。"

  当然，我了解，如果一个人会为了吹风机而难过到这种程度，那么一定有别的问题。所以，我慢慢与苏珊谈着，希望知道究竟是怎么回事。这个过程中，我忽略了盘面的变化。

我看着报价荧屏，突然发觉价格已经穿越至心理止损下方 2 美分。这是 100 美元乘以 40——4000 美元！我立即拿起电话把头寸平仓，结果我多损失了 4000 美元。于是，我买了一个 4017 美元的吹风机，甚至还不能挑选颜色。

当时，我再也忍不住而笑了出来，甚至现在每想到这件事，我都还想笑。

我提这段故事的重点是：**永远有你想不到的事情会让你发生亏损**。有一段歌词说道，"有 50 种方法可以离开你心爱的人"，你至少也会有 50 种方法发生亏损。

然而，交易者发生亏损最常见的理由则是未遵循交易准则，认为"这一次"例外。每个人都免不了发生这类错误，但这是可以控制的。如果你了解交易准则，而且更重要的是了解它们存在的理由，那么这是一种几乎可以全然避免的错误。

交易准则与其背后的理由

许多人误以为市场行为是完全可以预测的，绝对不是如此。在市场中交易，这是一场有关胜算的游戏，目标是要永远掌握胜算。犹如任何有关胜算的游戏一样，为了赢取胜利，你必须了解并遵守规则。然而，交易准则有一点最大的不同，它最主要的功能是克制你的情绪。假定你已经具备建立头寸的必要知识，其中最困难的部分是以正确的方法执行交易。这便是交易准则的功能。

市场行为会受到太多变数的影响，只要稍微心理的冲动，你便可能扭曲它们；只需要些许借口，你便可能承担不必要的风险，或过早获利了结。

最近，在一笔 S&P 500 的期货交易中，我在开盘后 10 分钟进场卖空，并在盘中高点的上方 5 档设定止损。随后 30 分钟，价格下滑至我进场点的下方

10档左右，然后盘势似乎有反弹的征兆。虽然我没有看到任何明确的回补信号，但我在情绪上不希望这些微薄的利润转为损失，于是我让助理帮我回补，赚取10档的利润（每份合约250美元）。

大约15分钟之后，行情重挫2大点（1大点为20档，相当于每份合约500美元）。如果我遵照准则交易，我的获利可以增加4倍。我当时的想法是，"行情看起来好像要反弹，我最好趁早获利了结"。然而，这实际上仅是借口而已，它掩盖了我担心在这笔交易中犯错的恐惧感。事实上，价格确实稍微反弹，但从来没有接近我的止损——原来准备让市场证明我判断错误的价位。

交易准则的宗旨是在人性的允许范围内，尽量以客观而一致的态度交易。如果没有交易准则，你的愿望可能会主导交易决策，在市场交易中，你的愿望十之八九无法实现。本章的目的是介绍一些重要的交易准则，并说明它们背后的理由。另外，我还会列举一些人们很少谈论的亏损原因。

交易准则

准则1：根据计划进行交易，并严格遵守计划。

在任何交易之前，你务必要知道自己的目标，以及打算如何达到目标。这表明你不仅必须了解风险/回报的关系，而且还必须界定市场可能发生的所有状况，并拟定相关对策。换言之，在任何交易之前，你必须知道每一种可能发生的结果。在交易的过程中，思绪混淆是你最大的敌人，它会使你的愤怒与情绪激动。根据定义，思绪混淆来自无知，不了解当时的情况究竟是怎么回事，不知道该如何反应。

在拟定交易计划时，首先必须确定你的时间结构。换言之，必须决定你的头寸是属于当日冲销的交易（头寸的建立与结束都在同一天之内）、短期交易（持有数天至数个星期）、中期投机（持有数个星期至数个月），还是属于长期投资（持有数个月至数年）。

上述决定可以让你了解应该专注于什么趋势，以及如何根据相关趋势设定止损（参考准则 3）。一旦决定之后，你就可以考虑所有可能的价格发展情景，并拟定每一种情景的反应对策。具体而言，你应该拟定如何设定止损、在何处设定获利了结的目标价位、在何处追加头寸……

当然，有时候还是会发生你全然无法控制的混淆——50 种发生亏损的方法。例如，一天，我还在州际证券公司的时候，我做了 40 多种股票，每种大约 2000 股。我还持有股票指数的看涨期权以及指数期货。在我全心全意交易之际，突然……一片黑暗。

不是，没有疯子闯进来拿锤子敲我的脑袋。停电了，我们虽然有自动供电系统，当时也不好用。另外，电话线也和供电系统混在一起，所以连电话也不通。

当时，我通过多个不同的经纪人与几个交易所交易，我完全不知道市场行情的发展。所以，我急忙冲出办公室，顺着楼梯下楼，沿路摸索口袋里的铜板准备打电话。我甚至不知道交易所的电话号码，因为办公室的电话都是直接与交易所连线的。

最后，我来到路旁的公用电话亭，仓皇地了结了我的头寸。我还得打给咨询台请服务人员帮我查芝加哥 S&P 500 期货交易池的电话号码，你可以想象我当时的狼狈样。现在回想起来也蛮有趣的，但当时真是不知所措。而且，根据墨菲定律，市场出现一波不利于我头寸的行情。这是你无法控制的混淆，所以你或许应该准备两套自动供电系统。

准则 2：顺势交易，"趋势是你的朋友"。

这可能是大家最耳熟能详的交易法则。这看起来虽然很简单，但你却很容易违背。记住，趋势总共有三种——短期、中期与长期。每一种趋势都在不断地变动，任何一种趋势的方向都可能会与另外两种相反。短期趋势最经常发生变动，程度也最剧烈，其次是中期趋势。

请务必知道你是根据什么趋势交易的，并了解它与另外两种趋势的相关性。运用 1-2-3 趋势变动的准则，判断趋势反转的价位。当价格触及反转价位时——立即出场！另外，你也应该留意 2B 模式与其他技术指标，尽量预先掌握趋势可能反转的信号。

准则 3：在许可的范围内，尽可能采用止损单。

在建立头寸之前，你应该预先确定市场证明你判断错误的价位。对许多交易者来说，当行情触及预定价位时，认赔出场是最困难的行动之一。你可以利用止损单减少这方面的困扰。当行情触及止损价位时，止损单会自动转变为市价单（market order）。

如果你的交易量很大，你仅能使用心理止损。如果你预先递入一张大量的止损单，场内交易员会想尽办法触发你的止损。

所以，在建立一个头寸时，应该递入第二张交易指令，在止损价位上了结你的头寸。具体的运作方法取决于你以何种趋势交易。一般来说，止损单的效力仅到递单当日收盘为止。可是，你可以在止损单上追加一条"取消前有效"（good til cancel，GTC），这张交易指令在你取消前都有效。

事实上，在传达任何交易指令时，必须注意措辞，不可引起误解。我的好朋友约翰·马利也是一位交易员，他告诉我有些人会下达含意不清的指令，例如，"Sell me 500 IBM at the market"。⊖ 所以，约翰回答："嗯……卖我？你是说你要买进，你要我卖给你 500 股 IBM 吗？"当然，客户会不耐烦地说，"不，不，不，我要卖出！"

约翰的态度是正确的。当你买进看跌期权时，你是做空。当你卖出看涨期权时，你是做多。"以市价帮我弄个 10 份 12 月的 S&P"，意思显然不清楚。措辞必须明确，尤其是当你以市价下单的时候，务必清楚表达你的意思，还要确定经纪人没有误解。

准则 4：一旦心存怀疑，立即出场！

以另一种方式来说，在评估自己的头寸时，你持有的每一个多头头寸，

⊖ 既可以理解为"以市价帮我卖出 500 股 IBM"，但也可以理解为"以市价卖给我 500 股 IBM"。——译者注

今天都应该是个买进机会；你持有的每一个空头头寸，今天都应该是个卖出机会。换言之，如果你没有信心，绝对不应该建立头寸。

在投入自己的资金时，有些许的恐惧或忧虑，这是很自然的现象。这并不代表每当你有些微怀疑时，便应该结束头寸。然而，情况开始发生变化而胜算不断减少，怀疑与不确定感始终环绕在你的心头，则应该结束头寸。

这个交易法则还有另外一层意义。恐惧与有根据的怀疑两者之间存在明显的界限。这听起来或许有些令人迷惑，但如果每当建立交易头寸时，你便心存不确定感与怀疑，那么你应该离开市场！如果你对交易没有信心（至少在大多数时候），那么你根本不适合从事交易。习惯性的恐惧与怀疑将严重伤害你的生理、情绪和财务状况。这没有什么可羞耻的，这只是一种不适合交易的个性。

避免产生怀疑的最佳方法是尽可能掌握所有相关信息。在某些情况下，这甚至还不够。

我曾经听过一段故事，一位大富翁与一位公司并购的分析师相互配合，两个人的合作一向都很顺利。有一次，分析师提出几只可能可以买进的股票，其中包括西北航空与赛斯纳在内，它们都是当时的潜在并购股票。一天，这位富翁接到分析师的电话，他说："我刚接到消息，已经开始发动了，买进飞机。"

这位富翁于以每股60美元的价格买进40万股的西北航空，总金额是2400万美元。隔天，股价跌至59美元，接着又跌至58美元。于是，富翁打电话给分析师。

"怎么回事，你不是说这笔交易已经发动了吗？"

分析师当时很忙："是的，是的，还在进行中……没问题……一定涨。"然后便把电话挂断了。

隔了两天，股价跌至55美元，富翁又打电话，这次分析师并不忙。

富翁问道，"什么时候会宣布？"

"后天。"

"什么价格?"富翁也有些困惑。

"市价以上。"

"那我就不懂了,"富翁说,"价格已经跌5美元了,现在是55美元。"

分析师非常讶异:"55美元,你什么意思?赛斯纳目前的价位是24美元!"

"赛斯纳……赛斯纳!"

"没错,赛斯纳!我叫你买进飞机。"分析师非常震惊地说道。

富翁说道:"但'西北航空'也会飞啊!"

这位富翁立即了结他的头寸,亏损200万美元。在整个过程中,他的怀疑都是有根据的。这个故事再次验证这个交易法则:"一旦心存怀疑,立即出场!"

准则5:务必要有耐心,不可过度扩张交易。

弗朗姬·乔(Frankie Joe)曾经说过,任何市场每年通常都有3~5个交易良机,包括个股在内。弗兰克是一位投机者,他主要以中期趋势交易。然而,他的评论基本上适用于每一种趋势。如果你愿意的话,你可以投掷铜板决定:"正面做多,反面卖空",每天从事100笔交易。可是,如果你这么做,就必须全凭运气了。

如果你希望取得稳定的获利,必须观察你感兴趣的市场,在建立头寸之前,你必须尽可能掌握有利的因素。以 S&P 500 期货的当日冲销为例,每天通常有两三次交易的好机会,有时候却一次也没有。

每一种市场指数、个股与商品都有其独特的步调、韵律和性质。唯有你熟悉市场情况时,才可以考虑交易,而且你必须等待适当的机会:如果你判断正确,获利潜能则很高;如果你判断错误,则损失有限。耐心地留意观察,当你掌握有利的胜算时,断然采取行动。

从另一个层面来说,如果你仅是交易自己的账户,而且交易的时间结构很短,则应该把股票的种类限制在10种以内;就期货交易而言,则应该把商品的种类限制在5种以内。最重要的理由就是注意力问题。

你可以记住多少电话号码？也许 10 个或 8 个。所以，如果你记住这些电话号码有所困难，那么你也很难同时留意 10 个及以上的交易头寸。了解自己的头寸，注意相关的行情发展，这是交易成功的必要条件。对大多数人而言，同时考虑 5 种不同的事物，已经是很大的挑战了。

准则 6：迅速认赔，让获利头寸持续发展。

在所有交易准则中，这是最重要、最常被引述，也最常被违反的一条准则。

市场就像是法庭，你是被告——在被证明有罪以前，你是清白的。换言之，在从事一笔交易时，你必须假定：被证明错误以前，你是正确的。当价格触及你的止损点或你选定的心理出场价位时，市场便已经证明你的判断是错误的，这是"最高法院"的判决——不能继续上诉，你已经没有自由行动的权利了，你必须出场。

当你的判断正确时，必须"让自由主宰一切"！如果你根据 1:3 的风险/回报比率交易，一般来说，每一次获利可以抵消 3 次损失。准则 7 是例外。就某一层面的意义来说，准则 6 是对前五条准则的总结。如果你有交易计划，那么你就要了解何时应该获利了结，何时应该加码，何时应该出场。如果你顺势交易，你允许的损失将由趋势变动准则来客观界定。如果你对交易有信心，你就不太可能过早获利了结。如果你不过度扩张交易，你不仅可以减少损失，而且还可能掌握真正的机会。如果你确实了解"迅速认赔，让获利头寸持续发展"，你至少可以把四条准则合而为一——相当经济！

准则 7：不可让获利头寸演变为亏损（或者，尽可能持有必然获利的头寸）。

这相当困难，因为你必须根据自己的交易结构界定"获利"。为了便于说明起见，假定你根据 1:3 的风险/回报比率交易。如果价格朝有利方向发展，而风险/回报比率变成 1:2，⊖准则 6 要求你让获利头寸持续发展。然而，如果价格趋势突然反转，你最后被止损出场，你又违反准则了！你应该怎么办呢？

⊖ 这是指价格已经更接近目标价位，而且距离下档的止损较远，所以该比率降低。——译者注

我建议每当风险／回报比率变成 1:2 时，你应该将止损点（或心理出场点）调整至成本之上，而持有必然获利的头寸。从某个角度来说，这个头寸的风险／回报比率已经是 0 了，即你只可能获利而不可能亏损。如果价格持续朝有利方向发展，并到达当初的目标价格，则了结 1/3 或一半的获利，并调高止损点。如果价格仍朝着有利方向发展，则继续调高止损点。如果你以长期趋势交易，甚至可以在适当的价位上扩大头寸的规模，当然这必须考虑你交易的市场性质。

准则 8：在弱势中买进，在强势中卖出。应该以买进的意愿来同等对待卖出。

这条准则主要适用于投机与投资行为，但也可以适用于短期交易。它是准则 2——顺势交易的辅助定理。如果你以中期趋势投机，那么提升获利潜能的方法是在小涨势中卖出，在小跌势中买进。如果你以长期趋势投资，则应该在空头市场的中期涨势中卖出，在多头市场的中期跌势中买进。

不论是在中期趋势中还是在长期趋势中，上述原理也适用于扩充已获利的头寸。在理想的状况下，你当然希望在空头市场的小涨势高点附近投机卖空，在多头市场的小跌势低点附近投机买进，并在空头市场的中期涨势高点附近投机卖空，在多头市场的中期跌势低点附近投资买进。在许多情况下，2B 准则非常适用于这个策略。

许多市场参与者都有明显的多头或空头倾向，而且仅愿意做多或做空。事实上，许多市场参与者把做空行情视为瘟疫，避之犹恐不及。这是严重的错误，完全违背市场的性质。如果"趋势是你的朋友"，则双向运作是维持友谊最佳的方式。任何精练的多头玩家，也必然具备做空的知识——他仅需要做反向的推理。在做空行情方面，获利的速度通常较快，因为下跌走势总是快于上涨走势。

准则 9：在多头市场的初期阶段，应该扮演投资者的角色。在多头市场的后期与空头市场中，应该扮演投机者的角色。

投资者追求的是长期的回报与资本的所得流量，因此，投资者主要关心的是盈余、股息与净值的上升。

相反，投机者主要关心的是价格走势，以及如何根据价格走势获利。从风险/回报的观点来看，投资最适当的时机是在多头市场的初级阶段，因为不论从什么角度观察，增长的机会都是最理想的。

行情逐渐趋于成熟，价格走势进入第三波、第四波……时，对价格水平的考虑将越来越重要，谨慎的玩家在心态上应该转为投机。我在第10章中曾经解释，在信用扩张驱动的多头市场中，当行情发展到某一阶段以后，价值将停止增长，企业界以大量的资金追求有限的资源，价格将开始膨胀——资金行情。

在空头市场中，投机是唯一的明智之举。根据定义，我们无法以做空来投资。在空头市场中，长期做空是通过预先卖出投资而获利的，这种行为本身并不是投资。撇开这一点不谈，空头行情最佳的运作方式是不断地进出市场，在主要走势中做空，在次级修正走势中做多。一般来说，空头市场历经的时间短于多头市场；空头市场的主要走势在幅度上与多头市场相当类似，但期限则较短。

相对于多头市场来说，如果你妥善管理资金，在空头市场上能以较短的时间来获取类似的利润，风险并不会更高，甚至可能会更低。从经济循环的性质来看，你不曾见过"黑色星期一"的复苏，所以就这一角度而言，空头市场较安全。

准则10：不可摊平亏损——亏损头寸不可加码。

摊平亏损（average down）仅是一种试图避免承认错误或期待解套的借口，而且还是在不利的胜算情况下。它之所以被称为"摊平亏损"，是因为这是一种追加头寸的行为，并因此降低整体头寸的净亏损百分比。这种行为的合理性借口是："这只股票（期货、债券或任何交易对象）将上涨（下跌）。我现在虽然损失，但如果追加头寸，则可以降低平均成本，最后可以大赚一笔。"

准则 10 实际上是准则 6——迅速认赔的辅助定理。然而,"摊平亏损"是一种极为常见的错误行为,所以它应该有属于自己的"不可"准则,这是为了提醒你,它是一种错误的行为。

然而,某些行为看起来似乎是摊平亏损,实际上却不是。例如,如果你在空头市场中寻找中期的做空机会,犹如上面所说,最佳的做空时机是在小涨势中。假定股票市场连跌 4 天,似乎将形成空头市场的主要下跌走势,理想的做空时机则在第一天的反弹时。如果价格连续反弹两天,第三天再反弹的可能性就很低,所以第二天可以追加头寸。如果第三天又反弹,第四天继续上涨的可能性则不到 5%,你可以再做空。然而,如果行情连续上涨 4 天,中期趋势很可能向上,你应该认赔出场。

这个策略与摊平亏损之间的差异在于你有一套交易计划,并设定市场证明你判断错误的止损点。在计划中,你将评估每天的反弹幅度以及反弹的天数。在交易之初,你不仅已经限定了反弹的天数,而且还设定了认赔的出场价位。摊平亏损的策略并不设定止损点,头寸的了结完全取决于主观的情绪。

准则 11:不可仅因价格偏低而买进,不可仅因价格偏高而卖出。

这完全不同于在超级市场上买水果,交易中并无所谓的"特价品"。交易的重点仅在于获利或亏损,这与交易工具的价格没有任何关系。价格仅在少数情况下会影响交易决策,例如,你可能因保证金过高而无法从事某笔交易,或其他交易机会可以提供较佳的杠杆效果,而其风险/回报比率相似或更理想。

不可以存在这种心理:"这已经是历史低价,它不可能再跌了。"或"这已经不可能再涨了,我必须卖出!"除非你见到趋势发生变动的征兆,否则趋势持续发展的机会较高。当市场处于历史高价或低价,但没有任何征兆显示趋势即将反转时,我建议你不要去挑逗它,继续等待趋势变动的信号。顺势交易,耐心等待。

准则 12：只在流动性高的市场中交易。

现在，许多住在美国东北部的人可能会告诉你，他们的住宅价值 50 万美元。然而，这句话的真正含义可能是：他们过去以 50 万美元的价格买进，或者，几年前，他们用房屋做第二次抵押贷款时，当时价值是 50 万美元。事实上，现在市场上充满价值 50 万美元的待沽房屋，几乎全无问津之人——房屋市场几乎完全缺乏流动性。在财务报表上，50 万美元的数据或许暂时没有问题，但这与市场价值全无关联。

如果你在流动性不佳的市场上交易，你也可能遭遇类似情况。价格的变动速度非常快，可以轻易地穿越你的止损点，并让你的损失较预期多出 1 倍。在商品与外汇的期货交易中，仅选取最近月份的合约；在股票与期权中，选取成交量大而交易活跃的个股。

准则 13：在价格变动迅速时，不可建立头寸。

这条法则适用于场外交易者，他们仰赖电子报价系统取得最新的报价资料。快速市场（fast market）是指场内的交易进行得非常快速，报价系统的价格输入速度跟不上实际的交易。当发生这类情况时，交易所通常会提出警告。换言之，在快速市场中，你在荧屏上看见的报价，并不是当时的实际报价。在快速市场中，行情向上突破时买进，或行情向下突破时卖空，都是非常迷人的机会。你会看见价格直冲云霄或直线下跌，满脑子都是钞票的影像。

在我的办公室里，有一位年轻的交易员不信邪，他在向下突破的快速市场中以市价卖空 S&P 500 期货。他的成交价格较下单时的荧屏报价低 16 档（每份合约 400 美元）。当他回补时，根据荧屏报价显示，这个头寸有 16 档的获利，但实际的回补价格却较成本高出 10 档——每份合约亏损 250 美元。然而，这次教训似乎还不够，第二天他又犯同样的错误。我不认为他还会在快速市场中交易。在交易中，你唯有依赖报价信息。在快速市场中，报价信息完全不可靠，所以不要交易！

准则 14：不可根据特殊情报交易。换言之，"顺势交易，而不是顺着朋友的意见"。另外，不论你对某只股票或某个市场有多么强烈的感觉，也不可以提供免费的消息或意见。

不妨从概率的角度思考，在数以万计的市场参与者中，你的朋友知道某条全世界都不知道的消息，你认为这种可能性有多大？如果他真的知道某条特殊消息，这很可能是"内线消息"，根据内线消息交易是违法的。

所谓的"特殊消息"，99.9%是属10个人的看法。在《一位职业期货交易员的秘诀》一书中，作者亨利·克拉森（Henry Clasing）指出，稳定的赢家几乎绝口不提他们在市场中的活动细节，但稳定的输家则会"向每一位听众说明他们在市场中的一举一动，甚至以强制性推销的方式吹嘘"。⊖就心理层面而言，人们迫切希望提供特殊消息，他们可能是在寻求认同与赞许。他们绝对不是为你着想，这一点是可以肯定的。所以，当有人向你推销特殊消息时，我建议你说："谢谢，我不需要。"

我曾经听信特殊消息……在前面的内容中，我曾经提及吉姆，当在拉格纳发生一些麻烦时，他当时在 CBOE 负责稽核工作，我们有过往来，他随后也来到州际证券公司，我们举办了一个欢迎酒会。当我正准备离开时，听到熟悉的声音："嘿，维克托，等一下。"

我回过头来，看见一位好朋友急匆匆地跑了过来。他低声地说道："维克托，Dataforce。"我说，"哦？"我的朋友说道："维克托，相信我，把这只股票留给你的小孩。"他告诉我，这是阿蒂·瓦戈纳提供的消息。阿蒂当时在雷曼兄弟公司负责柜台交易市场的交易，被视为柜台交易市场的主宰者，他的交易纪录非常了不得。所以，出于好奇心的缘故，我查阅这只股票。它在柜台交易市场的交易价格为 7/8。当时，我的交易手气正顺，所以把这只股票视为"永不到期的期权"而买进，心想"看你由 7/8 还能跌到哪里？"难道还能

⊖ Henry Clasing, *The Secrets of a Professional Futures Trader*（Brightwaters, NY: Windsor Books, 1987）p, 15.

跌到 0 吗？结果便是如此。我大约买进 35 万股，而这只"永不到期的期权"最后竟然跌到一文不值。更惨的是，当它跌至 3/8 时，我又买进 35 万股，心想："这次你总不至于再跌了吧！"可是，我还是错了。当停止报价时，我试图了解这家公司的背景，我甚至找不到它。没有电话号码，没有地址，它就是……消失了。

只要早走一步，我就不会听到这位朋友的特殊消息了。真是非常特殊的特殊消息，犹如我最好的朋友诺姆所说："如果你不断地听信'把这只股票留给你的小孩'的小道消息，那么你的小孩将在孤儿院长大。"他还提供一个非常明智的建议，当感觉到小道消息即将飘过来时，赶快说"对不起，我要上洗手间"，然后整个晚上尽可能地回避他。

你不可以听信特殊消息，同样，你也不可以提供特殊消息。帮助朋友当然是一种可贵的感情，但如果你有朋友从事交易，你们应该仅就一般看法交换意见。如果你真希望帮助朋友，务必不要提供建议；你的朋友也有大脑——让他用自己的大脑。

这条交易准则希望传达的观念是：没有任何东西可以替代个人的判断。如果你没有信心根据自己的判断交易，那就不要交易。顺势交易，而不是顺着朋友的意见。

准则 15：永远要分析自己的错误。

亏损的交易未必代表错误，错误也未必导致亏损。一笔绝佳的交易可能也会发生亏损；相反，即使犯错，你仍然有可能获利。如果你遵循交易准则而发生亏损，那就放弃它，不需要再做分析。你可以对自己说道："好吧！"然后再继续下一笔交易。可是，如果过早了结一个头寸，随后眼见原本属于你的获利滚滚而去，你便应该想想自己到底犯了什么错误。

为何需要分析自己的错误呢？因为错误与失败是最好的导师，它们让你更加明白，你必须永远遵循交易准则。如果你可以坦诚地反省已发生错误的原因，重蹈覆辙的可能性就会很低。

一般来说，错误并不是源于无知，而是恐惧：恐惧犯错、恐惧遭到羞辱以及其他等。你若希望提升自己的交易境界，则必须克服恐惧；你若希望克服恐惧，首先必须承认你有恐惧感。在本书第二篇中，我将会详细讨论这方面的问题。

准则 16：务必提防"错误的并购消息"。

某天，我接到朋友的电话，他是某家大企业的董事。

"维克托，"他说道，"XYZ 刚同意与 ABC 合并，你一定要买进 XYZ，这是稳赚的交易。"

"弗雷德，"我说，"你告诉我这条消息，是否合法？"

"绝对没有问题！我们与这两家公司没有任何关系，而且它们已经宣布了，只是媒体还没有报道而已。"

于是，我查看 XYZ 的价格，每股 6 美元，我买进了一些。两周后，两家公司合并了……ABC 兼并 XYZ，价格为每股 4.50！结果，我发生亏损——标准的 takeunder。⊖

我想，这是我第二次根据特殊消息交易，也是最后一次。在听到的特殊消息中，这是唯一实现的一次。确实有兼并（takeover），价格却不对。从此以后，我再也不碰这些潜在的"兼并"股票了。

准则 17：如果一笔交易的成功与否必须取决于交易指令的正确执行，则不该从事该笔交易。

诺姆还在美林证券公司主管国际期权交易部门时，他习惯将执行不当或时效不佳的交易记录下来。一天，他递入一张交易指令，经过 10 分钟后还没有回信。于是，他打电话进入场内："嘿！怎么回事，都过 10 分钟了还没有成交。"场内经纪人毫不犹豫地说道，"你知道吗？我就坐在做市商的左侧大声喊价，我想他一定听见了。最后，我站起来，推他一把，问他：'成交没

⊖ 这对应于 takeover（兼并）。——译者注

有？'他说：'成交什么？难道你不知道我的左耳不灵吗？'"

哦，当然！

我这辈子最大的一笔亏损便是由于人为的疏忽。1982~1983年，当时S&P期货与NYSE期货的交易非常活跃（NYSE合约相当于在纽约交易的S&P合约）。在一笔套利交易中，我做多350份S&P合约，并卖空500份NYSE合约。我当时正打算平仓出场，于是，打电话给我在芝加哥的场内经纪人保罗，向他询问行情报价。

"买卖报价，40—45，"保罗说道。

我挂断电话，并立即回补500份NYSE的合约，所以我仅剩下350份未抵补的S&P多头合约。然后，我打算卖出S&P合约，根据保罗的报价，买进价为40美元。当我联络上在S&P交易池的经纪人时，才发现价格不是40—45，而是20—25！结果，保罗看错手势！

如果当时的报价确实是40—45，那么我已经获利。如果我知道报价实际上是20—25，我也不会回补NYSE合约——在计算机程式交易尚未出现以前，4档已经是相当不得了了。

当时，因为我的头寸仅勉强浮出水面，所以我决定暂时持有S&P的头寸。然而，市场突然出现新税法的利空消息。在我了结头寸之前，S&P下跌两三大点。这笔交易让我亏损数十万美元。

虽然这是很极端的案例，但重点是你有时候会因执行不当而受到损失，而且你不知道什么时候会发生。你应该养成重复核对的习惯，在可能的范围内，应该再次确认报价。如果你觉得资料或情况有些诡异，应该澄清。不要理会场内的人有多忙碌，他们的工作是提供精确的信息、适当地执行与及时地报告。

我并没有指责场内经纪人的意思。如果你有机会的话，应该在交易忙碌的时候，参观交易所场内的情况。某些时候，情况会趋于白热化，而经纪人也是人，他们也会犯错。你不可误以为他们是永远不会犯错的机器。你必须保护自己的利益，寻找最可靠的经纪商，尽可能地重复确认。

最近又发生另一件事，我设计一套 S&P 期货的当日冲销系统。根据纸上作业判断，这是一套相当不错的系统，于是我把它交给助理做临场试探。理论上，它的绩效非常理想，但我没有想到进出场需要各浪费三档。谁想得到市场的成交量竟然如此稀少，小量的试探便足以驱动三档的价格！然而，实际情况就是如此，我们必须调整系统以考虑执行上的误差。

准则 18：必须保有自己的交易记录。

在某些情况下，尤其是交易自己的账户时，你希望拿起电话，直接下达交易指令，而不留下任何记录，因为你认为经纪商会登录所有相关资料。可是，经纪商也可能犯错。

每下达一个交易指令，你便应该记录日期、时间、交易工具、买进或卖出、下单时的报价以及实际的成交价格。定期核对自己的记录与经纪商的报告。如果没有自己的记录，你无从判断经纪商的报告是否正确。

准则 19：了解并遵守法则！

对每一条交易准则来说，你至少有 5 种方法违背它，而且交易者总是会想出新的方法。依此推理，我列举了上述 19 条交易准则，你至少应该有 90 种方法违背它们。每当你违背一条交易准则时，你又发现一种亏损的新方法。

85% 的法则

没有任何人可以永远处于百分之百的完美状况。有太多的事情可能使你分神，你可能与妻子（丈夫）或心爱的人争吵，某人可能在紧要关头打电话给你，周围的一切都有可能使你分神。

例如，1984 年 5 月 4 日，我应邀到芝加哥演讲。当时与我同台演讲的还有沃尔什·格林伍德的总经理史蒂夫·沃尔什（Steve Walsh），以及一位做市商加里·奈特（Gary Knight）。在演讲后回答问题时，一位听众提出："我希望请教这位做市商，交易所的相关规定是否偏袒拥有席位的做市商？"

加里毫不犹豫地说道:"是的。"

"我认为这并不公平。"这位听众说。

"那你可以买一个席位,"加里回答,"目前的价格大约 25 万美元。"

务必记住,游戏规则有利于场内交易员,这是他们维持生计的凭借。

总之,我在台上演讲。当时我看空行情,而且我在 1 月打了一只满贯全垒打。行情已经由涨势转为窄幅盘整。我正在寻找做空的机会,我已经等了 3 个月。墨菲定律再度灵验,我离开办公室的那天,行情向下突破。弗朗姬·乔掌握这个卖空机会而赢得交易大赛的冠军……而我却坐在飞机上。

重点是:如果你希望在市场寻求生存,必须在生理上、心理上与情绪上尽可能地维持百分之百的完美境界。根据我的估计,如果你实际上可以保持 85% 的平均水平,你的表现便相当不错了。

所以,在从事交易时,心理上要有所准备,你可能因意想不到的原因而亏损。某个时候,你完全掌握行情的发展,你已经站好姿势准备挥出全垒打,但你却与妻子争吵,你的家人过世,或发生你从来都想不到的某些事情。

以 100% 来准备,但只有 85% 可以接受,这便是现实。

第一篇结论：综合整理

情况便是如此，你已经了解如何从基本做起了。截至目前，我讨论的是个人交易成功的基本知识。我简略描述一下我的交易生涯，然后说明我一路走来所汲取的知识。

在我提出的所有内容中，存在一个共通的脉络，这便是我认为的最基本的知识与原理。我想，如果你可以运用这些基本概念发展出自己独特的交易风格，那么这些知识也将适用于你。

如果你根据基本要点思考，将你的交易方法与经过时间考验的原理整合起来，那么你可以适应不断变化的任何市场情况。虽然你会针对行情的变化调整短期的策略，但基本原理始终有效。

如果你明确界定自己的交易哲学，并严格遵守，那么你在交易过程中就可以掌握重心，避免脱轨。具体而言，如果你可以保障交易资本，维持稳定的获利，不刻意追求全垒打，那么你可以避免大多数交易者一败涂地的下场。

如果你研读道氏理论，那么你对市场（所有市场）行为的领悟将不是其他理论所可以比拟的。你将了解到，市场活动基本上是一种心理现象，无法从绝对的角度衡量，但在概率的层次上却有很高的可预测性。

如果你了解何谓趋势，它们何时发生变化，那么你所具备的知识可以节省许多无谓的探索。你可以避免随意进出市场并掌握顺势操作的诀窍。

如果你了解技术分析，包括其优点与缺点，它们将协助你判定交易的时效。如果你仅采用少数基本技术分析工具，那么你可以避开大多数技术分析者陷入的困境——过多指标造成的无所适从。

如果你了解经济学的一些基本原理，包括货币与信用如何影响经济循环，那么你可以预测市场如何对政府的干预政策做出反应，并从中获利。

如果你了解如何管理资金，并根据合理的风险-回报关系从事交易，那么你永远都不会被市场三振出局。

如果你可以严格遵循交易准则，那么就能够稳定地达到你的交易目标，这是优秀交易者的典型特质。

然而，犹如先前所述，仅有知识本身并不足够。我曾经培养了38位交易员，向他们灌输本书截至目前的所有知识，但其中仅有5人可以稳定获利。这并不是因为知识本身有所瑕疵。问题在于每一个人，具体来说，他们无法以一致的态度运用知识。我所培养的每一位交易员都有赚钱的能力，他们都了解何时触犯某条交易准则，或没有根据我传授的基本原理进行思考。然而，他们就是会不断地重复犯错。

我非常困惑为何如此。我深入研究心理学，阅读200多本相关方面的书。我所获得的答案则是第二篇的内容。

| 第二篇 |

迈向成功的决心
情绪的纪律

> 学习的对象毕竟不是我们是否失败，而是我们为何失败，并如何根据失败改进，汲取我们过去所不会运用的知识。就某种微妙的意义来说，失败即是胜利。
>
> ——理查德·巴赫（Richard Bach）

当你拿起本书时，很可能希望它可以帮助你在金融市场中赚钱——这是值得追求的目标。事实上，本书的宗旨是协助你获取真正的成功，而不仅仅是赚钱而已，因为实现经济目标与成功的人生两者之间存在相当大的差异。根据多年来在华尔街的经验，我看过太多人为了追求财富而牺牲了他们的生活。以下这段寓言便可以表达我的论点。

一位交易员的梦境

从前，有一位富有而著名的交易员。他一生都致力于成为全世界最棒的交易员，并且赚很多钱。他实现了这个目标，现在他已经拥有一辈子都花不完的财富。在他发言的时候，整个金融界都会肃然倾听。然而，他却陷入困境之中。不论睡眠多么充分，他早晨起床时，始终都会觉得全身僵硬。在工作的时候，他已经不再具有以往的精力与热忱——他所有的努力似乎都毫无意义。在一生中，他第一次觉得无助与失控。

一天，他觉得疲惫而全身乏力，勉强来到办公室，当他坐在桌子前，却完全没有打开报价机的欲望。于是，他慢慢地站了起来，打开窗户，心想新鲜的空气或许有所帮助。可是，窗外的空气充满湿气与霉味。他甚至懒得关上窗户，便倒在躺椅上，心里琢磨着："我究竟是怎么回事？我已经拥有一切，我应该很快乐才对。"在混乱的思绪中，他又睡着了。

他跌入一个没有边际的黑洞里，觉得黑漆漆的虚空将他往下吸，突然一股冷流将他往上带，于是他漂浮在太空中。在遥远的地方出现一个小光点，他开始在虚空中挣扎，试图朝着小光点前进。逐渐地，光点慢慢变大，最后，它已经不再是一个光点了,而是通往一扇桃花心木大门的明亮走道。在一种迫切的冲动驱使下,这位交易员加快自己的动作,觉得门后隐藏着某些重要的事物。在阴冷的虚空中仍然满身大汗,他终于踏上坚实的走道,并举步走向那扇大门。

他的脚步声回响于空洞的走道中,四周笼罩在不知来自何处的明亮光华中。大门隐约可见,并且随着距离的缩短而越来越清晰。他看见大门上挂着一面铜牌,但还看不清写些什么。他加快自己的脚步,终于可以看见铜牌上的刻字了。上面写道:

如果你在寻找问题,请进。

如果你在寻求解答,请进。

他走到大门前,这扇大门比他6英尺的身高至少还高出两倍。当他扭转门把推门时,大门很轻易地便滑开了,在大门内壁的上面落下不少灰尘。稍微犹豫之后,他便踏进了大门。

他身处在他最早使用的办公室中,这里由一座仓库改装而成,完全没有窗户,光线非常微弱。在那张樱花木书桌上,堆放着一些看起来并不熟悉的档案与账册。书桌旁有一张长方形的桌子,上面仅摆着一个键盘,并连接着一个巨大的荧屏,上面正显示着他的脸孔。在键盘前,坐着一位蓄着白胡须的老人,他身穿一件白色长袍。隐约地,这位交易员认为他便是"时间之父"。这位老人慢慢地转过身来,目光如炬,并以低沉的声音说道:"什么事情耽搁了你?我一直在等你呢。"

"可是我根本不知道这是怎么回事?我为什么来到这里?"交易员结结巴巴地说道。

"你当然知道,你来这里是为了学习如何才能够成功。"老人笑着说。

"可是,我已经知道什么是成功了,"交易员反驳道,"我就代表成功。""或许吧,但依据什么标准呢?"

这位老人并没有给交易员回答的机会，转过身开始在键盘上输入一些指令，荧屏上显示出该交易员一生的种种画面。过去发生的点点滴滴又生动地展现在他的眼前。他看到长久以来忘却的事件，以及一些过去视而不见的事物。看着看着，这位自以为可以完全控制自己情绪的人，却陷入了又哭又笑的情境中。当他看到自己卖掉大学时期使用的吉他时，他哭了，因为他当时认为吉他是一种玩物丧志的东西。当他看到自己某一天因亏损30万美元而愤怒的脸孔时，他大笑起来。当他看到前妻生下他们的小孩而他却忙着工作时，他又哭了。当他看见一位女孩带着甜美的笑容和优雅的动作，与她未来的丈夫打网球时，他又笑了。随着画面一幕一幕地变动，他又哭又笑，他终于了解他所拥有的一切是多么贫乏，而抛弃的一切又是多么珍贵。最后，荧屏上出现一片空白，那位老人转过身来。

他沉默了一会儿，然后说道："你是否仍然认为自己非常了解何谓成功？你有相当的成就（名利双全），但你把自己摆在何处？你想要什么？你梦想着什么？"他停顿了一下，拍拍桌面上的账册，然后继续说道："某些人仅有梦想而从未付诸实现，某些人仅是默默地工作而从来没有梦想。可是，还有少部分人，他们不仅有梦想，而且还将梦想付诸实现。"

交易员缓慢地摇摇头，低声地说："你是谁？"可是，在他说话的一刹那，老人就已经在云雾中消失了，当他醒过来时，仍然大声地重复喊道："你是谁？"

阵阵凉风由窗口吹了进来，早秋的凉风驱散了城市空气中的潮湿霉味。交易员转过头望着窗外的天空，灰暗的云朵已经逐渐散开。不久之后，树叶将转黄枯萎，春天又将带来新的生命。他慢慢地从躺椅中站了起来，走向窗口。他又听到那回荡在走道中的脚步声……于是他开始梦想。

我想，这段寓言的意义非常清楚：名与利并不代表成功。对每一个领域内的每一个人来说，成功都不是来自某个具体的成就——它是一种生活的境界。犹如某位市场交易员所说："成功的生命是由成功的年份构成的，后者是由成功的月份构成的，它们又是由成功的星期、天、小时以及短暂的时刻累积而成的。成功是由一组目标构成的。所以，如果你希望成功，则不仅必须有长期的目标，还要有短暂时刻的目标；每一个目标都应该相互关联，并结合为一个生命的宗旨——快乐而充实的生活。"㊀

成功必须有目标，这个观念并没有什么新的启示。你可以翻阅任何讨论如何成功的图书，或成功者的传记，你将会发现成功与目标有密不可分的关系。如果缺乏明确的目标，就无法汇集精力，无法拟订计划，自我提升的努力将失去重心。然而，仅有目标也无法确保成功。寓言中的那位交易员，在实现毕生的野心以后，却有充满失落的空虚感——他丧失了生活的毅力。

我想，那位交易员的经历多少都会反映在我们每个人身上。或许形式与程度各有不同，但在情绪的心境与意识的信念之间，每个人都会有矛盾与冲突。当冲突过于激烈而无法有效运作时，我们将会犯错……有时是大错。在人类的生命中，最严峻的挑战就是如何达到整合的境界；在这种境界内，理智与情绪可以融合为一个共同的结构，并为我们提供成功所需的知识、方法与动机。达到这种境界需要将外部的知识与内部的独特经验整合起来。核心的问题在于如何设定可行的目标，并且又具有驱动力的真实感——这些目标对情绪具有重要影响作用，而且还可以提升生命的意义。

所有动物都会面临一个基本的选择：生或死。每一个物种都有本能的生存方法，但人类最为独特，老虎猎食，鹿到处寻求安全的草地，但人类会思考。人类是唯一必须通过意识与积极的心智来选择生存方式的生物。对任何动物来说，成功代表根据本能的生活方式维系生命。对人类而言，成功则代表以理性的方式来生存。人类必须运用逻辑与推理来辨识真实，界定生存的必要条件，学习如何满足个人的需要。所以，人类必须采取行动实现自我。

成功需要完全面对现实，辨识与生活在真理之中，这并不是因为它是

㊀ 取自与吉姆·布朗（Jim Brown）的一段对话，他是 Rotan Mosle 公司的经纪人与资产经理人，该公司位于得克萨斯州的圣安东尼。

"上帝"指示的真理，而是因为唯有真实、现实与真理，人类的生命才有动力。

将真理付诸行动是成功之所以有意义的根源。在哲学上，这是诚实的源泉与力量。诚实是不断追求知识的心态，包括自我反省的知识在内，而所有行动都只能以此为依据。这蕴含着另一种意义，通过任何欺骗手段（包括自欺在内）达到的一切都没有意义，而且还会有破坏性的后果。诚实不是根据某种指令生活，例如，"你不可以做伪证"而怕受惩罚，它是理性人类生存的必要条件。

在上述寓言中，虽然这位交易员有诚实的意图，但却未诚实地面对自己，从而使自己陷入几近崩溃的境地。他没有不断地检视和评估内在与外在的状况，而将名与利设定为目标，并在追求名利的过程中丧失了生命的意义。他以金钱与影响力来衡量自我的价值，使他没有能力来享受生活的过程。他将自己设定为著名心理学家卡伦·霍妮（Karen Horney）所谓的"理想化的自我形象"，使自己仅能够依赖一套僵硬的"应该"来生活，但这些"应该"与提供快乐的价值并没有明显的关联。⊖他对辛勤工作、效率与自尊的"应该"原本可以用来提升生活，却用来维系理想化的自我形象，并使他与生活产生隔阂；原本可以用来充实自我的价值，却形成自我的疏离感。由于这位交易员未能追求自我的知识——未诚实面对自己，他的价值与长处反而成为生命中的破坏性因素。

截至目前，我并未仅从金融市场的角度来讨论成功，所以我究竟有何意图呢？答案是：太多的人进入金融市场追求名与利，但他们都将无法逃避失败的命运。寓言中的交易员反映出大多数市场参与者的心理："只要有足够的财富，我就可以随心所欲地做任何事，而每个人都将崇拜我……我将自由……我将快乐！"

根据我个人的经验与观察，我认为这是一种致命的想法。虽然财富可以

⊖ Dr. Karen Horsey, *Neurosis and Human Growth*（New York：W.W.Norton & Company，1950）.

提升人们的生活，实际上却经常造成伤害，理由是缺乏自我了解。许多在金融市场上获得成功的人们，却染上了压力导致的心脏疾病。某些人每天晚上仅能在酒瓶里找到安宁，利用财富逐渐瓦解他们创造财富的能力。另一些人能够镇静地度过数次破产的打击，却无法承受自己的经济成功。更有许多人充满精力与热忱地来到金融市场，却垂头丧气地离开，信心遭到彻底的摧毁，再也无法在压力下工作。

追求财富的欲望，确实可以驱使你获得更多的市场知识，并使你赚钱，但你的个人生活却必须付出沉重的代价。追求名利的欲望通常源于缺乏自信与自尊，在这种心态上获得的任何名利都毫无意义。将名利视为唯一的追求对象，其程度的多寡即代表你失败的程度——这不仅是对交易员的个人生活而言的，商业人士的生活往往也是如此。

相关的原因非常复杂，后面将会详细讨论。本书第二篇的内容希望将有助于你提升自我了解的能力，使你可以与真正的你打交道，并使你掌握成功必须具备的条件。所有这一切都围绕在一个重点上：情绪的纪律的性质与根源——执行知识的意志力。

| 第 13 章 |

史波克症候群
理性与情绪之间的战争

引言

我的已故好友弗朗姬·乔称金融交易活动为一场战争。然而,战场设在内心深处,战争的规模与性质则因人而异。

我曾经见到交易员一动也不动地默默坐着,似乎一切都在控制中,但他们的内心正在激烈地挣扎,无法了结一个明显不利的头寸。我曾经见过一位骨瘦如柴的交易员,挥动一座15磅⊖重的时钟,扔向两英寸⊜厚的实木墙壁,撼动了两个房间的玻璃窗。我还听过连我都觉得诧异的脏话。我也见过人们缩在椅子上,捧着胃部强忍着压力引发的疼痛。当我面对着报价荧屏时,也经常双手冒汗,心跳加剧,面红耳赤,肾上腺素大量分泌,似乎我正在遭遇莫大的危机,而实际上只不过是面对着数字不断跳动的报价荧屏而已。在这场战争中,我们面对的究竟是怎么样的内部敌人呢?当我们面对数字这类客观事实时,内心深处为何酝酿如此非理性甚至狂躁的情绪呢?

⊖ 1磅=0.454千克。——译者注
⊜ 1英寸=0.025米。——译者注

回答上述问题，并学习如何克服我们内部的敌人，或许是追求成功的最重要课题——这不仅是就交易者或投机者来说的，也是就所有个人而言的。在交易生涯内，我曾经与许多人共过事，其中仅少部分人可以稳定地获利，他们是真正的专业者，但大多数人最后都以亏损结束，没有继续留在金融圈。例如，我在20世纪80年代曾经培养38位交易员，其中能够获利的只有5位，并继续发展其个人的交易事业。我教他们在金融市场生存和获利的知识与方法。他们都可以随意运用办公室里的任何信息，也可以随时与我交谈，但他们大多无法维持6个月以上。在观察与评估他们的行为时，我开始了解成功与失败之间的重大差异，这不仅是就交易而言的，也包括任何领域与事业。

差别并不在于智慧与知识，而是在于执行知识的意志力。取得交易或任何领域必要的知识都相对要容易一些。以瘦身计划为例，你可以走进任何书店找到很多有关这方面的书，专家会提供许多有效的瘦身方法。然而，每100位尝试瘦身计划的人中，仅有12个人曾经实际减轻体重，这12个人当中仅有两个人可以保持一年以上。所以，成功率为2%——低于商品交易的成功率5%。

不论交易、瘦身还是追求任何其他目标，最困难的并不是知道如何做，而是下定行动的决心，并坚持下去。我们在拟定决策时，通常至少有两种以上的选择。后续的执行之所以困难，是因为我们对选择仍然处于三心二意的冲突之中。这种冲突的来源与性质究竟如何呢？即使当我们知道应该怎么做时，为何经常还是难以这样去做呢？

在一部很老的电视剧《星际迷航》中，主角之一的史波克便为上述问题提供了最佳的解答。一半为瓦肯人（Vulcan），一半为地球人，史波克在天性上便处于相互冲突之中。根据故事的说法，远古的瓦肯人是一种残暴而野蛮的人种。唯有在逻辑与理性的哲学严格规范下，才可以驯化瓦肯人野蛮的特质，并冷静地致力于追求知识。在逻辑的严格规范下，"纯粹的"瓦肯人应该不会被感情与情绪所困扰。然而，史波克一半是人类，幼年受到母亲的情绪影响，所以他仍然有情绪上的问题。最感人的情节是刻画他在理性与情绪之间的挣扎，他在生死关头被迫处理情绪上的反应。

我认为，史波克之所以吸引如此众多的影迷，最主要是因为他的个性被戏剧性的手法所凸显，并反映出人性的冲突。在影片的对白中，你经常可以听到类似下列对话，"我的大脑告诉我停止，但我的心灵却告诉我放手去做"，这意味着人类的天性有两种截然不同的层面：一是理性，二是情绪。大多数人认为，人性的这两个层面相互分离，毫无关联，而且经常处于相互冲突之中。接受这种情绪与理性的两分法，认为它们必然没有关联，甚至相互冲突，这便是大多数人性冲突的根源，包括内心和人与人之间的冲突在内。

犹如史波克一样，如果我们的天性也被截然划分为二，即我们的天性中有两个不同而相互冲突的层面，那么我们将依赖哪一个层面呢？或许更重要的，我们如何才有可能避免内部永恒的冲突与挫折，并拥有一个经过综合的人性与完整的生活呢？

如果你接受情绪与理性互不相容的前提，上述问题必然仅有否定的答案。如果你相信人类的灵魂必须永远处于对决的状态，它便会如此。我称此为自我折磨的史波克症候群。这个行业之所以处于战争状态，生活之所以是痛苦的挣扎，敌人便是史波克症候群。然而，犹如大多数战争一样，解决冲突未必需要依靠暴力的手段，而仅需要消除导致冲突的观念。就目前的讨论来说，这是指我们必须挑战上述前提，情绪与理性是两种互不关联的人性层面，也就是说，我们必须正视情绪在人类生活中所代表的性质与目的，尤其是愤怒与恐惧的根源。

从猎食者到交易者：人类情绪的演化

山顶洞人奥格正在一棵大树下打盹，并消化午餐时吃的野香蕉，身旁放着一根木棒。突然传出啪的一声，不到30英尺外有树枝被野兽撞断。奥格一跃而起，双手持着木棒，肌肉紧绷而随时准备攻击，眼睛注视着声音的方向。他嗅着空气中的味道……野猪，虽然危险，但也是美味的猎物，它正在上风的位置。

他悄悄地逼近猎物，心跳加剧。10英尺外的树丛中传出摩擦的声音，然后是一片死寂。奥格举起手中的木棒，虽然有一股转身逃走的冲动，但他还是留在原地，一动也不动，准备攻击。

在恐怖的嚎声中，野猪从树丛里冲了出来，龇着獠牙而随时准备杀死它的敌人。奥格也发出一声可怕的吼叫，跃向一旁，并挥动木棒攻击，但出棒太晚而只击中野猪的背部。突然感觉到腿部一阵剧痛，奥格低头看，大腿的外侧被獠牙划开一道血沟，鲜血不断流出。野猪回过头来，稍微犹豫一下，又开始冲过来。受伤后的奥格非常愤怒，以超人的力量挥舞木棒，这次攻击恰到好处，野猪的头颅被击碎而当场死亡。稍微处理一下伤口后，奥格便拖着野猪回到洞穴，他与他的伴侣将可以享受一个星期的野猪肉。

现在，交易员约翰坐在他私人房间的报价机前，正等着芝加哥期货交易所（Chicago—Board of Trade，CBOT）债券期货的开盘。根据昨天的新闻报道，日本中央银行调高利率，所以他在昨天收盘时建立一个新头寸，卖空200份债券期货合约。他的判断简单而合理。债券市场已经上涨了好几个月，而目前正在形成技术性的顶部。

日本人是美国债券的最大持有者，而现在融资购买债券的贷款利息已经高于债券收益率。美元对日元的汇率持续下滑，而且因为美国经济相当疲软，美联储不可能调高利率支撑美元。事实上，市场甚至谣传美联储将调降利率。外国投资者持有20%的美国长期债券，他们将抛售债券……他有把握。这是多年来罕见的好机会！

然而，他知道自己的判断也可能发生错误。所以，他在昨天高价的上方5档处设定心理止损点，这相当于在卖空价位的上方10档。⊖在这笔交易中，

⊖ 债券期货的最低价格跳动点是1/32，所以1档是1/32，相当于每份合约31.25美元。

他仅愿意承担62 500美元的风险……不能再多。

开盘了，他的心跳稍微加快。价格以昨天的收盘价开出来！他原本预期会跳空下跌！一定出了什么差错。经过10分钟之后，价格较开盘价上扬2档。他拿起内线电话找他的助理。

"比尔，打个电话到债券交易池，看看发生了什么问题。"

"知道了，约翰。"

他放下电话，点上一根香烟，盯着价格走势图。"我应该没错，"他自言自语地说，"我知道这里应该反转，一定会！"他的助理在内线电话上说："交易很活跃，但没有什么不寻常的现象，也没有不寻常的大额卖单。"

在接下来的一个钟头内，价格持续攀升，逐渐接近他的心理止损。他已经损失7档、8档、9档……突然，价格就像攻击中的野兽一样，向上跳动5档，直接穿越他的心理止损点。

"不……"约翰尖叫一声，甚至回响在门外的走廊中。然后是一片寂静，大约一分钟后，内线电话打破了寂静。

"约翰，我是不是应该回补？"

"不，一定会暴跌……稳住。"

约翰的声音很平静……或许太过平静了。他必须刻意压低声音，以防止脑袋爆开。心跳加速，他甚至可以感觉肾上腺素不断分泌。他又点了另一根香烟，价格又向上跳一档……现在已经损失15档，总共200份合约——93 750美元。

在接下来几个钟头内，价格基本上都在原地打转：向上跳一档，又回跌一档。约翰的心情也随着价格起伏不定。

突然间，价格又开始向上攀升，速度不快，但走势非常稳定。烟灰缸已经堆满了烟头，而汗水也从他的额头滚落，约翰以一种诡异的神情盯着报价荧屏，心中自动盘算着自己的亏损：10万美元、106 250美元、112 500美元、118 750美元。内线电话又响了，他的助理疑惑地说。

"约翰？"

"不要，它一定会下来！"

他用力挂断电话，猛捶桌子，面对荧屏叫道"下来，你这个XXX……"突然之间，他再也无法承受了。

"比尔，把那些XXX全部补回来……现在！"

然后，他气冲冲地离开办公室，直奔"三一广场"的酒吧，以威士忌浇熄心中的怒火。

第二天早上，债券向下跳空开盘，连续5个小时都笼罩在沉重的卖压下。场内传出消息，日本方面大量抛售债券。比尔垂头丧气地看着盘面。约翰并不在办公室，反而在家里睡觉。

猎食者奥格与交易者约翰，两者都是人类，他们的天性同样都源于数百万年来的演化程序。在奥格与约翰之间，相似性远多过相异性，相异性仅是程度上的差异而已。两者都具备高度演化的智慧，两者都具备想象力（山洞内的壁画便是证据），两者都有情绪。最大的差别是，约翰拥有较多的智能与知识。

然而，谁的行为更可以配合天性与环境呢？显然是奥格。他的愤怒与恐惧对他有所帮助，协助他保护自己，并获得食物。当然，约翰也有基本类似的情绪反应，但他的行为却有自我破坏的效果。

根据精神病理学家威拉德·盖林（Willard Gaylin）博士的看法，在达尔文的演化论中，愤怒与恐惧在紧急或压力的情况下，可以提升生存机会的情绪，但我们的某些遗传已经不再有用。他认为：

> 在许多物种中，愤怒与恐惧都是应对危险的重要情绪反应。当我们的文明较接近动物的远祖时，这些情绪对我们来说是有所帮助的。当我们受到野兽威胁时，愤怒可以凝聚我们的力量，并在智慧的配合下，展开攻击。然而，现在的危险不再是来自树丛的野兽，

大多是从信封袋里落出来的……数百万年的演化，可能仅因为几万年的文明而显得过时了。㊀

盖林并未主张，愤怒与恐惧在现代生活中全然没有地位，但他暗示我们有责任适当地去引导它们。否则，它们反而会使我们陷入危机。在预期危险时，愤怒与恐惧的情绪，可以使野兽在心理和生理上产生战斗或逃避反应——基本的生存工具。现代人与野兽不同，我们的反应并不局限于战斗或逃避。我们在面临任何威胁时，通常可以消除造成威胁的因素。

> 我们可以改变现实环境中的基本性质。在某种程度上，我们是自身未来的规划者之一，不需要被动地臣服于现实环境。㊁

从另一个角度来看，广泛的选择，并结合想象与预测未来事件的能力，可以让我们预先掌握担忧的事物。不同于野兽，我们的情绪不会对现实环境自动产生反应。我们反应的对象是经过解释的现实环境。如果一个人相信风是来自亡灵寻找安息之所，那么他对暴风的反应必然不同于受过训练的气象学家。情绪可以协助或伤害我们，也可以保护或摧毁我们，这取决于我们对未来现实环境的信念与判断的精确性。

情绪的益处

心理学家纳撒尼尔·布兰登（Nathaniel Branden）将"情绪"定义为"人类通过评估现实环境的某些层面对自身将产生的利弊关系，并根据这些经验所做的身心（psychosomatic）反应。"㊂情绪是一种"身心"的形式，这表示情绪是一种源于心理程序的生理反应。这种心理程序是一种价值评估，以判断相关事物对我们有利还是有弊。

㊀ W. Gaylin，*The Rage Within*（New York：Simon and Schuster，1984），PP.17-18.
㊁ W. Gaylin，*The Rage Within*（New York：Simon and Schuster，1984），P.23.
㊂ Nathaniel Branden. *The Psychology of Self-Esteem*（New York；Bantam Books，15th edition，1969），p.69.

以一把装上子弹的镀银左轮手枪为例。如果一个小孩子不了解枪支的杀伤力，他可能会被光亮的外表所吸引。然而，如果这个小孩曾经见过他的父母被枪支杀害，他应该会排斥枪支而躲开它。在第一种情况下，左轮手枪是有趣而好玩的东西，是一项新的发现。在第二种情况下，左轮手枪是危险而有害的东西，是杀人的家伙。

同理，我们对任何事物的情绪反应，则取决于潜意识在既有的知识范围内如何评估该事物。判断与反应的速度非常快，远甚于意识的作用。我们必须停顿、思考、反省，才可以辨识情绪的来源，如果确实可以理出头绪的话。我们从哪里观察呢？根据我的了解，艾茵·兰德提出一个最切合实际的答案。

> 虽然人类对善良与邪恶的感受能力没有选择的余地，但可以根据价值观选择何为他所爱或所恨、希望或恐惧。如果他选择非理性的价值观，那么他将把情绪的机制由保护的作用切换为摧毁。非理性就是不可能，它与现实相互矛盾；欲望无法改变事实，但事实可以摧毁欲望的所有者。如果人类希望并追求矛盾——既希望吃下蛋糕，同时又保有蛋糕，他的意识将会崩解；他将会把内在的生命转变为盲目的战争，一切都陷入黑暗、不协调、无意义的冲突……⊖

为了了解我们的情绪，必须了解情绪的来源——我们的价值观。"价值是取舍的判断标准。"⊜我们的价值观是由许多我们认为必要或想要的事物、观念与原则构成的，不论喜欢与否，它们都存在于我们的潜意识中，并排列为井然有序的结构。

这个层次分明的结构，让我们的心灵可以判断价值（我们的欲望、目标与信念），我们根据善、恶、利、弊的标准拟定它们相对的重要性，并排列它们的顺序。在理想的状况下，如果我们的评估标准与我们的理性相互协调，

⊖ Ayn Land, *The Virtue of Selfishness* (New York: American Library, 1964), p.28.
⊜ Ayn Land, *The Virtue of Selfishness* (New York: American Library, 1964), p.5.

我们所珍惜的每一种价值、信念与目标便不会矛盾，对我们的生活也会有益。我们在意识或潜意识中选择自身的价值，而所做的选择将成为情绪电脑的程式软件。㊀犹如一般电脑一样，软件的内容将决定结果的价值。

人类是具有意志力的生物。为了求得生存，人类必须选择思考；辨识现实，整合可供运用的资料。这就是自由意志。我们具备自由意志，这是指我们可以提供或改变潜意识的计算机程式，但我们不能改变它的功能。

我们的情绪便是这个功能的一部分。生物学上的演化使我们具备一套机制，以对复杂的事件迅速做出反应，但我们在潜意识中接受的价值与信念，将决定情绪反应的形式。所以，价值观的有效性（这是指在现实环境的有效性）将决定情绪的有效性。此外，因为人类具备概念化的能力，并能够预测未来的事件（不论这些能力是事实还是想象），我们可以把情绪的功能扩张至其他在动物"设计上"的领域之外。根据艾茵·兰德的说法：

> 人类的肉体是一种舒适－痛苦的机制，可以自动显示身体的健全或伤痛，它可以反映基本的抉择：生或死。人类意识中的情绪机制也是如此，具备相同的功能，可以反映两种情绪上的基本抉择：快乐或痛苦……情绪是一种评估，判断何者可以提升他们的价值，何者将威胁他们……迅速地盘算将使他得知获利或亏损的总和。
>
> 然而，人类肉体上的舒适－痛苦生理机制是一种自然存在的价值标准，并取决于个人的身体性质。情绪机制中的价值标准并非如此，因为人类没有先天的观念，所以不会有先天的价值判断。㊁

这种观点截然不同于史波克与瓦肯人。史波克希望否决情绪的存在与有效性，因为他认为情绪具有非理信与负面的性质。兰德在情绪与价值以及价

㊀ 我所谓的潜意识（subconscious）是指不直接受意识控制的部分，这与弗洛伊德等人采用的无意识（unconscious）并不相同，它是就自我而言的。

㊁ Ayn Land, *The Virtue of Selfishness* (New York: American library, 1964), p.27.

值与理性之间建立了一种直接的逻辑关联。她认为，价值观的精确性与有效性将决定情绪的完整性和力量。根据兰德的观点，情绪的冲突起源于价值观的冲突，如果在理性的运作上认定价值观为错误，人类则有能力修正。

所以，就天性与遗传来说，我们并非注定会陷入内在的冲突。然而，为了避免内在的冲突，我们必须选择相互一致而有助于生活意义的价值观，唯一的方式是通过理性的思考。

具备相互一致而明确界定的价值观，情绪便可以起到保护的作用，成为人类灵魂的舒适－痛苦机制，并在必要的情况下，针对复杂的事件做出立即而有效的反应。这便是人们所谓的"直觉"或"第六感"。更重要的是，在工作、游乐与人际关系中，凡是有助于提升生活意义的行为，情绪都可以提供报偿，这种奇妙的身心反映，我们称之为愉悦的心境。在健全的情绪结构下，我们不仅可以追求成就，而且还可以享受生命的过程，其中的乐趣可以不断地强化我们的追求动机。

情绪的破坏性

不幸的是，达成情绪的一致性可能是我们面临的最艰难的挑战。人类难免会犯错：我们会犯错，我们的父母会犯错以及其他等。我们的每一种信念和抉择都会影响潜意识的程式，并因而影响情绪的反应。当新的抉择与信息出现时，我们的心智会重新检验，并试图协调新旧的成分，于是冲击会贯穿于整个情绪结构。

新信息在价值结构中所处的位置越基础，它对情绪反应的冲击就越严重。现实环境迫使我们承受自身行为的后果——一笔好交易将会带来获利，一笔坏交易将会造成亏损。意识与潜意识中的价值结构和内容，将决定我们在情绪上如何体验行为的后果——我们如何感受自身的行为。当我们体验快乐时，生命将充满动力，并渴望继续向前迈进。当体验痛苦时，我们将会陷入沮丧与恐惧中，并试图逃避造成痛苦的原因。

如果我们试图将错误或相互矛盾的信念整合到价值结构内，那又会如何呢？如果我们做了错误的抉择，或在必要的时候未抉择，那又会如何呢？如果情绪是由价值与信念决定的，那么持有错误的信念或相互冲突的价值观将会产生误导或"混淆的"情绪，也可能提供自我摧毁的行为动机。

例如，如果某人相信人性本恶，而且应该以一生的时间赎罪，并准备死后前往天堂，则追求与取得物质的财富便不是十分重要。如果某人在潜意识中认为，自己没有快乐的权利，在面对值得愉悦的事件时，他可能会有罪恶感。如果一个民族相信他们是最优秀的雅利安种族（纳粹所谓的非犹太人的白种人），相信"上帝"会指派他们统治其他民族，那么他们将会漠视无辜的屠杀，根据心理治疗的现象显示，在某些情况下，在面对积极的成就时，某些人会表现出痛苦、恐惧或罪恶感；在面对他人或自我的毁灭时，却会表现出兴奋的愉悦。

很少人（如果有的话）的情绪结构是全然的自我提升（就正面的意义而言），或全然的自我毁灭。我们都会有令人困惑与矛盾的价值观和前提，某些信念可以自我提升，某些信念则会自我否定。以先前的交易员约翰为例，他认定知识的重要性，并正确地运用它们（虽然时效的掌握不理想）。他充满自信地建立头寸，但他最初便承认自己可能犯错。我们可以假定他是一位相当成功的交易员，因为他有能力从事 200 份合约的交易。如果这笔交易很顺利，他一定会非常得意，因为他不仅可以获利，而且市场也证明他的判断正确。这都是很合理的。然而，当市场出现不利的走势时，他产生遭到攻击时的威胁与恐惧感。他让恐惧与谬误的自尊超越理性的判断。㊀虽然他知道自己违背了交易准则，但仍然让希望取代现实。

交易员约翰或现实世界的任何人，他们的行为为何违背既有的知识，其中的原因非常复杂，我们将在第 14 章中详细讨论。然而，如果我勉强将相关

㊀ "谬误的自尊"这个概念将于第 16 章中详细讨论。

原因简化为一句话的话，那就应该是：他试图避开犯错的痛苦。最严重的威胁并不是来自金钱的损失——优秀的交易员会把偶尔的亏损视为交易的一部分。导致非理性行为的强烈恐惧感则来自犯错的可能性。他采取行动逃避痛苦，这便是他的问题。

在上述故事中，他采取的最后一项行动是逃避。他逃离办公室，试图以酒精转移自己的痛苦，恢复自己的情绪。结果，他的亏损超过原本设定的界限，错失第二天的交易机会，忍受饮酒过量的痛楚，这一切都是因为他的价值观过于强调避免犯错的重要性。他的情绪引导他走上自我毁灭的道路。

某些时候，即使你认为自己处于最佳状态，仍然有可能采取自我毁灭的行动。例如，当你在场外进行 S&P 期货的当日冲销交易时，交易指令的执行经常十分不理想。情况的发展大致如此，我打电话给场内，要求报价。⊖

场内经纪人："345 25—30。"

维克托："市价买进 30 份。"

场内经纪人："35 成交 30 份。"

维克托："35！现在价格多少？"

场内经纪人："25—30。"

在报价为 25—30 的时候，我以市价买进，竟然 30 没有成交任何合约，全部成交在 35，而交易价格仍然是 25—30。某个人偷了我 30 次的 25 美元，我却无能为力：750 美元就这样不见了。实在应该请"调查局"到芝加哥期货交易所调查这类行为。这使我非常愤怒。

在 1986 年与 1987 年年初，我主要从事 S&P 的当日冲销交易，经常一天进出 30 次以上，许多交易便发生上述情况。虽然我在交易中获利，但这种不公正的现象太令人生气，并使我的血压升高。出于对健康的考虑，我有三个可行方案：

⊖ 报价分为大数和小数。大数明确，则仅报小数。小数分为两部分，一边为报买价，一边为报卖价。——译者注

1. 不要从事 S&P 的当日冲销交易。
2. 接受欺骗而继续从事交易。
3. 继续生气,并以自己的身体为代价赚钱。

由于我很在意自己的健康,因此我选择第一个方案与第二个方案。我减少交易次数,在交易时,心中已经准备接受抢劫。于是,我的血压降低了。

盖林认为,现代文明使恐惧与愤怒变得有些过时,他指的便是这种情况。我们回过头再来讨论交易员约翰,他所有的情绪反应原本都是为了保护自身,让他们战斗或逃避因应危险。约翰面对真实而有形的威胁,他可能发生亏损,在这种情况下,某种程度的恐惧反应是可以理解的。然而,他的愤怒与实际发生的一切完全失去了平衡。事实上,他无须选择战斗或逃避,至少可以不采取实际行动。他试图逃避,却越陷越深。**执行止损是唯一的合理逃避方式**。他试图战斗,结果呢?如果你希望过着充满挫折感的生活,那你不妨尝试与市场战斗。

如果约翰执行止损,情况又会如何呢?应该会好多了。虽然他会承受一些痛苦,但也可以避免发生额外的损失。更重要的是,他知道自己是在遵循交易准则,所以他可以很有自信地重新来过。他可以重新考虑当时的情况。他可能认为,自己的判断过于精确而超过市场的反应,并决定等待另一个卖空机会。然而,他并没有这么做。他让自身的矛盾击败自己,他让情绪由保护者转变为摧毁者。

一致性表现的根源:情绪的纪律

虽然我还没有达到全然一致性的整合境界,但我并不准备屏息以待。人们在这个布满荆棘的世界中成长,生活在各种疯狂的哲学思想中,承受来自家庭方面的错误压力,接受学校制度的矛盾教育,在社会上试图谋取生计,并尝试在整个价值体系内纳入完美的秩序。同时,又必须调整情绪反应以符合既有的价值结构,这一切几乎已经超越可能承受的范围。所以,我们能够怎么办呢？我们能够做的仅是尽可能地追求整合的境界，让思想、行为与情绪相互一致，从而使生活基本上成为一种愉悦的过程。

如果想获得理想的交易业绩，你必须：

1. 建立目标。
2. 获得市场的相关知识。
3. 界定有效的交易准则。
4. 严格遵循交易准则而执行上述三者。

前三点相对容易，但付诸执行却非常困难。如果对自身与市场都具备完整的知识，执行便很容易。不论我们在生命中追求什么目标，情况都是如此。然而，我们的知识并不完整，而且无法全然避免错误，所以我们的行为必须根据既有的最佳知识，不可受到诱惑而违背交易准则，因为我们在心理和生理上都必然会遭受恐惧与忧虑。犹如任何技巧一样，克服非理性的冲动需要训练与纪律，就这里而言，这是情绪的纪律。

纪律是一种态度，使行为可以完全依据一套既定的准则或原则。犹如先前所述，情绪是一种与生俱来的功能，它取决于我们的价值观与信念。严格来说，情绪不能被直接训练，情绪的纪律并不适用于情绪本身，而适用于我们如何处理它们，如何以思想与行动回应情绪。

情绪的纪律是接受情绪的一种持续性程序，试图辨识它们在价值观上的根源，评估它们与当前事件在关系上的有效性，并在目标与行动之间建立一种经过综合的一致性关系。经过持续的练习，情绪的纪律将会成为一种习惯，使你可以处理情绪而不至于迷失在情绪之中。

如果你可以接受情绪，了解情绪是与生俱来的功能而不应该与它们搏斗，那么你便不会把它们视为破坏者，而是自我之中不可或缺的一部分，它们可以提供潜意识中的可贵信息。这样，先前用来与情绪搏斗的精力便可以转移至他处，尝试了解它们在价值体系中的根源，并评估你对当前事件的反应。通过这种程序并设想情绪冲动的反应可能造成何等可怕的后果，你就可以更加相信你有选择的余地，你可以选择理性或非理性的行为，这在你的控制之中。

当情绪激动时，我们的精力与感知都会大幅提升。为何需要与它搏斗呢？我们可以运用这些精力与感知。经过持续的练习，情绪的纪律可以协助我们建立自信心，并控制自身的行为。它让你可以将先前浪费的精力转移至自我了解的有益目标上。情绪的纪律是一种工具，它使你可以管理情绪，并选择最佳的行动，而无须被迫接受强制性的反应——它使你具有很强的意志力来执行你的知识。

拥有执行的意志力，则代表有能力或力量执行一套具有特定目标的行为计划。这就表明有决定能力。"决定"在拉丁文的意思是"排除"（cut off）。一旦你真正做出决定时，你的心智便已经认定没有其他更理想的可能选择。在这种情况下，执行计划已经不是选择性的问题，而是必要性的问题。计划的本身变为一种价值，如果能够将它整合到潜意识中，它实际上可以受到情绪的支持。依此方式练习，情绪的纪律不仅可以提升你的行为能力，也可以降低情绪冲突的程度与频率——它可以促成一致性的思想、行动与感觉。

小结

史波克的个性凸显出我们共有的一个核心问题：情绪与理性的冲突。然而，他在处理这类冲突时，违反了瓦肯哲学的最高原则：逻辑。他忽略了一个事实，即情绪是与生俱来的一种不可或缺的成分，否定或试图排除它的存在，势必会造成内部的永恒冲突。他不了解，我们必须根据选定的标准（生命是一种理性的存在）界定个人的价值观。

在意识或潜意识的层次上，情绪取决于我们选定的价值观。为了确保情绪具有积极的意义，我们必须通过情绪的纪律，排列与整合情绪的反应。否则，情绪与理性将处于持续性的冲突中。

作为交易者、投机者或投资者，在建立一个头寸时，你的判断与情绪必须直接应付挑战。根据定义，你必须接受风险，而风险必然伴随着某种程度的恐惧与其他各种情绪。如果你像史波克一样，忽略或试图压抑情绪，那么你所造成的内部冲突在心理和生理上都将构成严重的伤害。在心理上，情绪的冲突将直接造成心理的负担。在生理上，情绪反应造成的压力将导致失眠、高血压、胃溃疡、疲倦或其他更严重的伤害。

将情绪的纪律视为一种持续的程序而不断练习，你便可以控制自己的心智，并培养决断力，同时也可以降低情绪冲突的程度与频率，这不仅对交易很重要，也是一种积极的生活方式。这是我知道的唯一的方法，可以促使身心具有一致性并持续滋生自我的尊严。

然而，我们的价值观与信念都有矛盾之处，它们隐藏在潜意识中，所以情绪的纪律在练习上并不容易，判定情绪反应的根源尤其困难。这需要通过自我的反省，以辨识与了解价值信念和现实之间的关系，并舍弃矛盾的信念。可是，舍弃不当的信念，采纳新的信念，并不能保证我们的情绪反应会随之改变。改变情绪的反应需要通过长期的自我反省，诚实地面对自己，而且在放弃某些珍贵的价值时，必须愿意承受相关的痛苦。

在本章中，我提出一个问题，不仅在金融交易上非常重要，它与实际生活也有密切的关系：史波克症候群，并从一般性角度提出解决问题的方法：情绪的纪律。在第14章中，我将讨论成功的意义与根源，并将情绪冲突的问题分解为更明确的部分。具体而言，我将说明动机与决心的性质。将情绪冲突问题划分为定义明确而易于了解的不同层面，目的是使它们易于接受改变。

| 第 14 章 |

成 功 之 道

成功的必要条件

我认为,作为交易者、投机者与投资者,如果希望在金融交易中获得稳定的成功,需要具备以下个性特质。

第一,必须具备有根据的自信心,相信自己的心智可以学习真理,并积极地运用于生活中的每一个领域。

第二,必须具备自我的动机与决心,有能力和意愿将时间与精力花费在交易的知识上,并学习如何交易。

第三,必须具备智识上的独立性,在面对各种不同的见解时,可以根据事实自行判断。

第四,必须具备最基本的诚实,有足够的决心承认并面对有关自我、市场以及自我判断的真实性。

第五,真诚地热爱自己的工作,并认为最大的报酬来自工作过程的本身,而不是工作得到的名与利。

这些特质在生活中的每一个领域都很重要,金融圈内的快速步调与波动更凸显出它们的重要性。缺乏自信，你将永远处于恐惧犯错的情境中，这种恐惧感迟早会令你无法思考或拟定决策。缺乏自我的动机与决心，市场中的激烈竞争将会活生生地吞噬你。缺乏智识上的独立性，你将会迷失在变幻莫测的观点浪潮中，并陷入金融的漩涡。缺乏诚实面对自己的能力，你的愿望将取代现实，你将发现自己不是根据事实而是根据自身的愿望与期待拟定决策。缺乏对工作的热爱，你的工作将变得沉闷无趣，你将丧失持续工作的动机与力量。

这些都是可以培养的，但你必须通过坚毅的决心了解自己，并理清你与现实之间的关系。换言之，你必须了解你想从生命中得到什么，你为什么想得到它，你如何得到它。自我了解是人生的指南针，它将指引你踏上成功的道路；它也是一座灯塔，因为人生免不了挫折与痛苦，当你因此陷入彷徨与困惑时，它将为你指引正确的方向。然而，唯有你试图向前迈进，它才会指引你。

如前面所述，那位睿智的老人说道："某些人仅有梦想而从未付诸实现，某些人仅是默默地工作而从来没有梦想。可是，还有少部分人，他们不仅有梦想，而且还将梦想付诸实现。"看看那些成功而快乐的人，他们最大的特征是热爱他们的工作。观察他们，你将发现，他们可以不接受报酬而工作，赚钱仅是附带的收获。对他们来说，每天都是崭新的挑战，值得付出全部的精力与热忱。在家里、工作或休闲中，他们的行为都反映出每个时刻、每天与一生的目标结构，并整合为丰富的人生。他们所采取的行动来自对生命的热爱；当向前迈进时，失败、痛苦与挫折仅是过程中的点缀，不是不可克服的障碍，于是他们将梦想付诸实现。

相反，看看那些两眼空洞而缺乏精力的人，每天都在非常不情愿的情况下挣扎地过日子。他们过着毫无意义的生活，或者，他们从来没有梦想，每天就像机器一样地重复着；或许他们也曾有过梦想，但从来未付诸实际的行动，最后连梦想也消失了。这些人并不理解，他们的价值与目标便是他们自己；他们追求的一切完全与明确界定和了解自我利益无关，在这个过程中，他们成为牺牲者与自身的迫害者，陷入自我怀疑的恐惧与不安中。

我们可以有所选择：我们可以下定决心把握自己的生命，并且迈向成功；或者，我们可以选择恐惧与痛苦，并让其他人和事件来控制我们。正确的抉择非常明显，并且可以从一个单纯的决心开始：CARPE DIEM! 这是以拉丁文表示的"掌握现在"！你必须认为，生命中的每一时刻都珍贵无比，都是你的，而且应该以满腔的热忱迎接它。在任何情况下，你都可以展开成功所必需的变动程序。掌握生命，下定决心把握那无限的可能性。掌握现在，但必须下定决心以所有的力量将梦想付诸实现。

成功的意义

就基本意义来说，成功并不是来自某特殊领域内的能力或成就。你可以在事业中获得成功，而在个人生活中一败涂地，就像霍华德·休斯（Howard Hughes）一样，在富裕的生活中过着悲惨的日子。你也可能贫穷而快乐，享受着生命中的"单纯"。然而，如果有机会的话，大多数人难道不想同时拥有充裕的财富和充实的个人生活吗？我相信，几乎每个人都希望如此。

我相信，如果具备正确的动机与决心，每一个人都有机会实现个人的成就与经济的成功。

非常奇怪，在一个充满经济机会的国度里，人们对金钱竟然会存在爱-恨的关系。某些人将金钱视为一种奴役之物："如果我不是被迫追求万能的金钱，我可以做我想要做的事，过着充实的日子。"另一些人把金钱本身视为目的，他们一辈子追求金钱而从来没想到要去享受它们。一个人对金钱的看法与他对成功的认识，两者之间存在着密切的关联。我们都知道一句古老的谚语，"金钱不能买到快乐"，话虽没错，但金钱还是充满诱惑。为什么？金钱究竟能够买到什么呢？

这个问题的答案实际上很简单：金钱是一种工具，它让人能以自身的劳力生产交换他人的产品与服务，或储存自身努力的结果以供将来之用。金钱是一种手段，将个人的精力转变为物质，它将梦想转变为现实的工具。

在当今的环境里，我们几乎都能够从事个人热爱的工作。金钱之所以迷人，是因为它在工作的过程中可以提供许多物质的享受。就这个层面来说，个人必须确定金钱的重要性，必须在下列两个问题的答案中找到均衡点。第一，"我热爱的工作是什么？"第二，"我在物质上想要什么？"如果这两个问题的答案无法相互协调，那么仅有一个解决的办法：改变答案！否则，你注定会过着充满挫折的生活。本书剩余篇幅所要讨论的便是这类冲突以及排除它们的方法。

我想，任何人在任何领域里都可以拥有个人的成就感以及满意的经济成就，这便是我所谓的成功。成功是一种生活的情境——一种活着的感觉。成功是一种变化，它是一种以目标为导向的动态行为程序，不断地追求个人的成就、快乐与成长。

现实环境不会把成功放在银盘子里交给少数人。成功来自自我创造而不是给予。生命是一种程序，更具体地说，它是一种自我维系与自发性活动的程序。㊀这对所有生命都是如此，也包括最原始的植物、阿米巴与人类。生命是一种活动的程序，不能活动就是死亡。从这个意义上说，仅有一个根本的抉择，仅有一种方法判定最终的成败：生或死。生物的每一项活动不是自我完善，便是自我破坏，人类也是如此，但有一个重大的差异：有关目标和活动的自我完善与自我破坏。我们每一个人都必须独自判断与界定其间的差异。我们必须根据人类的特殊禀赋（以意识认知的理性概念形式）评估可行的抉择。㊁生命的成功与失败取决于如何运用心智，如何思考、感觉与行动。所以，为了控制自己的生命与成功，你必须了解自身的心智如何运作，并了解如何运用它达到目标。

㊀ Ayn Land, *The Ayn Land Lexicon* (New York: Meridian, 1988), p.254.
㊁ 有关这个问题，请参考 *The Introduction to Objectivist Epistemology*。

心智的超级电脑

我们采取的每一项行动,其直接的刺激都是来自潜意识,而不是意识。当我拿起咖啡杯饮一口的时候,潜意识告诉我说,"现在喝咖啡",而潜意识从这里开始便接管一切,将我从孩童时期练习至今的无数技巧付诸行动。

相同的程序不仅适用于生理活动,也适用于心理活动,包括思想与情绪在内。每天早上我在观察价格走势图时,大多数思考与分析都不是在意识的层次上运作。我拿起资料,然后告诉潜意识:"看看这个,你有什么意见。"在观察价格走势图时,我立即知道我的看法以及对行情所下的结论;虽然我可以将它们表达出来,但这些看法与结论都是在潜意识中形成的。这犹如2+2=4一样:当我碰到这类问题时,不需在意识中重新回忆加法的运算法则,相关的知识已经整合到我的潜意识中了。

人类的心智就像一台超级电脑,产出的品质将取决于输入资料的品质以及软件程序的性质。输入的资料包括过去的知识与经验以及日常生活中发生的事件。产出取决于你如何处理资料,如何训练心智发挥作用。在任何时刻,你并不需要全然控制思考的程序,这基本上是一种自动化的程序。

目前,你的动机(驱使你采取行动的信念与价值观)已经摆在你的潜意识心智中。你或许觉得你可以控制自己的行动,但实际上你可以自由控制的范围相当有限。你的潜意识就像是计算机的处理器与存储器,而操作程序便是过去的知识与经验。你唯一的控制工具就是键盘——当时的意识与思想。如果不满意产出,你必须更改输入的资料,或程序的结构与内容,但通常是同时更改两者。

潜意识是一种可贵的资源,在正确的处理下,可以驱使你迈向成功。你是否曾注意,运动迷可以轻松地列举出人名、统计数据、比赛的时间表及各种攻防的策略?他们为何能够办到这些?在日常的资料输入中,潜意识扮演着非常重要的角色,它说:"这很重要,将它们记下来,以供不时之需!"只要在早上喝咖啡的时候,顺便阅读报纸的体育版,或一边喝啤酒一边观赏电视转播，运动迷便可以轻松地获得相当复杂的信息。他们大多不会去刻意地研究。阅读体育版的新闻报道，这并不像在工作，他们仅是轻松地阅读或观赏，但意识非常集中，而其他便由潜意识接管。如果在生活中的每一个领域，你的心智都能如此运作，你认为你的成就将会如何？你会有多么成功？

即使你并不是运动迷，但在生活的其他领域内，一定会有你感兴趣的。如果你非常幸运的话，你对工作与人际关系可能便有这种感觉。然而，让我们采用较寻常的假设，你的兴趣可能是在桥牌、高尔夫球或跳舞等娱乐中。不论你的爱好是什么，你在从事这些活动时，感觉如何？这些活动通常不是都很轻松，甚至让你觉得精力不够充沛。你是否认为，当你的意识没有在思考而由潜意识接管一切时，你的表现通常最理想？你是否希望在大多数情况下都能保持这种境界？

你可能也有下列类似的经验。假定你热爱高尔夫球，某天，你前去打球，觉得一切都非常"对盘"。你打了毕生最完美的一场球，每一杆都很完美。你有飘飘然的感觉，但这种感觉仅是隐约出现而没有让你分神。

你的球伴认为，你是处于"失神"或"无意识"状态下打球。打完8洞之后，整个过程开始在你的意识中浮现了，你想着："哇！我实在打得太棒了。如果我可以继续保持这种水平，这将是我毕生的杰作！谁知道，我说不定可以成为职业选手。"结果如何呢？

是的，你的注意力开始分散，而整场球也完蛋了。你非常生气地对自己说道："怎么会这样呢？我把一场最完美的球赛给毁了！好了，放松，慢慢来。"但这场球就是不听使唤。当你打完最后一洞时，毕生最完美的一场球也不过是成绩平平而已。你觉得非常懊恼，似乎人生最重要的成就已经从你的手中溜走了。你知道吗？你的看法没错！

个人的成就与成功直接来自心智超级电脑根据设计发挥的功能。当我们全身心地投入某项生理或心理活动时，意识认知与潜意识心智会相互协调而整合。在具备如何运作的精确知识下，潜意识心智会立即输入意识的认知，并提供最快速而精确的产出——生理或心理的活动。产出之所以精确，是因为程序正确且输入资料有效。输入资料之所以有效，是因为意识认知完全专注于与目标有直接关联的资料。

例如，当你全身心地打高尔夫球的时候，已经提供潜意识所需要的执行程序，这来自你对高尔夫球的知识，包括相关的规则、成功职业选手的著作、观察模仿专家的动作以及在球场的练习。

你的意识认知完全专注于搜集潜意识所需要的资料，以便有效地执行。例如，如何摆球，如何测量距离与风向……失误的恐惧与好球的兴奋，完全不会干扰专注中的意识。你的注意力仅集中在一个目标上：在能力范围内打好每一个球，而使总杆数达到最低；这个意识的目标使心智得以专注，并使潜意识的心理程序也得以专注。当你的意识专注于由每一杆的动作转移至职业选手的幻想以后，潜意识中的另一个程序便开始执行，破坏你的整场球。然而，如果你希望在高尔夫球中获得成功，你的超级电脑将为你提供以目标为导向的动机。

我相信，我们可以管理与控制这台超级电脑，并使它在大多数情况下都可以发挥有效的功能；而且，我也相信，大多数人都可以做到这一点。管理这台超级电脑的关键在于了解个人动机的性质与根源，并知道如何改变它们。

动机的探索与运用

当你全身心投入某项活动时，便拥有最高度的动机。让我来解释一下这句话的意思。为了拥有动机，你必须具备最充分的理由采取某项行动，换言之，决定自由意志（determines volition）。意志是意愿或选择的表现。当你拥有动机，而且意志已经决定时，你已经没有选择的余地了，因为选择已经完成，你的心意已经决定。你处于一种全然专注的境界，你的心智已经全然地投入。

这不是一种你可以随意达到的境界。你可以整天告诉自己："我要减轻体重，我要减轻体重。"但如果缺乏适当的动机，你的潜意识将不断地回答：

"不，不！"你将感觉受到挫败，并谴责自己。无法进步，你最多仅能够维持停顿。无法成功，你将失败。

在生活或任何专业领域内，成就与进步的程序有 4 个要素。

1. 目标：你必须知道希望追求的最后结果，并决心实现这些结果。

2. 行动：你必须根据目标拟订计划，并以果断的行动执行计划。

3. 认知：你必须观察行动的结果，评估成功或失败的程度，这不仅是就物质的角度而言的，也包括个人的情绪层面在内。

4. 改变：如果你遭到挫折，那么必须重新检查目标与行动，判断问题的所在，并愿意修正。

这四者都是成功的必要因素，设定目标是最基本的程序。设定目标本身看起来或许相当容易。任何人都可以拿出纸和笔，写下他所希望的事物。然而，白纸黑字并不代表设定目标。目标本身并没有任何力量，除非你认为它们非常实在；这并不仅仅是欲望而已，它们应该是你赖以为生的必要对象，就如同食物一样。

如果目标被视为一种基本需求，并设定在超级电脑的程序中，它会尽一切所能驱使你朝着目标迈进，而其余三个过程也变得相对简单。这种心境被称为"投入的决心"，它是一致性表现的根源，也是情绪的纪律的依据。

"决心投入"（commit）来自拉丁文的"committers"，它的本意是"结合在一起"（to bring together）。在这层意义上，投入的决心是指将意识与潜意识（包括情绪在内）结合在一起，追求你的目标。获得投入的决心，这是使目标变为可能的关键步骤，它也会使目标具备力量，并使你有能力执行计划。

请注意，我是说"获得"（acquiring）投入的决心，而不是说"拟定"（making）投入的决心。因为如果你的心智取向不正确，经常无法"拟定投入的决心"。在追求目标的过程中，涉及的并不仅仅是坚强的意志力，或抗拒诱惑，而是寻找一种方法改变心智的内容与联想，以确保真正的动机。

人类具有自由意志，通常是指个人在任何时间与任何问题上，都有力量选择或控制他的活动。例如，我可以或不可以拿起面前的杯子，我可以或不可以回补目前的空头头寸，我可以或不可以维持减轻后的体重。我不认为情况如此简单。

就心智的超级电脑来说，你的行为（心智活动的产出）取决于输入的资料、你的感知以及你的意识如何看待现实和你如何训练潜意识发挥作用。自由意志并不代表你可以做任何想做的事，也不代表你可以随意选择时间与方法，它仅代表你可以选择心智的程序。

归根结底，自由意志仅有一个基本抉择：思考或不思考。这并不是说在你清醒的每一时刻与每一问题上，你都必须在意识中以逻辑判断来思考与执行这个抉择——意识的运作太过于缓慢。这个抉择要求你了解与认知动机的性质和根源，并在必要的时候进行修正。它代表内省——以意识认知来辨识与评估潜意识的内容。所以，让我们来讨论潜意识的性质，并探究动机来自何处。

情绪决定动机。具体而言，我们受到情绪上两种基本力量的驱动：追求快乐的欲望与避免痛苦的需求。不妨想一想，当我们希望某件事物时，我们是否真正想要这件事物的本身？不，我们想要的是达到目标后的结果，它对我们生理与心理将产生的变化才是我们想要的。例如，许多人想要减轻体重，他们对实际的脂肪并没有兴趣，他们感兴趣的是改变对自己的感觉。他们实际想要的是对生命的控制感、健康的感觉、身材更吸引人、觉得较有活力、可以长寿……

再举一个例子，大多数人都希望与异性保持良好的关系，但我们真正想要的是被了解与尊重的感觉、享受相互照顾的温馨、一种朋友与知己永远在那里的安全感……

所有这些希望都蕴含着改变现状的欲望。具体来说，它们蕴含着由不满意至满意的欲望，或由满意至更满意的欲望；由痛苦至快乐的欲望，或由快乐至更快乐的欲望。快乐的潜在感觉才是真正的目标，才是欲望的直接对象。

然而，这些欲望本身却未必可以形成动机。我们还有相互冲突的欲望，它们来自避免痛苦的需求。

犹如交易获利一样，节制饮食以保持健康是大多数人的理想之一，而且人们也具备成功需要的知识，但实际成功的比率却很小。一般来说，失败的原因并不是人们不能做到，而是他们不愿意做，缺乏真正的动机。

一个节食中的人吃着他的红葡萄与莴苣，喝着柠檬汁，当他看见香喷喷的 16 盎司牛排送到隔桌时说道："搞什么鬼，我受够了！"或者，另一位男士遇到一位他很喜欢的女士，甚至还拿到她的电话号码，却不曾拨过电话，因为他想："如果她不喜欢我怎么办？"或者，"我只会再度失望。"

就第一个例子来说，节食是一种痛苦的程序，它代表离开愉快的事物，而不是移往更快乐的事物。在他的心目中，达到减肥的目标并不真正代表快乐，而是痛苦！

在第二个例子中，这位男士的行为几乎完全为避免痛苦的欲望所主导：被拒绝的痛苦、失望的痛苦、发生错误的痛苦、失去"自由"的痛苦……同样地，采取行动以追求目标，这关系着心智中的痛苦，而不是快乐。在心智中存在一种快乐／痛苦的矛盾，潜意识无法有效地处理这种困境：迈向目标将造成痛苦，维持现状又不满意。在可以选择的情况下，潜意识通常会让避免痛苦的需求压抑追求快乐的欲望。所以，他在追求目标时将遭受失败。

在观察人们从事当日冲销的交易时，我经常发现许多人表现出类似的情形，包括我个人在内。在一份获利的交易记录中，亏损交易的笔数往往多于获利交易。若是如此，获利交易的利润必须大于亏损交易的损失。然而，交易者经常会犯一个错误：过早获利了结而过迟认赔。为何如此？因为他们没有遵循交易准则的动机。他们了解交易准则，但并没有运用它们进行交易。

如果你根据 1∶3 的风险／回报比率交易，平均每笔交易的获利至少应该是亏损的 3 倍。然而，当上述比率演变为 1∶2 时，交易者经常无法忍受些许的不利走势。他的潜意识投射出痛苦，并浮现出许多错误的资料，在恐惧与困惑中，当稍微出现不利的行情时，便仓促了结头寸，可能仅实现一笔1:1.5的交易。当价格恢复原来的走势，到达原定1:3的目标价位时，他只能破口大骂。

此外，当行情立即出现不利走势而触及止损价位时，交易者不愿认赔，而开始期待情况会好转，希望幸运之神的光顾。可是，市场显然不够体贴，将原本1单位的亏损扩大为1.5、2，甚至更严重。避免痛苦（亏损与错误）的需求，使他违反他明知道正确的交易准则。这便是不同形式的相同矛盾：执行交易准则造成痛苦，不执行它们又增添不满意的程度，并剥夺交易的资本。

如果你自我反省，我想你将发现，当你迈向目标而出现困难时，往往便是这种快乐/痛苦的矛盾在作祟。假定你具备正确的知识，而在执行上发生问题，这是因为动机产生冲突，潜意识中存在两种对立的需求，一般来说，避免痛苦的需求往往会占上风。

非常具有讽刺意味的是，在这种情况下，结果总是挫折与不满意的痛苦。为了避免某一类型的痛苦，潜意识却造成另一类型的痛苦，并进一步强化挫折与不满意的感觉。这种程序若不修正，将会导致恶性循环而侵蚀个人的价值观、破坏成就、遏制个人的成长，使你陷入失败的命运。

为了建立积极而不矛盾的动机，潜意识必须将追求目标视为一种快乐而不是痛苦的程序。如果你可以达到这种心境，采取行动达到目标的抉择便已经完成，抉择已经不复存在。基本上，坚持既定的决策便是投入的决心——在这种心智状态下，知识、动机与执行都指向相同的目标。这是一种完全整合的境界，你的心智将驱使你迈向成就与必然的成功。

小结

成功是一种以目标为导向的动态行为程序，不断地追求个人的成长、成就与快乐。成功的最关键因素是追求目标的决心，换言之，在共同的目标下，将意识与潜意识结合在一起。许多人无法下定决心，这是因为动机的冲突，动机的冲突又是因为情绪的冲突，而后者又是源于相互冲突的价值观与信念。一旦了解这种情况之后，积极修正的处方便很明显了：

1. 辨识局限性和破坏性的价值观与信念，排除它们。

2. 采纳崭新而有益的价值观与信念。

3. 排除那些导致局限性情绪反应的潜意识联想，取而代之以崭新而有利的联想。

犹如大多数处方一样，说起来相当容易，实际运用起来却很复杂。在第15章中，我将说明如何将这些处方转化为积极而有益的活动。

| 第 15 章 |

改变才能坚持

> 如果你不知去向,很可能因此迷失。
> ——戴维·坎贝尔(David Campbell)

成为一位成功的交易者,必须保持一种心态:遵循交易准则代表快乐,违背交易准则代表痛苦。然而,即使遵循交易准则,你偶尔还是会发生亏损,亏损总会带来一些痛苦。你必须理解这些痛苦是一种自然而正常的现象,就如同你在刮胡子的时候也难免割伤自己。在情绪上,你必须能够接受,这类痛苦并不重要,总会过去的。你必须明确意识到,成功是一种改变的程序,而痛苦是程序的一部分。

从交易者与个人的角度来说,如果成功是一种由欲望驱动的改变程序,试图调整当时的生理与心理状况,那么成功的要义是一门控制生理与心理环境的管理艺术。然而,犹如我先前所说,在具备充分知识的情况下,改变生理环境的问题,采取有效的行动,取决于正确的动机,或根据知识采取行动的意志。

我们知道,执行意志的缺乏来自信念、价值观与联想的局限性,因此在改变程序的最初阶段,我们便应该检视心智的内容,并辨识这些局限性所在。

具体而言，改变的方法是揭开潜意识的内容；寻找局限性的联想、价值观与信念；以新的观念取代之，使我们得以迈向选择的道路。务必记住，目的是达到一种心智状态，使追求目标成为一种快乐而不是痛苦的程序。

我们可以运用三个基本工具来达到此目标：生理的躯体、意识与自动运作的潜意识。这三个工具早就相互配合而处于运作状态之中，每个工具都可以支援或破坏其他两者的功能。我希望提出一些基本原则，解释如何控制它们，使它们一起支持你。

运用你的身体

维系任何状态都需要耗费精力，就如同设计不佳的机器将耗费较多的能源一样，处于沮丧与挫折的心境中也将耗费较多的精力。不快乐与不满意会造成额外的工作，它浪费精力，抑制欲望，对你的身体也会产生负面的影响。设想某人处于沮丧的情境中，你可以从哪些生理特征来判断他的感受？可能是行动缓慢、无精打采的动作、垂头丧气、语气低沉而单调、呼吸短促而夹杂着叹气。当某人快乐而兴奋的时候又如何呢？可能是行动迅速、姿态生动而富有表情、声调高而顿挫分明、腰杆挺直、呼吸深沉……其他如愤怒、得意、痛苦或遭到拒绝，这些情绪又如何呢？它们也都有生理上的特征。

我们的每一种感受都会反映在身体上，这种现象很有道理，因为犹如我先前所说，情绪是潜意识价值判断的一种生理与心理的反应。然而，从相反的角度来说（换言之，身体的改变也可以影响你的情绪），难道不也是很有道理吗？绝对如此。例如，研究动机的专家安东尼·罗宾斯（Anthony Robbins）在他的录像带中提出下列动作练习。⊖你不妨试试看：

> 站得笔直，两肩摆正，抬头看天花板。脸上露出大笑的表情，这看起来或许非常荒唐。现在，尽可能感觉自己很沮丧，但不可以改变任何姿势，继续尝试。

⊖ Anthony Robbins, *Unlimited Power*, New York: Ballantine Books, 1987.

结果你是不是大笑出来？如果到受挫、疲惫、悲痛或慵懒，你必须将自己的身体交给潜意识以产生这种感觉。当你感觉动机充分时，身体便会表现充分的动机。当你觉得很舒畅时，动作便会表现出很舒畅的样子。你感觉到的精力充沛程度，便是你实际拥有的精力。所以，你的食物与运动，你如何运用与对待你的身体，都是重点所在。

如果心智中存在某种联想，阻止你采取积极的行动，你可以运用身体打断这种联想。安东尼·罗宾斯将这一切整理为一门科学，所以我建议你参考他的书与录像带。然而，在着手这个改变的程序时，你必须确认，通过身体的运作、练习与食物等方法，你有能力改变心智状态。

在观察职业运动选手时，你发现他们在重要时刻都会采取某种仪式。对棒球选手来说，可能是以球棒敲敲自己的脚，抓起一把砂子摩擦球棒，然后用脚整理打击区。对网球选手来说，可能是在发球之前在地面上拍一定次数的球，或在接球时来回跳动。足球选手更是以迷信著称，比赛前总有一定的仪式。这些仪式都有共同的目的：重复身体的动作，以呼唤潜意识进入专注的境界，准备迎接接下来的挑战。通过一定的仪式，运动选手以他们的身体管理他们的潜意识。

我在州际证券公司的时候也有仪式。比如，为交易员戴上牛仔帽，并在腰上系把手枪，当行情出现不利走势时，他会拔出手枪射击报价荧屏。我经常戴着轰炸机飞行员的皮帽，希望在价格下跌或行情出现不利走势时，我便会"轰炸"市场。这些动作或许有些稚气，但都是很重要的仪式，可以舒解抑郁的心情与交易的压力。它们可以转移愤怒的情绪，更重要者，它们使交易变得有趣，即使是亏损的时候！

每个人都有身体上的仪式，虽然我们未必能察觉到。每天早上绘制走势图便是我的仪式之一。我可以轻易地把资料输入电脑，让它帮我计算，并绘制图形，但亲自登录数据，绘制趋势线，可以使我的心智集中。

然而，并不是所有仪式都具有积极的意义。由于工作的关系，我曾经在纽约住过一段时间，这里最大的特色便是交通拥堵，驾驶员不断地按喇叭（尤其是计程车司机）。这便是毫无意义的行为，仅是添加原本已经够紧张的不健康气氛。

你的仪式是什么？一定有。不妨考虑它们在你的生活中究竟扮演什么角色？这些仪式有什么作用？它们会疏解你的郁闷或增添你的挫折感吗？它们会使你专注或使你分神吗？它们是否可以使你掌握快乐与避开痛苦，或是相反？

留意一下，你如何运用自己的身体——你的仪式。当你发现自己面对报价荧屏咒骂着、因亏损而沮丧、在拥堵的道路上愤怒地按着喇叭或任何使你觉得更不成功的行为时，你不妨深深地吸一口气，并考虑上述问题。

然而，最重要的是你必须采取行动使自己觉得舒服一些。把姿势摆正，深呼吸，行动中表现出活力，说话的声调要有顿挫感，放一段你喜欢的音乐，根据你希望的感觉运用你的身体，你可以阻止那些控制你行动的消极联想。如果你可以成功地改变自己的感觉，那么应该珍惜这些改变，感受其中的乐趣，享受控制的快感。如果你经常如此练习，则可以在心智中建立新的联想，在身体上培养新的仪式，在必要的时候，你可以仰赖它们改变你的情绪。依此方式练习，你可以立即开始改变。

仅仰赖生理上的改变来改变你的感受，似乎有些欺骗或不真实的意味。毕竟，我们的感受才是真正的重点。以机械方式改变你的感受，难道不是对自己不诚实吗？对于这些问题，我建议你考虑下列情况，究竟何者较有欺骗的意味或不真实：对着你无法控制的拥堵交通尖声咆哮，或吸口气而让自己放松，并问自己一些问题？何者较为实际：早上醒来感觉一种莫名的挫折感，并放纵这种感觉，或提起精神，拍拍手，欢欣地准备迎接新的一天？

你的感觉确实是重点所在，但只要身体上的部分改变，你便可以大体上根据希望的感受，选择你的感受。另外，改变你运用身体的方法，学习如何管理心境，这仅是永久性改变的一个层面而已。结合下面几节讨论的内容，运用你的身体加速这个变动的程序，协助你根据选择的感受在潜意识中建立新的联想。

在交易中，情况尤其如此。当心情处于低潮的时候，我就看不见机会，反应不理想，缺乏信心。交易并不是一种例行的工作，可以让你安然度过这些艰难的日子。你必须保持敏锐而专注的精神，才能做好工作。当情况不理想时，你必须以身体的动作振奋自己。我经常会利用一副牌协助自己保持专注。我一面看着报价荧屏，一面洗牌、单手切牌或以其他动作集中精神。曾经有人告诉我，只要看我每分钟的洗牌次数，便知道我是否拥有头寸。

在运用身体方面，我尤其强调运动的重要性。许多研究报告都显示，运动可以降低压力，增进精力与心智的活力，并有助于提升自尊心。因为交易必须面对市场中的不确定性，是一种压力很大的活动。我个人可以为运动的效益做见证，当停止做运动时，我的生理与心理状态便会立即反应，显示所有相关的研究报告都没有错。

当你觉得疲惫或蒙受压力的时候，通常你最不想做的事情便是运动。然而，这个时候，你知道你必须站起来，穿上运动服，到户外或健身房，然后运动。根据我个人的经验，当我克服心中的犹豫而前往运动时，从来都不会觉得后悔。另外，心情低潮往往是运动最恰当的时机。当陷入低潮时，你必须中断那些让你陷入低潮的模式，运动便是最佳的方式之一。有些时候，这或许相当困难，但你会得到应有的报偿。

我认识一些人，把运动时间看成重要的正式约会。犹如会议或商业聚会一样，他们在日历上用红笔圈出运动的时间，唯有特殊的事件才会取消，例如，家中有人过世。不妨想一想，你的健康、精力与生命，难道与商业约会或社交聚会不是一样重要吗？运动是一种投资，它代表现在与未来的感觉，而且它还有助于你的事业经营，因为它可以提供更多的精力、更专注的精神，并提升你的自信心。这段话让你我共勉。

运用与管理身体的活动，这是改变心境最快的方式，但并不足以造成永久性的改变。你可以利用身体的活动中断旧有的模式，建立新的联想，但如果你想把这些新的联想真正根植于潜意识中，你必须以信念与价值观来支持它们。如果你希望这么做，那么你必须面对自己最重要的资产：意识。

运用你的意识

在讨论如何改变心境时，虽然我首先提及身体活动的运用，但其中已经蕴含着意识的运用。因为在你从事任何变动以前，你必须认知自己的问题，专注于发生的问题，评估目前行动的后果，并投射㊀即将采取其他行动的影响。

认知、专注、评估与投射都是可供运用的工具，我们必须学习如何使用它们，这样才能成功。虽然它们都已经在运作中，但由于不当的个人管理，这些工具的运作可能产生不利的影响。它们的运作之所以不恰当，是因为我们的联想、信念与价值观存在矛盾和局限性，从而导致潜意识发出相互冲突的指令。非常具有讽刺意味的是，我们了解这些局限性的唯一方式，是通过它们所抑制的功能——认知、专注、评估与投射。

20世纪80年代初期，在办公室培训交易员时，我告诉他们，有效从事交易必须学习三件事情：观察、专注与思考。我希望传达的理念是成功交易必须具备的心智状态。假定你已经拥有交易需要的基本知识，下一步就是观察市场的行为，留意与思考当时发生的资料，例如，经济与政治新闻、市场的价格走势、相关市场的价格互动以及其他等，这就如同你在阅读体育版的报道、玩桥牌或其他你认为有兴趣而易于学习的事物。

如果你能够进入专注的境界，你的意识将会全然指向市场，远离生活的其他问题。在这种情况下，你将"感觉"到市场的走势方向，你将"听见"来自潜意识的指令："立即卖空S&P期货。"

㊀ 将观念具体化为心象的程序。——译者注

在实际建立交易头寸之前,你应该干预意识的运作,并评估潜意识的结论。所谓评估,就是核对这笔交易是否符合你的交易准则。你必须问自己:"风险/回报比率是否至少达到1:3?这笔交易是否顺着你希望介入的趋势?价格是否已经试探先前的重要高点而未能突破……"

换言之,你必须根据自己拟定的交易准则,评估潜意识所做的判断是否有效。如果潜意识的判断确实有效,则交易;否则,放弃。如果你能以一致的态度操作这个程序,你的交易应该很理想,并对潜意识的"声音"越来越有信心;评估的程序也会越来越自动化,这时你几乎可以全然"信赖你的直觉"。

不幸的是,在培训这些交易员时,我不能以上述明确的方式说明这个程序的性质,因为这是我未发觉的操作方法。换言之,虽然我运用这种方法,但并不全然认知我的所作所为。许多擅长某些事物的人并不知道自己的技巧究竟是什么。他们可能说,"我信赖我的直觉"或"我只是随心所欲地做,结果就是如此"。对那些特别擅长某些事物的人来说,我相信他们都非常仰赖上述程序,虽然在程度上或许有差异,但在性质上应该大致如此。

在拟定适当决策与采取有效行动的时候,你必须"观察、专注与思考",以另一种方式表达,你必须整合认知、专注、评估与投射的功能。如果你了解这些功能如何运作,你便可以学习如何管理与控制生活中的每一个层面。所以,让我更进一步地说明这些功能,并解释如何运用它们辨识和改变价值观、信念与联想的局限性。

认知

究竟何为认知呢?哲学家对这个问题的答案已经争论了2000多年,我们只准备采用一个简单的答案:认知是感知存在的能力或功能。我们感知的对象是现实的原始资料。我们如何认知对象,我们的心智如何解释,则取决于我们的知识与信念。

例如，如果你拿一张股价走势图给某人看，但他几乎完全不了解金融市场，他可以认知什么呢？基本上，他仅看到一大堆乱七八糟的线条与数字，或许还可以察觉价格呈现某种波浪状。我举这个例子是要强调一个重点：你的认知范围具有前后关联性。为了认知某个对象，你必须了解对象的性质。这便是知识为何重要的原因——它扩大你的认知范围。务必注意，潜意识仅能够"阅读"它在程序设计上所能了解的语言，不能接受太多外来的信息——它根本不知道如何处理！

然而，**认知最大的障碍并不是知识的不足，而是在心智程式中发生的无意疏忽**。如果我们指示潜意识不要接受某些资料，它会听从命令，也将因此不可能全然了解相关事物。然而，只要记住你已知的某些事物，你便可以运用认知的功能，理解你疏忽的事物，并察觉其中的问题。

如果生活中的结果不符合你的意图，显然出了差错——你的心智出现矛盾。达到目标的最大障碍可能是认知的局限性，这是因为我们在无意中采用消极的联想与信念。反之，积极的联想与信念可以提升认知。

如果你不断疏忽重要的事物，认知这种现象的唯一征兆是某种类型的失败，然后你可以利用失败为起点。为了追求一致性的成功，你务必承认与接受一项事实：不仅是成功，你的失败也是绝对重要的步骤。承认错误与失败，并学习接受它们，这是一种积极的态度。

当我说你必须"接受"成功与失败时，我所强调的理念是：你造成的每一个结果都是自己选择的结果。你，也唯有你，必须对自己所造成的结果负责。超级交易员的培训师范 K. 撒普这样解释：

> 当事情出错的时候，投资者（或任何人）最应该做的事是判断自己如何造成这种结果。我并不是说你应该责备自己，我是说，在某个时间，在某种情况下，你做了某种选择而导致了目前的结果。分析那种选择究竟是什么，并在未来遇到类似情况时，让自己有其他可供选择的方案。当未来发生类似情况时，如果采用不同的决策，

你所得到的结果也将不同。而且，现在便设想你将采取的方案，以便未来易于执行。⊖

人们经常将错误、失败与痛苦归咎于其他人或事件。然而，如果你不断提醒自己，它们都是你个人行为的结果，你可以认知它们的原因。错误、失败与痛苦都是生活的一部分，我们都希望规避它们，但我们不能以否认来规避。如果我们可以通过选择来接受它们，它们便无法支配我们。它们将变得正常，甚至是成长、学习与成就的积极机会。

在《股票作手回忆录》一书中，杰西·利弗莫尔（Jessie Livermore）写道："我不介意犯错，但我不愿意处于错误之中。"我对这句话的解释是，犯错是可以接受的，但不可以在犯错之后还不承认，并继续置身于错误之中。我在利哈伊大学演讲时，曾问当场的200多个学生，有多少人愿意承认自己的错误。只有一个学生举手，我立即提供一个交易员的工作给他，我是认真的。

因此，以一部分心智留意自己的行为。倾听头脑中的"细微声音"，以及你对自己说的话，并尝试将错误的结果与痛苦归咎于外部的力量。当你这么做的时候，你是在试图改变现实以符合你的心智内容，而不是在调整你的心智内容来精确感知现实。这种程序被称为寻找借口（rationalization），这是避免痛苦所采用的最危险与最易混淆的方法。寻找借口之所以危险与易于混淆，是因为它总是伪装在逻辑的外表之下。

在生活的某些层面中，寻找的借口可以存在很长一段时间，你无须处理它所造成的影响。在华尔街，借口可以导致立即的伤害。如果你不愿意接受失败，并试图将失败归咎于外部事件，那么你无法在先前的错误中学习，结果可能是彻底的失败。

关于错误与失败，我们可以寻找的借口实在太多了，它们通常都披着真理的外衣。例如，某人在男女关系中不断遭遇失败，当他被一位新认识的异

⊖ Dr. Van K. Tharp，"The Psychology of Trading"，摘自《金融怪杰》(Market Wizards)。

性朋友所吸引时，他可能对自己说道："我只是在愚弄自己，我不能不断地更换女朋友，我还没有准备另交女朋友，我需要时间建立自我的感受。"情况可能真的如此，但实际的动机也很可能是再度失败的恐惧感。

总之，我们必须谨慎留意试图逃逸的欲望，尤其是当真理在我们可以理解的范围内时。如果你可以掌握这些试图否认的关键时刻，认知它们真正的情况，你便可以运用专注、评估与投射来消除它们。

专注

专注是指引认知的方法，在专注的情况下，我们同时缩小与扩大意识认知的领域。例如，对市场具备一般性知识的交易者，他只应该同时从事 2～5 个市场的交易（最好是相互关联的市场）。当他减少交易的市场数目时，对这些特定市场所能处理的信息也因此可以扩大。

意识只能同时处理数量有限的信息。为了处理与了解层出不穷的认知对象，心智仅会选择部分感知对象，将它们综合纳入知识与记忆的前后关联中。我们仅纳入认为重要的对象，并以价值观与信念作为滤网，以指引我们的专注。

价值观与信念决定我们专注的方向，后者又决定我们如何感知自身，以及如何感知我们与外在环境和他人之间的关系。通过自我认知，如果我们能够辨识专注的方向，我们就可以选择相关的价值观与信念，以确定生活的方向，并控制这个方向。

例如，当检视自己从何处取得专注于市场的能力时，我发现自己非常幸运，在孩童时代，我便采取一种非常有助于学习与成就的信念。在某一期间，我并不了解为何如此，但我确信，成就任何事物的唯一方法是就我所认定的领域，尽量阅读，不断练习，并以成功者作为模仿的榜样。

这种信念最初运用于棒球，其次是体操，再次是扑克牌，最后是在金融市场交易与投机。以一句话来说明这个信念：

只要有足够的知识与练习，我就可以精通任何我所希望的事物。

有关达到目标所需的整个学习与练习的程序，我很早就采取一种非常重要的联想：

这很有趣！

我当时并不了解，这种联想可以让我成功。这些联想深植于我的内心，它们现在发挥的作用远胜于我当初玩棒球的时候，因为我现在更了解如何学习与成长。

学习很重要，这个信念让我专注于尽可能地吸收知识，扩大我的认知领域。例如，我在学习棒球的时候，曾经阅读一本有关棒球基本技巧的书，于是我观察职业选手的动作，并思考他们如何运用这些基本技巧。这扩大了我的认知领域与知识，因为职业选手的动作成为一种评估的标准，以判断我自己的表现。我将职业选手的动作映射到我的心中，并尽可能地模仿他们的姿势与风格，使自己的挥棒动作与守备技巧都达到理想的境界。

目前，学习与练习并重的信念以及我所获得的成果，使我充满自信、精力与热忱地追求我的目标。这也使我对一般人所谓的"艰辛工作"产生积极而精力充沛的感觉。研究市场确实是艰辛的工作，但它们在我的内心并未产生消极的意义。对我来说，工作是快乐的源泉。就如同棒球一样，它很有趣。我将自己的作为视为有趣的活动，这使我可以敞开心智无畏地接纳所有资料。我的潜意识没有理由中断我的认知，因为我基本上认为，只要根据这种方法行动，我终究是一个赢家。

相反，孩童时期的另一个联想给我带来严重的限制，我花费相当多的精力去克服这个联想，甚至现在我还非常在意它。虽然我精通棒球、体操与扑克牌，但我高中时期的学习成绩很差。我从来没有认真学习，一切都仅求及格而已。我的成绩大多是C，外语不及格，学校生活对我来说是一种沉重的负担、一种必须忍受的邪恶，因为我没有选择的余地。事实上，我的联想是：

学校是一个令人痛苦的沉闷场所，使我无法从事我所热爱的活动。

你不知道我多么希望能够把我的精力与热忱运用在学校的功课中。现在，我必须聘请一位作家协助我撰写本书，一方面是因为我没有足够的时间，另一方面主要是因为我在学校中没有学到足够的写作技巧。

非常幸运的是，我始终热爱阅读，这对我帮助很大，每当我需要学习新事物时，免不了会有一种恐惧感。例如，我完全仰赖我的同事道格拉斯（一位计算机天才）照料办公室里的计算机，教我如何使用这些设备。我们在安装新的报价系统时，我的心中总会想着："还好有道格拉斯，我自己绝对没有办法搞清楚如何操作这些东西。"

在有关计算机的学习方面，我对正式教育的信念严重限制了我的专注能力。我不认为学习很有趣，它是一种沉闷的程序。所以，每当我不知道如何使用计算机设备，或出了什么差错的时候，我总是找道格拉斯帮我解决。我知道，我可以学习计算机知识，它们不可能比市场更复杂，但我在这个领域内无法保持专注。很幸运的是，我实在没有必要学习，因为我始终可以依赖道格拉斯，但如果真的到了必须学习的时候，我便需要挑战上面的陈述。

"我自己绝对没有办法搞清楚如何操作这些设备"，不妨想一想这句陈述的威力。这类陈述会限制我们的专注能力。虽然潜意识的作用非常可观，但它也很容易受骗——它相信你要它相信的任何事物。你对自己说，"我自己绝对没有办法"，或"我没有能力做这事"，或"开玩笑，这是不可能的"，或"没有人这么做"，你的潜意识便会傻乎乎地说道："晓得了！"于是，开始强化你原本已有的局限性。

这类局限性很容易受到控制，你仅需要认知你对自己所说的话并加以改变；通过努力重新组织你说的话，迫使潜意识产生积极的行动。你必须善用潜意识易于受骗的性质，管理专注的能力。

例如，当你想说"我自己绝对没有办法"的时候，你可以修正为"这相当不简单，我如何使它变得容易一些呢"？当你想说"我没有能力做这事"的时候，你可以修正为"我以前曾经失败，现在应该怎么解决呢"？当你想说"开玩笑，这是不可能的"，你可以修正为"这为什么看起来不可能，我到底疏忽了什么"？当你想说"没有人这么做"的时候，你可以修正为"奇怪，以前为什么没有人这么做"？更有甚者，"这可能是一个突破，以前从来没有人这么做过"！

我们与自己的对话方式将引导我们的专注能力。我们对自己的说话内容与方式，代表我们对人生是采取积极还是消极的态度。另外，这也会影响潜意识所产生之结果的质与量。

如果你了解如何与自己对话，如何要求自己，如何对自己提出问题，那么你便能将心智专注由消极的联想转移至积极的联想，这只需要在意识上改变说话的语气、语意的重心、要求的内容以及问题的含义。

疑问的力量

你是否曾留意，在上面的内容中，我将大部分陈述重新组织为疑问句？这并不是巧合，因为疑问句最容易改变认知的专注。

每一个人的脑海里都蕴藏着非常可观的知识，远远超过意识所可理解的范围。当对自己提出问题时，我们指引潜意识针对真正的问题寻找答案，而不是被动地接受自我的局限。在许多情况下，答案早已存在，你需要做的仅是提出问题！然而，你必须诚心诚意地提出积极的问题，并专心地期待答案。

在本书第一篇中，我曾提到一个问题，足以显示疑问的作用。1974年，当我错失10月的低点时，我问自己："我需要学习什么才不至于重蹈覆辙？"这个问题又引出一系列的问题，例如，"趋势究竟是什么？它通常会持续多久？它的涨幅或跌幅通常如何？"在回答这些问题的过程中，我"突然想到"运用历史价格的统计分布评估风险。

如果当时我提出来的问题是:"维克托,你怎么会这么愚蠢而错失这个走势呢?"或者"看看你所错失的良机!"我的一生会多么不同啊!若是如此,虽然我不知道现在会如何,但我确定自己绝对无法发展出独特的统计方法来分析风险,这可能是我一生最引以为豪的成就。

所以,你必须留意对自己说的话,对话中不要采用谴责的口气,应该提出问题引导积极的改变。有些问题绝对应该避免,例如,"这种事怎么会发生在我身上?我怎么如此倒霉?我怎么会如此愚蠢?这个世界为何如此不公平?我为什么不能富有?为什么大家都如此对待我?"当你提出这类问题时,潜意识给出的答案可能与现实毫无关联,例如,"因为你不值得拥有这一切;因为你是一位天生的输家;因为你是一个无知而毫无价值的人;因为除了少数幸运者以外,人生本来就不公平;因为只有幸运者才能富有,而你只是一个天生的输家;我早就告诉过你,因为你是一个无知而毫无价值的人,你不值得拥有这一切。"

当你对自己提出这类问题时,就如同你问某人,他是否还继续打他的妻子,虽然你没有任何证据显示他曾经这么做。这类问题都另有所指,它们都隐含地接受一些应该被挑战而不是被强化的消极信念。

我以相当大的篇幅谈论如何提出问题,不仅是因为它们可以有效地改变你专注的方向,而且还因为其中含有基本的评估成分,只有通过评估才可以了解妨碍成就的局限性的价值观与联想。

评估的重要性

在进一步讨论以前,我想应该重新回顾心智的运作方式。虽然我们的活动直接受到潜意识心智的程序驱使,但根本性的决定因素是我们所持有的信念与价值观(不论我们是否能够认知)。具体而言,在潜意识的层次上,我们的行动受到两种主要情绪的驱使:追求快乐的欲望与避免痛苦的需求。此外,这两种情绪取决于潜意识中的联想,而联想的形成又是根据我们所接受的价值观与信念,这个程序未必受到意识的认可。

截至目前,我们似乎把"价值"与"信念"视为相同,实际上并非如此。价值是我们所追求者,是行动希望获得或保有的对象。为了判定价值,我们首先必须评估,换言之,根据价值的某种标准排列重要性。信念是评估所根据的标准,它们决定我们对价值的反应方式。价值是行动的对象,信念是标准,让我们可以根据某种方式体验价值。

例如,假定两个人都认为金钱有价值,换言之,两个人都希望赚很多钱。其中一个人对金钱的观念很健康,认为它是满足许多欲望的工具。然而,另一个人在潜意识中认为"金钱是万恶的根源"。如果两个人都赚了很多钱,第一个人可以充分享受,买一栋漂亮的房子,经常度假;第二个人可能无法真正享受他的财富,他在使用金钱时,会隐约浮现罪恶感。

你的道德结构(价值观与信念)将决定你的特质,进而决定你的行为。信念决定个性,它们决定你如何行为以及如何体验行为。了解价值观与信念以及两者之间的差别是非常重要的,所以我们将分别详细讨论。

价值与特质

除了生理特征之外,特质与个性让你成为真正的个人。你的特质取决于你的价值观是什么,你追求的是什么。你的个性取决于你如何行为。犹如先前所述,你的行为取决于你的价值观。你采取什么行为取决于你所采用的一组独特的法则或标准——你的信念。首先,让我们来讨论一下价值。

价值有两种基本类型:手段(means)价值与目的(ends)价值。你是否还记得我在第一篇中对经济学所下的定义?它是研究如何运用手段达到既定目的的科学。手段价值是我们生活中实际追求的形式,例如,金钱、事业、个人关系、健康与汽车。目的价值是我们希望实现的情绪性愉悦状况,例如,爱、成功、快乐、满足、舒适、安全与兴奋。在第二篇的讨论范围内,我们关心的主要对象是目的价值,生命是由目的价值驱动的。

我们所持有的每一种目的价值都存在一种消极的情绪，我们姑且称之为反价值（disvalue）。反价值是我们希望避免的情绪性痛苦状况，例如，被拒绝、失败、挫折、忧虑、愤怒、羞辱与沮丧。我们受到追求愉悦的欲望与（或）避免痛苦的需求所驱动，即我们的目的价值与反价值便是驱动者。

你可以对自己提出下列两个简单问题来判定你的目的价值与反价值：

在我的____中，什么最为重要？

在我的____中，什么是我希望尽可能避免的事物？

首先在空格内填入"生命"，其次再填入较具体的内容，例如，事业、人际关系或你希望考虑的任何生活层面。在回答问题时，以最快的速度写下答案，不可停顿。例如，你的答案可能是：

在我的____中，什么最重要？

爱　　　　　安全

成功　　　　成就

热情　　　　满足

冒险与刺激　同情

狂喜　　　　满头黑发

在我的____中，什么是我希望尽可能避免的事物？

被拒绝　　　生理的危险

失败　　　　愤怒

羞辱　　　　沮丧

尴尬　　　　秃头

在回答相关问题时，请留意不要把答案神圣化，第16章将处理这方面的问题。尽可能深入而诚实地回答这些问题。接着，将你的价值与反价值依据重要性排列。这可以反映价值体系的排列结构，或其重要性的顺序。现在，开始分析检讨，观察其中的一致性、冲突、局限性的价值与积极的价值。结果可能会让你相当惊讶。

例如，在价值排列中，"爱"非常重要；在反价值的排列中，"被拒绝"非常重要。你找到"爱"的机会有多大？在追求"爱"时，你难道不需要面对"被拒绝"的可能性吗？当然就是如此，而且请注意，避免痛苦的需求往往胜过追求愉悦的欲望。

在分析自己的答案时，你应该可以发现许多行为为何会产生。例如，如果你认为"成功"最重要，把"爱"摆在第二位或第三位，你很可能经常在办公室加班，宁可招致配偶或伴侣的抱怨。如果"尴尬"是最重要的反价值，你在社交场合可能害怕当众讲话或尝试新的事物。你的价值观与反价值观将决定你的特质。你如何采取行动追求或避开它们（你的行为）将决定你的个性。

如果你像大多数人一样，你的特质并不是根据有计划与有组织的方式界定的，而是通过一种渗透的程序逐渐发展的，你将在生命的过程中从外部吸收价值与反价值，例如，你的成长环境、教育与社交层面。你的价值观可能非常混乱而毫无章法，甚至相互矛盾。

或者，价值观的结构可能相当协调，但你的反价值观非常混乱。总之，如果你希望控制自己的生命，就必须了解自己特质的结构，才能开始展开你所希望的改变。

所以，我希望你坐下来，开始上述程序，尽可能探索自己生命中的各个领域。你可能会因此发现许多先前未察觉到的心智层面。

信念与个性

许多人可能具备类似的目的价值与反价值，但每个人的认识则不相同，这是因为我们的信念有所差异。信念有两种形式：对生命、人性与事物的一般性概念；衡量自身与他人行动之意义的法则。

一般性概念经常被称为整体信念（global beliefs），它反映我们对世界、人性与自身的观点。所以，整体信念的陈述，通常以动词"是"表达，例如，"生命是＿＿，人类是＿＿，我是＿＿"。

法则较为明确，它们决定某个结果必须以某些事件为前提。它们通常以"如果……那么……"的形式表达，例如，"如果我赚了100万美元，那么我将很快乐；如果你爱我，那么你应该尽可能地陪伴我；如果我犯错，那么我将因此学习。"每个人都有一组独特的整体信念与法则，从而决定我们独一无二的个性。

例如，不妨考虑我先前所讲的成功的必要条件：自信。自信的感觉来自你对个人意义与效力的认识。你对自己的感觉并不是取决于自己的行为如何，而是取决于你如何判断自己的行为，行为的判断又取决于判断的标准——你对意义与效力的信念。

例如，假定一位极具才华的年轻交易员，他以下列信念判断成功或失败：

  如果我是一位优秀的交易员，则90%的交易都会获利。

  如果我是一位优秀的交易员，则我赚的钱必须多于其他交易员。

  如果我是一位优秀的交易员，则我在任何市场上的操作都必须优于其他交易员。

这是一位相当有野心的年轻人！可是，他将因此注定陷入充满挫折与没有安全感的命运中。这些标准都是不可能的，任何人都无法依此建立稳定的自信心。

为了获取自信，你应该采用可能达到的标准。这看起来似乎有循环论证的意味，实际上并非如此。例如，如果我对经营事业的成功标准是：每个月都有盈余。这是可能达到的标准。反之，如果我将标准定为每个月净赚100万美元，则我很难在这个标准下获得自信心。

标准不同于目标。目标是你追求的真正对象，标准则是判断行为的参考依据。我希望每个月都净赚100万美元，我认为这是可能的标准（实际上并不是我的目标之一），但以它判断成功与自我价值，则属于完全不切合现实的标准。我相信为了追求成功，一方面你应该严格要求自己，设定的目标越高，你的成就也越高；另一方面，用来评估自我价值的标准应该设定得宽松一些。

在一般情况下，局限性的信念是失败的根源，这包括不能把生命视为愉悦的过程在内。以下是一些典型的局限性的整体信念：

- 我不够聪明。
- 我不够自信。
- 我太年轻。
- 我年纪太大。
- 我太无知。
- 我不值得拥有这些。
- 我永远也不可能富有。
- 我无法改变自己。
- 生命是一场诅咒。
- 生命是一场荒唐的梦。
- 生命是"一位白痴的梦话，充满毫无意义的声音与愤怒"。㊀
- 生命完全超出我的掌握。
- 人很残酷。
- 人很愚蠢。
- 人很懒惰。
- 人性本恶。
- 人们会尽可能地利用你，然后将你弃之如敝屣。

㊀ 莎士比亚的《麦克白》(Macbeth)。

如果持有这类信念，如何达到你的目标呢？

例如，如果你很重视"爱"的价值，你又认为人们会尽可能地利用你，然后将你弃之如敝屣，每当你体验"爱"的感受时，必然会兴起戒心，担心被利用。

如果你坚信自己不够聪明，不论你学习多么认真，你在知识的领域内都不可能达到独立的境界。在面对不同的看法时，你总是害怕别人比你聪明——你将觉得自己无法独立抉择。

犹如麦克白一样，如果你坚信人生就如同"痴人说梦"一般无意义，那么你将驱使自己迈向毁灭。

你的信念是自我实现的最终预言。务必记住，潜意识很容易受骗——它相信你要它相信的一切。如果你相信自己不应该享有财富，你的心智便不会让你富有。如果你认为自己不应该拥有爱情，它便不会让你拥有这种温馨的感觉。如果你认为自己不聪明，它就会让你愚蠢。

所以，如果你希望成功，就必须抛弃局限性的信念。修正局限性的信念，第一个步骤就是要认知它们是什么，而认知的对象则来自行动中的症状。这些症状非常类似于我们先前有关价值观的讨论，换言之，经常不能坚持追求自己的目标，并对自己提出消极的问题与陈述。这种类似性并不令人意外，因为价值观与信念之间存在密切的关系。

我们与自己的对话，以及我们对自己提出的问题，它们是信念之所以产生的原因与信念所造成的结果。例如，你对自己说："我实在很笨！"不论这种感受多么短暂，都会强化这个信念。你说的这句话基本上可能并没有自责的意思，但如果你经常这样对自己说，尤其在情绪激动的时候，你的心智将开始相信它。

同样，认知自己的局限性信念与法则的最佳方式，仍是对自己提出一些问题：

在我的____中，究竟是什么局限性信念妨碍我？

按照先前的方式来进行，首先，在空格内填入"生命"，尽快写下各种答案。其次，再填入较具体的内容，例如，事业、人际关系或你希望考虑的任何生活层面。

第二个步骤便是处理你的法则。如果你在认知局限性信念上有困难，第二个步骤或许可以协助你。首先，将你珍惜的价值按重要性排列。对于每一种价值，都问自己应该如何才能实现它。你回答的格式可能是"如果……则……"或是"如果要＿＿，则我必须＿＿。"例如，如果你非常重视成功，则情况可能是：

我必须如何才能感觉到成功？如果要成功，则我必须＿＿。

- 每年赚 100 万美元。
- 有一位迷人的配偶以及两个小孩。
- 拥有施瓦辛格的身材，身体的脂肪不可以超过 13%。
- 随时都觉得非常快乐。
- 永远不与任何人发生冲突。
- 永远不会觉得愤怒或受到挫折。
- 对所做的一切都具有无与伦比的技巧。

在适当的条件下，其中某些法则或许相当合理，但大多数不切合实际。反之，如果你认为，成功的感觉就是每天起床都准备尽自己所能度过每一天，情况可能就会大不相同。没有人可以随时都觉得非常快乐，每个人都会有愤怒和觉得受挫的时候。并非每个人的身材都能与施瓦辛格相媲美。

我的重点是：我们经常设定一些不可能的法则，因而剥夺了任何成功机会。

在练习时，你经常会发现自己是根据手段价值表示成就的，例如，金钱的数量。你的价值观、重要的信念甚至你的法则，都可能相互协调而具有积极的意义，你却对实现目的价值的手段价值持有消极或相互冲突的信念。为了了解这些消极的信念，你可以运用下列填充技巧：

拥有（手段价值）意味着____。

在回答问题时，首先从效益的角度考虑。例如：

拥有很多财富意味着____。

- 我可以完全自由。
- 我有更多的时间陪伴我心爱的人。
- 我不用再担心账单。
- 我可以得到我想要的衣服、房子与汽车。
- 我不再需要仰赖公司的福利。

其次，列出你认为该手段价值可能造成的消极影响。例如：

- 金钱是万恶的根源。
- 金钱不能买到幸福。
- 为了富有，你必须剥夺贫困者。
- 富有者无法进入天堂。
- 赚钱意味着我必须违背良心。
- 赚钱意味着我必须承担很重的责任。

如果你探索自己的心智，你就可以发现许多你意想不到的局限性信念，它们妨碍你希望拥有的感觉，以及在生命中希望达到的境界与目标。在面对这些心智被视为"自明的真理"时，你可能会说："这实在没有什么道理。"你可以提醒自己，富人不完全是势利鬼，如果你有钱的话，你并没有必要成为一个势利鬼。总之，你可以在心理上取消这些信念的有效性。

现在，我要告诉你的是：**你具备成功需要的智识与能力，只要排除自己设定的限制**。所以，检视所有的信念与法则，辨识其中所具有的局限与不可能性。

截至目前，我主要是讨论如何辨识局限性的信念，但为了修正，你必须排除这些信念，并代之以积极而有利的信念。让我列举一些积极的整体信念，你可以根据这些脉络设定属于你自己的适当信念。

积极的整体信念：

- 生命充满无限的可能性。
- 每个问题都代表新的挑战与新的成长机会。
- 我很幸运能够拥有健康的身体。
- 我有能力控制自己的命运。
- 人们是提供知识、启发与欢乐的源泉。
- 我决心做的事，总有实现的方法。

在界定你希望采用的新法则时，务必让自己容易获胜。这些法则应该让你感觉热情、挚爱、快乐、成功……没有必要设定困难或不可能的法则。

没错，生命永远必须面临挑战，但在不断追求目标的过程中，挑战已经足够多了，我们不需要再"做些不可能实现的美梦"或"攻击不可能被打败的敌人"。人生苦短，我们不应该再为自己设定障碍而使生命显得乏味。

在花费相当工夫做完这些练习以后，你将了解对自己造成限制的价值与信念，你对希望采用的价值与信念也应该有明确的概念。现在，问题是实际上如何进行。我们又面临相同的问题，知识本身并不足够，我们需要一种执行的方法。这便是投射发挥作用的场合。

如何管理潜意识

我们的生命中都曾发生过重大事件，在回忆时，当时的快乐或痛苦又历历在目。例如，你或许在事业中曾经赢得重大胜利，每当回想当时的情况时，你便面露微笑而觉得非常骄傲。或者，你曾经遭遇一段感情的波折，而每当回想起历经的冲突与失去的一切时，你便心痛如绞。

当你将某些事件投射于未来时，也可以因此感受快乐或痛苦。你可以设想自己沐浴在巴哈马的明媚阳光中，手中拿着饮料，阵阵凉风袭来，耳边又隐约可以听见浪花拍打岸边的声音。当你想象这些景象时，便觉得全身轻松而面带微笑。或者，在你开车的时候，想象某人突然冲到车前被你撞死，这将是一幕可怕的景象。

快乐与痛苦的感受不仅局限于目前，我们还可以将它们由过去呼唤出来，并投射至未来。

因为潜意识受到两种主要情绪力量的驱使——避开痛苦的需要与追求快乐的欲望，所以当我们希望消除某种局限性的联想时，应该劝服潜意识了解，该联想可能会造成非常的痛苦。

反之，当希望建立积极的新价值观或信念时，你必须劝服潜意识了解，它们将带来极大的快乐。

在意识的层次上，我们需要将消极和局限性的价值观与信念，连接至过去、现在与未来的痛苦，并将积极而有益的价值观与信念，连接至目前与未来的快乐。

安东尼·罗宾斯设计了一种方法，他称之为狄更斯模式（Dickens pattern），这个名称取自狄更斯的小说《圣诞颂歌》（*A Christmas Carol*），其中一位神秘的精灵以类似的方法应用在斯克鲁奇身上。这位精灵带着斯克鲁奇前往过去、现在与未来，并展示他一生中种种的快乐与痛苦。有一点特别值得注意的是，促成斯克鲁奇改变最有效的诱因是目前的行为将导致的未来痛苦。

狄更斯模式的基本内容如下：

1. 选取一种你希望改变的信念。闭上双眼，回想这种信念在过去所造成的种种痛苦，感受它所形成的重担，回忆这种信念所导致的各种后果。想想，你因此损失的一切，爱情与乐趣。这种信念对你的经济、事业与人际关系造成哪些影响？全身心地专注于你曾经遭受的痛苦与损失，就如同它们又重演一次。尽可能回想所有的痛楚经历，这一切都是因为这种局限性的信念。

2.仍然闭着双眼,思考这种局限性信念在目前所造成的痛苦,包括过去经验所导致的一切伤害。你现在觉得怎么样?你是否觉得精疲力竭?你是否觉得无助,不能控制自己的生活?它们怎样影响你的社交生活?你是否因此错失许多欢乐的机会?它们如何在生理上、情绪上与精神上影响你?感受其中的痛苦。

3.迈向未来,将这种信念引发的痛苦投射至1年以后。拖着过去的沉重包袱,感受它的压力。这种痛苦会让你在事业上付出什么代价?它会让你在人际关系上付出什么代价?对你的自我形象与自信心会造成什么伤害?在情绪的层次上,确实感受相关的痛苦,运用你的身体,深呼吸,摆出承受痛苦的姿势。回想历历在目的痛苦,专注其中。接着,将自己投射至5年之后,并重复上述痛苦程序。想象这些失败在你的生命过程中将扩大到何种程度,并感受这些失败不断累积的压力。你对自己说些什么呢?你对自己的感觉如何?你变得更坚强或虚弱,更能控制或更失控?回想自己持有这种局限性信念所造成的结果。你看起来是否老态龙钟?你看起来是否精疲力竭?你看起来是否狼狈不堪?你在生命的每个领域内都付出什么样的代价?你心爱的人将如何受你拖累?漫长的5年。让你感受的痛苦不断地强化,让你的身体随着痛苦而消沉。回想生活中每一层面所受的打击。接着,将痛苦投射至10年与20年之后,并重复上述程序。

> 附注:如果你诚心进行这种程序,那么这将是一种痛苦不堪的经验。以特里(我的撰稿人)来说,当他将痛苦投射至1年时,便有强烈的放弃行动。然而,如果痛苦足够强烈,人的心智将迫使你立即改变。尽你所能,让未来的痛苦尽可能生动。

4.将自己拉回到现在,活动一下筋骨,深深地吸几口气,运用你的身体让自己觉得精力充沛。彻底忘掉局限性的信念,专注于你希望采用的崭新信念。你的心智已经准备接受变化……让自己感觉期待的兴奋。以意义明确的词句表达新的信念,并想着:"如果我现在拥有这种信念,我的一生将因此截然不同。"

5. 闭起双眼，设想自己现在已经改变信念，会有什么变化呢？想象自己得到的控制感与自信心。体会控制与自信的感觉，运用身体强化这些感觉。尽可能地深呼吸，设想自己现在已经拥有这种信念。接着，将自己投射至5年之后，并携带着这种信念5年来累积的成就。你觉得如何？是否更能控制自己的生命？是否更觉得精力充沛？是否觉得自己更有魅力？是否觉得更能贡献自己？是否更有自信？对生命是否更充满热情？这种积极的信念又将如何影响你的经济状况？你是否可以尝试以往不敢尝试的事物？这些改变将如何扩展到生命中的每个领域？你的人际关系是否将更圆满？感受相关的变化，让它们反映到生活的每一层面。秉持着这种信念，你对自己这5年来的表现觉得如何？再往前移动5年，并重复上述程序。看看这10年来的变化！一切是否大不相同？体会生命层次所呈现的提升。现在，往前移20年，感受其中的生命变化与扩展！

6. 观察这两种信念带来的结果，决定你选择何者。回到现在，感受新未来将产生的兴奋与无限的可能性。

7. 坐下来，记录每种新信念将如何提升生命的意义。

上述程序是在你的潜意识中建立新的联想。它将所追求的积极改变，连接至快乐，而不是痛苦。

几乎所有局限性信念都可以通过这种方法改变。至于效力的程度，则取决于你如何进行这种程序，如何让相关痛苦与快乐生动地呈现出来。我提出这种方法的动机，是希望你尝试并体会其中的潜能。我强烈建议你进行这个实验，研究安东尼·罗宾斯与其他人的著作，自己便能够进一步提升改变的能力，控制自己的生命。

关联设定

每一天的每一个时刻，你的潜意识都不断地形成联想，将人、事、物连接至快乐与痛苦。本章所有的内容都在说明如何控制这个程序，并以此来引导自己的生活。我最近学习的一种方法尤其强而有力，它被称为关联设定（anchoring）。

关联设定是一种潜意识的心智程序，它将某种感觉刺激，连接至某种或某组情绪状况。这是什么意思？每当你处于相对强烈的情境中时，任何显著而重复的外在刺激都可以关联至你经验的情绪。如果这种关联足够强烈，每当这种外在刺激发生时，便可以实际引发所关联的情境。

外在的刺激可以由五种感官构成。例如，当你从车子的后视镜看到后方出现闪烁的警灯时，这会引发何种情绪？大多数人会觉得很懊恼，不论你当时是否做错了什么，因为你过去曾经在这种情况下被开罚单。

某首歌或许可以唤起你心中的某种感觉或记忆。假定你与高中时代的异性知己，在某种特殊的情况下曾经一起听一首"你们的歌"。现在每当听到这首歌的时候，你很有可能会想起她（他），以及当时共享的欢乐或痛苦情绪。你的配偶或密友可能有某种特殊的小动作或说话语调，可以唤起亲密与温馨的感觉。当你闻到面包香味时，你可能会产生饥饿的感觉，即使你一个钟头以前才吃过午餐。

我先前曾经提到身体的仪式，它们便可以引发潜意识中设定的关联。你实际上可以设定关联，让它引发你希望的情境。如果你希望工作可以专注，你可以发展出一种"感官刺激–设定关联"的联想，让它唤起你需要的情境。我再引用安东尼·罗宾斯提出的方法：

> 这基本上涉及两个步骤。首先，将自己投入某种希望关联的情境。其次，当处在这种情境的巅峰状态时，你必须不断提供某种特定的刺激。例如，当某人大笑的时候，处于一种特定的情境中——整个身体当时都完全配合这种情境。这个时候，如果你以某种特定方式扭他的耳朵，并发出数声特定的声音，稍后再提供相同的刺激（扭耳朵与声音），这个人又会开始大笑。⊖

⊖ Anthony Robbins, *Unlimited Power*, New York: Ballantine Books, 1987, p.321.

关联设定的四个基本要素是：㊀

1. 情境的强烈程度——设定一个有效而持续的关联，你需要处于强烈的情境中，整个身体与心智都应该涉入这个情境。关联设定的强度与经验的情绪强度之间存在直接的正向关系。

2. 设定的时机——引发情境的感官刺激（可以是声音、景象、触觉、味道或其综合）应该建立于情境的巅峰状态。

3. 刺激的独特性——应该选择不寻常的刺激。如果你有摸下巴的习惯，便不宜作为设定关联的诱发因子，因为你可能无意中引发刺激，你的心智并不知道如何因应。在这种情况下，刺激的鲜明程度会稀释，关联设定也将无效。关联设定最理想的诱因应该由几种独特的感官知觉组合而成。

4. 刺激的重复性——刺激必须可以重复。例如，如果关联设定是以某种语调说"我爱你"，你必须能以相同的语调说"我爱你"，这样才能引发相同的反应。

在关联设定的程序中，通常必须重复数次才能成功，数次以后应该试探。我认识一位年轻人，当他与漂亮的年轻女孩对视时，总是没办法微笑。他并没有害羞的感觉，就是没办法微笑，于是，他开始进行关联设定。

一天，当一位非常迷人的女孩对他微笑时，他发觉自己也露出了微笑。因为他刚学习了关联设定的方法，并认为这是一个理想的机会。当时的感受正是他希望的感觉，而微笑正是他希望的反应，于是他触摸左耳垂上方的耳骨。现在，每当他以相同的方式触摸左耳时，便会露出友善的微笑。

在改变心智时，我建议你采用关联设定作为辅助性的工具。这是一种非常有效的方法，因为它直接以潜意识为对象。它可以根据你的需要管理你的情绪。在工作的时候，它可以协助你保持专注；在疲倦的时候，它可以让你精力充沛；在沮丧的时候，它可以让你兴奋；在演讲的时候，它可以让你觉得自信而热忱。

㊀ Anthony Robbins, *Unlimited Power*, New York: Ballantine Books, 1987, p.222-223.

它为何有效？我实在不知道。在《小飞象》的故事书中，一只大耳朵的小象认为，只要它持有"神奇的羽毛"便可以随意在天上飞翔。当然，羽毛实际上没有任何魔力，这只是一种心理的凭借而已。关联设定或许仅是另一种神奇的羽毛。然而，这又怎么样？它确实有效！

小结

截至目前，我提出了一个核心问题，并给出了解决之道：如何取得稳定性的能力，使你能够根据自己的知识行动。我明确问题的核心：理性与情绪之间的冲突。我讨论人类心智中的超级电脑，并说明成功的关键是：建立的目标能够受到协调而强烈的动机与决心所支持。

在本章中，我简略地谈及一些技巧，以获得所需要的动机与决心。所有观念都来自阅读与学习，并思考人们（包括我个人在内）为何产生各种行为以及如何改变行为。然而，这方面的讨论受限于本书的宗旨与篇幅，只能概略地说明。在我讨论的范围之外，还有许多相关知识，建议你可以进一步去探索。本书提供的参考文献是一个相当好的起点。

我在观察自己与其他人的行为时，发现任何人都可以改变自己，只要他有改变的欲望。我认识一个人，她经常打电话给我，讨论她的个人问题。她的生活是由一些不同形式的同一错误构成的一个永无止境的循环。我非常关心她，因为她具有无限的潜力。然而，当我观察她与周围的人时，我发现一种共通的现象：追求悲惨的热情。

我当初无法相信这种现象，后来在一位心理学家卡伦·霍妮的著述中我发现了相关解释，某些人会陷入自我毁灭的循环中，并在一种强烈的热情驱动下，不断地重复相同的错误。

这种程序环绕在一种有组织的微妙体系中：谬误的自尊。这是一种非常普遍的心理，几乎存在于我所认识的每一个人身上（包括我自己在内）。所以，我认为这是一个值得探讨的问题。我将在第16章中讨论这个问题。

| 第 16 章 |

克服谬误的自尊

> 自我认识……本身不是目的,而是一种释放成长力量的工具。
>
> ——卡伦·霍妮

交易失败最重要的理由

在思考交易者成功与失败的原因时,最令我困惑的是人们竟然具备如此可观的自欺能力。我不了解某些优秀的交易员为何会在交易中违反明显的交易法则。我也不了解某些交易员为何不断地重复相同的错误,而且永远无法从错误中学习。我更不了解某些明显不快乐甚至悲惨的人,每天早晨起床,都必须再面临不快乐与悲惨的一天,却完全不尝试思考究竟出了什么差错,当然更别提改变了。

我知道这种现象的根源应该与自欺和合理化的借口有关,但其严重程度却让我心惊肉跳。在探索这方面的问题时,我觉得有点无助。我几乎阅读了心理学领域内的每一本书,试图了解这方面的问题。后来,我发现卡伦·霍妮的著作《神经症与人的成长》。⊖这本书让我深入了解了人类的自欺行为,

---

⊖ Dr. Karen Holly, *Neurosis and Human Growth*, New York, W. W. Norton & Company, Inc., 1950。除非另有说明,否则本章所引用的文字皆出自这本书。

我有强烈的欲望将其中的内容与你分享。它不仅让我了解了自欺的观念，更让我进一步了解了我自己的某些动机，包括积极与消极的动机。

根据霍妮博士的说法，每个人天生都具备一组既定的潜力，而且我们有天生的欲望去试验它们。换言之，我们天生都具备真正的自我，生命的宗旨便是通过自我发现的程序，实现这个自我。然而，我们生存在一个不完美的世界中，所以"在内在呈现压力的期间……个人可能会与真正的自我产生疏离。于是，他会根据内在指示的严格系统用大部分精力来塑造自己，并让自己成为绝对的完美。他会塑造一种神格化的完美自我形象，并让自尊陶醉在他认为能够或应该达到的境界中。"

这种人为的观点成为一位暴君，驱使人们在心智上重建现实，符合他自身、他与世界之间以及他与其他人之间的理想化形象。结果使谬误与逃避的系统不断膨胀，从而使人们越来越不能够辨识与接受现实。

我将要解释的问题非常微妙，必须分别讨论其中的基本概念，它们组成一个庞大的虚幻系统——谬误的自尊，这种幻觉不时地困扰着交易者。霍妮博士在她的著述中详细地说明了谬误的自尊的系统，本章仅提供我认为最相关的部分：理想化的自我形象（the idealized self-image）、追求荣耀（the search for glory）、应该的暴君（the tyranny of the shoulds）以及神经性的自尊（neurotic pride）。在金融交易与社会中，这些概念都非常普遍，所以它们对自我认知的了解有不可忽视的重要性，犹如先前的讨论，自我认知是个人任何改变与成长的第一步，对交易者来说更是如此。

我认为，在金融圈内自我认知的重要性远胜过其他行业。我有明确的理由支持这种看法，当你交易的时候，法官的锤子每天都会敲在账册上。医生可以掩饰自己的错误而告诉患者的亲属，"我已经尽力了，但……"律师在结束辩护的前一天晚上，可以彻夜地喝酒，当输了官司的时候，他可以说服自己与客户，陪审团的立场不公正。然而，一位交易者无法欺骗任何人，也无法说服任何人。市场是最后的审判者，每天都会下达判决。所以，我认为，对一位成功的交易者、投机者或投资者来说，了解谬误的自尊系统究竟如何运作，绝对有其必要性。

你的邪恶孪生兄弟：理想化的自我形象

你可以将既定的潜力视为核心的自我，它是生命希望实现的对象。不幸地，许多人经常追求一组谬误的潜力，这是我们在自我发现的过程中，赖以防范痛苦的工具。我们发展出一种双重的自我，并使自己陷入内在的冲突中。一方面，核心的自我（我们的生命应该如何的一种标准）始终存在，我们自然希望实现真正的潜力；另一方面，我们却发展出一位"邪恶的孪生兄弟"试图凸显不切实际而理想化的潜力，破坏核心自我的成长。

通过想象力，这位邪恶的孪生兄弟建立了一座堡垒，来防范我们感知充满敌意的现实。基于保护的缘故："不知不觉地，想象力开始发挥作用，并创造出一个自我的理想化形象。在这个程序中，它让自己具备无限的权力与超凡的能力，它成为一位英雄、天才、情圣与神人。"

追求荣耀

根据前几章建立的心智模型，我们的行动是由潜意识中的价值观与信念驱动的。根据霍妮博士的见解，如果人们采用一种自我的理想化形象来防范基本的忧虑，⊖则以模型来做合理的推论，人们会试图把理想化的自我形象实际化。引用霍妮博士的说法：

……自我理想化不可避免地会演变为一种更广泛的欲望，我建议称它为追求荣耀。自我理想化始终保持中心的地位，其中的其他成分，永远都会呈现（虽然不同的情况会有不同程度的力量与认知）对完美与神经性野心的需求以及一种报复性胜利的需求。

⊖ 根据霍妮博士的说法，基本的忧虑是一种根深蒂固的感觉，"在充满敌意的世界里，一种被孤立与无助的感觉"。

完美的需要，这与大多数人都有关系。错误与痛苦是人生中必然的成分，这是最难以接受的事实之一。我要提出一个问题："为什么如此难以接受？"

我想，这可能是因为它违反了理想化的自我形象。如果我们自认为完美，那么我们应该不会犯错，也不会承受痛苦，我们应该能与任何人相处，我们应该可以说服每一个人，我们应该……

应该，应该，应该。完美的需要反映出一组僵化的"应该"与"禁忌"，它们是理想化自我形象的必要条件。第15章的例子曾经提及一位交易员，他采用全然不切实际的标准评估成功。这类人可能就是受到理想化自我形象的主导。

以交易员的身份来说，我有一个严重的弱点，它至少一部分是来自完美的需要。在市场的主要转折过程中，我经常称自己为"完美主义者"。自从1971年以来，我仅错失了两个主要的下跌行情，对于其他行情走势，我都能精确判定出转折点。然而，在误判转折点时，我总是非常不愿意进场顺势交易，这是相当严重的缺点。例如，1990年7月底，我正等待卖空的机会，在我还没有建立头寸之前，伊拉克突然攻击科威特，这使我措手不及。

我看着价格一路挫跌，却无法迫使自己在下跌的过程中进场卖空。如果我采取行动，至少可以获得10%的利润，但我并没有这么做……一旦错失了高点，我总是担心在低点卖空。

另一个例子发生在1989年，我没有留意商品市场的某些发展，并因此错失了理想的买进或卖空机会，我对自己非常生气。作为交易者，我确实应该留意市场的发展，但作为人类与生意人，我当时的注意力并没有放在市场中。然而，我无法接受这个解释，并因为自己不是一位完美的交易者而对自己非常不满。

这两个例子都说明追求完美的需要如何影响我们的生命。完美的需要是一种非常强烈的力量，我准备在"应该的暴君"一节中再做完整的讨论。

神经性的野心（neurotic ambition），追求外在成功的强制性欲望，即追求荣耀的一个层面，这种特质在华尔街尤其普遍。这种现象并不令人惊讶，因为这类野心需要在竞争性的环境中得到滋润，而华尔街极具竞争性。

神经性的野心试图证明与实现非凡的个人特质。一个缺乏真正自信心的人将追求较高的地位，以达到纳撒尼尔·布兰登所谓的虚假的自尊。在神经上充满野心的人，相信自己是天才或无所不能，他们需要以外在的成就证明自己。这类人为了将理想化的自我实际化，他们必须追求"最佳"，并被认为是"最佳"。

然而，由于追求的理想在本质上属于想象与不可能，因此一切势必徒劳无功。这些试图将理想化自我实际化的人，他们将永远无法停止追求。停止追求需要承认他们对自己与世界所持的观点有误。基于这个理由，神经上具有野心的人，其特点之一经常是才华横溢，他们追求的一切在性质上都属于强制性，而且永远无法真正体会个人的成就感。伊凡·伯斯基（Ivan Boeskey）便是个典型的例子。他以金钱，而不是自己的努力，购买成功，这并不完全是为了金钱，而是因为神经性的野心。

神经性的野心以及对成功与财富真正的需求，两者之间经常有明显的差异。这种差异反映在个人的动机上，以及目标实现时的情绪反应上。对神经上具有野心的人来说，生命不被视为一种程序，而是通往不可能未来的途径。行动仅是一种宣泄："当他们获得更多的金钱、更崇高的地位、更大的权势时，他们也将会受到徒劳无益的冲击。他们不会因此感到心灵的平静、内在的安全感或生活的乐趣。他们追求荣耀的幻影，却无法平息内在的沮丧。"

神经性的野心在华尔街尤其普遍，我并不是指大多数人都有追求外在成功的强制性神经欲望。然而，我相信金融圈内许多人（尤其是交易员）都有强烈的神经性野心成分。

"如果我富有，我将很快乐。"每当我们的大脑中闪过这个念头时，那便是神经性的野心在作祟。在这类信念的表面之下，蕴含着谬误与理想化的信念，认为如果我们富有，便会或能够如何。精疲力竭也是神经性野心的症候，尤其是过去的成功交易者。追求荣耀的徒劳行为终究会使人精疲力竭。我们的欲望多寡来自神经性的野心，这是自我认知的重点之一，它会破坏我们享受人生过程的能力。

就造成的伤害与痛苦来说，追求荣耀最严重的影响是对报复性胜利（vindictive triumph）的需求。这个成分在大多数人身上并不是特别明显，但每个人多少都会沾染这种色彩。霍妮博士认为：

> "报复性胜利的需求"可能和实现个人成就与成功有着密切关系，若是如此，主要的目标便是羞辱他人，或以自身的成功击败他人；或是取得权势与地位使他人受苦——通常都是以羞辱的方式表现。此外，由于追求超凡的境界仅是一种幻想而已，因此报复性胜利的需求在表现上便成为一种不可抵挡而无意识的行动，主要是挫败或凌驾他人。我称此为"报复性"，因为其动机来自报复孩童时期所受的羞辱——这种冲动在后来的发展中又受到强化。

在《华尔街》这部影片中，戈登·盖柯（Gordon Gecko）的特性便充分反映出报复性胜利的需求。盖柯拥有庞大的财富与权势，这主要是基于报复性胜利的需求。他不是根据世俗标准而是以金钱的多寡来衡量成功与失败。他以操控市场的能力衡量成功，并在这个过程中伤害与控制相关的人。在这种冲动的驱使下，他将一位（在神经上）野心勃勃的年轻人纳为羽翼，盖柯利用他摧毁任何妨碍理想化自我形象的敌人。

在进一步说明之前，我希望澄清一点，《华尔街》这部影片使我很生气，因为它从谬误的角度形容华尔街的运作方式。它暗示具有权势的人们，尤其是在并购活动中，大多都阴险狡猾并充满报复心理。《华尔街》确实有戈登·盖柯这种人，但并不普遍；成功的人一般仰赖的是能力，而不是寄生的行为。我在一个电视节目中听说，《华尔街》的作者奥利弗·斯通（Oliver Stone）的父亲是一位股票经纪人。作者如此污蔑他父亲的职业相当有趣。或许报复性胜利的需求便是他的动机根源,谁知道?

虽然如此,在现实世界中,许多大企业内确实存在"政治性"的运作与"钩心斗角"的活动,盖柯生动地反映出这些。另外,他也反映出一般人受到伤害时的报复心理。

报复性胜利的需求本质上是一种破坏性的冲动,它会伤害自己与周围的人,并经常以明目张胆的方式表现。例如,我曾与一位交易员共事,他最心爱的一本书便是马基雅维利(Machiavelli)所著的《君主论》(The Prince),他每天都与这本书同眠共枕。我看着他利用同事之间的友谊与信赖,迫使同事遭到解雇。当我质疑他的道德观时,他回答:"如果你希望在这个世界上高人一等,你就必须这么做。"

我并不认为,"追求荣耀"在每个人身上都是非常重要的冲动;我也不认为,这个世界上充满这种无助的神经病患者。然而,我确实相信,几乎每个人身上多少都有追求荣耀的成分,并导致许多无谓的错误、失败与痛苦,尤其是证券交易者。可是,这些冲动都深深地隐藏在内心深处而难以认知,并且混杂在健康的动机中。所以,我们必须能够辨识来自追求荣耀的动机。

强制与想象

就特质来说,来自追求荣耀的动机与健康的动机有两点不同:一是强制性的特质;二是霍妮博士所谓的想象的特质。

强制性的行为是指其动机来自规避错误感知的痛苦。根据霍妮博士的说法:

> 我们称某种欲望为强制性,是指它不同于自然的欲望。后者来自真正的自我,前者由神经结构的内在需求决定。为了避免忧虑、被他人拒绝、罪恶感、冲突以及其他类似的痛苦感受,个人必须压抑真正的欲望、感受与利益,而遵照强制性欲望的指示。换言之,在规避某种危险时,自然与强制的差别,也就是"我希望"与"我必须"的差别。

这段评论完全符合我们在第14章与第15章中所提的脑部模型。我们虽然具备意识上的意图，却经常受到内在动机的驱使，它们来自潜意识中我们未认知的价值与反价值。在追求荣耀的过程中，我们被迫采取行动，并使理想化的自我形象免于受损。所以，当我们受到追求荣耀的欲望驱使时，行为上将呈现出：不顾自身的最佳利益，采取强制性的行为，追求荣耀的强制性特质，可以使人"漠视真理，而不论该真理是否关系自身、他人或单纯的事实"。例如，我们在第13章中曾经讨论交易员约翰，他认为债券价格"必须下跌"。实际上，他的意思是："我的判断必须正确！"再举一个例子，对绝大部分人来说，他们关心"自己正确"的程度远超过事实的真相。

除了强制性以外，追求荣耀的想象力特质也颇值得我们重视。想象力是一种美妙的能力。它使我们可以将自己投射至未来，在心智上可以重新整理现实中的对象，以设定目标使它们具有可行性。然而，如果我们的行为只是基于纯粹的想象，则想象力是一种破坏性的工具。

当愿望被视为权利时

理想化的自我形象与追求荣耀都是想象力的产物，而且唯有不断地通过想象力的运作，才可以维系。以这种方式运用想象力，它将成为一种自欺与寻找合理化借口的工具。事实上，在追求荣耀的过程中，我们是生存在虚渺的幻境中。当易受骗的潜意识将虚渺的幻境视为现实时，愿望将转化为对现实的请求权利（wishes become claims on reality）。

第15章曾经提到，我们必须留意自己与自己的对话，尤其是对自己提出的问题。我建议你防范某些问题，例如，"这种事情怎么会发生在我身上？他怎么可以这样对我？这个世界为什么这么不公平？"不妨考虑这些问题的含义。

当你问"这种事情怎么会发生在我身上"时，这是否意味着你有权利要求更多，这是老天爷或命运欠你的？当你问"他怎么可以这样对我"时，这是否意味着其他人应该自动地了解你，并提供你需要的一切，这是否意味着其他人必须迎合你的需要？当你问"这个世界为什么这么不公平"时，这是否意味着现实世界并不符合世界应该有的定义？

我认为正是如此，所有的含义都显示，愿望已经被转化为对现实的请求权。这更反映出一种潜意识的信念，现实应该遵从你的需要，而不是你的需要应该回应现实、你的目标以及个人感受的事实。

所有被视为权利的欲望都具有一个特点，它们都被视为不受法则管辖的例外。它们就是不一样，它们是少数真正了解爱、正义、人性……的人特有的权利。就交易员来说，他们虽然了解交易准则的必要性，但其"卓绝的智慧"使他们得以不受限于交易准则。当行情出现不利走势时，他们会有强烈的不公平感。

将需求视为权利的人，不愿意承担失败的责任，也不愿意处理现实的问题，仅根据自身愿望判定真理与谬误、对与错、敌与友。这种与现实全然无关的愿望将成为评估一切的标准。

我在本章之初曾经说过，人们的自欺能力使我非常困惑。现在，对旁观者来说，我了解自欺深植于被视为权利的愿望中，换言之，存在于追求荣耀所驱动的想象力中，这些人几乎不能辨识真理与合理化借口之间的差异。霍妮博士认为：

> 神经性的请求权利……是以自身之外的世界为对象的：他尝试主张一种例外的权利，这是他特有的权利。他觉得自己有权利不受任何限制而生活在虚幻的世界中，他实际上认为自己可以超越一切。当他无法维系理想化的自我时，他所具备的权利使他可以将失败的责任归咎于外在因素。

当你与这类人交谈时，不论你的见解多么合理与具有说服力，即使费尽口舌，他们就是听不进去你的话，因为经过扭曲的现实会过滤他们的感知与认知。

自欺并不是意识的抉择，它是在潜意识系统内经过长期发展而成的。在心智中，它被视为真理而受到周全的保护，唯有现实当面挑战它时，人们才会觉得受到威胁。即使如此，他们还是会诉诸理想化的思考模式，例如，"我还没有达到那种层次，但总有一天，当我到达完美境界时，我就会得到应有的报酬"。

有一句俗语说，"你无法改变他人的见解，他们必须自己改变"。一般来说，唯有整个世界都在他们面前崩解，唯有他们已经毫无退路而只有向前时，他们才会考虑改变。我讨论这些内容是希望你不要陷入追求荣耀的恶性循环中，不要被逼到墙角而毫无退路。

身处绝境并不是改变的必要条件。从现在开始，观察我所提的症状。一切只要面对自己的问题，并承担责任。

犯错是金融交易的一部分。当现实直接向你挑战时，尽可能试问自己，你的什么行为将导致这一切；这不应该以自责的方式为之，而应该将它视为积极改变与成长的机会。

应该的暴君

根据截至目前的讨论，可以得出一条结论，自我的理想化与其引发的追求荣耀，将形成一种傲慢的自我偏执（arrogant egomaniac），若非是因为我仅简略讨论了追求完美的需求。假定在某种程度上，人们会建立超凡的自我形象，则在潜意识中，他们将"被迫"与这个形象共处，不论它如何不切实际：

> 他的心智保持着完美的形象，并在无意识中对自己说："不论你实际上是多么丑陋的生物，你应该如此，理想化的自我才是最重要的。你应该容忍一切，应该了解一切，应该与每一个人融洽共处，应该具有生产力……因为它们都属于无情的应该，所以我称为'应该的暴君'。"

在需求完美的表面之下，基本上是一种不满意与缺乏自我价值的感觉。追求完美仅是一种盾牌，以防范心智认知上的不满意。这些人只要保持着完美的形象，并追求它，他们便可以感受自身的价值，甚至表现出优越感。他们自认为是人类中的少数优秀分子，愿意做必要的牺牲而使"真正的"自我实际化。他们将别人的快乐都视为"肤浅"或"虚假"。唯有他们，以及少数"理想的女人"或"理想的男人"（这样理想的人是他们希望而不曾遇见的人），才理解这类荣耀。然而，最根本之处却是缺乏真实的自我价值感，而这种感觉会以不同的方式浮出表面。

在追求荣耀的所有动机中，我相信需求完美是最重要的，而它反映在应该的暴君中。真正而自我选择的价值观与目标被搁置一旁，它在潜意识中受到完美的需求所驱动，并采用一套内部指令的僵化系统："它包括'他'应该能够做、能够成为、能够感觉、能够知道以及不应该的禁忌。"

每个人都需要仰赖真正的价值与反价值系统，并以其作为行为的准则，但这与上述僵化系统之间通常都有明显的差异。所以，我们必须了解两者之间的主要差异，以辨识真正而有益的价值观与信念，以及追求完美所关联的"应该"或内部的指令。

第一，"应该"或内部的指令，并未考虑其可行性。人们相信他们应该同时是完美的交易者、完美的丈夫（妻子）、完美的父亲（母亲）、完美的音乐家与完美的运动选手。他们应该可以轻而易举地解决自身与他人的问题。

第二，"应该"并不考虑成就所必须具备的条件。因此，交易者可能了解，他必须具备充分的市场知识才可以有效地交易，但他认为读一两本书便足够了。就如同任何技巧一样，一位优秀的交易者需要长期的学习，每天专心研究，但他会故意忽略这一事实。在这种情况下，交易者不可避免地会犯错，而且无法通过学习来修正。他不会把失败归因于知识不足，而会归咎于某些外部因素。

第三，内部指令的运作"不理会自身的心灵条件——他当时所能感觉或满足的条件"。他绝对不应该感到受伤害，他绝对不应该感到愤怒，他绝对不应该缺乏工作的欲望……"他就是对自己下达绝对的指令，完全否决或漠视实际存在的缺失"。

第四，"应该"具有抽象的性质——它们缺乏道德理想所具备的真正与自然的特质。我的意思是，"应该"本身被视为目的，而不是达到目的的手段。

第15章曾经讨论人们对自己设定的局限性价值观与信念。你是否察觉到，在应该的暴君与局限性的联想之间存在着关联？再次，应该的暴君会反映在你对自己与他人的对话中。

如果你对自己说"我必须"，那么你已经把行为的动机，从自身的宗旨与目的中转移到外部因素，结果你体验的并不是你自己的行为。

如果你对自己说"我必须能够"，那么你已经剥夺了自己从错误中学习的机会，因为你会忙着责怪自己的错误，而无法从客观与积极的角度来观察自己所犯的错误。

追求完美的人，试图把自身与理想化的自我形象和内部的指令视为一体：

> 在意识或潜意识中，（他试图）以自己的标准为豪。他不会质疑它们的有效性，并尝试通过某种方法将它们实际化，他可能试图以实际行为实现它们。他应该是每个人推崇的对象；他对每一件事的知识都应该优于其他人；他绝不应该犯错；他尝试的每一件事绝不应该失败……而且，在他的心智中，他确实自认为符合这些超级标准。他的傲慢甚至不考虑犯错的可能性，万一发生错误，他可以归咎于外部因素。他专断设定的正确性是如此僵化，所以他的心智根本不可能犯错。

在一组特定的"应该"驱使下，通过遵循"应该"追求完美，他们必须严重地逃避现实。这些人要求赞美、尊敬与盲目地服从。他们可能非常慷慨而迷人，尤其是对愿意赞美他们的新来者。他们试图征服异性、影响周围的朋友、搜集奇珍异品……

对这些人来说，"他们是什么"与"他们应该是什么"，两者之间没有明显的差别。然而，不论如何尝试，他们永远都必须面对一个潜在的事实：他们的"应该"实际上无法实现。

由于追求完美的需求如此强烈，他们经常希望掌握有形的成就与能力。我不希望指名道姓，但我认识几位这种类型的交易员。毫无例外，他们在自己擅长的领域内都有一定的水平，非常慷慨地分享他们的知识，个性迷人而愿意与人谈论。然而，同样毫无例外，在某些他们认为重要的领域内，他们拒绝辩论与质疑。

一般来说，当行情出现不利走势时，他们都会责怪市场中每个人的"愚蠢"。他们的借口经常是："我的反应较市场快了一步。"在极少数情况下，他们也会承认错误，但他们的犯错理由仅对自己有说服力。我发觉他们最重要的特点之一就是固执己见，不但交易上如此，对经济、政治、人际关系或其他一切也都是如此。

我相信他们的固执可以反映潜意识中抗拒健康的学习与成长程序的程度。因为他们主要专注于自我的荣耀，超过某种程度的挑战将危及他们的幻想，所以便产生了固执。

将自身附着于想象而理想化的爱，以期解决本身的忧虑，这种情况又完全不同。追求完美的人会尽其所能遵循"应该"，而追求以"爱"作为解决之道的人，发觉自己完全无法符合内部指令。结果，他们认为如果可以达到理想的爱，那么将释放出内部的力量，并使他们得以符合内部指令的暴君。

我不想进一步讨论这方面的细节，这类人经常会以一种全然的认同，将自己附着在某人之上，后者通常是追求完美的人。他们成为依附者，不会质疑他们所依附的人。他们大多属于比较差劲的交易员，因为他们缺乏专注、自信心、独立判断的能力以及遵循交易准则的决心。

对于强调"自由"的人来说，他们会有抗拒内部指令的倾向：

由于自由（根据他的解释）非常重要，他对任何强制都极其敏感。他可能以被动的方式来抗拒。于是，对于他感觉该做的每一件事，不论是阅读一本书还是与他的妻子交流，都会变为（在他的心目中）强制，并在有意识或无意识中憎恶它们，使他觉得无精打采。如果他有所反应的话，那都是在内部抗拒的冲动下进行的。

他也可能以积极的方式反抗应该。他可能试图将它抛诸脑后，或走向相反的极端，坚持在他高兴的时候做他高兴做的事。反抗可能非常强烈，这经常是一种绝望性的反抗。如果他不能变得虔诚、纯正与诚挚，便会彻底地变"坏"、说谎并冒犯他人。

不论你以什么形式反抗，追求这类"自由"绝对无法成为成功的交易者，因为只要提及"纪律"，便会有强制的感觉。另外，如果任何人以这种方式反抗，必然也不愿意拟订计划。

在我认识的这类交易员中，个性通常都很极端。某些时候，他们可以坚持交易准则而交易得相当顺利，接着便在一笔非常庞大的交易中，损失他们3周以来累积的获利。似乎当他们坚持交易准则而成功的时候，将迫使他们违反交易准则，并在抗拒的心理下抛弃获利。

应该的暴君不论以什么形式呈现，都蕴含着可怕的力量。道德的强制性力量驱使暴君的子民向前进，并由一个幻影——神经性的自尊指引。

真实的自尊／谬误的自尊

真正的自尊是一种成就感，它来自自我实现过程中建立的价值。神经性的自尊（谬误的自尊）是一种虚幻的成就感，它来自一种或数种内部指令。

神经性的自尊是人无法改变的根本原因，令人停留在悲惨的境地，而非常具有讽刺意味的是，这也为他们提供了继续向前的动力。人们试图以"应该"的成就取代真正的价值成就，便会产生谬误的自尊的结果。这是一种特殊的感觉，它来自理想化的自我与想象的潜能。

然而，核心的自我始终存在。它不断地提醒我们，追逐竹竿上绑着的红萝卜并没有任何意义。如果我们希望达到生命中期待的结果，追求的价值与目标必须反映真实的自我以及我们与世界的关系。我们需要学习倾听自我的声音，当它说"这里出了差错"时，我们必须掌握这个稍纵即逝的机会。

如果你缺乏动机达到目标，如果你认为命运欠你某些特殊的待遇，如果你认为达到目标并没有意义，如果你觉得与自己之间产生疏离，如果你发觉我在本章中所讨论的某些情况适用你，则你必须在最基本的层次上挑战自我，并质疑自己最深层的动机。若是如此，你将发觉谬误的自尊系统在运作着。

你有能力克服谬误的自尊。最困难而首要的步骤是承认它的存在。挑战谬误的自尊，割舍理想化的自我形象，抛弃应该的暴君而根据真正的价值观行动，这会导致情绪上的痛苦。在追求荣耀的过程中，形成的信念与联想对你有至高的重要性，所以可能非常难以割舍。

100万年前，我们的祖先在面临危险的时候，他们的判断必须正确，否则便是死亡。相反，在金融交易中，错误是一种不可避免的成分。谬误的自尊所造成的不愿意承认错误，使大多数交易者无法成功。这种基本心理破坏了他们遵循交易准则的能力。

不论身为交易者或个人，你都有所抉择。你可以让追求荣耀的情绪主导你的行为，并忽略事实；或者，你可以认定只有通过学习才能成长，学习将来自错误。你势必会犯错——你有时候会获胜，有时候也会失败。当你犯错的时候，你需要分析错误，并因此改变自己的行为，这样才能成长。这种程序将不断地增进你的技巧，并提升自我的价值。以一致性的态度练习将带来真正的自尊感，并从交易中获得稳定的利润。

务必记住，**你在挑战谬误的自尊并舍弃所追求的荣耀时，其中不论涉及多么严重的痛苦，都是必要的经历**，否则它们将剥夺你从真正的成长和成就中享有愉悦与宁静。运用本章与先前章节所提供的知识，你可以克服谬误的自尊，并发现真正的自尊来自既有潜能的实际化（actualizing your given potentialities）。

| 第 17 章 |

追寻个人的自由

我曾经说过，自由不仅仅代表政治上的自由，它还代表一种根据自己的理想与期望过活的能力，这需要一种全然独立的经济条件，唯有赤裸裸地抢劫或自身的愚蠢才可能丧失的状况。事实上，它的含义不仅如此。它意味着你可以不受经济能力的限制，尽情地享受人生的欢乐。然而，当你在任何情况下都无须担忧你自己与家人的生活时，更容易实现自由。

当我看着我的小女儿詹妮时，总是忍不住微笑。她身上散发出一种对生命的热爱，这是很少人所具备的特质，我希望她一生都能维持这种气质。以12岁的年纪，她曾经写了一首诗，其中一段就反映出这种对生命热爱的韵味：

当美好的事物很少时，不要专注于邪恶，

这个世界无须完美便能得到我的热爱。

艾茵·兰德也以较精致的手法表达了几乎相同的观点，"价值（而不是灾难）才是目标，首要的考虑因素是生命的动力"。詹妮的诗与兰德的评论都蕴含着相同的精神：虽然人们与世界都不完美，痛苦与灾难确实存在，但它们并不是也不应该是生命的重点。

对许多人来说，灾难与痛苦是生命的重点。这并不是说他们会深入思考痛苦与灾难。某些人确实会如此，但一般都是情不自禁地专注于痛苦。他们花费的时间与精力不是用来追求价值，而是用来避免痛苦。这使痛苦成为生命的重点。

你不能追求消极的东西。根据定义，如果避免痛苦成为生命的重点，积极的行动便会受到限制。如果你允许痛苦成为生命的主导力量，那将破坏自己的思考与成长的能力。你或许会躲入表面上很安全的沉闷生活中，或是追求荣耀，但两者都使你无法享受生命过程中原本存在的热情。

生命中原本充满风险。你的每一项行动、每一个抉择，其中都有错误与失败的可能。我对这一切的体会可能较深，因为我的生活必须以客观的方式控制市场的风险。如果你无法接受风险、失败与痛苦是交易程序的一部分，你便不应该从事交易，否则你将发生亏损，或交易将是一种悲惨的活动。

作为交易者，维持心智平衡最根本的条件是建立自己拥有信心的头寸，而且必须了解你的工作、思想与接受风险的意愿，但这些都可能不会带来回报。更重要的是，在失败时，你必须愿意继续，你必须愿意接受痛苦，因为诚实与成长经常都伴随着它。

生命中的每一个层面都是如此。

许多人经常喜欢使用"爱"这个字眼，这使我在使用它时觉得相当犹豫。然而，生命中的每一项行动都应该来自爱，它的要义是自我的施舍（giving of yourself）。让我说清楚一些，我并不是说无私或牺牲的施舍，也不是一种不期待回报的施舍（我认为这是不可能的），而是在施舍中知道自己可能无法得到回报，并且在你没有得到回报时，你还能再度施舍。

我所谓的施舍是指贡献与给予。将自己贡献给世界，在交易中提供你的产品与服务，贡献你的成就、生产力、精力、思想与观念：所有这一切都将在精神上和物质上丰富人的生命。

以这种方式施舍，你的回报将数以倍计——不论是以金钱衡量还是以经验的快乐来表示。这不是"给予与取得",也不是"给予而你将得到",而是"在交易中给予与取得"。

你可以运用你的心智施舍自己,让自己致力于学习与成长,并因此取得新的机会与经验。通过自己的行为与努力,你可以让自己拥有新的抉择与可行性。你可以让自己在市场上承担风险,并取得财务上的效益。你可以开放自己而施舍给他人,让人们了解真正的你,丢弃那个原本防范他人伤害或拒绝你的保护盾牌,你将因此获得特殊的友谊回报以及反映你灵魂的真正知己。

开放自己而承受生命的风险,这或许令人害怕,但实际上你别无选择。人生难免受苦。

你没有逃避风险的自由,你没有免于恐惧的自由,你没有逃避痛苦的自由,你也没有不承受失败可能性的自由。然而,你有自由接受这一切为你生命的一部分,而且是最不重要的一部分。

这并不是说风险、恐惧、痛苦与失败都不重要。本书的第一篇主要阐述如何控制市场的风险,并尽可能地掌握有利的胜算。在第二篇中,我以相当的篇幅说明如何管理逃避痛苦的欲望,并有效地运用这种欲望。是的,它们都很重要,但问题是如何看待它们的重要性——它们的地位与综合。

追寻个人的自由并不是说你可以不计后果而随心所欲地做你想做的事。这并不是说生命可以免除痛苦、错误与失败。这也不是说"吞噬你的情绪"而假装它们不存在。

追寻个人的自由意味着能够全然地施舍给你自己、工作与他人。这也意味着能够建立真正的动机,控制自己的机能,例如,避免痛苦的需求与追求快乐的欲望,并指向相同的目标。然而,最重要的是,这意味着学习享受生命过程中的愉悦。

在你追求个人自由的过程中,我希望本书能够协助你。

祝你幸运,交易顺利!

| 卷首语 |

在本书上卷中，我简单地介绍了业余与专业交易员的基本投机原理。下卷的宗旨是再向前迈进一步，并提出市场分析与预测的详细研究工具。下卷的内容主要对专业交易员、希望成为专业交易员的人以及那些热爱市场投机活动的人非常有益。其目标很简单：协助你提升交易技巧，并因此协助你赚钱。

如果你希望在交易领域内获得任何显著的成功，都需要投入大量的时间与精力。所有市场都具有一个共同的特性：总在不断地改变。在任何领域内要保持最高的境界，都需要纪律、专注于细节并持续地研究学习。然而，研究学习的最佳方式究竟是什么呢？交易的知识浩瀚如海，判断买卖的最佳方法究竟是什么呢？

界定个人的哲学

在回答上述问题时，你需要发展出一套交易与投资的哲学。所谓"哲学"，就是你对人生与世界深信不疑的一套特定见解。在你了解我的交易哲学之后，将可以因此建立一个稳固的根基，拟定例行的交易决策。

我的交易哲学建立在几个基本原则上，稍后我将会解释。这些原则来自我多年来对经济学的研究与思考。

经济学界有一个非常有趣的现象。许多智慧超凡的学者在这个领域内，发展了众多的理论与学说，并提供浩瀚的研究报告以支持他们的理论与学说，但众说纷纭而不相容。因为经济学并不是一门严谨的科学，其研究蕴含相当成分的主观性与个人哲学。任何人若思考经济学或发表相关的评论，或多或少都会受到个人价值观与信念的影响，我当然也不例外。

在下面的内容中，你将看到我对经济学"真理"的解释，它们来自我28年来的交易经验与思考。我将提出一些专家普遍认定的理论，说明哪些是我反对的理论，并解释其中的缘由。根据我个人的观点，某些理论是扭曲真理的谬论，它们严重影响投资决策。如果你赞同我的看法，那很好。如果你不认同，请你以开放的心胸检验我的论点。在经济学方面，我是现代奥地利经济学派的信徒；在哲学方面，我是一位客观主义者，信服艾茵·兰德所倡导的哲学。⊖

三个指导原则

我个人哲学的第一个原则也是首要原则：**一般而言，市场走势是基本经济力量运作的结果，后者又是政治活动与决策的后果**。就目前（1993年夏天）来说，有关全美医疗保健的辩论便是一个例子。国会准备进一步控制医疗产业（政治决策），这将降低医疗产业的获利能力（经济后果）。因此，医疗类股的价格下跌，1992年2月～1993年2月，医疗类股的平均跌幅超过30%。

第二个原则是由第一个原则延伸而来的：**如果我们知道如何观察，则过**

⊖ 艾茵·兰德主张自由放任的资本主义，她主要是以小说的方式来倡导这方面的主张。——译者注

去的事件可以反映未来的事件。了解如何将个人的哲学应用在当前的事件上，最佳的方式就是回溯过去的事实资料，建立历史的前因与后果，并分析事件发生的缘由。综合与研究事件发生的根本原因，我们通常可以预测未来的事件。

不可盲目地接受"专家"告诉你的一切。作为交易者，你相信并准备借以投机的所有看法与观点，都必须有历史事实的验证。研究历史发展，检视每一种看法，直至你相信自己已经掌握真理，并有客观的事实资料佐证。

探索真理绝对必要，因为分析错误是生命成长的根本挑战。在市场中尤其如此，正确的结果可能来自错误的判断，而在掌握绝对胜算时，却产生错误的结果。原因很微妙而简单：市场未必具有客观性。在某些情况下，它们受到主观与情绪性心理的影响。

第三个原则与反向思考（contrarian thinking）有密切的关联。**反向思考者不一定要固执己见，这是一种不随波逐流的智识独立能力**。在市场中获利的关键是判定既有的错误信念，观察它的发展，并在他人尚沉迷于这些错误信念时，采取果断的行动。

下卷的主题是以历史事件预测未来，重点是以历史事实探索所有理论与事件的真理。在后续章节中，我将提出个人对某些历史研究获得的成功经验。

下卷的架构

原则的必要性，这在金融预测、市场分析与专业投机等领域最为明显。金融是一个非常复杂的行业，充满了细节、事实与数据，在没有适当原则的指引下，若希望在金融市场交易，则相当于掷骰子的赌博。少数幸运的交易者或许可以在某段期间内凭借着单纯的运气获利。然而，对大多数人而言，必须从无数事实与数据中筛选，判断未来的发展，并根据这些判断投入资金。

原则是智识的滤网，以选取重要的基本知识，进行健全的市场分析与预测。智识的滤网就如同筛选稻谷一样，必须分层进行：首先筛除较粗的稻秆，让稻谷与稻穗通过；其次是筛除较细的稻秆，并让稻谷与沙粒通过；再次是筛选更细的稻谷；依此进行，最后仅留下稻谷，以便加工处理。

如果最初滤网的网目太小，则会造成心智的堵塞，无法取得有效的资讯。然而，如果最后滤网的网目如果太大，则会产生太多的资讯，使心智迷失在过多的细节中而无法处理。分析的程序必须采用一套正确的原则，并以适当的步骤进行，这样才可能精确地预测未来的市场行为。

第三篇　基本面分析

要分析市场首先必须设定目标。就专业的投机而言，我的目标始终在于累积财富，所以我的交易哲学建立于三个基本原则上：①资本的保障；②一致性的获利能力；③追求卓越的报酬。我将在第18章中说明这些哲学。

在设定基本目标后，下一步就是培养达到目标需要的系统化知识。这就如同医生一样，在接受正式的医学教育以前，需要先接受数学、化学与生物学的教育；专业的交易员、投机者或投资者在学习进一步的知识以前，也必须先学习市场分析的基本原则。我将依次来阐述这些必要的原则，使你可以有效地筛选重要的信息，做出合理的市场预测，并根据这些知识交易。

不幸地，合理的预测未必就是正确的预测，也未必会带来获利的交易。因为市场由数以百万计的决策构成，所以不可能从绝对的角度预测市场行为。你最多仅可以运用心智的滤网来筛选可能的发展，并在掌握有利的胜算时才进行交易。如果你能够做到这一点，你便可以居于有利的地位。

然而，如何判断最可能的发展呢？你可以从一个最基本的前提开始，这也是我们先前曾经提到的：

> 市场走势是基本经济力量运作的结果，后者则受到政治制度当时状况的影响，这又受到政客活动的影响。

这适用于金融市场的因果法则。它反映了人类行为与经济增长（或衰退）之间的因果关系，不论涉及人数的多寡。本质上，经济活动是一种生产与交易的程序。生产，将天然资源运用于人类的需求与消费，是生存的必要条件。交易（自由交换剩余物品（储蓄））是经济扩张与增长的必要条件。不论是在小型部落还是在大型工业国家，这些原则都相同，交易者必须了解它们，以精确地预测未来的经济事件。分析基本的经济关系，并根据这些分析预测未来，这属于基本面分析的范畴。

然而，仅凭基本面分析只能了解未来的概况。除非是长期投资（数月至数年），否则基本面分析无法提供足够的交易资讯。这是因为基本面分析并不考虑精确的时间性。基本面分析可以告诉你未来可能会发生什么，却不能告诉你何时将发生。

第四篇　技术分析

市场是由个人组成的，每个人都各自追求自身界定的价值。就股票市场或任何市场整体而言，只有绝大部分市场参与者都相信即将发生变化时，市场才会发生变化。所以，第二个基本前提是：

> 参数市场参与者的多数心理状态，将决定价格走势的方向以及发生变动的时间。

因此，如果你希望精确地预测市场趋势的变动，你必须以某种方法来衡量大多数市场参与者的看法。

有关如何衡量大多数市场参与者的看法，唯一精确而可靠的方法是观察市场资产的配置，这会反映在价格模式中。因为足以造成崭新经济环境的情况相当有限，所以我们可以在经济行为模式与价格走势模式之间发现相关性。这属于技术分析的范畴，也是第24～28章讨论的主题。

所以，我们拥有两组工具以及其所关联的两个基本前提：基本面分析的前提是"经济力量是驱动市场的力量";技术分析的前提是"市场参与者的多数心理状态,将决定趋势变动的时间"。

这两个前提具有不可分离的相关性。经济力量将反映人类生存的基本需求,但他们如何与何时执行这些需求,则取决于个人如何配置他的资产,这些决策又受到政府诱因与规范的影响。在这个程序中,个人必须调整决策。当大多数市场参与者追求类似的目标时(以其资产的累积配置衡量)便产生趋势了。大多数市场参与者所决定的方向并不正确,趋势便会发生反转。这就是基本面分析与技术分析的关联。

许多投资者在评估潜在交易时,仅采用基本面分析或技术分析,这是相当严重的错误。若将基本面分析与技术分析纳入整体性的投机分析方法中,不仅可以判断未来可能发生的事件,也可以把握可能发生的时间。所以,你可以掌握有利的胜算。另外,你可以不断强化自己的知识,并提升决策在时效上的精确性,进出于中期趋势(数周至数月)而增加获利的程度。一旦可以掌握精确的时效之后,你便可以准备进入期权的世界,追求卓越的绩效。

第五篇　期权交易

第 29 章与第 30 章将讨论期权交易,这是投机活动中最困难的一个领域。期权交易之所以困难,是因为你必须非常精确地预测价格走势变动的时间、方向与幅度。然而,从正面的角度观察,许多期权策略可以使你追求卓越的报酬,只需承担有限的绝对风险。如果能够有效地结合基本面分析与技术分析,则期权是提升获利的最佳工具。

即使你不交易期权,也需要了解它们的运作,并留意期权市场的发展,尤其是个股与股票指数的期权市场。自 1980 年以来,许多大型机构都在市场中建立庞大头寸。一家机构的基金经理人可以控制数十亿美元价值的市场资产。所以,仅要一小群人便足以影响市场的中短期价格趋势。

第六篇　交易者的心理架构

市场是最无情的裁判者。你的判断每天都必须接受市场的审判,当收盘的铃声响起时,你的判决便会自动地反映在账户上。如果你的判断十分有效,则可以稳定地获利。反之,如果你的判断不理想,则你的生存仅能仰赖幸运女神的眷顾,但她最多只能照顾你一阵子。

这种无情而持续的压力,可能会造成严重的心理与情绪负担。紧张的交易则让你在生理和心理上付出沉重的代价。然而,若在思想、情绪与行为上加以综合,则上述伤害在某种程度上都是可以避免的。

后记

在本书结尾,我将讨论一个很少人愿意公开谈论的主题:财富的道德观。在忙碌于资料与细节之前,我们有责任记住交易的目的究竟是什么:赚钱。交易是一份艰辛的工作——我所知道的最艰辛的工作。辛勤工作的人有资格成功,全然没有必要感到歉意。

如果你已经阅读完本书上卷,那么我要感谢你协助它成为畅销书。各位在本书中可能会发现一些赘言,我在此表示歉意。原则上,下卷是上卷的延伸,但为了内容的完整性,部分的重复是必要的。

虽然本书提供了许多知识与信息,但金融交易毕竟是一种艺术而不是科学。本书的内容或许可以让你掌握优势而获得卓越的绩效,但绝对无法保证你永远成功。你必须接受这样一个事实:失败是金融交易的一部分。

| 第三篇 |

TRADER VIC

基本面分析

| 第 18 章 |

健全投资哲学的基本原则

在一本有关投机的书中，采用"哲学"这个名词似乎有些文绉绉的，尤其是当你回想起大学中那些象牙塔式的哲学课程时。我所谓的"哲学"，是针对原有的意义而言的："爱好智慧或爱好知识。"这使哲学颇具真实感，它是一种追求真理的态度。如果我们没有足够的知识界定目标，并利用知识追求目标，那么真实的世界就像一台巨大的垃圾处理机一样，很容易就把我们吞噬，并把我们抛向失败。在金融市场中，投机或投资也是如此。

从狭义上说，哲学是指"某知识或活动领域内的一般性原则或法则"（*Webster's New Universal Dictionary*，1979）。在投资领域内，哲学是由三个基本原则构成的。按其重要性的先后顺序排列如下：

1. 资本的保障。
2. 一致性的获利能力。
3. 追求卓越的报酬。

以这三个基本原则为基石与路标，便可以很容易建立专业投机与投资的完整方法。

资本的保障

萨姆·巴斯赚钱的第一法则是："不要发生任何亏损。"就投机角度而言，我赞同这个说法，但你首先必须拥有财富。然而，**对那些不曾继承祖产的人而言，赚钱的第一法则是：生产**。人类为了生存必须生产，这是无法逃避的事实。可是，为了繁荣与成长，我们的生产必须超过我们的需求，并储存以供未来消费或投资于其他生产。投资的储蓄是（根据定义）资本储蓄，或简称为资本。

为了交易，你必须拥有属于自己或他人的资本；每当交易时，你的资本便必须承担风险。作为专业交易员，为了求得生存，交易判断的正确程度至少必须足以维持费用与开销，而不至于消耗你的投资资本。⊖换言之，在最低限度内，为了继续经营，你必须保障资本。这看起来似乎是不证自明的，却太容易被忽略了。

资本保障的原则蕴含着这样一层意思，在投入任何潜在市场活动以前，风险应该是主要的考虑因素。只有在潜在风险的前后关联中，才能根据潜在的回报拟定市场决策。这便是分析风险／回报的真正含义。在适当地运用下，这个原则不仅可以评估是否应该涉入某项交易或投资，也可以判断应该涉入至何种程度。所以，保障资本，"不要发生任何亏损"，是有效资金管理的根本。

在市场活动中，以风险为主要考虑因素，将迫使你从绝对而非相对的角度评估业绩。对许多投资者与基金经理人来说，他们的观点并非如此。他们的目标是"优于一般水平的业绩"。如果市场价格平均下跌15%，他们的投资组合下跌10%，这种表现就被视为成功。这种态度不仅是为了不理想的业绩寻找笨拙的借口，也扭曲了基金经理人的风险管理能力。

就业绩来说，真正的问题只有一个："我是否赚钱？"如果答案为肯定，那就可以增加风险资本的百分比；如果答案为否定，则应该减少风险资本。其他任何方法最终都将消耗资本。

对一般性原则来说，在任何一笔交易之中，我的风险／回报比率至少是3∶1。只有当上档的最小潜在获利至少3倍于下档的最大潜在亏损时，我才会交易。至于潜在获利与亏损的衡量，参见基本面分析与第26章的风险／回报分析。此外，在新会计期间之初，不论一笔交易的潜在获利有多高，我仅投入少量的资本，任何一个头寸的规模绝对不超过既有资本的2%或3%。假定我以3%的资本承担风险，并连续发生3笔亏损交易；再假定我在第四笔交易中获得预期中的3倍利润，则我的交易账户仅会出现0.5%的亏损，如表18-1所示。

表 18-1 资本保障的功能

交易序号	可用总资本	风险资本（3%）	盈亏	资本盈亏	绩效（%）
1	100.00	3.00	亏	（3.00）	-3.00
2	97.00	2.91	亏	（2.91）	-5.91
3	94.09	2.82	亏	（2.82）	-8.73
4	91.27	2.74	盈	8.22	-0.51
5	99.49				

如果每笔交易的风险／回报比率至少是1∶3，并通过适当控制风险资本，则每3笔交易中仅需要成功1笔（不是4笔中1笔），你便可以处于获利状态。

一致性的获利能力

如果你能够前后一致地运用资本保障原则，作为资金管理的基础，自然就会拥有一致性的获利能力，所以，第二个原则是第一个原则的自然延伸。可是，就这个原则的本身而言，一致性的获利能力可以提升资金管理与资产配置的效率，使你保障资本，并确保获利能力。资本并不是一种静态的量——它会增加或减少（交易的盈亏）。为了使资本增加，你必须拥有一致性的获利能力；但为了拥有一致性的获利能力，你必须能保障获利，并减少亏损。因此，你必须不断地评估每笔交易决策的风险与回报关系，根据累积的盈亏调整所承受的风险，这样才可以增加稳定成功的胜算。

例如，假定你采用最低为1∶3的风险／回报比率，而且每3笔交易中有1笔获利。你以初始资本的3%开始交易，随后以可用资本的3%交易。当交易账户由亏转盈时，你便将50%的获利存入银行，而且在该会计期间不再动用存入银行的获利。在这些假设之下，你的交易记录可能类似于表18-2。

表18-2 一致性获利能力的功能

交易序号	可用总风险资本①	风险资本（3%）	盈亏	资本盈亏	总业绩②（%）	累积保留盈余
1	100.00	3.00	亏	−3.00	−3.00	0.00
2	97.00	2.91	亏	−2.91	−5.91	0.00
3	94.09	2.82	盈	+8.47	+2.56	1.28
4	101.28	3.04	亏	−3.04	−0.48	1.28
5	98.24	2.95	亏	−2.95	−3.43	1.28
6	95.29	2.86	盈	+8.58	+5.15	3.85
7	101.29	3.04	亏	−3.04	+2.11	3.85
8	98.25	2.95	亏	−2.95	−0.84	3.85
9	95.30	2.86	盈	+8.58	+7.74	7.72
10	100.01					

①可用总风险资本＝初始资本±（盈／亏）−保留盈余。
②总业绩（%）＝总盈余（亏损）／初始资本×100%。

在整个会计年度中，假定你都依此方式交易，而且每年仅进行30笔交易，则你的年度回报率为27.08%。请注意，在每一笔交易中，你的风险资本绝不能超过既有资本的3%。

虽然这是一个高度简化的例子，但它充分显示了资本保障与一致性获利能力的功能。在现实世界中，你可能连续亏损3笔交易，接着连续获利2笔交易，紧接着又发生5笔亏损交易，然后在5笔交易中又获利3笔。总之，如果你运用上述资金管理的方法，并在1/3的交易中获利，结果便非常类似于表 18-2。

请注意，表 18-2 中可用总风险资本栏的数据非常稳定。最大的跌幅为 5.91%，只要你可以保持 1/3 的获利概率，那么最大的损失便是这个程度。另外，经过 10 笔交易后，你的可用资本仍然约等于初始资本，但这是因为你在追求获利的情况下，兼顾了资本的保障。

即使你的获利概率不是 1/3，但只要控制每笔交易的风险资本，你永远都有可供操作的资本。例如，假定你仅以可用资本的 3% 交易，当你连续亏损 30 笔交易后，你仍然保有初始资本的 40.1%。这总比损失一切理想得多。

请注意总业绩栏。虽然在每 3 笔交易中，都会出现正或负的数据，但随着交易的进行，负值越来越小，正值越来越大。如果你可以保持至少 1/3 的获利概率，并以这种方式管理资金，总业绩最后将呈现稳定的正值。假定你对行情的判断具有合理的精确性，一个管理完善的账户至少应该具备这些特性。

在会计期间内，每当你由亏转盈时，便将总获利的 50% 存入银行，不仅可以增加你的可用资本，而且还可以提升总业绩栏保持正值的概率。实际上，只要总业绩维持正值，你可能会把每笔获利交易的 50% 净利润存入银行，这并不会对结果产生重大的影响。**这项措施的重点是，绝不可以把所有获利都用来承担风险**。当然，你的获利头寸可以加码，但应该提取部分的获利。虽然实务上还必须考虑税金的问题，但上述基本原则仍然有效。控制你的风险，保留一部分的盈余，则获利就会累积。一旦你的获利程度到达相当的水平之后，则可以开始追求卓越的报酬。

追求卓越的报酬

在进行每一笔交易时，它都可能会带来卓越的报酬。你当初设定的 3∶1 风险/回报比率，结果可能成为 5∶1 或甚至 10∶1。这固然相当不错，但并不是我希望阐述的观点。"追求卓越的报酬"是指以较积极的态度处理风险，但仅以部分利润为之，绝不动用最初的交易资本。

对大多数交易者来说，所谓"以较积极的态度处理风险"，它的内涵可能是指改变基本的风险／回报准则。实际上恰好相反，不论在什么情况下，都绝对不可以忽略或低估潜在的风险。一旦取得获利之后，便应该被视为资本而加以保障。可是，当你获得相当限度的利润以后，可以考虑以部分利润增加头寸的规模。如果你能够成功，则可以大幅提升业绩。万一失败，你的总业绩仍然处于获利状态，并继续追求一致性的获利能力，等待交易账户再度达到这个可以承担高风险的水平。

在追求卓越的报酬时，我偏爱期权。期权不仅可以让你限制下档的绝对风险，而且通常还可以提供上档的可观潜能，尤其是当价格波动剧烈时（期权的细节将在第29章中解释）。我将以个人经历的例子来阐明这个观点，虽然我错失了这个机会。

1991年11月14日星期四，因为参议院提案准备设定循环信用利率的上限，所以我以传真的方式建议客户做适当的反应，内容如下：

昨天，参议院在银行法案中紧急附上一个追加条款，并以74∶19票通过设定循环信用利率的上限。由于银行与其他大型发卡机构被认为有剥削消费者的行为，该条款的主要推动者达马托（Alfonse D'Amato）参议员建议，在美国国税局设定的惩罚性利率基础上应该再设定一个4%的上限。目前，建议的上限利率为14%，远比实际的平均水平18.94%低。根据达马托参议员的估计，消费者将可以因此节省75亿美元以上的利息。

政治家认为，这将有刺激作用，我的看法恰好相反。事实上，如果该法案在众议院通过，我相信10月9日的低点将守不住。

我的推理如下：

1. 与限制价格的政策一样，历史上有关限制利率的政策都证明会造成供给面的缺乏。就目前的经济环境来说，非常不适宜于采取紧缩性的信用政策。

2. 银行与其他机构在目前最具获利性的营业项目中，将因此减少大约26%的利润。

3. 没有这部分收益，银行与发卡机构将会降低信用额度，新卡发行的征信也将更为严格。许多借东还西的信用卡持有者将破产，发卡机构将吞下苦果。

4. 因此，消费者的负债将加速收缩，并严重影响消费者的支出。经济复苏将停顿，股票价格将下跌——如果不是暴跌的话。

在达马托提案的冲击下，银行股今早开盘时向下跳空。Avanta 由 38½ 跌至 29½（这家公司承保储蓄存款、信用卡债务与信用卡的保险，而且还发行信用卡），我想，这仅是征兆而已，一旦提案正式被通过，可能足以戳破柜台交易市场的投机泡沫。

当星期四下午（期权到期的前一天）盘势开始转弱的时候，我根据自己的判断以 125 美元的价格买进 150 份执行价格为 370 的 OEX 看跌期权（当时 OEX 股票价格为 371，期权的价格以 100 股为单位）。非常不幸的是，我当天下午必须飞往迈阿密。在飞行途中，道琼斯指数上涨 15 点。到达迈阿密时，我查阅价格发现收盘走势较我所预期的情况要强劲得多。我知道自己第二天无法监看盘势，所以我指示公司的助手，如果 S&P 期货第二天开高，便把我的头寸平仓。S&P 期货确实开高——两档，这也是当天的高价。虽然其他指数都开低，但我的助手还是忠诚地执行了我的指令，以每份合约 50 美元的亏损平仓。非常令人懊恼的是，当天我经常查看盘面，我知道如果我在办公室里的话，绝对会继续持有头寸。星期五价格一路挫跌。最后，我曾经拥有的看跌期权以 1500 美元做收，我损失 206 250 美元的潜在利润。从某个角度来看，这趟迈阿密之行的代价实在太高了。还好，我为客户也买进了 12 月的看跌期权，这部分头寸并没有平仓。可是，我自己的账户则……

我以这个范例作为反面材料。我当时并不希望追求卓越的报酬，我是以正常的心态交易的：风险/回报的关系很不错，我不希望损失整个头寸，所以根据一个通常有效的法则交易，但如果当时我的心态更积极一些，给这个头寸多一些时间，我将愿意承担更高的风险。就这个例子来说，这代表1100%的回报……

小结

资本的保障、一致性的获利能力以及追求卓越的报酬，虽然这是三个非常简单的原则，但三者整合在一起便可以成为金融市场获利的起点和一般性指引。它们之间具有先后的顺序——资本的保障将带来一致性的获利能力，有了一致性的获利能力才可以追求卓越的报酬。

然而，若希望将这些原则付诸实践，我们则需要更多的资讯。例如，保障资本必须克制潜在报酬的诱惑，并以风险为主要的考虑因素。可是，风险究竟是什么呢？风险又如何衡量呢？为了回答这些问题与其他许多问题，我们必须尽可能地掌握市场行为的原则。第19章将学习最基本的资讯：市场预测的经济原则。

| 第 19 章 |

市场预测的经济原则

在对货币研究与教育委员会（Committee for Monetary Research and Education）的一次演讲中，前《巴伦周刊》的记者约翰·利斯科（John Liscio）引用了索罗斯的评论作为演讲的总结：

> 经济历史是由一幕幕的插曲构成的，它们都建立于谬误与谎言，而不是真理。这也代表着赚大钱的途径，我们仅需要辨识前提为错误的趋势，顺势操作，并在它被拆穿以前及时脱身。

这是一段令人沉痛的评论。索罗斯竟然公开表示，最佳的赚钱方式是利用一些建立在谬误与谎言之上的趋势。

这听起来或许有些讥讽的意味，但我无法不认同其要义。为了辨识谬误的前提，你必须以真理反驳。然而，大多数投资者愿意根据谬误来行动，他们必然将其视为真理。所以，索罗斯的这段话还蕴含另一层意思，如果你希望赚大钱，你需要了解经济学的基本真理，环顾四周，寻求那些否认这些真理的趋势，顺着趋势操作，并在绝大多数市场参与者即将发现他们被欺骗以前迅速脱身。

我在前面曾经提到，市场分析与预测有两大基本原则，索罗斯的这段话便相当于这两个原则：

1. 市场走势是基本经济力量运作的结果，后者则受到政治制度当时状况的影响，这又受到政客活动的影响。
2. 多数市场参与者的心理状态，将决定价格走势的方向以及发生变动的时间。

长期以来，我便隐约地了解这两个原则，但我最大的缺失就是过于重视第一个原则，而忽略第二个原则，尤其是在1990年与1991年。例如，《纽约时报》在1991年4月10日报道，全国有70%的经济学家预测经济即将开始复苏。我不知道其余30%的经济学家有何看法，但我深信这70%的"专家"是错误的。我知道经济状况在1991年最多仅会出现缓慢的增长，我在5月13日的《巴伦周刊》中也是如此表示的。

我所持的理由如下：政府在经济衰退的环境下采用高税率的政策，并严格规范银行的贷款，这将造成持续性的经济衰退或停滞，而不论美联储的利率政策如何。我认为，单纯地调降短期利率将无法带动长期利率的下降——后者是任何信用扩张的先决条件。我还认为，以宽松货币政策来刺激经济的任何措施，都将引发债券市场对通货膨胀的恐惧，并推升长期利率。结合许多其他论证，我认为：

种种因素都显示，1991年将呈现缓慢的增长，如果能够增长的话。没有任何根据可以支撑目前的股价水平……虽然我了解将股价驱动至目前高点的原因何在，但我怀疑市场所预期的经济复苏是否会发生。我们终究会看到经济复苏，这没有问题……但它恐怕不会很快出现，即使出现，力度可能相当有限。

我发表这段评论时，克林顿已经取代布什入主白宫，而众人心目中的首要话题都是经济问题。自从1989年4月以来，美联储调降短期利率的次数已经超过24次，将联邦基金利率一度由9.75%调降至3.0%左右。同一期间，长期债券收益率仅小幅下滑，游走于7.5%～8.0%，而银行的贷款仍然紧绷。就在几个月以前，消费者信心的水平甚至低于1982年经济衰退的谷底。国会并未就是否应该刺激经济而辩论，问题仅在于如何与何时，此时的想法与1991年截然不同，当时的思考重心在于控制赤字（当然，议员绝不会承认错误）。主管当局普遍恐惧经济衰退将持续发展。换言之，我的预测正确无误。

虽然我的经济预测正确无误，但我并未在股票市场中获得合理的利润。我认为，股票价格平均来说已经被"高估"，所以我不愿意大量买进。然而，因为我拒绝参与，所以我错失获利的绝佳机会，尤其是在柜台交易市场。我强烈地认为，柜台交易市场的涨势纯粹仅是泡沫而已，这也是索罗斯所称的"谎言"。然而，我并未同索罗斯一样挑选个股，充分运用市场认定的谬误。事后回想起来，我确实应该如此。

这使我想起一部很老的电影《辛辛那提小子》，由史蒂夫·麦奎因与爱德华·罗宾逊主演。两个人都是职业赌徒——扑克玩家。罗宾逊是当时所公认的第一高手——众人希望打倒的人。麦奎因则饰演一位后进的赌徒，他希望成为第一号扑克高手。在接近电影尾声的时候，麦奎因终于与罗宾逊同桌。在经过几个小时之后，台面上仅剩下他们两个人。

他们是玩5张牌的扑克，先发1张向下的牌（即底牌），再发1张掀开的牌，经过一轮的叫牌，然后再发1张掀开的牌，再叫一轮牌，依此类推，直至达到1张向下的牌与4张掀开的牌，并做最后的叫牌。在发了3张牌的时候，辛辛那提小子（即麦奎因）所持的两张掀开的牌是1对10，罗宾逊则是方块Q与K。麦奎因的1对10叫牌，罗宾逊又加高赌注，显示他向下的牌是Q或K——比10大的一个对子。麦奎因跟进，第四张牌发下来——麦奎因是1张A，罗宾逊是1张方块10。再次，双方下的赌注都很大，现在的情况趋于明朗化，罗宾逊可能希望拿同花或同花顺。同花顺在扑克中是非常罕见的一手牌。

当第五张牌发下来的时候，麦奎因拿到另一张 A，罗宾逊则是方块 A。麦奎因现在掀开的四张牌是两个对子，罗宾逊则是方块 10、Q、K 与 A。因为我本人也非常擅长扑克，所以我可以感觉这手牌的紧张程度。你知道吗？在发 4 张牌之后，罗宾逊几乎全无胜算。根据当时的情况，胜算完全站在麦奎因这边，他能够获胜的胜算仅为 1∶649 700！

双方来回不断地加高赌注，最后麦奎因仅是跟进。于是，他们掀开底牌，麦奎因是一张 A，而持有 A 带头的大满贯。可是，罗宾逊则是方块 J，而持有 A 带头的方块同花顺——扑克中最大的一手牌，也是当时唯一能够赢麦奎因的一手牌。

当罗宾逊站起来的时候，看看麦奎因说道："小子，这一切便是在正确的时机，采取错误的行动。"

不论从哪个角度来说，在 1991 年年初的市场中下赌注绝对是一种罕有胜算的做法。虽然如此，但那些下赌注的人获胜了。至于我，我觉得自己像辛辛那提小子一样——在错误的时机，下正确的赌注。

本章的宗旨是给出必要的基本知识，使你能在正确的时机，采取错误的行动。换言之，如何辨识一些创造上档或下档赚钱机会的经济谬误。然而，在辨识经济谬误之前，你首先必须了解那些主导市场行为的必然经济力量。不幸的是，这并不简单。

在经济学领域，最危险的经济谬误便是误解经济学的研究宗旨。经济学几乎已经被局限为研究政府经济管理的学问，换言之，政府应该由何处征收多少民间资源，而分配给其他个人或经济部门。

在凯恩斯所谓的新经济学中，他正式赋予这些经济谬误以准科学的地位，这些观点就像人类的文明一样古老，这也是索罗斯所谓的谬误。凯恩斯提供各种合理化的借口，使政府得以干预自由市场，控制货币与信用的供给，采用不负责任的赤字政策，采用通货膨胀的扩张。除了少数人之外，经济学界将这些谬误视为当然的公理，并将它们衍生为极度复杂的系统与数学方程式，这使得最明显、最基本、最重要的经济问题因此被模糊了。

经济学的定义

经济学是一门研究人类某些行为的学问。根据经济学家米塞斯的定义："它是一门科学，以研究如何运用手段达到选定的目的……它并不是讨论有形事物，它的对象是人类、他们的意义与行为。"[⊖] 换言之，经济学是研究人类为了达到目标而运用的工具、方法与行为。

米塞斯的经济学论著超过20部，但你在大学教科书中几乎没有见过他的名字。亚拉巴马州的奥本大学与内华达大学是少数例外，这两所大学都倡导现代奥地利经济学派的经济学。《人的行为》是米塞斯最著名的作品，厚达900多页，相当不容易阅读。哈耶克是他最著名的学生，曾经获得诺贝尔经济学奖。现代奥地利经济学派主张，个人的自由、完全自由的市场经济、金本位制度、价值的主观性质。有关经济的短期与长期运作，现代奥地利经济学派的理论最为精确。

生存是最基本的目标。对生物来说，生存主要是一种自动的程序，而生与死基本上是由环境而不是通过抉择决定的。然而，对人类来说，生存则取决于意识的运作，更重要者，生存就是通过选择来追求足以提升生命的价值。我们不应该仅发现与选择生存所必需的事物（米塞斯所谓的"目的"），而且还应该注重如何取得它们（米塞斯所谓的"手段"）。

在米塞斯对经济学的定义中，"选定的"是一个非常关键的概念。人类必

⊖ Ludwig von Mises, *Human Action*, 3rd rev.ed., New Haven, CT: Yale University Press, 1963), pp.10-92. 如果各位对现代奥地利经济学派的思想有兴趣，我希望建议一本很好的书：Thomas C.Taylor, *An Introduction to Austrian Economics*（Auburn, Alabama: Ludwigvon Mises Institute, 1980）。如果需要更进一步的资料，请联络：The Ludwig von Mises Instiuteof Austrian Economics Inc., Auburn University, Auburn, Alabama 36849。

须通过选择来学习、生存与增长。每个人（除非他选择让自己成为寄生者）都必须学习如何评估既有的手段与目的、选择、采取有效的行动，以维持自己的生存。

不论个人的经济哲学如何，任何经济观点都必须具备某些基本的程序：

- 评估。
- 生产。
- 储蓄。
- 投资。
- 创新。
- 交易（交换）。

我相信，这些程序最初都发生在个人层次上，接着才发生于整个社会。犹如我在上卷中的评论：

> 以丹尼尔·笛福笔下的鲁宾孙为例……漂流至一个只有食人族的荒岛上，鲁宾孙首先设计一种方法，以取得较目前所需更多的食物，并将它们储存起来，这样他才可以设法取得其他必需品。他利用节省的时间建造住所，布置设备以防御土著人的攻击，并制造衣物。然后，通过辛勤的工作、独特的创意以及时间的管理，他简化取得必需品的程序，并在时间允许的范围内，制造其他奢侈品。
>
> 在提高生活水平的过程中，关键在于：评估、生产、储蓄、投资与创新发明。他评估当时可以掌握的目标与方法，并根据他的需要来做最适当的选择。对于他所追求的每一种事物，是根据许多因素判断其价值的：对需要之迫切性的感觉、追求它需要具备的方法以及所需花费的机会成本。他生产生存上的必需品，并加以储蓄，所以他可以投入精力于生产需要或想要的产品。每一事物的价格，

是他评估自身需求而愿意花费的精力与时间。他的活动是一种交易行为，从事某项活动而放弃另一项活动，其机会成本之间的差异便是他的利润。如果他判断错误，他将遭受损失。他安排与管理每一步骤的时间，并根据短期、中期与长期的结果来选择。通过技术的创新发明，生活必需品的成本（以所需支付的时间与精力表示）将降低，他能够投入更多的时间与精力来追求"奢侈品"。㊀

一个复杂的工业社会就如同漂流到荒岛上的个人一样，必须根据基本的经济学原则来求得生存。假定个人与社会适用的基本经济原则并不相同，这是最严重的谬误。对任何有效的经济学原则来说，它首先必须适用于个人。只有如此，它才可以被延伸至整个社会。评估、生产、储蓄、投资、创新与交易等程序，这是个人求得生存的必要原则。从这种前后关联来考虑，它们是任何层次经济分析的基础。

生产的重要性

在凯恩斯学派的影响下，政府掌握大部分权力，决定以何种手段达到何种目的，所以经济学已经被退化为研究政府干预市场的学问。根据凯恩斯学派的说法，生产的驱动力量（换言之，人类经济成就的驱动力量）是总需求——消费的欲望，这可以通过可支配收入的金额来衡量。凯恩斯认为，政府只需要谨慎地提高每个人的货币收入，便可以刺激总需求。在这种情况下，企业界会提高生产，消费者会增加支出，而国家的财富（以 GDP 来衡量）便也会增加。

根据我个人的看法，"总需求决定生产水平"的观点完全错误。就个人而言，他不能通过增加需求或消费来增加财富。事实上，假定其他条件不变，如果鲁宾孙在荒岛上增加需求，并增加消费量，则他将踏上自我毁灭的道路，

㊀ Victor Sperandeo, *Trader Vic* (New York: John Wiley & Sons, 1990), p.114.

减少未来的生产能力。这个道理也适用于"整体",而不论其规模与复杂程度如何。

经济增长是由一系列的链环构成,生产是最初的一环——人类生存的根本条件。然而,仅依赖生产并无法导致增长;增长需要储蓄。

储蓄、投资与科技创新

> 工资并不是由雇主支付的,其仅是经手金钱而已。工资是由产品支付的。
>
> ——亨利·福特

生产是经济增长的先决条件,产量不仅必须满足生存的立即需求,而且还必须有剩余的存量以供未来的生产。换言之,在经济得以增长以前,必须有剩余以供储蓄之用。储蓄有两种形式:单纯的储蓄,这是保留未消费的产品以供未来之用;资本储蓄,这是将储蓄的产品直接用于未来的生产。在经济得以增长以前,这两种形式的储蓄都必须先存在。

单纯的储蓄是针对自然环境的防范行为,不论这种环境是指自然界还是人性。在简单的层次上,单纯的储蓄可能是收集蔬菜水果以供冬天之用。在较复杂的层次上,单纯的储蓄可能是企业的保留盈余,这可以用来度过经济不景气的时期。在上述两种情况中,单纯的储蓄是以目前的物质储存为手段,并用于追求未来的目的。

资本储蓄来自单纯的储蓄,而投资于未来的生产程序。以最简单的例子来说,今年所保留的种子以供来年播种之用,这便是资本储蓄。从较复杂的层次上看,企业界以保留盈余购买机器设备,这也是资本储蓄。不论从何种层次分析,资本储蓄都会涉及另一项重要的生产要素——科技创新。在储蓄可以被配置于未来的生产程序之前,在它们可以成为资本储蓄之前,必须存在两个先决条件:第一,足够的单纯储蓄以供投资于其他用途;第二,未来生产的手段（方法）必须存在。假定确实存在足够的单纯储蓄和发展未来生产的手段则需要科技创新。

就目前的环境来说，我们将科技视为电脑晶片与电子零件。然而，创新发明实际上是指任何形式的新知识运用，换言之，任何运用资本储蓄的新方法。从鱼钩乃至航天飞机，人类在物质上的任何成就都是由科技创新与资本储蓄结合而成的。换言之，我们现在的发展是建立于前人的储蓄与创新发明。

在经济发展的每一个阶段，某些人必须设法重新整合与安排自然资源和制造要素以创造新的产品，或以更有效率的方式生产既有的产品。然而，仅知道如何创造并不足够，还必须解决以什么来创造的问题。"以什么"便是资本储蓄。在这种意义下，资本储蓄与投资资本便完全相同。

所有的新生产程序都是如此。企业家思考如何运用资源于未来的生产，另一群人则投资其时间或物质的储蓄，以实现企业家的构想。在这种投资行为中，他们承担风险。如果他们的投资成功，则可以创造新的产品与服务，并获取收益（利润），这是他们让储蓄承担风险换来的结果。如果投资失败，他们将蒙受损失，损失先前生产的东西，换言之，储蓄被消耗了。

请注意，我使用的都是经济学中最寻常的名词，甚至未采用货币或信用等字眼。就基本的经济学原则来讲，生产、储蓄、投资、资本、利润以及损失等概念都与货币和信用没有关联。货币和信用仅是一些科技创新，它们使生产与经济增长的链环得以发挥较高的效率，较容易管理，也较容易衡量。

不幸的是，许多经济学家把货币视为财富，把信用视为一种新形式的财富。当经济系统演化至相当复杂的程度时（类似我们现在的经济系统），货币和信用确实有其必要性，但它们并不是经济增长的先决条件。在复杂的市场经济中，记账、评估与交易都需要仰赖货币，信用则是交易累积储蓄的一种手段。第20章将详细讲解这方面的问题。

截至目前，我们尚未讨论经济分析上的两个重要原则：评估与交换。

评估与交易

我们为什么要生产？我们如何决定生产什么？我们为什么要交易？我们应该交易什么？我们如何决定何时消费、何时储蓄或投资？这些问题的答案相当复杂，但很重要。

对独居于荒岛的个人来说，这些问题的答案较简单。面对实际的生存问题，鲁宾孙有两个基本选择：生产或死亡。一旦他决定生产以后，他必须根据重要性的先后顺序来排列需求。这很简单：食物与居所。然后，他的选择便逐渐趋于复杂。他应该先尝试捕鱼，或采集水果？一旦他找到食物以后，是否应该储存一些，以便腾出时间建造住所；或者，他是否应该用半天的时间来寻找食物，再用半天的时间来建立住所？住所完工之后，他便可以开始制造工具。他应该制造钓鱼竿或渔网？他应该在太阳下来晒鱼干，或建个炉灶来熏鱼……

在每个步骤中，鲁宾孙都必须评估可供选择的手段与目的，并挑选他认为最能够满足其需求的事物。他的选择便是交换或交易。事实上，鲁宾孙是与自己交易，以较不需要的事物交换较需要的事物。他的思考程序可能如下。

> 生产确实很辛苦，但总胜过死亡，所以我应该以生产换取生存。虽然新鲜的水果味道较美，但我不愿意半夜被冻醒或受风吹雨打。所以，我想我应该花几天的工夫收集食物，然后用一整天的时间建个住所。虽然钓鱼竿较容易做，但渔网可以捕到较多的鱼，所以我还是应该多花点工夫做渔网。

每个选择都代表一种风险，他可能因此而获取利益或遭受损失。

没有其他人，没有市场，没有货币，鲁宾孙必须根据基本的经济学原则来求生。他必须辨识可供选择的方案，赋予它们价值，选择追求的对象，决定消费多少而投资多少，是否应该让时间与储蓄承担风险。这一切都是交易——以较不需要的事物交换较需要的事物。将鲁宾孙的选择延伸至较复杂的社会，这些基本原则并不会发生变化。评估、生产、储蓄、投资、创新与交易等基本程序仍然相同。当经济架构越趋于复杂时，越必须记得。价值终究是一种主观的概念，取决于每位市场参与者独特的前后关联与评估程序。

市场是由个人构成的，个人会根据其天性而采取鲁宾孙在荒岛上运用的程序。犹如鲁宾孙一样，他们都可能犯错；不论在个人或群体的层面上，他们都可能犯错。价值的感知是驱动个人或群体采取行动和进行交易的根本动力。

价值的主观性质

价值并非储藏于被交换的商品之中，也不是储藏于投资的对象之中。价值是一种主观的衡量，它可以分为两种类型。消费者价值是一种心理关系，它介于个人对欲望的概念与个人认定某商品满足此欲望之程度的概念之间。投资价值介于个人对贵与贱之间的一种心理关系，这是根据主观的判断评估某对象之价格升值的可能性。

风险是可以衡量的概念，不确定性则是不可衡量的！风险是某事件发生与不发生之概率的比率。若你希望成为一位成功的交易者，必须能够区别这两个概念。

作为专业的投机者或投资者，当你发现绝大部分市场参与者在判断上都发生错误时，这便是我所谓的"索罗斯式机会"，这是一种你可以运用基本经济智慧来获利的机会，但你必须确实了解市场大多数人的看法。

例如，1991年全年，经济情况相当疲软。类似如IBM之类的股票，价格尚低于1987年崩盘后的低点，市盈率为10～12倍。美孚的收益率曾经到达5%，因为石油类股的价格下跌，所以市盈率仅为11倍而已。然而，所谓的成长型股票，其收益率则低至2%以下，市盈率则高达30或40倍。以Merck为例，其市盈率为37倍，收益率为1.5%，而股价仍居于历史高点附近。另外，Amgen发生亏损，而市盈率为−1500倍。例子还有很多，但我想我已经把重点表达出来了。完全不考虑市盈率或收益率，市场参与者不断买进高科技的生化股、药品股或任何具有盈余增长或增长潜能的股票。

由于对市场的认知已发生变化，这种趋势也产生了一些转变。如果行情开始崩跌，对市场的认知将彻底改变，高市盈率的股票将受到最严重的打击。以图19-1的PSE & G为例，1928年，PSE & G曾经创下137.5美元的高价，每股盈余为3.93美元（市盈率为35倍），股息为3.40美元。1932年每股盈余为3.46美元，股息为3.30美元，而股价则为28美元。这家公司的结构与盈余都没有明显的变化，但对市场的认知发生了重大的变化。

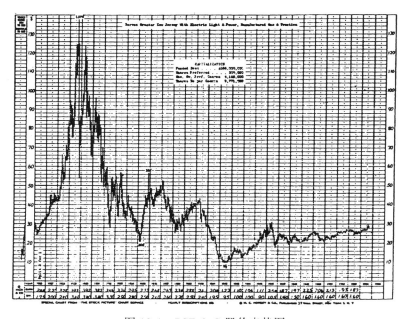

图19-1　PSE & G股价走势图

这里蕴含着两点启示。第一，**当分析家认为某只股票的"价值合理"时，务必记住，价值究竟如何，只有市场说了才算数**。价值是一种主观的东西，它不断变化。重点仅在于市场是否认同分析家的评估，就是如此而已。第二，**如果你相信某只股票或某类股票的"价格高估"，你必须确定你的分析已经把**

市场中绝大多数人的看法考虑在内。戴高乐（Charles DeGaulle）曾经说过："条约就像玫瑰花与年轻的女孩儿一样，只有当它们持续有效时，它们才持续有效。"将"条约"换成"趋势"，这句话仍然有效。有一条古老的交易法则，即"情况没有变化时，便没有变化"，这是绝对的真理。不可把市场远远地抛弃在后面。接受索罗斯的劝告，顺着谬误的趋势交易，而在真相大白以前离开。

经济价值的性质

许多错误与误解都源于不能体会价值的主观性质。"某人的利益必然是来自某人的损失"，这就是非常普遍的误解。如果该陈述正确，则经济增长便不可能，它完全忽略了财富的根本要义。在上卷中，我曾经写道：

> 由于价值具有主观的性质（人们对价值的判断不同），这使人具有交易的欲望与动机，交易的双方也可以同时获利。⊖玉米生产过剩而肉类不足的农民，他对玉米的价值判断将低于牧人，后者需要以玉米饲养牛畜，于是交易的机会便出现了。当交换剩余品的活动涉及越来越多的人时，交易将变得相当复杂。许多个人之间的互动，社会将通过自由的结合而提供生产与交易的场所，这便是市场。

就真正的意义来说，利润并不是来自交易，而是存在于市场认定的剩余生产的经济价值（或经济物品）。交易是一种使利润极大化的机制，但利润的本身并非来自交易。可以满足需求的任何东西都具有经济价值，依此认定，商品与服务都有经济价值。财富则是未消费之经济价值的累积，不论形式为何；它是储蓄的主要来源，所以也是经济增长的主要来源。⊜

⊖ 价值具有主观的性质以及人们对价值的判断不同，这才能产生交易。这种观念看起来似乎很简单，但实际上是由米塞斯正式提出的。在古典经济学的理论中（亚当·斯密与其他人），交易的物品必须有相同的价值。

⊜ 有关财富较完整的讨论，以及我驳斥"有形物质的生产才能增加净财富"的观点，请参考第9章。

你可能会觉得很奇怪，作为专业投机者，我如何能够宣称，利润严格来说并非来自交易。毕竟，我的工作便是从交易中获取利润，而且在许多情况下，我的利润确实来自他人的损失。然而，我获得的利润是发生于剩余生产的结果，换言之，除非利润已经存在，否则我无法取得利润。就最基本的经济功能而言，作为投机者，我的工作是修正其他人的错误，根据供需原理将资本引导至最佳的用途。

以1992年3月为例，我认为市场对成长股（尤其是先前所提的药品股与生化科技股）的多数看法即将发生改变。我大量地做空它们，而它们的跌势也持续至1992年的11月。事实上，我控制被误置的资本，并将它们挪至较具有生产力的用途（换言之，就这个例子来说，他们的判断错误，我的判断正确）。实际上，我是以较低的价格买进他们因错误投资而产生的储蓄损失。当然，如果我的判断发生错误，情况恰好相反。

非常有趣的是，克林顿赢得总统大选时（1993年），药品与生化科技类股开始反弹。为了避免事后诸葛亮之嫌，我希望在此给出一个预测：在克林顿执政期间，药品股将蒙受其害，因为克林顿与民主党控制的国会，对"富有的"药品公司颇有偏见。相比之下，"小型而进取"的高科技生化股则享有相反的偏爱。

小结

介绍经济分析的基本原则，其宗旨在于奠定一个基础，以辨识市场趋势的基本真理与谬误。根据我个人的观点，分析市场行为的最佳方法是自上而下。换言之，首先观察驱动经济循环的基本经济力量；其次观察整体股票、债券与商品等市场衍生的趋势；最后则检视个别的股票、债券与商品。

在了解本章讨论的基本经济原则之后，我们现在便可以探讨繁荣／衰退之经济循环的因果关系，这是我们现代历史中常见的现象。

| 第20章 |

货币、信用与经济循环

在撰写本书的过程中,美国人民对国会山庄的作为都保持相当乐观的态度,认为他们会"做些什么"将美国经济拉出沼泽。然而,这些"什么"究竟是什么,便颇不确定。在克林顿掌舵,而民主党在参、众两院都居于多数的情况下,民众纷纷猜测税金将如何增加与减少。某些民主党议员倡导"向富人课税",其他议员则呼吁政府采取更多的支持或奖励措施。更有一些议员将经济的疲软归咎于美联储的政策,并主张进一步调降利率刺激复苏。

非常悲哀而讽刺的是,我们竟然会期待华盛顿的立法者能够挽救我们的经济,我敢打赌,在这些民意代表中,只有不到2%的人真正了解经济衰退的原因。在目前的国会辩论中,我没有听到任何根据基本经济原则提出的振兴经济方案。他们仅是谈论着一些抽象的陈词滥调,以讨好选民,并将经济危机的责任推托给对立的政党。当他们继续这类口舌之争时,经济也继续下滑。

可笑的是,经济循环实际上便是直接来自华盛顿领导人所采取的财政政策与货币政策。当他们试图管理国家的经济活动时,繁荣与衰退的循环于是产生。犹如米塞斯所说:

影响经济体系的波浪状变动，在经济萧条（衰退）之后又是经济繁荣，这是不断尝试扩张信用而降低市场毛利率的必然结果。以扩张信用带来的经济繁荣，绝对无法避免最后的崩解。㊀

如果你完全理解这段评论的意义，则可直接跳至下一章。否则，请继续阅读，通过对这段评论的分析，我希望你因此拥有完整的知识，以精确预测未来经济活动的内容。一旦你知道内容之后，你可以在概率的层面上推测这些活动发生的时间。

当我说你可以相当精确地预测未来的经济活动时，这听起来似乎有些夸口。没错，你永远不可能知道所有细节。然而，只要留意的话，你就可以知道基本状况。让我以一个实际例子来说明。

1979年，我们当时正处于"石油危机"之中，中东产油国压制石油价格。卡特政府限制国内的石油生产，并课征石油进口的关税，立即造成国内石油供给的短缺。石油类股的价格大幅飙涨，其他工业类股则以较缓的速度随后跟进。虽然美联储调高利率水平，却让货币供给仍然加速扩张。换言之，石油产品的价格上涨得到货币供给扩张的支持——通货膨胀。

然后发生了两件事。第一，1979年10月12日，沃尔克宣布，美联储将以货币供给的增长率作为政策目标，而不再积极干预利率水平，这意味着通货膨胀的扩张主义已经告一段落。第二，总统候选人里根宣布，如果他当选的话，将让石油产业自由化。

当我相信里根将赢得共和党的提名，并将击败卡特时，我知道利率高涨与石油价格偏高的时代已经结束了。我也知道，当石油价格下跌时，其他工业类股将因此而受惠，至少在经济开始对通货膨胀所造成的伤害做出反应以前是如此。所以，在1980年10月的大选期间，我大量做空石油类股。S&P 500（石油类股所占的比例很大）在11月出现顶部，石油类股则在1月做

㊀ Ludwig von Mises, *Human Action*（Chicago：Contemporary Books, Inc., 1996），p.572.

头。道琼斯工业指数在 4 月走高，而 S&P 500 则下滑。7 月道琼斯工业指数确认多头市场已经结束。这是我们接受报应的时候了，于是我开始完全居于空方。

犹如我先前所述，主导经济活动的力量，深受政府政策的影响。人类采取的每一种经济行为，其后果都是可以预测的。当经济行为大规模地反映在政府的财政与货币政策中时，其对整个经济将产生的后果相对来说更容易预测。唯一的变数是个人部门的创新发明，它们对生产的贡献，可能抵消政府的负面行为。

经济预测的关键，绝对不会脱离第 19 章的基本原则。在人类行为的前后关联中，运用经济学的基本原则，再结合有关货币与信用的知识（包括利率在内），则经济循环的复杂问题将变得相对容易理解。

我在第 19 章曾经提到，货币与信用并不是基本要素，它们是经济学基本原则的衍生物。漂流至荒岛上的个人，他必须运用经济学的基本原则，却不需要货币与信用。对原始部落来说，货币与信用也不是必要之物。在货币与信用出现之前，经济社会必然已经发展到相当的程度，成员之间积极交换剩余产品；换言之，货币与信用是市场经济的产物。唯有市场经济的成员已经拥有相当的生产力，并且在某种程度上可以控制生活时，货币才有其必要性。信用的情况也是如此。

对复杂的市场经济来说，在评估、生产、储蓄、投资、创新与交易的链环中，货币与信用是衔接上绝对不可或缺的工具。当经济活动越来越复杂时，货币与信用便成为经济进步和增长的必要条件，但这必须在人类行为的基础上来了解与运用它们。如果了解与运用得并不恰当，它们将导致周期性的繁荣与衰退——经济循环。

皮埃与沙颂的故事

我喜爱的一段小故事，可以说明经济循环的基本机制，内容如下。

路易斯安那州有两位农民,他们的名字分别为皮埃和沙颂。有一天,皮埃来到沙颂的农场,并赞美沙颂的马道:"这真是一匹漂亮的马,我一定要买下它。"

沙颂回答道:"皮埃,我不能卖它,我已经拥有这匹马很多年了,而且我很喜欢它。"

"我愿意付出10美元的代价买下它。"皮埃说道。

沙颂说:"好吧,我同意。"

于是,他们签下一纸合约。大约一个星期之后,沙颂来到皮埃的农场对他说:"皮埃,我一定要拿回我的马,我实在太想念它了。"

皮埃说道:"可是我不能这么做,因为我已经花了5美元买了一辆拖车。"

"我愿意付20美元买下这匹马和拖车。"沙颂说道。皮埃默默地盘算着——15美元的投资一个星期便赚5美元——年度化回报率超过1700%!所以,他说道:"就这么办吧。"

于是,皮埃与沙颂不断地交易这匹马、拖车与其他附属配件。最后,他们终于没有足够的现金来进行交易。所以,他们便去找当地的银行。银行家首先查明他们的信用状况以及这匹马的价格演变历史,于是贷款给他们两个人,而这匹马的价格在每轮的交易中也就不断地上涨。每当完成一次交易,银行家便可以回收全部的贷款与利息,而皮埃与沙颂的现金流量也呈几何级数地增加。

这种情况持续进行,直到数年以后,皮埃以1500美元的价格买下这匹马。然后,有一个东部佬(哈佛大学的工商管理硕士)听说这匹神奇的马,并做了一些精密的计算,来到路易斯安那州,以2700美元的价格向皮埃买下了这匹马。

沙颂听到这个消息以后非常生气,他来到皮埃的农场大声责怪道:"皮埃,你这个笨蛋,你怎么能以2700美元的价格卖掉这匹马呢，我们的生活可都靠着这匹马啊！"

这段故事说明了经济循环的要义。皮埃、沙颂与银行家在无意之间造成一种假象，以纸币推高同一匹马的价格。虽然创造了许多货币，但财富并没有增加，而每个人都陶醉在这个假象中。然而，当这位哈佛大学的MBA把马买走之后，这个假象的泡沫便崩裂了。

当人们试图通过信用扩张降低利率时，便造成繁荣与衰退的循环。如果要充分了解其中的意义与经济循环的原因，则需要了解何谓货币与信用，以及它们在市场经济中的运作方式。

货币：间接交换的媒介

货币发明以前，设想一个相对复杂而小型的封闭经济。假定一位农民拥有剩余的玉米，他希望以玉米交换铁匠的犁具。铁匠拥有犁具的存货，他却不需要玉米，他需要木材做车轮，以便拖运生铁与煤。木材商不需要玉米与犁具，而需要劳工来协助搬运客户所订的木材。当地的磨坊厂需要玉米，而且老板的儿子想找份工作，但他又不需要木材与犁具。在这种情况下，产品与服务的供给和需求都存在了，但供需之间的配合则显然是一个比较严重的问题。

如果引进黄金之类普遍可以接受的商品，上述问题便可通过间接交换的程序完全解决。间接交换是利用某种交换的媒介，以间接进行一系列的交易，彼此相互交换经济价值。农民付出金币给铁匠，以交换犁具。铁匠以金币换来木材以建造车轮。木材商聘用磨坊厂老板的儿子，并支付他黄金。磨坊厂老板的儿子，听木材商说农民有剩余的玉米，于是他父亲租用铁匠的车子来到农场，并以黄金交换玉米。以黄金作为交换的媒介，整个经济的交易便可以顺利进行，每个人都得到他所需要的东西，而且各自以剩余产品交换更需要的剩余产品时，每个人都获得利润。黄金本身具有价值，也可以促进经济价值的交换，但它与生产并没有关系。

就现代的市场经济来说，如果没有普遍接受的交换媒介，交易显然难以进行。普遍接受的交换媒介，不论形式如何，都被称为"货币"。㊀引用米塞斯的说法：

货币是交换的媒介。它是最具有市场性的商品，人们希望拥有它，这是因为它可以交换。货币是一种普遍被接受为交换媒介的东西，这是它唯一的功能。人们赋予它的其他功能，都仅是此唯一功能（交换的媒介）的不同层面而已。㊁

货币在市场中的主要经济价值在于它能够延伸产品交易与产品取得之间的时间。人们之所以需要金钱，是因为他们无法通过直接的交换满足需求。所以，他们决定持有货币，并通过间接交换，稍后再以货币交换他们需要的产品或服务。

这听起来似乎相当简单，甚至有些琐碎。然而，如果希望了解经济循环，事先必须了解货币。请注意，米塞斯称货币为"最具有市场性的商品"，这意味着货币具有经济价值，它可以满足需求，而市场也将其视为如此。为了具备"最具市场性"的经济价值，货币不仅必须是人们普遍想要得到的东西，而且还需要有其他性质，如耐久性、便于携带、容易分割以及稀少性。

犹如任何经济价值一样，货币的价值也取决于市场的供需法则。就如同任何交换一样，我们在交易中支付"价格"以取得货币，此价格却不能以货币单位来表示。产品与服务的价值是以货币单位表示的，但货币的价值则取决于人们对其潜在购买力的感知与判断。两种价值的衡量都只能由市场决定，并受制于供需法则。

㊀ Ludwig von Mises, *Human Action*（3rd rev.ed., New Haven, CT：Yale University Press, 1963）, p.398.

㊁ Ludwig von Mises, *Human Action*（3rd rev.ed., New Haven, CT：Yale University Press, 1963）, p.401. 有关现代奥地利经济学派的货币与信用理论，请参考由 H.E.Batson 所译、米塞斯所著的 *The Theory of Money and Credit*（Indianapolis：Liberty Classics, 1981）。

货币需求与供给之间的关系（米塞斯所谓的"货币关系"）并不是取决于总体的层面，而是取决于个人的独特看法与评估，并表现为市场的累积总和。你或许不相信，这样简单的事实却是经济学家长期以来的争论主题。事实上，许多经济学家甚至认为"货币关系"并不存在。

例如，类似如穆勒（John Stuart Mill）与休谟（David Hume）等古典经济学家认为，货币具有中性的性质，换言之，货币并不像其他商品与服务一样具有经济价值，所以本身并没有驱动力量。这种信念可以延伸为一种主张：产品和服务的一般性"物价水平"与货币流通数量成比例的关系。换言之，货币数量越大，物价水平越高，反之亦然。这听起来似乎颇有道理，但过于简化。事实上，这种观念将扭曲经济活动的根本性质。

古典经济学家的错误是将经济体系想象为一种静态的"均衡"。经济是由许多市场构成的，而市场又是由许多个人或群体构成的，他们不断地评估与交换，这是一种持续的动态程序。在不确定与不断变化的情况下，货币的唯一功能就是促进交易。另外，货币本身也会产生变化。犹如米塞斯所说的那样：

> 经济资料的每一变化都会使货币发生变动，而这又形成其他新变化的驱动力量。各种非货币产品之间的交换比率关系一旦发生变化，这不仅会影响生产与分配，也会导致货币关系的变化，并进一步造成其他变化。⊖

就这个观点来说，当货币供给发生变化时，所有产品与服务的价格不可能同时受到相同程度的影响。假定其他条件不变，当货币供给发生变化时，唯一可以确定的后果就是财富的重新分配；某些人变得更富有，某些人变得更贫穷。⊜

⊖ Ludwig von Mises，*Human Action*，p.418.
⊜ Ludwig von Mises，*Human Action*，pp.416-419.

例如，假定在我们先前所提的小型封闭社会中，农民突然收到联邦政府补贴的"纸币"。最初，除了这位农民持有的纸币以外，整个经济并没有任何变化。然而，农民不再需要以玉米交换黄金，而可以直接以纸币来购买犁具。然后，他还能用剩余的玉米交换其他经济商品。铁匠在拿到农民给他的纸币之后，又向木材商买进木材。可是，当后续的交易程序不断发展之后，对整个经济体系来说，商品将变得较容易取得，价格也开始上扬。

最初，这对经济活动有刺激的效果，但这仅是因为某些人并不知道农民持有纸币。如果每一位生产者都知道这种情况，他们必然会立即调高价格。他们的无知，使农民可以对市场中的产品与服务取得较高的请求权，他变得比较富有，因为货币供给增加时，价格不会立即上涨。

凯恩斯了解货币绝不是中性的东西，但他却过度运用货币的驱动力量。他认为，货币可以用来创造进一步的生产。根据他的说法，额外的投资（以及额外的经济增长）取决于整个经济的边际消费倾向，但为了增加生产，你必须增加消费而提高边际消费倾向，这是以可支配收入的货币金额表示的。当可支配收入的货币金额增加时，消费者的支出增加，将提高生产者的获利，并使它们扩张生产。

犹如休谟与穆勒一样，凯恩斯的经济理论也是处于一种静态的架构内，其中的因果关系都会自动地发生在"总体层面"上。根据我个人的看法，这是一个严重的错误。

事实上，货币是在未来取得目前未消费经济价值（产品与服务）的请求权——仅是如此而已。假定你可以将整个经济冻结在某一时刻，其中存在固定数量的产品与服务，所有现金都由某些人持有，价格将取决于人们对供需情况的判断。在下一时刻，如果你将经济解冻并增加某些人的现金持有量，那么整个价格结构必须重新调整。由于突如其来的不平衡，持有额外现金的人对既有产品与服务的请求权将增加。在履行这些额外的请求权时，某些人将因此而比较富有，其他人则变得比较贫穷。

当政府采取刺激性的财政政策与货币政策以增加货币供给时，情况也是如此。在货币供给增加的初期阶段，某些企业的收益将增加，这发生在价格上涨之前。这些企业认为需求增加，于是将扩张生产。可是，扩张生产需要时间，而价格将重新调整至较高的水平。所以，企业界增加生产的实际收益可能低于预期的程度，于是它们又减少未来的生产。除非政府可以不断增加消费者的可支配收入，但就实质收入来说，这是不可能的。政府实际上所能做的仅是增加（或减少）人们持有的现金。如果政府确实这样做，市场迟早会将物价上涨的因素考虑在内，并抵消刺激的效果。

类似如暂时性减税的非持续（one-shot）刺激政策，其效果基本上是一场零和游戏，实际的效果则取决于货币关系。⊖新的生产仅能来自已投资的储蓄。某些消费者持有的现金突然增加，并不是老天爷赐予的新储蓄。虽然这可能造成新的生产，后者又可能造成新的储蓄与投资，但唯一可以确定的效果是实质财富的任意重新分配。

人们之所以持有货币，仅是因为他们相信其欲望在一段期间之后可以获得较大的满足，而不论这段时间是数秒钟、数天还是数年。每个人对未来的展望都不同，每个人的欲望也不同，每个人持有现金的理由也各不相同。换言之，每个人希望持有的货币（现金）数量，则取决于其对现在相对于未来的消费或投资态度。

基源利率的概念

如果每个人都相信，世界末日将发生于一个星期之后，生产将立即陷于停顿。相信永生的宗教信徒可能开始做必要的准备。原本不相信永生的人可能也会皈依，或纵情狂欢。谁知道人们会有何反应？此处所希望强调的重点是：所有的经济评估都发生在现在与未来的前后关联中。如果没有未来的展

⊖ 由政府部门的支出（储蓄）转变为民间的支出（储蓄），实际的效果取决于收入的重新分配。——译者注

望，便没有经济活动。

每个人在评估既有产品与服务的价值时，都会以某种贴现的程序来沟通目前与未来的价值。所以，每个人都会建立一种利率的架构，以表示现在与明天、后天或20年后消费之间的关系。

利率的概念通常都与信用联系在一起，被视为资金融通的成本。然而，就纯粹的经济观点而言，利率是信用发生的原因，而不是价格。它不是一种数据，而是米塞斯所说的"在目前满足欲望设定的价值与未来满足欲望设定的价值"之间的比率。[1]

米塞斯称此为"基源利率"，因为它是所有经济利率的基础，包括利率在内。

> 利率既不是储蓄的诱因，也不是目前不消费所获得的报酬或补偿。它是目前产品与未来产品之间价值沟通上的比率……[2]

基源利率取决于市场中无数参与者的评估观点，所以它会不断变动。然而，在任何时刻，供需情况都会反映当时市场大多数人所持的基源利率水平。当基源利率下降时，人们的储蓄会增加；当基源利率上升时，人们的储蓄会减少。所以，在理想的状况下，基源利率将不受市场利率的影响，而决定企业家的投资活动。在市场上，它会反映在资本品（以供未来生产之用）的增长（或衰退）率中。资本累积与市场利率水平未必有直接的关联，本章稍后会讨论这个问题。

然而，现实的世界到底不是一个理想的场所。基源利率无法精确量化，因为它具有主观的性质，而且又不断变化。所以，企业家在拟定投资决策时，必须根据当时的市场利率水平，而这在目前与可预见的未来都将受到政府的控制与影响。拟定未来计划依据的利率水平受到政府控制，这是一种非常危

---

[1] Ludwig von Mises, *Human Action*, p.526.
[2] Ludwig von Mises, *Human Action*, p.527.

险的现象。

信用与市场毛利率

就字面上的意义来说，信用就是信赖的意思。就经济上的意义来说，不论信用的形式如何，它都代表贷款（对未消费财富的请求权）以换取未来生产清偿的承诺。一个人决定将信用授予另一个人，贷款者选择持有现金而不做立即的支出。换言之，贷款者的基源利率必然相对偏低。所以，基源利率是所有信用交易的驱动力量。

它是驱动力量，但不是决定力量，市场毛利率才是决定的力量。市场毛利率（当时的市场利率水平）由三个部分构成：①净（或实质）利率；②企业家成分；③价格升水成分。㊀㊁

在利率中，基源利率反映的是净利率，贷款者根据该利率将未来的经济价值贴现为目前的价值。一般来说，可供贷款的货币供给取决于目前消费与未来报酬（通过资本累积）之间的价值评估关系。如果基源利率偏高，可供贷款的资金便相对减少，净（名义）利率也会偏高，或不论名义利率如何，贷款数量都将相对偏低。反之，如果基源利率偏低，可供贷款的资金便相对充裕，净利率水平也将偏低。换言之，净利率或贷款数量将始终反映基源利率的水平。

然而，市场毛利率并非仅由净利率决定。在某种程度上，所有债权人都是企业家。通过贷款，他们使借款人可以创造未来的预期收益，不论是用于投资还是用于消费。同时，债权人对未来的收益也有部分请求权，而成为债务人未来生产的合伙人。由于每一项企业投资都会涉及某种程度的风险，贷款者当然在要求净利率之外还需要风险的升水，后者取决于风险的程度。这

㊀ 完整的讨论，请参考 *Human Action*，pp.534-586。
㊁ 在本书上卷中，我误将基源利率表示为市场毛利率的成分之一。事实上，基源利率是净（实质）利率始终努力的目标。企业家与价格升水的成分并不是真正的利率，而是代表贴现的函数。它们分别取决于企业家判断的风险与货币关系的变动。

种风险的升水便是市场毛利率中的企业家成分，高低可能随着每笔贷款的不同而不同。

主要的升水成分是反映决定购买力的货币关系（货币需求与供给）。购买力的变化可能由现金引发（cash-induced，因货币供给量的变动而造成的购买力变化），或产品引发（goods-induced，因可供使用的产品或服务种类与数量的变动而造成的购买力变化），或由两者同时引发，这三种情况对货币关系都有影响。就现代的经济环境而言，大多数重要的货币关系变化都来自现金引发，换言之，来自政府财政政策与货币政策的变动。

价格升水的成分最多仅能估计货币关系未来变动所造成的影响，换言之，现金引发的货币关系变动对购买力所造成的层层影响。然而，犹如负债累累的储贷机构（S&L's）显示的情况，贷款市场通常是反应（而不是正确地预期）货币的未来购买力。米塞斯曾说："价格的升水总滞后于购买力的变动，因为它并不是反映（广义）货币供给的变动，而是反映货币供给变动对价格结构的影响，这必然会有滞后的现象。"⊖事实上，经济衰退之所以发生，主要便是价格升水成分在时间上的滞后性质。换言之，贷款者与企业家都无法精确地预期货币关系中现金引发的价格影响，我稍后将说明这一点。

经济循环的性质

经过上述讨论之后，我们可以就米塞斯的评论观察经济循环：繁荣与衰退的循环是来自"不断尝试扩张信用而降低市场毛利率的必然结果"。就我们银行体系的性质来说，信用扩张起始于会员银行自由准备金的增加。因为我们采用的是部分准备金制度，所以每增加 1 美元的新准备金，通过潜在的新贷款，至少可以增加 10 美元的新货币供给。⊜准备金的增加仅有一个来源，增加个人与企业所持有的货币，不论是定期存款还是活期存款。

⊖ Ludwig von Mises, *Human Action* (3rd rev.ed.), p.551.
⊜ 有关这个程序的完整讨论，请参考第 10 章。

总的来说，假定人们不改变现金储蓄的习惯，准备金的增加可以来自贷款的清偿，或美联储在公开市场操作中买进政府债券而将现金导入体系之内。在评估经济循环的成因时，后者是比较重要的考虑因素。

美联储在货币政策上主要有两个操作工具：控制短期利率；通过公开市场操作而改变体系内持有的准备金。在经济衰退的谷底，一般公认的适当政策是增加体系内的准备金，并降低短期利率。这两个操作的目的都是刺激银行增加贷款，并刺激经济扩张。然而，这种信用扩张的结果是一种必然会导致衰退的经济繁荣。繁荣的期间长度与衰退的严重程度，则取决于信用扩张的性质与程度以及政府在此程序中采用的财政政策。

现在，撇开财政政策不谈，让我们考虑中央银行信用扩张的影响。在经济循环的谷底，在信用扩张开始之前，市场已经将其视为有利可图的生产程序并付诸运作。根据市场的认定，资金已经被配置于最佳的用途；那些关闭的工厂、封闭的油井、未开发的矿产，它们在经济的考量下都不适合生产。边际资本投资正等待新资本储蓄的形成与运作。只有资本储蓄提供新的资本时，资本扩张才有可能出现，并用于生产。

然而，当政府采取信用扩张的措施时，将使市场误以为资本储蓄已经存在，并可供边际投资之用。请注意，货币是对未消费产品的请求权。因为所增加的货币存量是以额外的银行准备金出现在体系内，所以市场毛利率将下滑（名义利率降低而货币供给增加）。在这种情况下，银行通常愿意增加贷款。由于企业家无法区别既有的货币与新创造的货币，因此他们认为新增加的贷款可以用来请求未消费的资本品，并将它们用于生产。

然而，未消费品（包括资本品在内）的数量实际上并没有增加。所有的变化仅存在于货币关系之中，这使企业家误以为资本品的供给增加。由于资本品的数量实际上没有增加，而企业家误以为增加，最后将形成一场追逐资本品的价格战争，并导致资本品的价格上涨。然而，价格的变动并不是瞬间就完成的，各种产品所受到的影响也不相同。

为了方便起见，假定信用扩张增加的新贷款都发生在企业界，这是中央银行认定的最理想状况。生产将扩张，失业人口将重新就业，整个国家的情况将趋于好转，是吗？

不是，企业的扩张是基于表面上存在的新资本。事实上，新资本并不存在，所以企业的扩张仅是将既有的资本由原先的最佳用途转移至其他用途。由于资本被转移至其他用途，消费品的重置与新产品的生产都会产生瓶颈现象。另外，由于劳动市场的就业增加，消费品的需求也会增加。⊖因此，不仅生产者物价会上涨，消费者物价也会上涨。同样地，价格的变动并不是瞬间完成的，各种产品受到的影响也不相同。

企业界对物价的上涨非常兴奋，认为这代表需求的增加，于是进一步扩张生产。它们进行更多的投资，这使生产者物价承受更大的压力，包括工资在内，工资增加又会对消费者物价构成压力。唯有银行不断地提供贷款，以维系资本品增加的假象，经济才可以持续繁荣，并造成典型的恶性通货膨胀。

物价何时上涨，上涨的速度如何，各经济部门所受的影响如何，这一切都取决于许多因子。第一，也是最重要的一点，科技创新可以降低生产成本，并因此缓和物价上涨的压力。第二，银行新贷款的对象也是一个重要因素。以 1927～1929 年为例，当时的信用曾经大幅扩张，但生产者物价与消费者物价的上涨程度非常有限。新的贷款都以股票投资者为对象，这酝酿了一波股票市场的投机行情。以最近的案例来说，1982～1987 年，股票与房地产价格飙涨，但消费者物价的上涨速度却下降。第三，政府的财政政策（税金、借款与支出）也可能加速或减缓整个程序。

然而，在大多数情况下，价格上涨具有以下循环模式：

- 生产者物价会率先上涨，但因为消费者需求具有较直接的本性，所以

⊖ 消费品的需求增加，可能会导致消费品的价格上涨快于资本品，并造成强制性的储蓄，这在某种程度上可以抵消生产者物价的上涨压力。基源利率实际上可能不降，经济增长的步调也可能加快。然而，消费品价格的不断上涨，最后将导致"囤积实物"的现象。

消费者物价随后也会快速上涨。

- 企业家在获利假象的诱导下，将物价上涨解释为需求增加，并向贷款机构要求更多的贷款以扩张生产。
- 随着贷款需求的增加与物价的上涨，债权人也提高了市场利率的价格升水成分以及名义利率。
- 然而，不论名义利率的水平如何，由于基源利率的下降，市场毛利率也会随之下滑。
- 于是，体系内出现更多的贷款。
- 再一次，货币关系中又产生现金引发的变化。
- 再一次，当消费者需求维持不变或增加时，额外产品的生产将又出现瓶颈现象。
- 再一次，消费者物价又趋于上扬。

循环持续进行，在每一循环中，价格升水的成分都不足以充分反映物价上涨的影响。如果它能够充分反映，则信用扩张将停顿。这基本上便是现代经济扩张的根源。

信用扩张造成的经济扩张，其幅度与期限受到一个因素的限制，那便是基源利率。一旦生产者与消费者发现，预期的未来收入将不足以弥补货币购买力的下降时，基源利率将开始上升。换言之，将开始出现囤积实物的倾向，资金将流往足以对抗通货膨胀的对象（股票、房地产、黄金等）。由于消费品的供给有限而需求不断增加，这会驱使物价加速上涨。

当银行开始担心而不愿再授予信用，或中央银行开始从体系内抽离准备金时，经济扩张将告一段落。这个时候，无数进行中的扩张计划，必须仰赖持续扩张的信用供给与遭到扭曲的偏低利率。在资本充裕的假象下所做的种种盘算与计划，已经无法再继续维持。财务状况不佳的企业为了急于求现，在市场中大量抛售存货。生产者价格下跌，而且通常是暴跌。工厂关闭，劳工遭到裁员，营建计划遭到搁置，美国各个城市都可以看见这种尚未完工的建筑，这都是资源配置不当的后果。

虽然许多企业都急需现金来周转，但贷款者却了解当时的风险情况，这使利率中的企业家成分被推升至超高的水平，贷款几乎不再可能。这个时候，整个经济已经处于恐慌的边缘，任何利空消息都可能将其引爆。金融市场的价格崩跌，生产趋缓，财富在一夜之间便可能消失，更多的劳工失业，需求减少……于是经济开始衰退。

经济衰退是不可避免的结果。犹如米塞斯所说：

> 信用扩张造成的经济繁荣，其根本问题不是过度投资，而是在错误的场合下投资，换言之，不当的投资。（企业家）在扩张时，投资的规模并没有对应的资本品。由于没有充分的资本品，因此他们的计划无法实现，他们迟早会失败。㊀

然而，虽然许多企业倒闭，但仍有一些企业得以渡过衰退的难关。总之，科技创新可以实际增加整个国家的财富。虽然如此，但在调整期间，无数计划将被放弃，这使得真实的财富（以经济价值而言）因此而被浪费（储贷机构的危机便是一个例子）。

在经济衰退期间，政府干预并无益处

经济衰退是经济繁荣的必然后果。这个后果来自信用扩张，资源配置不当，货币关系发生变化，利率遭到扭曲，市场的心理结构趋于混乱。经济衰退是一段必要的休养期间，使经济资源可以根据当时的市场状况来调整，但政府必须让经济体系有足够的时间进行调整。

㊀ Ludwig von Mises, *Human Action*, p.559.

一般来说，在经济衰退期间，老百姓会要求政府"做些什么"来把经济拉出泥沼。然而，政府实际上并没有能力改变经济现实，这必须由经济体系自行调整。政府唯一能做的便是停止以财政政策为手段征收资本品，并让市场决定资本品的运用。换言之，政府可以同时降低税金与支出。可是，在实务上，政府几乎不曾这么做。

政府还有另一个可行方案，那便是进行另一轮的信用扩张。从历史上来看，这是政府偏爱的一种抉择。我相信，历史上每一次重大的经济灾难几乎都源自于此。

我们可以检视最近发生的例子。1991年与1992年，联邦政府试图以另一轮信用扩张来刺激美国的经济。这次尝试显然失败了。美联储增加准备金（通过公开市场操作买进政府证券），并以史无前例的次数调降贴现率，试图引导市场毛利率下降。然而，贷款市场却拒绝妥协，因为财政政策仍限制经济的增长，市场毛利率中的企业家成分非常高，这使得贷款机构不理会名义利率而不愿意贷款。

我认为，这是令人欣慰的发展，尤其是债券市场不理会短期利率的下滑，而收益率仍然维持在7.5%以上。这显示市场对通货膨胀性信用扩张的影响已经较为理智。然而，股票市场的反应便显得相当不理智。1991年12月，贴现率史无前例地向下调低1个百分点而成为3.5%，股票价格大幅上扬。由于（短期）利率居于历史的较低水平，市场预期将出现新的增长，股价的涨势持续至1992年12月。

根据我的个人观点，这显然是一个问题。未考虑经济环境而将名义利率判断为"低"或"高"，都是一种错误的前提。必须考虑的重要关系是：名义利率是否可以真正反映基源利率？这必然是一个主观的判断。

如果政府实行的信用扩张政策可以利用人为的手段降低市场毛利率（与基源利率），那么将产生经济繁荣，反之亦然。关键的指标在于货币供给的增长率。

小结

现在，你已经了解我对经济循环的观点了，这当然有些简略或抽象。总之，我认为经济循环的根源是政府试图通过信用扩张而降低市场毛利率。在这种情况下，企业家将误以为资本品增加，实际上并非如此。他们根据这些虚幻的资料进行盘算与计划，并进行一开始便注定要失败的投资。然而，人类在市场中所展现的创新发明，却可以减缓上述影响，而使实质财富在每一轮经济循环中都得以增长。

虽然如此，但人类在货币与信用市场的所作所为都无法改变这一事实：新的生产必须仰赖资本储蓄的增加。信用无法创造国家的新财富，信心也不能创造新财富，总需求的增加更不能创造新财富。在其他条件不变时，消费的增加仅会造成新财富潜在生产的减少。只有生产创造的资本储蓄增加时，才能增加新财富的累积。

经济循环是一种恶性循环，是政府"专家"计划与执行的一场永无止境的游戏。这些行为通常是出于善意，但结果总是相同的。只要中央银行的体系存在，只要政府试图控制市场毛利率来规范经济的增长，就不可避免繁荣与衰退的循环，物价将不断上扬。非常幸运的是，你可以根据本章的知识了解这场游戏，顺着这个谬误前提形成的趋势来操作，并在这些"索罗斯式的机会"中获利。

| 第 21 章 |

政治对经济循环的影响

为了精确预测未来的经济活动与金融市场的价格走势,你必须了解并综合货币政策与财政政策对经济循环的影响。第 20 章已经阐述了货币政策的一些影响。我们发现,信用扩张的货币政策通常会使经济趋于扩张,但随后的经济衰退却是必然的后果。宽松的货币政策通常会引发经济的扩张,但货币政策本身并不能决定经济循环。另一个因素是政府的财政政策:课税、支出与借款。在本章中,我希望说明美国政府经济政策的影响——从我认定的根本目的着手。毕竟,如果经济学研究的是"通过手段达到选定的目的",则美国政府选定的目的便是最重要的影响因素。

当我观察民意代表的行为与主张时,我发现一种基本的哲学观念:经济活动应有平均收入的功能。在新税法中,公平是诉求的重点。

根据美国国会使用的华丽辞藻判断,政府经济管理的功能似乎应该是:在没有全然压抑企业家生产意愿的前提下,根据"公平"的标准重新分配财富。我完全反对这种观点,我可能需要以一整本书的篇幅来说明我反对的理由。然而，我目前的意图并不是驳斥这些思想，而是希望从市场预测的角度来说明这些思想造成的后果。

课税对长期趋势的影响

课税制度会长期存在，这是毫无疑问的。然而，课税的形式如何，它们适用的对象是谁或什么以及税金的多寡，都会显著地影响经济表现（包括金融市场在内）的长期趋势。

米塞斯以下面评论总结课税的危险，并给出重要的理由：

> 如果课税的方法……造成资本的消费，或限制新资本的形成，则边际就业（marginal employments）所需的资本将缺乏，这将妨碍原本应该存在的投资扩张。㊀

犹如该评论所暗示的那样，并非所有税制都必然会限制经济的活动与增长。政府提供的服务至少有一部分是必要的，但因此主张以税金支付政府提供的服务，就如同任何交易一样，相当于一种经济的交换，这种见解未必可以成立。为了确保美国政府提供的服务能够顺利地运作，这需要一定的税金来维系，在这种限度的范围内，税金的制度是合理的。然而，不幸的是，政府服务的供给、需求与成本并不是由市场力量决定的，而是由政治命令安排的。当这些命令由"劫富济贫"的原则主导时，政府的课税与支出将完全失去控制，就如同目前的情况一样。根据定义，没有必要的税金会导致不良的后果，例如，强制性的财富重分配，干扰市场中产品与服务之间的交换比率，扭曲货币的关系，提高资本消费的倾向。

某些从总体角度观察经济运作的人主张，税金具有中性或刺激性的效果，前者是指它们对消费没有影响，后者是指它们实际上可以增加生产。凯恩斯

㊀ Ludwig von Mises, *Human Action*, p.807.

学派认为，边际消费倾向⊖会驱动生产；他们指出，从某个人口袋中拿走的 1 美元，最后还是会落入另一人的口袋。另外，由于较贫穷者的边际消费倾向较低，而富人的边际储蓄倾向较高，因此向富人课税并通过社会福利计划将财富转交给贫穷者，这可以增加整个经济的消费，进而又会导致总需求的增加，刺激企业界增加生产。犹如凯恩斯所说的那样：

> 如果财政政策被用来使收入的分配更平均，则其对增加边际消费倾向的效果当然很重要。⊜

这种主张有一个致命的缺失：如果消费的增加发生在生产的增加之前，资本将被消费。如果税制是以"劫富济贫"的方式增加贫穷者的可支配收入，则贫穷者的消费增加必然会导致富有者的消费减少。虽然富有者的消费形态可能因此而改变，这姑且不论，但因为富有者的边际储蓄倾向较高，所以整个经济的储蓄将降低，而降低的储蓄原本可以用于资本的扩张。

让我们考虑一下这种"劫富济贫"的税制可能产生的后果。在最理想的状况下，这将造成资本在经济部门之间的重新分配，并导致较缓慢、较缺乏效率的经济增长。在最糟的状况下，这将造成资本的直接消费，并减少国家的净财富。下面，首先从最理想的状况开始。

假定政府对年收入在 5 万美元以上的人课征"富人税"，并直接分配（跳过居中的官僚体系）给年收入少于 1.5 万美元的人。这项税收的目的有二：①提高收入的平均程度；②增加整个经济的边际消费倾向，并期待这还可以增加生产水平（这便是克林顿政策的基础所在）。现在，假定这项税制在这两方面都很成功。这项税制对收入平均化的效果也非常明显。然而，如果收入重新分配可以增加消费需求，则整个经济的储蓄必然会减少。

⊖ 这是指每增加一单位可支配收入时，所造成的消费变动量。——译者注
⊜ John Maynard Keynes, *General Theory of Employment, Interest, and Money* (1st Harbinger ed., New York: Harcourt Brace, 1964), p.95.

在收入重新分配以前，经济中存在既定数量的资本品供给，以生产既定数量的消费品供给。在重新分配之后，经济中供给的资本品与消费品数量并没有变化，但用来重置资本与资本扩张的储蓄已经减少了。同时，消费需求增加，造成物价上涨的压力。

由于需求增加，因此企业界扩张生产。然而，为了生产较高水平的消费品，将造成瓶颈，所以价格上涨。企业界扩张生产时，需要运用资本品，所以对既定数量资本品的需求也将增加。假定货币供给没有变化，资本品的需求增加，而供给相对减少（储蓄减少），则生产者物价也开始上升，但价格的上升速度可能不及消费品，因为消费品的需求增加较早发生。

由于销售量增加，而且零售价格上涨，企业界的收益增加，于是企业的投资将会运用更多的实质与虚幻的资本，但生产者物价的上涨将抵消一部分利润。如果收入没有重新分配，企业家可以运用的资本品原本就比较充裕。最初，由于需求增加，因此生产量会增加，但因为可供投资的资本品数量已经减少，所以生产的数量将少于课税以前的水平，价格也较昂贵。除此之外，政府扮演的"中间人"角色必然会降低经济的效率，并进一步影响潜在的成长。总之，每当你将资本储蓄转移至消费支出，将失去一些成长的潜能（包括目前与未来的增长）。这是最理想的情况。

实际的发展未必如此理想，课税不仅会把资本储蓄转移至低收入阶层的消费，而且高收入阶层的边际消费倾向也会降低。企业活动的反应并不一致，一些企业是为了满足高收入阶层的需求，另一些企业是为了满足低收入阶层的需求。当资源被重新分配至低收入阶层时，提供高收入阶层产品的企业将受到打击，裁减员工（经常是低收入阶层的员工），工厂关闭或破产，贷款无法清偿……不仅既有资本被消费了，以未清偿贷款表示的未来资本也被消费了。由于提供低收入阶层产品的企业会扩张，因此上述损失在某个程度上可以获得弥补，但就整个程序的性质来说，整个经济得到的效益将无法抵消发生的损失。

为何如此？因为供需关系受到任意的扭曲。对高端产品企业来说，它们投资的时间与资本品将发生损失，某些是永久性的损失，某些资本品在性质上无法转至其他用途。同时，某类资本品将因此闲置，价格暴跌，而低端产品企业的资本品需求增加，其价格上涨。然而，两者之间并不能相互抵消。因为某些资本品已经被消费，或处于闲置状态，另一些资本品则因为企业扩张而价格上涨。

为了满足财富重新分配造成的需求增加，提供低收入阶层产品的企业必须进行资本投资。所以，低端产品的生产会发生瓶颈。这类消费品的价格将上涨，相关的生产者物价也会上涨。以最后的结果来说，净资本被消费了，换言之，整个经济与国家将变得比较贫穷。

10%的"奢侈税"便是一个典型的例子，它造成净资本的消费。这项税制的动机完全是基于利他主义："如果任何人都买得起小飞机或游艇，他便有能力多付10%的价格。"这便是其支持者主张的理由，而且该提案也通过了，但结果呢？他们的判断完全错误。10%造成重大的变化，游艇产业随之瓦解，小型飞机制造业也是如此，甚至还波及一些周边产业，例如，专为游艇生产小冰箱的企业，其数以千计的蓝领工人因此失业。虽然这项税制稍后被取消了，但许多生产设备仍处于闲置状态。

这段故事的教训非常明显：如果市场可以接受高于10%的价格，则价格早已经上涨10%了。任何新税制造成的价格上涨，必然会影响边际购买需求，进而又会使边际生产停顿。实际情况就是如此。

资本利得税

根据我个人的看法，资本利得税仅有消极的经济影响。更糟的是，就28%的实际税率来说（不包括州政府的部分），美国目前课征的资本利得税是全世界最高者之一。撇开它不能根据通货膨胀来调整不谈（这相当于偷窃），资本利得税是对新投资的基础来课税：利得——将资金投资于企业计划赚取的新财富，就我个人的情况来说（至少是我希望的情况），由他人的不当投资而获得的利润。

目前的资本利得税，将 28% 以上的资本利得转移至以消费为导向的政府支出，并因此而消费美国的资本。资本利得税吞噬原本可以用来促进经济增长的资本储蓄。当资本利得税率增加时，新投资的数量便减少。我可以直接证明这个论点。

投资者在安排资金时，会在替代方案中选择：直接投资于未上市的企业、股票、债券、基金……在评估每一个可行方案时，他们会观察潜在的风险与回报，并加以比较。然后，根据相对的风险 – 回报比率，他们会选择最具有吸引力的投资方案。每个人对风险/回报关系的看法都不相同，但一般而言，如果两个或两个以上的投资方案提供相同的潜在报酬，那么绝大多数人会选择风险最低者。从另一个角度来说，涉及的风险越高，潜在回报也必须越高才可以吸引新的投资。

在投资者的心目中，许多潜在的投资都存在于一个不确定的灰色领域内：它们都属于边际投资。它们是新企业或既有企业提供的一些投资机会，但潜在回报会稍高于其他低风险的投资方案，例如，免税的市政公债，但其回报并不容易吸引新的资本。例如，一家公司如果 5 年来每年为股东提供的平均税前回报率为 25%，它在募集新资本时应该没有问题。然而，对一家新公司而言，如果它承诺新股东每年的平均税前回报率为 10%，甚至 15%，但在资本利得税的影响下，这家公司在募集资本时可能会有所困难。每当资本利得税增加一个单位，边际投资的数量便会有对应甚至等比例的增加，使得新投资计划更难以吸引资本。

让我们来考虑一个例子。一家新企业承诺提供 10% 的盈余增长率，并在各种不同的资本利得税率下，发行股票募集资本。请你根据表 21-1 中所列的投资方案，评估这家新企业投资的可行性，假定你是一位拥有 1 万美元资金的"一般"投资者。

表 21-1 投资方案比较分析（在不同的资本利得税率下）

假定	1. 最初投资金额为 1 万美元 2. 目标是使最初投资增长 1 倍 3. 公司盈余增长以复利表示（扣除股息）
投资内容	1. 新企业投资：新企业预计提供 10% 的盈余增长率，并预计在 10 倍的市盈率下发行普通股 2. 高成长股票：既有企业的普通股，过去 5 年来每年平均盈余增长为 25%，未分派股息 3. 中度成长股：S&P 500 的成分股，盈余增长平均每年为 15%，股息平均每年为 3.3% 4. 市政公债基金：目前的收益率为 7%，每年派息一次

投资方案	盈余增长率	市盈率	最初投资增长1倍所需时间	税后年度回报（分红前）(美元)		税后年度回报率（分红前）		税后回报率（分红后）
新企业投资	10% （预计）	10 （预计）	7.27	@33% @15% @0	917.01 1 169.19 1 375.52	@33 @15 @0	9.17 11.69 13.76	— — —
高成长股票	25% （历史）	40	2.93	@33% @15% @0	2 275.34 2 901.02 3 412.97	@33 @15 @0	22.75 29.01 34.12	— — —
中度成长股	15% （历史）	15	4.85	@33% @15% @0	1 374.57 1 752.58 2 061.86	@33 @15 @0	13.74 17.53 20.62	15.97% 20.33% 23.62%
市政公债基金	7% （未复利）	—	10.31		700.00		7.00	

从表面上看，一般投资者可能会选择高成长股票，实际上则不然。许多投资者了解，只要一个季度的盈余报告不理想，市盈率高达 40 倍的股票很容易就会下跌 25% 或 25% 以上。就目前的经济环境与高达 33% 的资本利得税来说，我猜想绝大多数投资者都会选择中度成长的股票与债券基金的组合。

新企业承诺的回报率只较债券基金高 2.17%，债券基金几乎毫无风险，在这种情况下，谁会愿意投资新企业呢？新企业的风险比较高——投资者可能损失所有资金！如果资本利得税率为 15%，新企业投资的回报较债券基金高 4.69%，这或许可以吸引部分投资者。如果税率为 0，其回报率将几乎是债券基金的两倍，这当然可以吸引风险取向较高的投资者。

为了说明资本利得税对边际投资造成的严重影响，让我们考虑以下简单案例。史密斯拥有一家非常成功的州际卡车运输公司，而且他有一个梦想。他希望成为高速公路卡车休息站的"麦当劳"，提供廉价而高品质的食物给卡车司机与其他旅客。他的基本构想是在车流较多的地区购买土地设置休息站。经过详细的研究，他认为最初可以建立100单位。然后，经过10年或15年，规模可以逐步扩大为1000单位。

在仔细评估成本之后，史密斯认为每单位的成本大约需要5万美元，所以他需要5000万美元作为最初资本。史密斯的往来银行愿意以运输公司为抵押而贷款给他2500万美元。他还缺少一半的资金，于是决定成立"史家卡车休息站"的公司，并希望找一家投资银行承销发行他的股票。他相信投资者必然会非常热衷于这项"稳赚"的计划。

他把详细的投资计划书提供给了投资银行，包括现金流量的计划在内。根据他的估计，每单位的营业量至少是50万美元，营业净利率为15%。在营运单位逐渐增加后，由于经济规模效应，获利率可以提高至20%，他计划拥有一半的股权，其他部分则以每股10美元的价格公开筹措资本。根据发行价计算，市盈率为6.67倍，他认为，投资银行一定会把他的公司视为"成长型"的企业，并非常乐意承销其股票。

实际结果却令史密斯大失所望。投资银行家看到预估的回报率以后，便不断摇头。他说道："史密斯先生，你的构想相当不错，但整个计划并不可行，回报率太低了。"

"你什么意思？"史密斯说："15%的回报一点也不差，它几乎是目前债券收益率的两倍！"

"嗯……"银行家叹息道："15%的公司获利率当然不算差，但你必须从投资者的角度来设想。你估计回报率为15%，假定你每年都进行再投资，则你公司的盈余也应该可以每年增长15%，而股票价格至少也应该有类似的表现。可是，投资者主要是为了长期资本利得而投资。假定你的股票每年平均上涨15%，则33%的资本利得税将使投资者税后的回报率降至10%。他们目前在免税的市政公债基金中便可以获得7%的回报率，而且几乎毫无风险。再考虑另一个事实，新成立的餐饮业大约80%会失败，你不妨考虑一下投资者会怎么想？你不能期待他们每年为了多赚3%的利润而承担损失一切的风险。对不起，史密斯先生，风险/回报的比率实在不足以吸引投资者。"

于是，史密斯又尝试其他银行，但结果完全相同。最后，他终于放弃了，将卡车运输公司以250万美元的价格脱手，并将所有资金用来购买免税的市政公债，又在科罗拉多州买了一栋小木屋，而以债券利息度过下半辈子。所以，一位卡车休息站的"麦当劳"就如此提早退休了。

不论新投资方案的成功概率有多么高，如果投资者愿意投入资金承担风险，这些计划的潜在回报必须远高于其他低风险的替代方案。至于高出的幅度确实为多少，没有人知道，这取决于投资者的主观判断。然而，如果资本利得税率是15%而不是33%，则"史家卡车休息站"的回报率便可以提升至12.75%，较债券基金的收益率高出82%。如果没有资本利得税，则潜在回报率更有15%，较债券基金的收益率高出114%。当潜在的回报率不断提升时，在达到某个水平之后，这项计划便不再被视为边际投资。这个例子中的计划是否可以获得投资者的青睐，并没有什么重要性。重点是：资本利得税率越低，新的投资方案就越容易筹措资本。

然而，反对降低资本利得税的人认为，如果降低资本利得税，政府的赤字将会增加。事实上，这个问题可以由减少政府支出来解决，撇开这一点不谈，我们可以根据简单的数据来反驳这种观点。例如，20世纪70年代联邦政府的总收入为3.275兆美元，在80年代里根政府大力减税的10年内，总收入则增长177%而成为9.061兆美元。不幸的是，20世纪80年代政府总支出却增长202%而达到10.823兆美元。赤字的问题是来自不负责任的支出，而不是因为税收不足。

每年，或许有数以百计的新投资方案因资本利得税而遭到搁置，并因此减少数以千计的就业机会，以及数以十亿计的潜在新税收。例如，如果资本利得税并不存在，则"史家卡车休息站"便可以经营成功，将可创造不少税收。

假定史密斯的营运计划相当正确。他成立 100 单位的休息站，平均每个休息站第一年的营业额为 50 万美元。假定劳工成本为 20%，而且仅聘用当时失业的劳工。他提供的食物，平均成本为 30%。每个休息站的房地产成本平均为 10 万美元，每处建筑的装修成本为 25 万美元，并使每单位的财产税因此而每年提高 6000 美元。在每一个休息站中，他购买 10 万美元的新设备，并支付 5 万美元的杂项费用，包括：投资银行的费用、律师的费用、贷款申办的费用、建筑许可以及其他类似费用。在这些简单的假设之下，第一年的营运便可以为政府增加 1000 万美元的税收（见表 21-2）。

表 21-2 "史家卡车休息站"：第一年营运产生的估计新税收

增加的财产税：100 单位，每年每单位 6000 美元		600 000 美元
增加的员工薪资税：		
（假定是聘用原先失业的劳工）		
薪资总额	10 000 000 美元	
所得税 @20%	2 000 000 美元	
社会安全 @12%	1 200 000 美元	
州与地方政府 @5%	500 000 美元	
总薪资税	3 700 000 美元	3 700 000 美元
开创费用的相关税金：		
（假定所有费用是以 15% 缴纳税金）		
100×50 000 美元 ×15%		750 000 美元
设备批发商支付的税金：		
（假设同上）		
100×100 000 美元 ×15%		1 500 000 美元
营建商支付的税金：		
（假设同上）		
100×250 000 美元 ×15%		3 750 000 美元
所增加的税收估计总值		
第一年		10 300 000 美元

这是创造新财富衍生而来的新税收。我故意以保守的态度来估计税金，有许多增加税收或减少政府支出的项目并未考虑在内，例如，额外的企业所得税、原本失业之营建工人支付的额外所得税、州与联邦政府减少支付的救济金以及其他等。此外，我也未提及创造新工作的效益——提高市场的竞争而使餐厅的价格下降。

事情的真相很简单：如果资本利得税将妨碍"史家卡车休息站"之类的边际投资方案，资本将被转移至消费领域，而潜在的新工作、财富与新的税收也将因此完全流失。我们应该如何选择，这应该非常清楚：33%的资本利得税，并因此而每年妨碍数以百万美元计的新财富增加；或者，降低资本利得税而鼓励资本增长，并创造新的税收。

1000单位的"史家卡车休息站"，这只是一个小型的投资方案——每年营业额为5亿美元。虽然如此，但假定史密斯在每个休息站都聘用20个人，他将创造2万个就业机会，每年增加的实质GDP可以高达数百万美元。假定每年有数以百计甚至数以千计的新投资方案是因为资本利得税而遭到搁置，这便是经济衰退与经济繁荣的差别。同时，这也意味着政府将流失数十亿美元的税收。

批评者可能会说："你的故事是以悲剧结束的，可怜的史密斯。他拥有价值2500万美元的市政公债，而资本利得税使他无法更富有。你的例子证明了降低资本利得税仅会造福富有者！"

这种想法完全忽略一个事实：每个有利可图的新投资方案都可以创造衍生的经济效益。例如，假设史密斯在法明顿附近开了一家餐厅，这是一个虚构的社区，就如同许多美国郊区一样，它陷入经济的困境中。约翰与玛莉住在法明顿附近，并在81号高速公路旁拥有一座农场。农产品价格持续下滑，他们的房屋贷款已经积欠"法明顿第一国家银行"3个月了。他们每个月需要800美元的收入才能勉强度日，附近却全然没有工作机会。乔治是本地的银行家。他告诉约翰与玛莉，不久之后他将被迫查封他们的财产，并拍卖其农场与设备。

乔治本身也遭受非常大的压力。银行的稽查人员紧盯着他,并警告他要立即增加坏账准备金,否则将关闭本地分行。如果他们迫使他去查封约翰与玛莉,一切便结束了。因为本地的房地产价格大幅下跌,拍卖农场最多仅能弥补2/3的贷款。这部分损失将迫使乔治结束分行的业务。随后,美联储将接管一切,并查封更多亲朋好友的财产,这将使法明顿与附近的社区完全破产。

有一天,玛莉驾车沿着高速公路行驶,突然看见一个新招牌,上面写道:"史家卡车休息站"。在招牌下侧写着:"供应餐点"。于是,她走进餐厅,申请了一份工作,隔周开始上班。她与丈夫及时缴付了当月贷款,而且在3个月内清偿所有积欠的贷款。

乔治发现,不仅是约翰与玛莉如此而已,其他银行客户也开始更及时地缴纳贷款。附近的20个居民在"史家卡车休息站"找到工作。餐厅的经理搬到镇里,并买下强森的房子,这栋房子已经在市场销售了9个月。镇上仅有一家餐馆,即使在最困难的时期,它也可以勉强维持获利,但最近几个月发了一笔小财,因为"史家卡车休息站"的营建工人时常照顾餐馆的生意。在镇上经营杂货店的杰克,最近的收入也大幅改善,并开始定时缴纳贷款而不再要求延期。由于财产税收入的增加,镇上小学的经费也转为充裕,并再聘用法兰克把始终未完工的新教室加以整顿。五金行的生意也明显好转,另外,贝西在领了3个月的失业救济金之后,现在也找到工作了。史密斯每天都存入0.5万~1.5万美元的现金至乔治的银行,其他固定客户的存款余额也有所增加。乔治刚好补足了贷款坏账的准备金,银行的稽查人员离开了,乔治的血压也恢复正常。法明顿终于渡过了难关。

降低资本利得税仅能使富有者受惠吗?如果没有资本利得税,或税率较低一些,每年都有更多类似如"史家卡车休息站"的潜在投资可以突破"边际"的状态。结果,将有更多的资源可以用来创造新的财富(新的产品与服务），提供更多的就业机会、更具竞争的价格（通货膨胀将可趋缓）、更多的支出、更多的利润、更多的储蓄、更多的投资，如此周而复始。

我可以这么说，财富将创造财富，这便是所谓的投资向下延伸的理论（trickle-down theory of investment），**降低税率的效益可以由富有者向下延伸至低收入阶层**。然而，如果你考虑降低资本利得税产生的整个经济衍生效益，则"富有的"投资者仅享有一小部分效益。以"史家卡车休息站"为例，史密斯当然会变得更富有，但就其投资的总效益来说，他的收入增加的比率实在相当微不足道。

降低资本利得税仅会造福富者，我们可以提出更明白的论证加以反驳。在20%与33%的资本利得税下，我们可以比较美国中产阶级房屋所有者的效益。在1.12亿的纳税人口中，有7400万的房屋所有者。假定房屋的价格犹如《1986年税收改革法案》（这时开始采用33%的资本利得税）实施前一样，每年平均升值6%，房屋的价值在12年后会上涨1倍。以目前房屋价格的平均数考虑（15.8万美元）并假定房屋每12年转手一次，如果适用的税率是20%而不是33%，房屋所有者平均可以多获得的利润为20 540美元，平均每年节省的税金为1711美元（当然，如果你卖掉房屋又买进价格更高的房屋，则当时可以完全避免缴税，但这仅是拖延税金而已。然而，如果你在55岁以后才卖出房屋，你可以享有一次12.5万美元的免税扣减额）。另外，我们还必须指出一点，在目前的规定下，房地产并没有资本损失的扣减——当然，这完全是另一个问题。

如果一般的美国房屋所有者有选择的余地，则在以下两个方案中，他们会如何选择：美国的中产阶级在两年内每年可以减少200美元的所得税（在本书撰写时，这部分税金将转由富有者承担），这是国会议员目前主张的方案；或者，让房屋所有者每年节省1700美元的税金。我想答案非常明显。

很显然，通过节税带来的资本净值增加，可以用作投资或支出的信用扩张。当房屋所有者的资本净值增加时，他们可以申请第二次抵押贷款，以改善房屋建筑、购买汽车、供儿女接受教育以及其他等。资本利得税会直接消耗资本净值（累积资本），并降低其可以贷款的金额。如果你知道，在整个美国的资本净值中，有 1/3 将由政府通过资本利得税加以征收，你应该可以了解我们因此将丧失的潜在投资数量。

在政府可以课征的所有税金类型中，资本利得税是对经济伤害最严重的一种税制。一般而言，最不具伤害性的税是那些税率偏低而没有差别性的税，并且课税的目的仅有一个：融通政府最需要的支出。就税金的性质来说，课税若是以平均收入为目的，则对经济增长必然会有负面的影响。它们会造成资本的消费，这又将减少资本储蓄，并降低经济扩张。

政府支出与赤字支出

在一定程度上，政府的课税与支出可以被视为必要的经济成本。以国防为例，包括军事的基本建设与军事产业，都必须通过税金的方式接受其他生产者的支持。然而，如同人类消化系统内的细菌一样，军事产业是一种仰赖全国产能的必要寄生物。它不仅依靠政府，而且也必须依赖其他产业维持生存。可是，对许多政府融通的计划来说却不是如此。

非常不幸的是，许多人将政府视为一座永远不会被耗竭的资源宝库，任何团体或具有影响力的国外组织，每当遭遇困境时便把美国政府视为当然的万灵丹。新泽西州沿海发生水灾，联邦政府会伸出援手。储贷机构发生 5000 亿美元的坏账，联邦基金也会加以援助。美国的文盲率过高，更多的联邦基金将注入原本已经过分浮夸的教育预算。阿根廷政府濒临破产，政府担保的贷款加以援助。苏联的人民将陷入饥荒的困境，美国将提供贷款，并供应廉价的小麦。

我们美国人或许十分大方，但也非常天真。我们政府（人民）的口袋或许很大，但它却空空如也——除了破洞之外，什么也没有。自 1969 年以来，预算便不曾平衡，过去 40 年来，每年赤字的平均增长率为 15.3%。更糟的是，我们看不到有任何改善的可能。虽然1990年10月通过5亿美元的"削减赤字"法案，但在1991年9月，预算管理局（Office of Management and Budget）官员预测，5年期的赤字将由623亿美元增加为1.087兆美元。然而，这是不是一个严重的问题？

某些经济学家认为，就目前的政府赤字水平来说，这还不是一个值得担忧的问题。他们认为，政府赤字仅占GDP的5.9%，远胜过大多数的个人。

事实上，我们应该根据债务而不是赤字占收入的百分比来比较，撇开这一点不谈，这些经济学家似乎忽略了，个人与企业是依赖生产清偿债务，政府并非如此。当政府以赤字融通支出时，是消费未来的资本储蓄。当政府发行长期债券、中期债券或国库券时，便有等比例的潜在投资资本被用来清偿那些已经被消费的产品与服务。赤字支出的真正邪恶之处是欺骗美国企业家，而攫夺原本属于他们的增长资本。由于公债几乎没有任何风险，因此政府能够以最低的收入率发行国库券、中期债券与长期债券，并借此融通赤字支出。

当然，投资者愿意购买政府债券，这些资金原本可以用于新的资本投资。运用资本利得税之类的税金来融通赤字支出，这会造成双重的伤害。政府不仅侵蚀了经济增长的基础，而且还蚕食了未来增长的种子。

小结

根据预算管理局的估计，1993年政府支出将占GNP的25%，其中5.9%将以赤字融通。犹如第22章的说明，这些数据很可能会被低估。假设它们的估计正确无误，我们的政府必须维持相当高的税收，以供应预算中的庞大支出。同时，美联储不断调降利率，将超额准备金输入银行体系中。在我的记忆中，这是一套史无前例的财政政策与货币政策组合。

一方面，犹如第3章的讨论，刺激性的货币政策将导致资本品充裕的假象，而造成经济的繁荣。另一方面，课税与支出的财政政策将抑制信用驱动的繁荣，因为享有经济扩张效益的人会被它们攫取大部分利润（主要是虚幻的利润），并将资本品移转至消费领域。

在这套不寻常的政策运作下，最理想的结果是迟缓的增长与中等偏低的通货膨胀。然而，在我撰写本书的时候，道琼斯指数再度穿越3200点，除非1993年呈现繁荣的扩张，否则该股价水平将无法维持。很显然，市场认定克林顿总统与国会将增加支出，并听任赤字持续膨胀。如果市场的判断正确，结果将是经济的暂时性繁荣，随后物价将上扬，并在未来几年内发生漫长的经济衰退。

然而，我们目睹的景象究竟是什么呢？索罗斯的机会，或是投资者最后的挣扎而拒绝承认错误的前提即将被揭穿？在第22章中，我将尝试回答上述问题，把经济基本面分析引入当前的环境与20世纪90年代的未来投资。

| 第 22 章 |

20 世纪 90 年代的展望

总体基本面分析的经济预测

（略）

| 第 23 章 |

美元的历史走势与未来发展

（略）

| 第四篇 |

TRADER VIC

技术分析

| 第 24 章 |

波动程度、交易机会以及 GNP 的增长

1985 年，虽然道琼斯工业指数创历史新高，许多交易者却难以获利（选股与并购专家例外）。某些人称此为"最难交易的行情"。我在该年的获利率为 9.58%，我希望了解情况为何如此。

当时，我主要是针对指数期货与指数期权进行当日冲销与中期头寸（数周至数月）的交易。换言之，我主要的交易对象是指数而不是个股——我是一个市场玩家。我当时的诊断是：市场的波动太小，没有足够的空间让市场玩家操作。

于是，我开始考虑一些问题：我应该如何界定波动程度？股票指数的波动源于什么因素？我如何预先知道指数的波动将减缓，而应该强调个股的操作？

上述考虑主要基于两个动机。第一，我知道当时的波动程度比正常水平低，所以我希望了解其中差异的性质。我希望研究市场的历史资料，以判断波动程度的"正常"市场行为。第二，我认为这些知识将有利于未来的交易。

本章将列示我的研究结果（最初完成于 1985 年，但资料更新至目前），我将说明处理这个问题的方法，并将结论运用于未来。

交易机会与市场波动

在研究过程中,第一个问题是:1年之内何谓"正常的"交易机会?就我当时的交易策略来说,我认为在 1 个月内,如果市场出现 2% 的价格走势,便称得上是交易机会。于是,我回溯至 1897 年的资料,并计算每年某个月内出现 2% 价格走势的月份数,结果列于表 24-1 中。我发现,每年交易次数的中位数是 7 次,平均数则为 8.7 次。换言之,根据中位数来分析历史资料,交易机会大约每 1.5 个月出现一次。

表 24-1 道琼斯工业指数的每年交易次数

判断基准:交易机会是指 1 个月内出现 2% 或 2% 以上的价格(上涨或下跌)走势

年份	交易次数	年份	交易次数
1897	11	1917	9
1898	8	1918	6
1899	11	1919	9
1900	10	1920	9
1901	7	1921	9
1902	5	1922	9
1903	7	1923	7
1904	9	1924	9
1905	10	1925	9
1906	9	1926	8
1907	8	1927	10
1908	10	1928	8
1909	8	1929	11
1910	7	1930	9
1911	6	1931	11
1912	8	1932	12
1913	9	1933	10
1914	6	1934	6
1915	11	1935	6
1916	8	1936	8

（续）

年 份	交易次数	年 份	交易次数
1937	9	1966	6
1938	8	1967	8
1939	11	1968	5
1940	7	1969	8
1941	7	1970	9
1942	9	1971	8
1943	8	1972	4
1944	3	1973	9
1945	7	1974	6
1946	9	1975	9
1947	5	1976	6
1948	8	1977	5
1949	7	1978	7
1950	6	1979	7
1951	8	1980	7
1952	7	1981	6
1953	3	1982	6
1954	10	1983	5
1955	5	1984	5
1956	9	1985	5
1957	10	1986	7
1958	9	1987	10
1959	7	1988	7
1960	9	1989	7
1961	8	1990	7
1962	7	1991	7
1963	7	1992	5
1964	2	1993	5（1993年11月1日）
1965	6		

分析结果的摘要，如表 24-2 所示。

表 24-2　分析结果的摘要

每年交易次数	发生的年数	每年交易次数	发生的年数
2	1（1964年）	8	16
3	2	9	20
4	1	10	8
5	9	11	6
6	12	12	1（1932年）
7	20		

接着，我观察指数的价格波动程度。我计算道琼斯工业指数历史资料中每年平均每月的绝对百分比变动量，结果列于表 24-3（详细的计算方法，请见表 24-3 的"表注"）中。然后，利用这些平均值衡量价格波动程度，并比较价格波动程度与交易机会的关系，结果列于表 24-5 中。虽然两者之间的相关性并不显著，但历史资料中呈现一种趋势：交易机会的次数与价格波动率相互对应。

表 24-3　道琼斯工业指数的价格波动

判断基准：价格波动是比较指数平均每月份的绝对（涨或跌）百分比变动量					
年　份	月份变动累计百分比（%）	月份平均变动百分比（%）	年　份	月份变动累计百分比（%）	月份平均变动百分比（%）
1897	67.3	5.6	1906	45.9	3.8
1898	65.1	5.4	1907	64.2	5.4
1899	68.2	5.7	1908	61.5	5.1
1900	62.9	5.2	1909	32.1	2.7
1901	42.0	3.5	1910	40.7	3.4
1902	22.0	1.8	1911	29.9	2.5
1903	61.4	5.1	1912	34.4	2.9
1904	63.0	5.3	1913	37.8	3.2
1905	50.5	4.2	1914	25.9	3.2

（续）

年　份	月份变动累计百分比（%）	月份平均变动百分比（%）	年　份	月份变动累计百分比（%）	月份平均变动百分比（%）
1915	90.7	7.6	1944	20.8	1.7
1916	48.5	4.0	1945	38.4	3.2
1917	47.1	3.9	1946	51.2	4.3
1918	32.7	2.7	1947	23.4	2.0
1919	64.3	5.4	1948	46.9	3.9
1920	67.5	5.6	1949	30.5	2.5
1921	48.5	4.0	1950	30.9	2.6
1922	38.1	3.2	1951	37.8	3.2
1923	46.1	3.8	1952	32.8	2.7
1924	50.7	4.2	1953	23.9	2.0
1925	44.9	3.7	1954	48.9	4.1
1926	38.9	3.2	1955	26.6	2.2
1927	54.1	4.5	1956	45.0	3.8
1928	60.5	5.0	1957	35.9	3.0
1929	94.3	7.6	1958	34.0	2.8
1930	77.8	6.5	1959	29.6	2.5
1931	149.0	12.4	1960	39.1	3.3
1932	159.6	13.3	1961	26.4	2.2
1933	137.9	11.5	1962	53.5	4.5
1934	47.9	4.0	1963	32.1	2.7
1935	41.3	3.4	1964	15.8	1.3
1936	40.3	3.4	1965	28.8	2.4
1937	64.7	5.4	1966	33.7	2.8
1938	91.9	7.6	1967	39.1	3.3
1939	72.6	6.0	1968	34.3	2.9
1940	44.8	3.7	1969	41.6	3.5
1941	39.3	3.3	1970	49.6	4.1
1942	37.7	3.2	1971	40.1	3.3
1943	41.1	3.4	1972	23.7	2.0

（续）

年　份	月份变动累计百分比（%）	月份平均变动百分比（%）	年　份	月份变动累计百分比（%）	月份平均变动百分比（%）
1973	46.6	3.9	1984	34.2	2.9
1974	51.4	4.3	1985	32.6	2.7
1975	57.1	4.8	1986	53.8	4.5
1976	37.8	3.2	1987	76.4	6.4
1977	27.3	2.3	1988	33.5	2.8
1978	44.8	3.7	1989	42.1	3.5
1979	37.9	3.2	1990	45.8	3.8
1980	44.3	3.7	1991	41.9	3.5
1981	30.0	2.5	1992	21.8	1.8
1982	42.0	3.5	1993年11月初	17.4	1.7
1983	31.2	2.6			

注：月份变动累计百分比是计算每个月月底至隔月月底的价格变动（不论正负），并加总12个月的期间。月份平均变动百分比是将月份变动累计百分比除以12，这即是我所谓的价格波动程度。

价格波动程度的资料摘要，如表24-4所示。

表24-4　价格波动程度的资料摘要

百分比变动	发生的年数		百分比变动	发生的年数	
0～2%	7	最低为1.3%	4.1%～5%	11	
2.1%～3%	22		5.1%～6%	12	
3.1%～4%	36		6.1%及以上	8	最高为13.3%

表24-5　交易机会与市场波动程度的比较

机会	1～3	4～6	7～9	10～12
波动率（%）	0～1.5	1.6～3.0	3.1～4.5	4.6及以上
发生次数	4	21	57	14
相关性	75%	76.2%	63.2%	71.4%

这看起来好像是在证明一些不证自明的道理，实际上不然。首先，它提

供资料让我们了解，在沉闷的行情中，不可频繁交易。例如，相对于历史上的典型行情，如果市场走势太过于沉闷，而且你还知道为什么，则指数与期权的交易应该是"在强势中买进／在弱势中卖出"的游戏，而不应该采用"买进而让获利持续发展"的策略。另外，跨式价差交易（straddle）也应该以销售（而不是买进）为主。其次，这些研究可以协助你在走势沉闷的行情中，将投机与投资转至个股操作，而不应该再以交易指数为主。很显然，价格波动程度最严重的时候是在下跌的行情中，这种情况适合交易指数。此外，这项研究使我了解价格波动的来源：GNP增长率的变动。所以，如果你能以某种合理的方法预测GNP的增长率，那么你应该可以较精确地预测市场价格的波动程度。

GNP的波动与市场价格的波动

在1969年出版的著作中，戈登·霍姆斯很巧妙地说明："某股票价格趋势的斜率在时间上几乎总是领先盈余趋势在斜率上的对应或对等变化。领先的时间大约为3个月。"⊖换言之，股票价格的变化会按比例预先反映盈余增长的变化。很少分析家会否认这种现象。

这是多年来我所知道的事实，但在1985年之前，我却没有想到这种现象可以运用于其他方面。如果股价的波动与盈余的波动有关联，则市场指数的波动与GNP的波动也应该有关联。于是，我决定以统计方法测试GNP波动与市场价格波动之间的相关性。

首先，必须以某种方法衡量GNP的波动程度。犹如表24-6所列的摘要，我取GNP每季度百分比变动之差额的4个季度移动平均代表GNP的波动。计算方法如下：

1. 计算实质GNP每季度的百分比变动。

⊖ Gordon Holmes, *Capital Appreciation in the Stock Market*（New York：Parket Publishing Company，1969），P.32.

2. 计算季度与季度之间百分比变动之差额的绝对值。
3. 计算上述绝对值的 4 个季度移动平均总值。
4. 将 4 个季度移动平均总值除以 4, 以取得季度与季度之间百分比变动的 4 个季度移动平均值。

表 24-6　国民生产总值的波动程度

日　　期	GNP 变动（%）	差额绝对值（%）	4 个季度移动平均总值（%）	平均每季度变动（%）
1947 年 6 月	+1.87			
1947 年 9 月	+1.83	0.04		
1947 年 12 月	+4.41	2.58		
1948 年 3 月	+2.63	1.78		
1948 年 6 月	+3.00	0.37	4.77	1.19
1948 年 9 月	+2.72	0.28	5.01	1.25
1948 年 12 月	+0.53	2.19	4.62	1.16
1949 年 3 月	-2.03	2.56	5.40	1.35
1949 年 6 月	-1.34	0.69	5.72	1.43
1949 年 9 月	+0.74	2.08	7.52	1.88
1949 年 12 月	-0.81	1.55	6.88	1.72
1950 年 3 月	+4.21	5.02	9.34	2.34
1950 年 6 月	+3.55	0.66	9.31	2.33
1950 年 9 月	+6.39	2.84	10.07	2.52
1950 年 12 月	+3.90	2.49	11.01	2.75
1951 年 3 月	+4.60	0.70	6.69	1.67
1951 年 6 月	+2.47	2.13	8.16	2.04
1951 年 9 月	+2.04	0.43	5.75	1.44
1951 年 12 月	+1.25	0.79	4.05	1.01
1952 年 3 月	+0.80	0.45	3.80	0.95
1952 年 6 月	+0.06	0.74	2.41	0.60
1952 年 9 月	+1.67	1.61	3.59	0.90
1952 年 12 月	+3.51	1.84	4.64	1.16

（续）

日期	GNP变动（%）	差额绝对值（%）	4个季度移动平均总值（%）	平均每季度变动（%）
1953年3月	+1.69	1.82	6.04	1.50
1953年6月	+0.90	0.79	6.06	1.52
1953年9月	−0.27	1.17	5.62	1.41
1953年12月	−1.44	1.17	4.95	1.24
1954年3月	−0.17	1.27	4.40	1.10
1954年6月	−0.06	0.11	3.72	0.93
1954年9月	+1.21	1.27	3.82	0.96
1954年12月	+2.43	1.22	3.87	0.97
1955年3月	+3.35	0.92	3.52	0.88
1955年6月	+2.06	1.29	4.70	1.18
1955年9月	+2.17	0.11	3.54	0.89
1955年12月	+1.53	0.64	2.96	0.74
1956年3月	+0.44	1.09	3.13	0.78
1956年6月	+1.36	0.92	2.76	0.69
1956年9月	+1.22	0.14	2.79	0.70
1956年12月	+2.03	0.81	2.96	0.74
1957年3月	+1.87	0.16	2.03	0.51
1957年6月	+0.48	1.39	2.50	0.63
1957年9月	+1.61	1.13	3.49	0.87
1957年12月	−1.20	2.81	5.49	1.37
1958年3月	−1.62	0.42	5.75	1.44
1958年6月	+0.89	2.51	6.87	1.72
1958年9月	+3.00	2.11	7.85	1.96
1958年12月	+2.89	0.11	5.15	1.29
1959年3月	+2.14	0.75	5.48	1.37
1959年6月	+2.85	0.71	3.68	0.92
1959年9月	−0.33	3.18	4.75	1.19
1959年12月	+1.23	1.56	6.20	1.55

（续）

日期	GNP 变动（%）	差额绝对值（%）	4个季度移动平均总值（%）	平均每季度变动（%）
1960 年 3 月	+2.40	1.17	6.62	1.66
1960 年 6 月	−0.12	2.52	8.43	2.11
1960 年 9 月	+0.34	0.46	5.71	1.43
1960 年 12 月	−0.63	0.97	5.12	1.28
1961 年 3 月	+0.67	1.30	5.25	1.31
1961 年 6 月	+2.16	1.49	4.22	1.06
1961 年 9 月	+1.73	0.43	4.19	1.05
1961 年 12 月	+2.73	1.00	4.22	1.06
1962 年 3 月	+2.14	0.59	3.51	0.88
1962 年 6 月	+1.53	0.61	2.63	0.66
1962 年 9 月	+1.10	0.43	2.63	0.66
1962 年 12 月	+0.95	0.15	1.78	0.45
1963 年 3 月	+1.34	0.39	1.58	0.40
1963 年 6 月	+1.49	0.15	1.12	0.28
1963 年 9 月	+1.88	0.39	1.08	0.27
1963 年 12 月	+1.76	0.12	1.05	0.26
1964 年 3 月	+2.11	0.35	1.01	0.25
1964 年 6 月	+1.39	0.72	1.58	0.40
1964 年 9 月	+1.39	0.00	1.19	0.30
1964 年 12 月	+0.93	0.46	1.53	0.38
1965 年 3 月	+3.08	2.15	3.33	0.83
1965 年 6 月	+1.93	1.15	3.76	0.94
1965 年 9 月	+2.16	0.23	3.99	1.00
1965 年 12 月	+2.99	0.83	4.36	1.09
1966 年 3 月	+2.97	0.02	2.23	0.56
1966 年 6 月	+1.56	1.41	2.49	0.62
1966 年 9 月	+1.41	0.15	2.41	0.60
1966 年 12 月	+1.88	0.47	2.05	0.51

（续）

日　期	GNP 变动（%）	差额绝对值（%）	4 个季度移动平均总值（%）	平均每季度变动（%）
1967 年 3 月	+0.75	1.13	3.16	0.79
1967 年 6 月	+1.01	0.26	2.01	0.50
1967 年 9 月	+2.17	1.16	3.02	0.76
1967 年 12 月	+2.18	0.01	2.56	0.64
1968 年 3 月	+2.17	0.01	1.44	0.36
1968 年 6 月	+3.09	0.92	2.10	0.53
1968 年 9 月	+2.04	1.05	1.99	0.50
1968 年 12 月	+1.74	0.30	2.28	0.57
1969 年 3 月	+2.32	0.58	2.85	0.71
1969 年 6 月	+1.76	0.56	2.49	0.62
1969 年 9 月	+1.91	0.15	1.59	0.40
1969 年 12 月	+0.70	1.21	2.50	0.63
1970 年 3 月	+1.04	0.34	2.26	0.57
1970 年 6 月	+1.47	0.43	2.13	0.53
1970 年 9 月	+1.75	0.28	2.26	0.57
1970 年 12 月	+0.54	1.21	2.26	0.57
1971 年 3 月	+3.99	3.45	5.37	1.34
1971 年 6 月	+1.87	2.12	7.06	1.77
1971 年 9 月	+1.66	0.21	6.99	1.75
1971 年 12 月	+1.77	0.11	5.89	1.47
1972 年 3 月	+3.31	1.54	3.98	1.00
1972 年 6 月	+2.56	0.75	2.61	0.65
1972 年 9 月	+2.08	0.48	2.88	0.72
1972 年 12 月	+3.13	1.05	3.82	0.96
1973 年 3 月	+4.05	0.92	3.20	0.80
1973 年 6 月	+1.88	2.17	4.62	1.16
1973 年 9 月	+2.30	0.42	4.56	1.14
1973 年 12 月	+2.92	0.62	4.13	1.03

（续）

日 期	GNP 变动（%）	差额绝对值（%）	4 个季度移动平均总值（%）	平均每季度变动（%）
1974 年 3 月	+0.80	2.12	5.33	1.33
1974 年 6 月	+2.60	1.80	4.96	1.24
1974 年 9 月	+1.95	0.65	5.19	1.30
1974 年 12 月	+1.53	0.42	4.99	1.25
1975 年 3 月	+0.41	1.12	3.99	1.00
1975 年 6 月	+2.49	2.08	4.27	1.07
1975 年 9 月	+4.07	1.58	5.20	1.63
1975 年 12 月	+2.74	1.33	6.11	1.53
1976 年 3 月	+3.10	0.36	5.35	1.34
1976 年 6 月	+1.59	1.51	4.78	1.20
1976 年 9 月	+1.79	0.20	3.40	0.85
1976 年 12 月	+2.52	0.73	2.80	0.70
1977 年 3 月	+3.51	0.99	3.43	0.86
1977 年 6 月	+3.29	0.22	2.14	0.54
1977 年 9 月	+3.13	0.16	2.10	0.53
1977 年 12 月	+1.77	1.36	2.73	0.68
1978 年 3 月	+2.15	0.38	2.12	0.53
1978 年 6 月	+5.31	3.16	5.06	1.27
1978 年 9 月	+2.94	2.37	7.27	1.82
1978 年 12 月	+3.59	0.65	6.56	1.64
1979 年 3 月	+2.36	1.23	7.41	1.85
1979 年 6 月	+1.82	0.54	4.79	1.20
1979 年 9 月	+3.23	1.41	3.83	0.96
1979 年 12 月	+1.96	1.27	4.45	1.11
1980 年 3 月	+2.80	0.84	4.06	1.02
1980 年 6 月	+0.23	2.57	6.09	1.52
1980 年 9 月	+2.34	2.11	6.79	1.70
1980 年 12 月	+3.67	1.33	6.85	1.71

(续)

日　　期	GNP 变动 (%)	差额绝对值 (%)	4 个季度移动平均总值 (%)	平均每季度变动 (%)
1981 年 3 月	+5.11	1.44	7.45	1.86
1981 年 6 月	+1.47	3.64	8.52	2.13
1981 年 9 月	+3.13	1.66	8.07	2.02
1981 年 12 月	+0.62	2.51	9.25	2.31
1982 年 3 月	−0.06	0.68	8.49	2.12
1982 年 6 月	+1.16	1.22	6.07	1.52
1982 年 9 月	+0.62	0.54	4.95	1.24
1982 年 12 月	+0.96	0.34	2.78	0.70
1983 年 3 月	+2.06	1.10	3.20	0.80
1983 年 6 月	+2.94	0.88	2.86	0.72
1983 年 9 月	+2.45	0.49	2.81	0.70
1983 年 12 月	+2.54	0.09	2.56	0.64
1984 年 3 月	+3.53	0.99	2.45	0.61
1984 年 6 月	+2.59	0.94	2.51	0.63
1984 年 9 月	+1.37	1.22	3.24	0.81
1984 年 12 月	+1.73	0.36	3.51	0.88
1985 年 3 月	+1.38	0.35	2.87	0.72
1985 年 6 月	+1.10	0.28	2.21	0.55
1985 年 9 月	+1.63	0.53	1.52	0.38

初步完成对 1985 年资料的分析以后，我发现情况完全符合我的假设。就每季度的 GNP 变动平均值来说，1985 年是 1963 年以来波动程度第三低的年份，难怪行情如此沉闷。然而，进一步测试之后，我却发现 GNP 波动与股票指数的价格波动之间并没有明确的统计关系。没有证据显示，股票市场会预先反映 GNP 增长的变动。

我认为，有很多理由可以解释两者之间为何不存在相关性。第一，道琼斯工业指数仅代表一个经济部门。第二，我采用实质 GNP 的资料，而道琼斯工业指数会在指数内反映通货膨胀的影响。第三，股票市场比较注重于利率的变动，虽然利率的变动对经济活动未必产生影响（1991~1992 年便是一个例子），但市场却认定如此。

小结

统计的研究类似于淘金，但成功率稍高一些。有时会有重大发现，有时却是空忙一场。然而，即使没有明确的结论，你也必定有所收获。

例如，我虽然不能在 GNP 波动程度与指数价格波动程度之间找到显著的关系，但持续的研究却让我在 1985 年年底获得一项重大发现。犹如大多数交易者一样，我直觉地相信市场会预先反映未来的经济活动。然而，我希望找到证据。在第 25 章中，我希望以一项研究来说明股票市场领先整个经济。

| 第 25 章 |

股票市场是一项经济预测指标
历史的启示

"经济状况如何?"投资者、生意人、消费者与政治家每天都会提出这个问题。他们都希望了解目前的情况如何,明天又将如何。

了解与预测经济的最寻常方法是分析各种经济指数,以及各种代表近期发展的指标。成千上万的人(统计学家、经济学家与电脑专家)不断汇总数据,并试图解释其中的含义。然而,虽然投入无数资源来预测未来经济,但结果仍然普遍令人不满意。通过各种努力,人们仅能告诉我们曾经发生了什么,而不是将要发生什么。犹如欧文·克里斯托尔(lrving Kristol)在 1986 年 1 月 9 日《华尔街日报》上的评论:

> 为了让这门科学(经济学)具备更明确的计量精确性,一切只能在统计数据上做文章……经济学中没有任何计量关系具有令人信服之处。然而,所有的经济预测都是推演自这些关系,这些关系先前曾经输入电脑而又推演其他关系。这些关系所反映的不仅是暂时趋势。所以,经济预测终究只是一种有根据的猜测而已。㊀

㊀ Gordon Holmes, *Capital Appreciation in the Stock Market* (New York: Parket Publishing Company, 1969), p.320.

非常令人惊讶的是，我们已经拥有一种相当简单而精确的预测工具：股票市场的本身。本章将简要地说明我对近100年市场资料的研究。我相信这项研究毫无疑问地可以证明，股票市场可以预测未来的经济活动——换言之，今天的股票市场表现，可以反映明天的一般经济情况。

两种预测方法

基本上，传统的经济预测方法是研究最近发生的资料，观察其趋势，并假定此趋势将持续发展。这便是美国经济研究局（National Bureau of Economic Research，NBER）采用的方法，该机构负责经济循环的归类。

美国经济研究局成立于1920年，是一所非营利机构，它专注于美国经济的客观计量分析。除了其他功能之外，它分析美国的经济循环，并确定峰位与谷底发生的日期。在做此归类时，有一个由七八位企业界人士与经济学家组成的委员会，其成员可以获取各种经济数据，并就这些数据讨论与评估。大约在经济循环峰位或谷底发生之后的6个月，该委员会会确定一个月为经济发生转折的月份。这种学术性观点或许有一定的历史意义，但对一般人来说却没有什么实际价值。例如，当它确认1990年3月～1991年7月为经济衰退时，这已经是历史事件了。

另一种预测经济变动的方法（根据股票市场本身具备的预测功能）最初是由雷亚在1938年的著作《道氏理论在商务和银行业中的应用》中提出。[⊖]他比较了1896～1938年的市场变动（以道琼斯工业指数与道琼斯铁路指数衡量）与经济活动（以《巴伦周刊》提供的实质工业产值指数来衡量）。在这42年内，道氏理论的确认日通常预先反映未来的经济活动。具体地说，在10个多头行情中，当道氏理论显示多头的确认信号时，"工业指数"随后出现的涨势为80.6%，"铁路指数"为72.6%，"实质工业产值指数"为74.3%。相同地，

⊖ Robert Rea, *Dow Theory Applied to Business and Banking*（New York：Simon and Schuster, 1938）。

道氏理论在空头行情中，预测"工业指数""铁路指数"与"实质工业产值指数"的跌势分别为 69.7%、65.9% 和 79.9%。

1985 年，我利用工业产值指数（industrial production index）⊖更新上述研究。对多头市场来说，更新后的数据分别为："工业指数"为 70.1%，"运输指数"为 69.3%，"工业产值指数"为 74.6%。对空头市场来说，对应的数据分别为 57.9%、53.3% 与 61.76%。仅仅根据这些统计数据判断，股票市场显然可以预测经济活动。

研究的重点

我希望得出股票市场变动与整个经济变动之间的相关性。为了取得完整的统计分析结论，这两个变量都必须采取一致而客观的参考资料，我采用的是一般公认的资料。对整个经济而言，我选用的是美国经济研究局公布的资料；就股票市场而言，我以道氏理论的确认日为准。以下是我的部分发现：

- 股票市场的顶部与底部，领先经济复苏与衰退长达数个月之久（领先时间的中位数为 5.3 个月）。
- 以道氏理论确认日为准判定的多头市场与空头市场，领先经济复苏与衰退长达数个星期之久（领先时间的中位数为 1.1 个月）。
- 经济复苏（以美国经济研究局公布的资料为准）与多头市场（以严格的道氏理论解释）有密切的对应关系：经济复苏期间长度的中位数为 2 年零 3 个月，多头市场期间长度的中位数为 2 年零 2 个月。经济衰退与空头市场的情况也是如此：两者的期间中位数都是 1 年零 1 个月。

然而，在这些发现中，最有价值的是：如果我们观察 1897 年以来的主要经济循环，以及道于 1995 年前所创的大盘指数，并比较经济实际发生转折的

⊖ 《巴伦周刊》的指数中止于 1938 年。在尽可能维持一致性的情况下，我采用"工业生产指数"（1987=100），期间涵盖 1921 年至今。

日期（以美国经济研究局公布的资料为准）与股票市场发生转折的日期（以道氏理论的确认日为准），我们发现，除了极少数例外，两者的日期几乎完全吻合。可是，其中有一个重大的差异：美国经济研究局的资料是在事实发生数个月之后才公布的；股票市场的信号是预先出现的。

预先知道未来的经济发展，其效益非常明显：任何人都可以因此获利，或在选举中获胜，这两者往往是同一回事。企业家可以据此增加或减少存货，扩张或收缩生产，加速或拖延投资计划，采用支出或储蓄的政策。对政治家来说，一旦发现经济的未来发展不利于竞选连任时，可以采取必要的措施以刺激经济。

术语界定

在进一步分析以前，此处先界定几个相关术语：

趋势：任何市场与大盘指数中都存在三种趋势：短期趋势，涵盖期间为数天至数周；中期趋势，涵盖期间为数个星期至数个月；长期趋势，涵盖期间为数个月至数年。这三种趋势同时存在于市场中，方向也可能相反。

多头市场：这是一种长期（数个月至数年）的价格向上走势，中间夹杂着一系列中期走势（数个星期至数个月），其高点与低点都不断垫高。

空头市场：这是一种长期的价格向下走势，中间夹杂着一系列中期走势，其高点与低点都不断走低。

主要波段：与长期趋势相同方向的中期走势（数个星期至数个月）。例如，在多头市场中的中期上升走势被称为多头市场的主要上升波段。

次级折返（修正）走势：与长期趋势相反方向的中期走势，折返的幅度通常是前一主要波段的33%～67%。修正走势经常被误以为主要趋势发生变化，尤其是当指数在空头市场中向上突破先前中期走势的高点，或是当指数在多头市场中向下突破先前中期走势的低点。然而，根据道氏理论，只有两种指数（道琼斯工业指数与道琼斯运输指数）都突破先前的中期高点或低点时，才能确认主要趋势已经发生变化。在整个历史中，确认错误的信号仅发生过一次（1991年12月），这是在贴现率宣布调降1%之前。

道氏理论的确认日：在道琼斯工业指数与道琼斯运输指数之中，第二个指数（继第一个指数）在空头市场中向上突破先前中期走势的高点，或是在多头市场中向下突破先前中期走势的低点，这一天被称为确认日。根据定义，这分别被确认为多头市场或空头市场开始。

近100年以来的资料

根据这些术语与将近100年的市场资料，我统计分析股票市场的预测价值，并评估其中各种关系。这些结果列示在一系列表格中。

首先是资料，表25-1是根据美国经济研究局的资料所列的经济循环峰位与谷底。不幸的是，公布的资料仅说明月份而已。为了向外插值（interpolation），我假定相关的峰位与谷底都发生在月中。

表25-1 美国经济研究局对经济循环峰位与谷底的归类（1897～1991年）

谷 底		峰 位		期间（月份）	
月份	年份	月份	年份	经济衰退	经济复苏
12月	1854	6月	1857		29
12月	1858	10月	1860	18	22
6月	1861	4月	1865	8	46
12月	1867	6月	1869	32	18
12月	1870	10月	1873	17	34
3月	1879	3月	1882	63	36
5月	1885	3月	1887	38	22
4月	1888	7月	1890	13	26
5月	1891	1月	1893	10	19
6月	1894	12月	1895	17	18

（续）

谷 底		峰 位		期间（月份）	
月份	年份	月份	年份	经济衰退	经济复苏
6月	1897	6月	1899	18	24
12月	1900	9月	1902	18	21
8月	1904	5月	1907	23	23
6月	1908	1月	1910	13	19
1月	1912	1月	1913	24	12
12月	1914	8月	1918	23	44
3月	1919	1月	1920	7	10
7月	1921	5月	1923	18	22
7月	1924	10月	1926	14	27
11月	1927	8月	1929	13	21
3月	1933	5月	1937	43	50
6月	1938	2月	1945	13	80
10月	1945	11月	1948	20	37
10月	1949	7月	1953	11	45
5月	1954	8月	1957	10	39
4月	1958	4月	1960	8	24
2月	1961	12月	1969	10	106
11月	1970	11月	1973	11	36
3月	1975	1月	1980	16	58
7月	1980	7月	1981	6	12
11月	1982	7月	1990	16	92

表 25-2（多头市场）与表 25-3（空头市场）是根据道氏理论整理的市场行情循环资料。为了确实理解表 25-2 的数据，则需要明白在道氏理论中，只有"工业指数"与"运输指数"都未能继续创高价或低价时，才被称为"顶部"或"底部"。其中某一指数可能较另一指数先创高价，但这并不是顶部，而只有另一指数未能创高价而产生背离的现象时，这才是顶部。所以，两个指数都突破先前的重要中期低点（顶部）或高点（底部）时，这才是确认。

表 25-2 1896 年以来的多头市场归类

数目	道琼工业指数						道琼斯运输(铁路)指数						平均涨幅② (%)	高低秩序平均 (%)
	起点	终点	底部①	顶部	涨幅 (%)	日数	起点	终点	底部	顶部	涨幅	天数 (%)		
1	1896年8月10日	1899年4月4日	29.64	76.04	156.5	967	1896年8月10日	1899年4月3日	39.04	87.04	123.0	966	139.8	22.9
2	1900年6月23日	1902年9月19日	53.68	67.77	26.2	818	1900年6月23日	1902年9月9日	72.99	129.36	77.2	808	51.7	27.0
3	1903年11月9日	1906年1月19日	42.15	103.00	144.4	802	1903年9月28日	1906年1月22日	88.80	138.36	55.8	847	100.1	38.1
4	1911年11月15日	1909年11月19日	53.00	100.53	89.7	735	1907年11月21日	1909年8月14日	81.41	134.46	65.2	632	77.5	38.6
5	1910年7月26日	1912年9月30日	73.62	94.13	27.9	797	1910年7月26日	1912年10月5日	105.59	124.35	17.8	802	22.9	42.0
6	1914年12月24日	1916年11月21日	53.17	110.15	107.2	698	1914年12月24日	1916年10月4日	87.40	112.28	28.5	650	67.8	49.0
7	1917年12月19日	1919年11月3日	65.95	119.62	81.4	684	1917年12月19日	1919年10月6日	70.75	82.48	16.6	656	49.0	51.7
8	1921年8月24日	1922年10月14日	63.90	103.42	61.9	416	1921年6月20日	1922年9月11日	65.52	93.99	43.5	448	52.7	52.7
9	1923年7月31日	1929年9月3日	86.91	381.17	338.6	2226	1923年8月4日	1929年9月3日	76.78	189.11	146.3	2222	242.5	67.8
10	1932年7月8日	1937年3月10日	41.22	194.40	371.6	1706	1932年7月8日	1937年3月17日	13.23	64.46	387.2	1713	379.4	70.4
11	1938年3月31日	1938年11月12日	98.95	158.41	60.1	226	1938年3月31日	1939年1月4日	19.00	34.33	80.7	279	70.4	71.5
12	1939年4月8日	1939年9月12日	121.44	155.92	28.4	157	1939年4月8日	1939年9月27日	24.14	35.90	48.7	172	38.6	77.5

序号	日期1	日期2	值1	值2	值3	值4	日期3	日期4	值5	值6	值7	值8	值9	值10
13	1942年4月28日	1946年5月29日	92.92	212.50	128.7	1 492	1942年6月2日	1946年6月13日	23.31	68.31	193.1	1 472	160.9	78.6
14	1947年5月17日	1948年6月15日	163.21	193.16	18.4	395	1947年5月19日	1948年7月14日	41.16	64.95	57.8	422	38.1	81.3
15	1949年6月13日	1953年1月5日	161.60	293.79	81.8	1 302	1949年6月13日	1952年12月22日	41.03	112.53	174.3	1 288	128.1	87.7
16	1953年9月14日	1956年4月6日	255.49	521.05	103.9	935	1953年9月14日	1956年5月9日	90.56	181.23	100.1	968	102.0	95.1
17	1957年10月22日	1959年8月3日	419.79	678.10	61.5	650	1957年12月24日	1959年7月8日	95.67	173.56	881.4	561	71.5	100.1
18	1960年10月25日	1961年12月31日	566.05	734.91	29.8	432	1960年9月29日	1961年10月11日	123.37	152.92	24.0	377	27.0	102.0
19	1962年6月26日	1966年2月9日	535.76	995.15	85.7	1 324	1962年6月25日	1966年12月15日	115.89	271.72	134.5	1 331	110.1	110.1
20	1966年10月7日	1968年12月3日	744.32	985.21	32.4	788	1966年10月7日	1968年12月2日	184.34	279.48	51.6	787	42.0	128.1
21	1970年5月26日	1972年5月26日	631.16	971.25	53.9	731	1970年7月7日	1972年4月7日	116.69	275.71	136.3	640	95.1	139.8
22	1974年10月4日	1976年9月21日	584.56	1 014.79	73.6	718	1974年10月3日	1976年7月14日	125.93	231.27	83.6	650	78.6	160.9
23	1978年2月28日	1981年4月27日	742.12	1 024.05	38.0	1 154	1978年3月9日	1981年4月16日	199.31	447.38	124.5	1 134	81.3	242.5
24	1982年8月12日	1983年11月29日	776.92	1 287.20	65.7	477	1982年8月12日	1983年11月22日	292.12	612.57	109.7	467	87.7	245.7
25	1984年6月15日	1989年10月9日	1 086.90	2 791.41	156.8	1 955	1984年5月29日	1989年9月5日	457.82	1 532.01	334.6	1 891	245.7	379.4
26	1990年10月11日		2 365.10				1990年10月17日		821.93					

① 所有报价都是指顶部或底部当天的收盘价。

② 平均涨幅（%）是指工业指数与运输指数指数涨幅的平均值。

表 25-3　1896 年以来的空头市场归类

数目	道琼工业指数						道琼斯运输（铁路）指数						平均涨幅② (%)	高低秩序平均 (%)
	起点	终点	底部①	顶部	涨幅 (%)	日数	起点	终点	底部	顶部	涨幅	天数 (%)		
1	1899年4月4日	1900年6月23日	76.04	53.68	29.4	445	1899年4月3日	1900年6月23日	87.04	72.99	16.1	446	16.1	16.3
2	1902年9月19日	1903年11月9日	67.77	42.15	37.8	416	1902年9月9日	1903年9月28日	129.36	88.80	31.4	384	31.4	17.2
3	1906年1月19日	1907年11月15日	103.00	53.00	48.5	665	1906年1月22日	1907年11月21日	138.36	81.41	41.2	668	41.2	20.4
4	1909年11月19日	1910年7月26日	100.53	73.62	26.8	249	1909年8月14日	1910年7月26日	134.46	105.59	21.5	346	21.4	20.5
5	1912年9月30日	1914年12月24日	94.13	53.17	43.5	815	1912年10月5日	1914年12月24日	124.35	87.40	29.7	810	29.4	22.7
6	1916年11月21日	1917年12月19日	110.15	65.95	40.1	393	1916年10月4日	1917年12月19日	112.28	70.75	37.0	441	37.0	22.8
7	1919年11月3日	1921年8月24日	119.62	63.90	46.6	660	1919年10月6日	1921年6月20日	82.48	65.52	20.6	623	20.6	24.1
8	1922年10月14日	1923年7月31日	103.42	86.91	16.0	290	1922年9月11日	1923年8月4日	93.99	76.78	18.3	327	18.3	25.7
9	1929年9月3日	1932年7月8日	381.17	41.22	89.2	1039	1929年9月3日	1932年7月8日	189.11	13.23	93.0	1039	93.0	26.5
10	1937年3月10日	1938年3月31日	194.40	98.95	49.1	386	1937年3月17日	1938年3月31日	64.46	19.00	70.5	379	70.5	26.6
11	1938年11月12日	1939年4月8日	158.41	121.44	23.3	147	1939年1月4日	1939年4月8日	34.33	24.14	29.7	94	29.4	28.7
12	1939年9月12日	1942年4月28日	155.92	92.92	40.4	959	1939年9月27日	1942年6月2日	35.90	23.31	35.1	979	35.1	29.4

13	1946年5月29日	212.50	23.2	353	1946年6月13日	68.31	41.16	39.7	340	39.7	30.8
14	1947年5月17日	193.16	16.3	363	1947年5月19日	64.95	41.03	36.8	334	36.8	31.4
15	1949年6月13日	293.79	13.0	252	1949年6月13日	112.53	90.56	19.5	266	19.5	33.3
16	1953年9月14日	512.05	19.4	564	1953年9月14日	181.23	95.67	47.2	594	47.2	33.6
17	1957年10月22日	678.10	16.5	449	1957年12月24日	173.56	123.37	28.9	449	28.9	34.6
18	1960年10月25日	734.91	27.1	195	1960年9月29日	152.92	115.89	24.2	257	24.2	36.6
19	1962年6月26日	995.15	25.2	240	1962年6月25日	271.72	184.34	32.2	234	32.2	37.8
20	1966年10月7日	985.21	35.9	539	1966年10月7日	279.48	116.69	58.2	582	58.2	38.6
21	1970年5月26日	971.25	39.8	861	1970年7月7日	275.71	125.93	54.3	909	54.3	44.9
22	1974年10月4日	1 014.79	26.9	525	1974年10月3日	231.27	99.31	13.8	603	13.8	47.1
23	1978年2月28日	1 024.05	24.1	472	1978年3月9日	447.38	292.12	34.7	483	34.7	47.1
24	1982年8月12日	776.92	15.6	238	1982年8月12日	612.57	457.82	25.3	189	25.3	59.8
25	1984年6月15日	1 086.90	15.3	367	1984年5月29日	1 532.01	821.93	46.3	407	46.3	91.1

①所有报价都是指顶部或底部当天的收盘价。
②平均涨幅（%）是指工业指数与运输指数涨幅的平均值。

例如，观察1984年6月15日开始的多头市场，当时"工业指数"的低点为1086.30点。"运输指数"于1984年5月29日已经在457.82点做底。从此展开一段历史上第二长的多头市场，"工业指数"在1989年10月9的2791.41点做顶，而"运输指数"在1989年9月5日的1532.01点做顶。换言之，先前的空头市场在1984年6月15日做底，而多头市场在1989年10月9日做顶。

随后的空头市场起始于1989年10月9日，并持续至两个指数都创空头市场的重要低点为止（"工业指数"在1990年10月11日的2365.10点；"运输指数"在1990年10月17日的821.93点）。然而，其间"工业指数"曾经向上突破2791.41点的先前高点，并在1990年7月16日攀升至2999.75点。可是，因为"运输指数"并未突破先前的高点1220.84点，所以它并未确认"工业指数"，并因此而产生背离；道氏理论并未将"工业指数"的这段涨势视为多头市场的主要波段，而是将它归类为空头市场的次级修正走势。表25-4说明如何归类市场的走势，这应该可以理清相关的方法。

表25-4 价格走势的归类①

市场数目/类型	日 期	道琼斯指数	日 期	运输指数
25 熊市				
上升	1989年10月9日	2 791.41	1989年9月5日	1 532.01
下跌	1989年11月6日	2 582.17	1989年11月7日	1 188.30
上升	1990年1月2日	2 810.15	1989年12月5日	1 220.84
确认	1990年1月25日	2 561.04	1990年1月4日	1 187.77
下跌	1990年1月30日	2 543.24	1990年1月30日	1 031.83
上升	1990年7月16日	2 999.75	1990年6月6日	1 212.77
下跌	1990年10月11日	2 365.10	1990年10月17日	821.93
26 牛市				
下跌	1990年10月11日	2 365.10	1990年10月17日	821.93
上升	1990年12月26日	2 637.13	1990年12月21日	923.91
下跌	1991年1月9日	2 543.24	1990年1月7日	894.30
确认	1991年1月18日	2 646.78	1991年1月17日	979.55

① 中期走势的归类范例。

请注意，某一指数可能较另一指数先创顶部或底部，这并非不寻常的现象。就"工业指数"与"运输指数"在历史中的 26 个底部与 25 个顶部来说：

- 第一个指数出现顶部以后，第二个指数在 1 个月内出现顶部的次数为 27 次。
- 第一个指数出现顶部以后，第二个指数在 1～2 个月内出现顶部的次数为 15 次。
- 第一个指数出现顶部以后，第二个指数在 2～3 个月内出现顶部的次数为 8 次。
- 第一个指数出现顶部以后，第二个指数在 3 个月之后出现顶部的次数仅有 1 次。

分析的第一步是比较两组日期：股票指数的顶部与底部，以及美国经济研究局的经济复苏与衰退。这项比较的目的是观察两者在变动时间与期间长度上的相关性。我也观察了道氏理论的确认日和经济循环峰位与谷底之间的关系；我最关心的是股票指数的领先时间。

分析的结果列示于表 25-5 与表 25-6 中。表 25-6 显示，股票市场信号领先一般经济的程度，这是由两个不同基准来衡量的：股票市场的顶部与底部，以及道氏理论的确认日。根据表中的数据显示，在可以比较的情况下，股票市场总是领先的；至于不可比较的情况，稍后再讨论。

表 25-5　峰位、谷底与确认日的领先时间

股票市场的顶部与底部		道氏理论的确认日	
底　部	顶　部	底　部	顶　部
1896 年 8 月 10 日	1899 年 4 月 4 日	1897 年 6 月 28 日	1899 年 12 月 16 日
1900 年 6 月 23 日	1902 年 9 月 19 日	1900 年 10 月 20 日	1903 年 6 月 1 日
1903 年 11 月 9 日	1906 年 1 月 22 日	1904 年 7 月 12 日	1906 年 4 月 26 日

（续）

股票市场的顶部与底部		道氏理论的确认日	
底 部	顶 部	底 部	顶 部
1907年11月21日	1909年11月19日	1908年4月24日	1910年5月3日
1910年7月26日	1912年10月5日	1910年10月10日	1913年1月14日
1914年12月24日	1916年11月21日	1915年4月9日	1917年8月28日
1917年12月19日	1919年11月3日	1918年5月13日	1920年2月3日
1921年8月24日	1922年10月14日	1922年2月6日	1923年6月20日
1923年8月4日		1923年12月7日	
	1929年9月3日		1929年10月23日
1932年7月8日	1937年3月17日	1933年5月24日	1937年9月7日
1938年3月31日	1939年1月4日	1938年6月23日	1939年3月31日
1939年4月8日	1939年9月27日	1939年7月17日	1940年5月13日
1942年6月2日	1926年6月13日	1942年9月24日	1946年8月27日
1947年5月19日	1948年7月14日	1948年5月14日	1948年11月9日
1949年6月13日	1953年1月5日	1949年9月29日	1953年4月2日
1953年9月14日	1956年5月9日	1954年1月19日	1956年10月1日
1957年12月24日	1959年8月3日	1958年5月2日	1960年3月3日
1960年10月25日	1961年12月31日	1960年12月28日	1962年4月26日
1962年6月26日	1966年2月9日	1962年11月9日	1966年5月5日
1966年10月7日	1968年12月3日	1967年1月11日	1969年2月25日
1970年7月7日	1972年5月26日	1970年8月24日	1973年5月14日
1974年10月4日	1976年9月21日	1975年1月27日	1977年10月24日
1978年3月9日	1981年4月27日	1978年4月14日	1981年7月2日
1982年8月12日	1983年11月29日	1982年10月7日	1984年1月25日
1984年6月15日	1989年10月9日	1984年8月1日	1987年10月15日
1990年10月17日			

（续）

美国经济研究局的顶部与底部		领先时间			
				确 认 日	
底 部	顶 部	底 部	顶 部	底 部	顶 部
1897年6月	1899年6月	9.2	2.4	−0.4	−6.0
1900年12月	1902年9月	5.7	−0.1	1.9	−8.5
1904年8月	1907年5月	9.2	15.5	1.1	12.6
1908年6月	1910年1月	6.8	1.9	1.7	−3.6
1912年1月	1913年1月	17.6	3.3	15.2	0.0
1914年12月	1918年8月	−0.3	20.8	3.8	−0.4
1919年3月	1920年1月	15.1①	2.4	10.1①	−0.6
1921年7月	1923年5月	−1.3	7.0	−6.7	−1.2
1924年7月	1926年10月	10.3	不详	7.3	不详
1927年11月	1929年8月	不详	−1.6	不详	−2.3
1933年3月	1937年5月	8.2	1.9	−2.3	−3.7
1938年6月		2.5	不详	−0.3	不详
		不详	不详	不详	不详
	1945年2月	不详	−15.8①	不详	−30.4①
1945年11月	1948年11月	−21.1①	4.1	−19.0①	0.2
1949年11月	1953年7月	5.1	6.7	1.5	3.4
1954年5月	1957年8月	8.0	15.2	3.9	10.4
1958年4月	1960年4月	3.3	8.4	−0.6	1.4
		3.6	不详	1.6	不详
		不详	不详	不详	不详
1961年2月	1969年12月	不详	12.4	不详	9.6
1970年11月	1973年11月	4.3	17.6	2.6	6.0
1975年3月	1980年1月	5.3	38.8①	1.6	25.7①
1980年7月	1981年7月	28.2①	3.6	27.0①	0.4
1982年11月		3.1	不详	1.3	不详
		不详	不详	不详	不详
	1990年7月	不详	不详	不详	不详

① 由于特殊事故，这些情况不可比较，请参考下面的内容。

表 25-6　股票市场领先经济循环的时间

股票市场顶部与底部领先可比较经济循环高点与低点的时间（月）		道氏理论的确认日领先可比较经济循环高点与低点的时间（月）	
编年上的顺序	领先时间上的顺序	编年上的顺序	领先时间上的顺序
9.2	17.6	−0.4	15.2
2.4	17.6	−6.0	12.6
5.7	15.8	1.9	10.4
−0.1	15.5	−8.5	9.6
9.2	15.2	1.1	7.3
15.5	12.4	12.6	6.0
6.8	10.3	1.7	3.9
1.9	9.2	−3.6	3.4
17.6	9.2	15.2	2.6
3.3	8.4	0.0	1.9
−0.3	8.2	−3.8	1.7
2.4	8.0	−0.4	1.6
−1.3	7.0	−0.6	1.6
7.0	6.8	−6.7	1.5
10.3	6.7	−1.2	1.4
−1.6	5.7	7.3	1.3
8.2	5.3 中位数	−2.3	1.1 中位数
1.9	5.1	−2.3	0.4
2.5	4.3	−3.7	0.2
15.8	4.1	−0.3	0.0
4.1	3.6	0.2	−0.3
5.1	3.6	1.5	−0.4
6.7	3.3	3.4	−0.4
8.0	3.3	3.9	−0.6
15.2	3.1	10.4	−0.6
3.3	2.5	−0.6	−1.2
8.4	2.4	1.4	−2.3

(续)

股票市场顶部与底部领先可比较经济循环高点与低点的时间（月）		道氏理论的确认日领先可比较经济循环高点与低点的时间（月）	
编年上的顺序	领先时间上的顺序	编年上的顺序	领先时间上的顺序
3.6	2.4	1.6	−2.3
12.4	1.9	9.6	−3.6
4.3	1.9	2.6	−3.7
17.6	−0.1	6.0	−3.8
5.3	−0.3	1.6	−6.0
3.6	−1.3	0.4	−6.7
3.1	−1.6	1.3	−8.5

其次是以明确的方式衡量股票市场的预测能力。我根据历史资料判断，以道氏理论的确认日做买／卖决策，这可以掌握多大程度的经济活动。就1938年以前的资料来说，我与雷亚一样采用《巴伦周刊》的指数，以后则采用工业生产指数。表25-7的数据显示，根据多头市场确认日买进经济指数，并根据空头市场确认日卖空经济指数，其理论性的结果为：在没有任何人为干扰的情况下，上述决策可以掌握经济增长的61.8%幅度，以及经济衰退的40.5%幅度。

表 25-7　在道氏理论的确认日买卖经济指数所可以掌握的经济活动百分比

经济指数峰位与谷底之间的升幅和降幅				在道氏理论的确认日之间的经济指数升幅和降幅			
日　　期	高／低	升幅	降幅	确　认　日	价　格	升幅	降幅
1896年10月低①	77.0①			BI 1897年6月28日	83.0		
1899年10月高	104.0	27.0		Br 1899年12月16日	103.0	20.0	
1900年11月低	88.0		16.0	BI 1900年10月20日	90.0		13.0
1903年7月高	106.2	18.2		Br 1903年6月1日	105.5	15.5	
1904年7月低	91.4		14.8	BI 1904年7月12日	91.4		14.0
1907年5月高	112.9	21.5		Br 1906年4月26日	103.4	11.6	
1908年3月低	81.0		31.9	BI 1908年4月24日	83.3		20.4

（续）

经济指数峰位与谷底之间的升幅和降幅				在道氏理论的确认日之间的经济指数升幅和降幅			
日 期	高／低	升幅	降幅	确 认 日	价 格	升幅	降幅
1910 年 3 月高	107.8	26.8		Br 1910 年 5 月 03 日	100.9	17.6	
1910 年 10 月低	97.2		10.6	BI 1910 年 10 月 10 日	97.2		3.7
1913 年 1 月高	106.0	8.8		Br 1913 年 1 月 14 日	106.0	8.8	
1914 年 11 月低	82.1		23.9	BI 1915 年 4 月 9 日	89.5		16.5
1917 年 5 月高	124.9	42.8		Br 1917 年 8 月 28 日	118.6	29.1	
				BI 1918 年 5 月 13 日	120.1		-1.5
				Br 1920 年 2 月 3 日	109.9	-10.2	
1921 年 3 月低②	6.2②		49.9	BI 1922 年 2 月 6 日	7.49		22.2
1923 年 5 月高	10.3	4.1		Br 1923 年 6 月 20 日	10.13	2.64	
1924 年 8 月低	8.3		2.0	BI 1923 年 12 月 7 日	9.65		0.48
1929 年 7 月高	13.0	4.7		Br 1929 年 10 月 23 日	12.08	2.43	
1933 年 3 月低	6.2		6.8	BI 1933 年 5 月 24 日	8.65		3.43
1937 年 4 月高	13.7	7.5		Br 1937 年 9 月 7 日	13.41	4.76	
1938 年 5 月低	9.2		4.5	BI 1938 年 6 月 23 日	9.76		3.65
				Br 1939 年 3 月 31 日	11.70	1.94	
				BI 1939 年 7 月 17 日	12.01		-0.31
				Br 1940 年 5 月 13 日	13.69	7.66	
1944 年 8 月高	27.4	18.2		BI 1942 年 9 月 24 日	21.40		-7.73
1946 年 2 月低	17.7		9.7	Br 1946 年 8 月 27 日	21.00	-0.40	
1948 年 7 月高	24.6	6.9		BI 1948 年 5 月 14 日	23.48		-2.48
1949 年 10 月低	21.6		3.0	Br 1948 年 11 月 19 日	23.25	-0.23	
				BI 1949 年 9 月 29 日	22.21		1.04
				Br 1953 年 4 月 2 日	32.01	9.80	
1953 年 7 月高	32.4	10.8		BI 1954 年 1 月 19 日	29.67		2.34
1954 年 4 月低	29.3		3.1	Br 1956 年 10 月 1 日	35.60	5.93	
1957 年 3 月高	36.3	7.0		BI 1958 年 5 月 2 日	31.42		4.18
1958 年 4 月低	31.4		4.9	Br 1960 年 3 月 3 日	39.13	7.71	

（续）

经济指数峰位与谷底之间的升幅和降幅				在道氏理论的确认日之间的经济指数升幅和降幅			
日期	高/低	升幅	降幅	确认日	价格	升幅	降幅
1960年1月高	39.6	8.2		BI 1960年12月28日	38.93		0.20
1960年12月低	36.2		3.4	Br 1962年4月26日	41.30	2.37	
				BI 1962年11月9日	42.06		-0.76
				Br 1966年5月5日	55.60	13.54	
1969年10月高	64.1	27.9		BI 1967年11月1日	58.00		-2.40
1970年10月低	59.6		4.5	Br 1969年2月25日	62.96	4.96	
1973年11月高	75.2	15.6		BI 1970年8月24日	61.62		1.34
1975年5月低	64.5		10.7	Br 1973年5月14日	73.18	11.56	
1980年3月高	86.2	21.7		BI 1975年1月27日	66.53		6.65
				Br 1977年10月24日	79.40	12.87	
				BI 1978年4月14日	80.93		-1.53
1980年7月低	81.2		5.0	Br 1981年7月2日	80.13	-0.80	
1981年7月高	87.1	5.9		BI 1982年10月7日	80.23		-0.10
1982年12月低	79.3		7.8	Br 1984年1月25日	90.65	10.42	
				BI 1984年8月1日	93.90		-3.25
1990年9月高	110.6	31.3		Br 1990年1月25日	102.20	8.30	
1991年4月低	105.1		5.5	BI 1991年1月10日	106.90		-4.70
总计		320.2	218.0	总计	197.86	88.35	

注：掌握的升幅百分比为61.8%，买进并持有的上升点数为127.21，根据道氏理论买卖的上升点数为286.21，道氏理论提供的改善百分比为125.0%，掌握的降幅百分比为40.5%。

① 《巴伦周刊》的经济指数。
② 工业产值指数值（1987年＝100）。

在判定股票市场确实是一种绝佳的经济预测指标之后，我决定观察其投资的潜能。表25-8列示这项分析结果的摘要。结果非常令人惊讶：任何基金经理人只要根据道氏理论的确认日为买卖信号，并以此建立一套计算机模型，几乎便可以保证获得14%的长期年度回报率。

表 25-8 在道氏理论的确认日买卖道琼工业指数所可以掌握的股票市场涨跌幅百分比

道琼工业指数峰位与谷底之间的涨幅和跌幅				道氏理论的确认日之间的道琼工业指数涨幅和跌幅							
日期	高/低	涨幅	跌幅	确认日	价格	涨幅	跌幅	回报率(%)	涨幅	跌幅	回报率(%)
1896年8月10日	29.64			Bl 1897年6月28日	44.61						
1899年4月4日	76.04	46.4		Br 1899年12月16日	63.84	19.23		43.11			
1900年6月23日	53.68		22.36	Bl 1900年10月20日	59.44		4.40			6.89	
1902年9月19日	67.77	14.09		Br 1903年6月1日	59.59	0.15		0.25			
1903年11月9日	42.15		25.62	Bl 1904年7月12日	51.37		8.22			13.79	
1906年1月19日	103.00	60.85		Br 1906年4月26日	92.44	41.07		79.94			
1907年11月15日	53.00		50.00	Bl 1908年4月24日	70.01		22.43			24.26	
1909年11月19日	100.53	47.53		Br 1910年5月3日	84.72	14.17		20.23			
1910年7月26日	73.62		26.91	Bl 1901年10月10日	81.91		2.81			3.32	
1912年9月30日	94.13	20.51		Br 1913年1月14日	84.96	3.05		3.72			
1914年12月24日	53.17		40.96	Bl 1915年4月9日	65.02		19.94			23.47	
1916年11月21日	110.15	56.98		Br 1917年8月28日	86.12	21.10		32.45			
1917年12月19日	65.95		44.20	Bl 1918年5月13日	82.16		3.96			4.60	
1919年11月3日	119.62	53.67		Br 1920年2月3日	99.96	17.80		21.66			
1921年8月24日	63.90		55.72	Bl 1922年2月6日	83.70		16.26			16.27	
1922年10月14日	103.42	39.52		Br 1923年6月20日	90.81	7.11		8.49			
1923年7月31日	86.91		16.51	Bl 1923年12月7日	93.80		-2.99			-3.29	
1929年9月3日	381.47	294.56		Br 1929年10月23日	305.85	212.05		226.07			
1932年7月8日	41.22		340.25	Bl 1933年5月24日	84.29		221.56			72.44	
1927年3月10日	194.60	153.38		Br 1937年9月7日	164.39	80.10		95.03			
1938年3月31日	98.95		95.75	Bl 1938年6月23日	127.40		36.99			22.50	
1938年11月12日	158.41	59.46		Br 1939年3月31日	131.84	4.44		3.49			
1939年4月8日	121.44		36.97	Bl 1939年7月17日	142.58		-10.74			-8.15	
1939年9月12日	155.92	34.48		Br 1940年5月13日	137.63	-4.95		-3.47			
1942年4月28日	92.92		63.00	Bl 1942年9月24日	109.11		28.52			20.72	
1946年5月29日	212.50	119.58		Br 1946年8月27日	191.04	81.93		75.09			
1947年5月17日	163.21		49.29	Bl 1948年5月14日	188.64		2.44			1.28	

第 25 章 | 股票市场是一项经济预测指标　417

买入日期	买入点数	涨幅百分比	卖出日期	卖出点数	点数变化	百分比变化		
1948年6月15日	193.16		Br 1948年11月19日	173.94	−14.66	−7.77	−8.49	−4.88
1949年6月13日	161.60	29.95	Bl 1949年9月29日	182.43	97.60	53.50	51.76	18.48
1953年1月5日	293.79	132.19	Br 1953年4月2日	280.03				
1953年9月14日	255.49	38.30	Bl 1954年1月19日	228.27	240.43	105.32	9.14	1.95
1956年4月6日	521.05		Br 1956年10月1日	468.70				
1957年10月22日	419.79	101.26	Bl 1958年5月2日	459.56				
1959年8月3日	678.10	258.31	Br 1960年3月3日	612.05	152.99	33.29	−3.70	−0.60
1960年10月25日	566.05		Bl 1960年12月28日	615.75				
1961年12月31日	734.91	168.86	Br 1962年4月26日	678.68	62.93	10.22	62.55	9.22
1962年6月26日	535.76	199.15	Bl 1962年11月9日	616.13				
1966年2月9日	995.15		Br 1966年5月5日	899.77	283.64	46.06	77.28	9.40
1966年10月7日	744.32	250.83	Bl 1967年11月1日	822.49				
1968年12月3日	985.21		Br 1969年2月25日	899.80	77.31	9.40	140.22	18.46
1970年5月26日	631.16	354.05	Bl 1970年8月24日	759.58				
1972年5月26日	971.25		Br 1973年5月14日	909.69	150.11	19.76	217.03	23.86
1974年10月4日	584.56	386.69	Bl 1975年1月27日	692.66				
1976年9月21日	1 014.79		Br 1977年10月24日	802.32	109.66	15.83	7.19	0.90
1978年2月28日	742.12	272.67	Bl 1978年4月14日	795.13				
1981年4月27日	1 024.05		Br 1981年7月2日	959.19	164.06	20.63	−6.78	−0.71
1982年8月12日	776.92	247.13	Bl 1982年10月7日	965.97				
1983年11月29日	1 287.20		Br 1984年1月25日	1 231.89	265.92	27.53	97.28	7.90
1984年6月15日	1 086.90	200.30	Bl 1984年8月1日	1 134.61				
1989年10月9日	2 791.41		Br 1987年10月15日	2 355.09	1 220.48	107.57	不详	不详
1991年?月??日	2 365.10	426.31	Bl 1988年3月??日	不详	不详	不详	不详	不详
			Bl 1990年1月25日	2 561.04				
			Bl 1991年1月10日					
总计	5 823.20	3 487.84	总计	3 307.72	1 047.38	997.28		282.08

注：掌握的涨幅百分比为 56.08%，道氏理论提供的改善百分比不详。
掌握的跌幅百分比为 28.59%，道氏理论的年度平均回报率为 14.22%。
买进并持有的上升点数为不详，道氏理论的年度平均复利回报率为 11.30%。
根据道氏理论买卖的上升点数为 4 305.00 点，期间为 93.51 年。

例外与异常情况

自从道琼斯工业指数1896年设立以来，股票市场出现重大变化，而整个经济却并未出现衰退或复苏的情况，总共发生13次。在每次情形中，两者之间缺乏相关性都有直接的原因，例如，世界大战与政府对市场的干预。请见表25-9与表25-10。

表25-9 在道氏理论中未出现对应空头市场的经济衰退

经济衰退		解　释
日　期	经济指数降幅（%）	
1918年8月～1919年3月	25.9	第一次世界大战，市场表现受到政府大量支出扭曲 主要的相关消息： 1914年6月28日～1914年12月世界大战开始 1941年7～12月，股票市场休市 1916年9月基本所得税调升为2%，最高税率调升为13% 1917年4月美国参战 1917年12月政府管制铁路，课征超额利润税 1919年1月战后的通货膨胀繁荣期开始
1926年10月～1927年11月	9.5	道氏理论正确地预测经济衰退，但股票指数并未出现正式的空头市场，仅陷入漫长的修正走势
1945年2月～1945年10月	29.1	第二次世界大战，主要的相关消息： 1945年4月12日罗斯福过世，杜鲁门继任总统 1945年5月6日德国投降 1945年8月6日原子弹投于广岛 1945年8月14日日本投降 1945年12月31日课征第二次世界大战的超额利润税
1980年1月～1980年7月	5.8	卡特总统采取信用管制的措施。道氏理论正确地预先反映经济衰退，股票市场出现两波修正走势（分别发生于1979年10～11月与1980年2～3月），但并未出现空头市场

根据表中的资料可以发现，自从1896年以来，美国经济研究局总共公布21个完整的经济循环，而道氏理论则归纳出26个完整的股票市场循环。更详细地说，美国经济研究局归纳的4个经济衰退，在股票市场并未出现对应的空头市场；道氏理论归纳的8个空头市场，并未在美国经济研究局的资料中出现对应的经济衰退；另外，还有1个股票多头市场未在美国经济研究局

的资料中出现对应的经济复苏。让我来分别说明其原因。首先，从美国经济研究局归纳的 4 个经济衰退开始。

表 25-10 未出现经济衰退或复苏的股票空头与多头市场

未出现经济衰退或复苏的 股票空头与多头市场 （数目以表 25-2 与表 25-3 为准）	可能的解释
第 6 号空头市场 1916 年 10 月～1917 年 12 月	1916 年调高所得税率，股票市场预期负面影响，但美国经济研究局观察的经济指标则受到第一次世界大战增加支出的刺激
第 12 号多头市场 1939 年 4 月～1942 年 4 月	空头市场起始于德国在 1939 年 9 月入侵波兰，市场当时的气氛相当恐惧而不确定。当英国与法国对德国宣战时，罗斯福宣布美国进入紧急状况。接着，德国于 1940 年 5 月 19 日突击法国边界，并占领敦刻尔克。日本于 1941 年 12 月 7 日突袭珍珠港，美国于第二天宣战，至此不明确的气氛才稍微平息。1941 年 9 月，罗斯福签署美国历史上最大的增税法案。1942 年 4 月，当菲律宾的巴丹投降时，股票市场见底
第 13 号空头市场 1946 年 5 月～1947 年 5 月	美联储针对战后的通货膨胀紧缩信用
第 18 号空头市场 1961 年 12 月～1962 年 6 月	第一批美国部队于 1961 年 12 月 11 日进驻越南，美联储开始紧缩信用。美国钢铁公司宣布调高价格，而肯尼迪总统公开反对
第 19 号空头市场 1966 年 2 月～1966 年 10 月	美联储紧缩信用，市场价格下跌以预测经济衰退。然而，在经济衰退发生以前，美联储改采用宽松的政策
第 22 号空头市场 1976 年 9 月～1978 年 2 月	1976 年 9 月通过新税法，股票开始步入空头市场。卡特在 11 月连任。12 月石油输出国组织宣布两阶段调高油价之后，股票市场大幅下跌。股票市场预期的经济衰退并未发生，因为美联储采取宽松的货币政策以融通油价的上涨

注：在 1949 年之前，道氏理论的预测与经济实际发展之间的误差，大多与战争相关。从此以后，股票空头市场预期的经济衰退之所以没有发生，主要是因为政府干预市场的结果，尤其是美联储所实行的微调政策，这有效地扭曲了市场对经济活动的预测能力。因为美联储的货币政策与经济的实际反应之间，有 6～12 个月的时间滞后，所以股票市场的反应较快速。

第一个未在股票市场反映的经济衰退发生于 1918 年 8 月～1919 年 3 月，犹如你所了解的那样，这正处于第一次世界大战的战后修整期。雷亚对股票市场的发展有以下评论：

> 1916 年年底股票的空头市场预示 1917 年经济的突然衰退，但在 1917 年结束以前，股票市场又向上翻升，预示战争结束前的最后

经济扩张。

战争结束以后，由于战争物资订单的突然取消，经济大幅衰退。在这种背景之下，经济衰退领先股票市场的峰位（发生在1919年）；1921年，经济循环的谷底又领先股票空头市场的结束。⊖

我们总是试图猜测市场，尤其是市场行为具备预先反映未来事件的层面。战争曾为市场带来不确定。因为政府大量采购武器与军事物资，而转移民间部门的资本，这在短期内造成某些产业的繁荣，但政府的采购究竟会持续多久则很难判断。另外，战争只有在结束时才代表真正的结束，所以很难预测战争什么时候会结束。因此，市场对未来的事件也就很难精确地预先反映。

第二个未反映在股票空头市场的经济衰退，它实际上已经显示在股票市场中。根据美国经济研究局的资料显示，这次经济衰退发生在1926年10月～1927年11月。在这一期间内，《巴伦周刊》的经济指数下降9.5%。根据严格的道氏理论判断，虽然股票市场没有出现经过确认的空头行情，其间却出现两波中期修正走势，第一波发生在1926年2～3月，第二波发生在同年的8～10月。在第二波修正走势中，股票指数的跌幅为9.70%。或许我们可以辩称，这波下跌已经预示即将来临的经济衰退，事实上，这次经济衰退并不严重。另外，当时的股票市场是处于全民参与的大投机行情中，银行以股票为抵押而大量贷款，以助长股票的投机热潮，这也可能降低了股票市场的预测能力。所以，道氏理论认定的中期修正走势，美国经济研究局称之为经济衰退。

第三次经济衰退发生在1945年2～10月，当时第二次世界大战已经结束，而经济正在调整。我认为，股票市场之所以未预先反映战争结束后的经济衰退，最主要的原因是市场预料调整期间的经济将立即重置资本。虽然战后经济通常不可避免衰退，但投资者却买进并持有股票，因为他们相信一切

⊖ Robert Rea, *Dow Theory Applied to Business and Banking* (New York: Simon and Schuster, 1938), p.77.

最后都会回归正常。这种心理相当类似于在空头市场的底部买进股票,当时的股价已经不会被利空消息撼动。或许,战争结束后,投资者已经习惯于大型灾难,而经济衰退相对来说并不严重。

战争对股票市场的活动还会产生其他方面的扭曲。典型的情况如下。当战争爆发时,由于战争的后果非常不明朗,股票市场通常会出现空头市场。国外投资者通常会卖出手中持股以融通战争的经费,或转而持有现金以因应不时之需。稍后,战争相关的产业将开始趋于繁荣,于是股票市场将展开一段新的多头市场。当战争结束时,所有关于战争的经济活动都会停顿。然而,因为大多数战争都是通过信用扩张(通货膨胀)来融通,而且政府的紧急计划仍会促使进一步的通货膨胀,货币性的繁荣会持续发展。所以,虽然经济活动下滑,但类似如股票投资之类的投机活动仍然相当旺盛。

第四次经济衰退发生在1980年1～7月,以反应卡特总统为了抑制通货膨胀所采用的信用管制措施。这一期间内,"工业生产指数"下降5.80%。再一次,股票市场又出现两波修正走势:一次发生在1979年10～11月,另一次发生在1980年2～3月。在第二次的修正走势中,股票指数下跌19.70%。

另外,还有8次空头市场预期的经济衰退并未发生,1次多头市场预期的经济复苏并未发生。然而,几乎在每次情形中,市场之所以未能正确预测经济趋势,都不是因为股票市场本身的缘故,而是因为战争的相关事件,或是因为政府的货币政策与财政政策发生突然而意外的变化。

第一次是发生在1916年10月～1917年12月的空头市场。因为战争引发的恐惧与不确定感,再加上政府于1916年9月宣布调高所得税率至2%,最高税率为12%,于是股票市场出现空头市场;然而,由于政府增加战争方面的支出,因此经济仍然趋于繁荣。

第二次是历史上最短的空头市场,发生在1938年11月～1939年4月。这次也与战争相关。希特勒在德国已经掌权,并威胁邻近的国家。当张伯伦由德国返回英国而提出妥协的计划时,或许股票市场已经预期德国将于1939

年3月入侵捷克。

只有一次股票的多头市场未能正确预测经济复苏。张伯伦由德国返回英国而提出妥协计划，并将苏台德地区拱手让给希特勒，整个世界似乎又暂时恢复稳定。结果便出现一波历时最短的多头行情，由1939年4月至1939年9月。然而，基于明显的原因，短暂的乐观气氛很快便消失了。

第三次是一段漫长的空头市场，发生在1939年9月～1942年4月。这又是一个与战争有关的事件。在这一期间内，不仅德国并吞了捷克，罗斯福总统也宣布美国进入紧急状态，法国与英国对德国与意大利宣战，整个世界也引进了新的战争模式——闪电战。股票市场始终未能复苏，直至美国开始正式动员才告一段落，这时美国是否会被卷入战争的疑虑已经明朗化了。

毫不意外，第二次世界大战结束带来一段通货膨胀。这个时候，美联储刚开始实行凯恩斯学派的微调式经济政策，并紧缩信用以对抗通货膨胀。这让股票市场开始领略美联储的神通。结果是一段空头市场，涵盖的期间为1946年7月～1947年7月。然而，虽然信用呈现收缩，但经济活动并未因此而放缓。整个经济一直至1948年11月才开始衰退。或许，我们可以辩称，股票市场确实预先反映经济衰退——只是时间上稍嫌过早。

从这个时候开始，股票市场未能充分反映实际经济状况，基本上都与战争无关，而是受到政府货币政策与财政政策干预的影响。首先是发生在1961年12月～1962年6月的空头市场。这波空头市场的导火线可能是受到1961年12月第一批军队正式介入越南战争的影响，但还涉及其他因素。1961年，美联储小幅收缩信用，而市场中又弥漫着另一股气氛，肯尼迪总统似乎有意对付大型财团。1962年4月，当美国钢铁公司宣布调高钢品价格时，肯尼迪展开干预，并配合舆论加以遏制。这引发了一波新的反垄断立法风潮，使得美国钢铁公司终于沦为世界第二流的制造商。在股票市场出现小型的崩盘之后，美联储改变主意而采用宽松的货币政策，所以并未发生经济衰退。

随后，股票市场在1966年2月又进入另一次空头市场，并持续至1966

年 10 月。这是反应美联储所采取的紧缩信用政策，并预期经济将因此而发生衰退。就此而言，我确信经济衰退即将发生，但在它出现以前，美联储又改变想法而采用宽松的政策。美联储不允许经济衰退，而选择未来的通货膨胀。可是，1969~1970 年的经济衰退仍然在劫难逃。

1976 年 9 月~1978 年 2 月，股票市场又出现空头行情。这次事件极不寻常，而且充分显示政府对经济的管理失当。政府为了解决不断膨胀的赤字，而在 1976 年 9 月通过新税法，这是股票市场下挫的导火线。卡特竞选连任成功以后，真正的麻烦于是出现。石油输出国组织分两波段调涨油价，这使市场大幅崩跌。为了因应油价的上涨，卡特宣布课征意外利得税，其对象是石油公司，并开始管制油价。同时，美联储却大幅放宽信用，以融通石油价格的上涨，最后几乎导致超级的通货膨胀。美联储采取的宽松政策，阻止了经济衰退，或更正确地说，将经济衰退拖延至 1981~1982 年。

下一个空头市场发生在 1983 年 11 月~1984 年 6 月，这与美联储的措施有直接的关联。美联储在 1983 年 5 月紧缩信用，大多数股票指数都在 6 月做顶，预期经济将发生衰退。然而，1984 年 7 月 24 日，沃尔克在参议院的听证会上表示，美联储目前实行的政策并"不适当"。大多数市场指数在当天形成底部，而未预期美联储再改变看法。

小结

将近 100 年的市场资料显示一个不可否认的事实：股票市场是整个经济趋势的精确预测指标。股票市场的高低价位可以预先反映整个经济的起伏。如果我们观察一般的市场行情，领先的时间将近 6 个月。如果我们较保守地采用道氏理论的确认日为基准，领先的时间仍然在 1 个月以上。

总之，在可以比较的情形中，91.2% 的股票市场会领先整个经济，如果将 1 个月的领先时间视为同时，则股票市场在 97.1% 的情况下会领先整个经济。如果以道氏理论的确认日作为基准，当股票市场踏入空头市场时，整个经济有 64.7% 仍处于上升阶段，而有 82.4% 的情况会在两个月内出现经济循环的峰位。最重要的是，自 1949 年以来，股票市场的循环（以道氏理论衡量），同时或领先经济循环的精确程度为 100%。

唯一可以影响股票市场预测精确度的因素是当权者的意外行为。这可能是战争，或是货币政策与财政政策的突然变化。然而，即使在这种情况下，唯一可以影响市场预测能力的力量是政治权力的误用。在这种情况下，股票市场将因美联储紧缩而下跌，直至美联储改变想法为止。这是因为政治决策的摇摆不定。如果美联储持续紧缩政策，经济将陷入衰退；如果它改变主意，经济活动将趋于活跃。股票市场仅是同步反映美联储的态度，或预期美联储未来的政策变化。

| 第 26 章 |

风险-回报分析的技术性基础

风险与回报是两个"华尔街"最常使用的字眼,但也可能是最缺乏明确定义的术语。大部分人都懒得进一步确定它们所代表的概念,因为"每个人都知道它们的意义"。风险通常被视为与亏损有关,而回报则被视为与获利有关。虽然这些联系没有错,但无法作为分析风险-回报的基础。如果不了解原子的明确内容,原子物理学家便有无所适从之虞。同理,如果没有界定明确的风险与回报概念,必然会妨碍金融专业者的市场交易。

例如,假定你尝试管理一个股票的多头投资组合。在最初的阶段,你的问题并不是拥有哪些股票,而应该为:当时的行情是否适合做多?应该做多至何种程度?为了回答这些问题,你不仅需要了解市场的整体趋势(上升或下降),而且还应该评估当时趋势持续发展的可能性。如果你判断它将持续发展,你还需要以某种方法衡量,在当时趋势反转以前,它可能会有多少幅度的发展。换言之,在做多的时候,你必须了解潜在的风险与潜在的回报。

很显然,"可能性"与"潜在"等字眼,意味着你处理的是相对概率,而非绝对事实。虽然如此,但如果你可以客观而一致地界定成功与失败的概率——如果你可以判定市场在某期间内,上升 $x\%$ 比下降 $y\%$ 的概率的比值,则你可以在稳固的基础上拟定明智的投资决策。在这个基础上，你可以运用基本面分析与技术分析评估个股的风险－回报关系，并借此管理整个投资组合。

截至目前，我们仅从观念上探讨如何增强对整体市场的投资管理。虽然这是一种非常珍贵的分析结构，但观念上的分析无助于界定真正的风险与回报。如果你能够以某种方法量化风险与回报，则风险－回报分析便有明确的数据可供参考，并可以在不受个人思考的影响下，拟定客观的进出场位置。换言之，你可以建立一种不可违背的法则，以防止你为自己的想法或行为，寻找合理的借口。

拟定进出场位置的决策，并不是一种随意判断的程序。首先，你必须了解经济基本面。其次，你必须在经济基本面的范围内，了解当时的市场情况。最后，你可以运用历史资料的统计数据，以及道氏理论的技术分析方法，归纳市场走势的性质，并为风险－回报分析建立一种客观的参考架构。这便是本章将讨论的内容。

衡量风险与回报的工具

1974年，我主要是在中短期的基础上交易个股与股票期权。交易的情况相当理想，但我错失了10月的低点，而损失数以千计的潜在回报。于是，我分析自己为什么会错失这一行情，并对自己提出一些问题：趋势究竟是什么？它的幅度通常是多少？它通常会持续多久？

这个时候，我开始研究道氏理论，并在实际交易中运用其中的某些原理，当时，我还没有将这方面的知识加以系统化。稍后，我进一步钻研，阅读雷亚与汉密尔顿的所有著作，并发现雷亚对市场三种趋势的定义可以用来归纳市场的走势。

道的三种走势（Dow's three movements）：市场指数有三种走势，三者可以同时出现。第一种走势最重要，它是主要趋势，整体向上或向下的走势被称为多头或空头市场，期间可能长达数年。第二种走势最难以捉摸，它是次级的折返走势,它是主要多头市场中的重要下跌走势,或是主要空头市场中的向上反弹。修正走势通常会持续三个星期至数个月。第三种走势通常较不重要,它是每天波动的走势。⊖

在这些定义的基础上,雷亚将道氏理论的其他原则运用在道琼斯工业指数与道琼斯运输(铁路)指数的历史资料上,并将市场价格走势归纳为:多头市场、空头市场、多头市场的主升段、多头市场的修正走势、空头市场的主跌段、空头市场的修正走势。他的研究包括每一个走势的空间(extent)(以前一个中期走势的重要高点或低点为基准,以计算指数下跌或上涨的百分比)与时间,从峰位至谷底历经的天数。他的分析基本上止于此处。他并没有归纳"每天的行情波动",因为他认为这并不重要。另外,除了广义以外,他也未将所发展的统计方法运用在市场分析上。

在阅读雷亚的著作时,我突然有一种想法,如果我以新的资料更新他的研究,可能发现一套非常有效的技术分析工具。所以,在增添一些我的个人看法之后,我归类历史上发生的每一个市场走势。经过一段相当时间的研究后,我根据数值与编年的顺序整理资料,并探索其中的重要关系。整理出来的结果令我非常惊讶。

不论就走势的空间或时间来说,我都发现市场走势有显著的统计分布。换言之,市场走势就像人类一样具有平均寿命。于是,我就此推想,如果保险公司可以根据人类的平均寿命赚取保费,我就可以根据市场走势的空间与时间的统计分布,判断任何一笔交易的胜算。

当然,保险公司引用的数据与我推演的数据,两者之间存在一个重大的差异。保险公司拥有广大的客户群,并打赌其中大多数人会在统计上正常的寿命期间内死亡。然而,当你就市场走势"下赌注"时,这相当于对一位客户承保人寿保险。因此,在你设定市场的"保费"前,你必须运用基本面分

⊖ Robert Rea, *Dow Theory Applied to Business and Banking*(New York:Simon and Schuster,1938)。

析、技术分析与统计分析评估整个市场的"健康状况"。

市场走势的平均寿命架构可以告诉你，走势的寿命基本上可以持续多久。以作者撰写本书的时候来说（1992年2月），股票市场正处于多头市场的主升段——多头市场的中期上升走势（期间为数个星期至数个月）。我与雷亚不同，我不仅仅采用道琼斯工业指数与道琼斯运输指数而已，我是根据18种主要指数的平均值归纳市场的走势。目前，这些指数已经平均上涨18.6%，时间平均为74.4天。就平均寿命的概率分布来说，幅度更大的多头市场主要波段有53.5%，持续期限更长者有67.3%。换言之，不论就空间或时间判断，这波走势已经接近中位数的水平。仅就统计分布的观点衡量，市场"寿命"立即结束的概率有40%。因此，如果你仅采用该准则操作，则股票投资组合内的多头头寸不应该超过60%。

虽然这不代表可以根据这些信息建立明确的决策，但足以建立一个明确的参考架构，以分析相关的市场风险。让我们回到人寿保险的比喻，在目前做多市场，这相当于卖人寿保险给一位年纪60岁出头的人。当然，在设定保费以前，你必须根据这个年龄层的标准分析受保人的健康状况。同理，在股票市场中，在你决定是否做多或做多到什么程度以前，你应该分析当前市场的情况。

你也可以运用这种统计方法分析特定市场。例如，虽然目前市场的涨幅与持续时间已经接近平均水平，但柜台交易市场的走势超过平均水平而成为"老人"。如果你观察柜台交易市场目前的走势，可以发现它的涨幅为41.7%，持续时间为215天。在历史上所有的类似走势中，仅有14.2%的走势有更大的涨幅，而有26.5%的走势持续更长的时间。所以，如果你在柜台交易市场中交易，则这位受保人并不是60岁出头的人，而是80多岁。进一步分析目前的情况，你将发现柜台交易市场不仅年纪很大，而且还需要动一次大手术。所以，我目前卖空某些柜台交易市场的个股，等待它们出现修正走势。

相反，如果你将柜台交易市场剔除在外，其余市场持续上升走势的可能性便增加。以道琼斯工业指数为例，目前的涨幅为 14.4%，持续的时间为 60 天。在历史上的类似走势中，69.9% 的走势具有更大的涨幅，77% 的走势持续更长的时间。所以，仅就"年龄"判断，道琼斯工业指数上升趋势立即死亡的风险很低。事实上，我在撰写本书的时候，道琼斯工业指数正在创新高，而纳斯达克指数则下滑。

在我引用的技术分析工具中，风险的衡量最为重要。这些根本因素使我得以限制风险，使损失达到最小而利润最大。它是一个客观的架构，使我得以明确衡量风险与回报，指引我谨慎地管理个股与指数的投资组合。以目前的情况为例，我卖空柜台交易市场的股票，做多经济循环最明显的个股，因为统计分布告诉我，这是风险－回报关系最理想的方法。

市场的平均寿命架构

观察道琼斯工业指数的走势图，我们可以发现一种最简单的赚钱方法，这便是传统上买进并持有的方法。许多投资者与基金经理人采用这种方法，并通过谨慎的选股策略进一步提升绩效。就长期而言，这无疑是一种非常有效的投资策略。然而，如果基金经理人希望追求卓越的绩效，则考虑的重心必须从长期趋势转移到中期趋势。例如，在多头市场中期上升趋势的初期中，以 100% 的资金做多；在次级修正走势即将发生之前，降低多头头寸的持股；在修正走势中则卖空或退场观望；然后，在修正走势的底部附近，再将全部资金做多。

市场平均寿命分布的最重要功能之一，便是让交易者能够更有效地根据中期趋势的变化，掌握进出市场的机会。 此处，以多头市场中期修正走势为例来说明。

首先，让我们再回顾一些重要的定义。修正走势（又称为次级折返走势）是一种与主要长期走势方向相反的重要中期价格走势，中期是指数个星期至数个月的期间。在我的归类系统中，95% 的修正走势时间超过 14 天（包括休假日），98%的折返幅度（retracement）至少为前一个主要波段的20%。我们以一个例子来说明何谓折返幅度。如果道琼斯工业指数的前一个多头市场主要波段为500点，修正走势下跌300点，则中期走势的折返幅度为60%。在修正走势中，以折返幅度来思考要优于指数的整体百分比变动，因为这可以使你了解当时的行情发展（稍后将阐明这个观点）。

表26-1显示，自1896年以来，道琼斯工业指数与道琼斯运输指数的次级修正走势的空间和时间。请注意，表26-1中是以数值的顺序排列（而不是根据发生时间的先后顺序）。在图26-1中，我们发现空间与时间都呈现正态分布。

表26-1 道琼斯工业指数与道琼斯运输指数（1896～1992年2月）的多头市场次级修正走势的空间与时间

	幅度（%）					期限长度（天数，包括休假日）				
	工业	运输		工业	运输		工业	运输	工业	运输
1	16.5	18.0	17	31.2	33.4	1	7	9	17	21	22
2	17.8	18.4	18	31.3	34.4	2	9	11	18	23	23
3	20.7	21.1	19	31.9	34.6	3	10	13	19	24	24
4	21.1	23.7	20	32.1	34.6	4	11	13	20	24	24
5	23.2	24.8	21	33.7	35.3	5	14	13	21	25	25
6	23.4	25.0	22	36.0	37.1	6	14	14	22	25	27
7	23.7	25.0	23	36.7	37.4	7	14	14	23	26	27
8	23.7	25.1	24	37.0	37.8	8	15	15	24	26	28
9	24.2	25.5	25	37.1	39.3	9	17	16	25	26	29
10	24.4	26.7	26	37.2	40.2	10	18	16	26	29	29
11	25.2	27.6	27	38.2	40.6	11	19	18	27	29	30
12	25.4	28.8	28	38.7	40.6	12	19	19	28	30	30
13	25.7	29.2	29	39.3	41.1	13	20	20	29	31	30
14	27.0	29.5	30	39.3	41.3	14	21	21	30	31	32
15	27.8	30.2	31	39.6	41.8	15	21	22	31	32	32
16	30.5	32.0	32	40.3	43.3	16	21	22	32	33	34

（续）

幅度（%）						期限长度（天数，包括休假日）				
	工业	运输		工业	运输		工业	运输	工业	运输
33	40.3	44.1	61	65.3	66.4	33	33	35	61	60	69
34	40.3	44.3	62	66.2	67.7	34	35	37	62	61	69
35	40.9	45.5	63	66.7	67.7	35	36	39	63	61	70
36	41.6	46.0	64	68.8	68.7	36	37	39	64	62	70
37	41.6	47.2	65	71.9	68.9	37	38	39	65	63	73
38	42.1	47.3	66	72.2	72.0	38	41	40	66	66	75
39	42.8	47.6	67	72.2	73.4	39	42	41	67	66	77
40	44.2	48.8	68	74.1	76.8	40	43	44	68	67	81
41	45.4	49.2	69	74.6	77.1	41	44	46	69	72	82
42	45.5	49.4	70	74.9	78.3	42	44	47	70	77	85
43	45.8	49.6	71	76.9	83.8	43	45	48	71	78	96
44	46.0	49.7	72	78.0	84.6	44	45	49	72	89	98
45	46.0	50.1	73	79.7	84.9	45	45	49	73	95	103
46	48.9	51.7	74	80.4	87.2	46	45	51	74	98	106
47	49.6	53.0	75	82.7	88.3	47	47	52	75	102	112
48	49.8	53.2	76	83.5	90.3	48	49	55	76	104	113
49	52.4	53.8	77	89.0	90.9	49	49	55	77	108	114
50	52.6	54.3	78	89.7	92.7	50	51	57	78	111	119
51	54.0	55.5	79	89.8	93.2	51	51	59	79	113	126
52	54.8	55.8	80	91.3	94.0	52	53	59	80	117	129
53	56.0	57.9	81	100.7	103.2	53	54	61	81	139	140
54	56.2	58.0	82	107.7	110.7	54	55	61	82	161	144
55	57.3	59.6	83	113.7	112.4	55	55	61	83	173	175
56	60.0	60.3	84	116.9	122.0	56	55	62	84	178	201
57	60.8	60.8	85	120.1	128.4	57	56	63	85	190	214
58	61.1	61.8	86	135.0	163.8	58	57	64	86	196	216
59	62.8	62.7	87	194.2	173.4	59	58	65	87	201	245
60	64.9	64.0	88	246.0	227.9	60	59	68	88	209	613

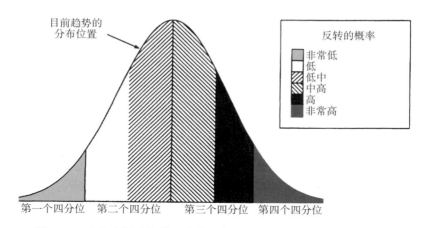

图 26-1 多头市场中期修正走势的幅度与期间长度的综合概率分布

详细观察图 26-1 可以发现，两种指数的平均寿命呈现正态分布。如果进一步分析 S&P 500 或任何主要股票指数，都可以发现类似性质。换言之，市场走势确实呈现统计上可以预测的寿命形态。

运用这些资料仅涉及简单的算术问题——计算在某时某笔交易的胜算。以道琼斯工业指数与道琼斯运输指数为例，平均寿命的资料显示，68% 的多头市场中期修正走势的折返幅度，介于前一个主要上升波段涨幅的 25%～75%，而时间则介于 16～79 天。历史上所有多头市场中期修正走势仅有 22.7% 的走势，折返幅度超过 75%，仅有 17% 的走势持续 100 天以上。所以，在多头市场的修正走势中，如果折返幅度超过前一个升段的 75%，而持续时间超过 74 天，则在此情况下做多的胜算平均为 1∶4.4 ⊖。反之，当时做空的胜算为 1∶4.4。可是，你必须确定一点，当时的走势务必是次级的下降趋势，而不是空头市场的开始。

在每个多头市场的顶部，市场分析师始终不能确定，这究竟是顶部或仅是修正。虽然我们无从明确地判定（除非空头市场被确认或修正走势结束），但长期趋势的历史分布情况可以协助我们推算这两种可能性发生的概率。

⊖ 应该是 1∶1.29。——译者注

表 26-2 列示道琼斯工业指数与道琼斯运输指数在多头市场中的涨幅和持续的时间。假定某个多头行情已经持续 3 年,而从前一个空头市场底部起计算的涨幅为 115%。现在,假定市场确实出现次级的修正走势,并在 55 天内折返至前一个主升段的 60%。暂时撇开经济基本面不谈,你可以根据表 26-1 与表 26-2 计算价格持续下跌的概率。

表 26-2 道琼斯工业与运输指数在多头市场中的涨幅与期限长度

期间长度(按数值大小顺序排列)			幅度(按数值大小顺序排列)	
期间	天数	年数	期间	百分比
1939	164	0.45	1910~1912	22.9
1938	253	0.69	1960~1961	27.0
1960~1961	405	1.11	1947~1948	38.1
1947~1948	409	1.12	1939	38.6
1921~1922	452	1.24	1966~1968	42.0
1978~1981	472	1.29	1917~1919	49.0
1957~1959	606	1.66	1900~1902	51.7
1917~1919	670	1.84	1921~1922	52.7
1914~1916	674	1.85	1914~1916	67.8
1907~1909	684	1.87	1938~1939	70.4
1974~1976	684	1.87	1957~1959	71.5
1970~1972	686	1.88	1907~1909	77.5
1966~1968	787	2.16	1974~1976	78.6
1910~1912	799	2.19	1978~1981	81.3
1900~1902	813	2.23	1982~1983	87.7
1903~1906	844	2.31	1970~1972	95.1
1953~1956	952	2.61	1903~1906	100.1
1996~1999	967	2.65	1953~1956	102.0
1978~1981	1 144	3.13	1962~1966	110.1
1949~1953	1 295	3.55	1949~1952	128.1
1962~1966	1 328	3.64	1996~1999	139.8
1942~1946	1 482	4.06	1942~1946	160.9
1932~1937	1 710	4.68	1923~1929	242.5
1984~1989	1 923	5.26	1984~1989	245.7
1923~1929	2 224	6.09	1932~1937	379.4

计算的公式很简单：根据历史资料计算目前走势幅度告一段落的概率，持续时间也做类似的计算，再取两个概率的平均值。就先前的例子来说，计算过程如下。

次级折返走势持续的概率：

幅度＝（88－55）/88＝0.37

时间＝（88－54）/88＝0.38

也就是说，以总样本数（88）减去该走势告一段落的样本数（幅度为55，时间为54），再除以总样本数。⊖

平均值＝0.38

修正走势终止的胜算为＝1.63：1（换言之，0.62：0.38）

多头市场告一段落（空头市场开始）的概率：

幅度＝19/26＝0.73⊜

时间＝20/26＝0.78

平均值＝0.76

空头市场开始的胜算为＝3.17：1

这些信息可以作为健全的基础，以进一步分析市场的风险－回报关系。例如，如果经济基本面很理想，通货膨胀率偏低，利率也偏低，其他经济指标也显示经济将持续增长，那么你应该强调修正走势终止的可能性。如果你是站在空方，则应了结部分获利，降低空头头寸的规模。

相反，如果美联储在收缩信用，经济也呈现衰退的征兆，那么你应该强调空头市场开始的可能性。在这种情况下，你不应该以次级修正走势来考虑中期下降趋势，而应该把它视为空头市场的主跌段。从这个角度考虑，你将发现下跌趋势持续发展的概率很高，你应该保有空头头寸，直至空头市场在

⊖ 请见表26-1，道琼斯工业指数的总样本数为88，涨幅在60%以前结束的走势有55次，持续期限结束于55天的走势有54次。——译者注

⊜ 表26-2的总样本数为25，而不是26。——译者注

历史统计分布中趋于"老化"为止。

然而，如果概率计算的结论并不明确，这时候怎么办呢？以图26-1来说，如果当时的修正走势，幅度与时间在历史概率分布上都仅到达40%，那该怎么办？在这种情况下，你应该强调当时的下跌趋势将持续发展，更确切地说，下跌趋势将持续发展的胜算为 1.5∶1。这个时候，你应该谨慎选择表现相对强势（卖空时，则为相对弱势）的类股或个股。我们在第27章将详细讨论这方面的问题。

强调风险的概念

运用统计方法最重要的作用，或许是凸显风险-回报分析的重要性。更明确地说，这让我们更客观地专注于风险。当你将中期的市场走势放在幅度与时间的历史概率分布中分析时，你将被迫接受一个事实：当走势的发展越往右移时，你发生亏损的风险便越高。当它到达概率分布的中点（或中位数）时，你的胜算为 5∶5——相当于掷铜板。超过这一点以后，就历史资料来判断，你的胜算将小于 1∶1。

这种思考方向可以反映出很多重要的交易原则。第一也是最重要的一点，便是尽可能掌握胜算。例如，在多头市场主升段的初期阶段，非常适合以扩张信用来交易大盘指数，换言之，应该谨慎选取指数期货与期权作为交易工具。随着行情逐渐趋于成熟，则应该强调类股与个股的经济背景。当市场发展超过中位数的水平时，则应该开始考虑低风险的交易策略与工具，或增加现金的头寸。当行情逐渐趋于老化时，交易的规模也应该降低。

这听起来似乎仅是一般常识，但许多人显然无法根据它来交易。以多头市场的顶部为例，虽然全世界的人都做多，但股票市场中充满"担惊受怕"的资金。所以，寻常的风吹草动便可能引发恐慌性的卖压。然而，当每一个恐慌性卖压出现时，历史资料都已经预先提出预警信号。以1929年为例，在恐慌性卖压出现以前，市场处于历史上最长的多头行情中，其间历经11个主升段。此外，1929年10月29日崩盘之前，主升段已经在99天内上涨29.9%，它在时间与幅度上都远超过概率分布的中位数水准（是的，统计分析在当时已经有效）。

同理，在1987年10月19日的黑色星期一，当时的市场处于第7只脚（第7个主升段），它在96天内上涨26.9%。再一次，多头市场已经老化，主升段已经远超过中位数的水平。仅就这个准则来考虑，交易必须极端谨慎。1989年10月，市场处于第13只脚，这是有史以来第二长与第二大的多头市场。主升段在200天内上涨24.4%，它已经深入概率分布的高风险区。

以上仅是提到一些比较著名的实例，实际情况远不止于此，它们都说明市场平均寿命的分布，可以预示立即死亡的可能性。在1987年与1989年的崩盘中，我都决定保持空头，统计分析便是主要原因之一，这使我可以更专注于做空当时的行情。统计分析并不同于水晶球，但它们确实可以提供市场老化的明显征兆。

对大多数交易者来说，忽视风险的重要性往往是失败的原因。在观察价格走势图时，他们眼中仅看见上档的空间。在发生亏损时，上档的空间更是加大，使这些交易者心中更充满无限的期待。市场的平均寿命结构，可以提供明确而不可否认的风险衡量标准，它们使交易者仅能够仰赖事实，而不是期待。

小结

市场平均寿命的历史分布，虽然不是万无一失的风险衡量方法，却是掌握胜算的基础。如果你知道长期趋势与中期趋势持续或终止的概率，在基本面分析与技术分析时，你可以参考这个概率。此外，这方面的分析将使你强调风险的观念，使你不至于在一个老化的市场中，为了多争取一点获利，而将辛苦累积的获利吐回给市场。

在后续的几章中，我将讨论一些技术分析的方法，它们可以与本章讲解的胜算管理相结合。我将说明如何以技术分析判断趋势的变动,而且在有利的胜算情况下,将它们整合进完整的交易方法中。

每一个市场都有各自的幅度与时间的概率分布结构。你只有利用历史资料来分析,才能了解这些结构。在本章中,我阐述了相关的统计分析方法。不幸的是,我仅能提供有关股票市场的资料,而我个人资料库中的数据都有专利权。

| 第 27 章 |

市场分析的技术性原则

道氏理论蕴含的定义,使我得以发展一套简单而有力的技术分析工具,从这个角度随意浏览价格走势图,成效往往胜过从基本面分析角度的苦心研究。[一]事实上,我在 20 世纪 80 年代中期培养的几位交易员,都仅根据这些技术分析的原则来交易,而且结果相当理想。

在我的行情分析方法与交易策略中,我是以技术分析作为架构的积木。以股票市场为例,我首先观察多种主要指数的走势图,以判断各个类股的一般价格趋势。我将决定趋势的方向,根据历史资料的幅度与时间分布判断趋势的"年龄"(见第 26 章),并根据价量关系、动能震荡指标与主要的移动平均线来衡量趋势的强度(详见本书上卷)。在具备这些认知之后,我再尝试整合经济基本面分析,并对股票市场形成精确的整体性概念,包括大盘与类股在内。

然后,我可能利用期货或期权在指数上建立头寸,我也可能操作个股,以追求更高的获利或更低的风险。一般来说,为了限制风险,并利用信用扩

㊀ 有关我采用的技术分析方法,读者若希望进一步了解其优点与可能的缺点,请参考本书上卷。

张来追求更高的获利潜能，我会同时在指数与个股上建立头寸。

在本章中，我将说明我在股票、债券和商品的分析与交易上，运用的基本技术性原则。在某种程度上，可能会重复上卷中的部分内容，但为了节省篇幅起见，我假定读者已经了解这些技术性工具的基本知识。然后，我会提出另一些有关趋势变动的判断方法。

我希望在此强调一点：我绝不建议仅根据技术分析来交易。同时，我也不主张交易者可以完全不了解技术分析。金融交易应该综合技术分析、基本面分析以及市场心理等知识，以界定交易的整体胜算。

第19章曾经提到索罗斯的评论："我们仅需要辨识前提为错误的趋势，顺势操作，并在它被拆穿以前及时脱身。"如果你希望采纳这个建议，你显然必须先能辨识趋势以及该趋势的潜在变化。另外，为了辨识前提为错误的趋势，你必须了解经济学与市场心理学的基本原理。一旦你可以结合实际的技术分析知识以及经济学与市场心理学的基本原理，你便可以充分掌握交易成功需要的胜算。

名词定义

三种趋势

在分析市场的价格走势时，首先必须了解其中存在的三种趋势：

1. 短期趋势，持续的期间为数天至数周（通常为14个交易日或以内）。
2. 中期趋势，持续的期间为数周至数月。
3. 长期趋势，持续的期间为数月至数年。

所有这三种趋势都可能同时存在，它们的方向可能相反。一般来说，交易者关心短期趋势，投机者关心中期趋势，而投资者关心长期趋势。

不论你关注的是交易、投机或投资，你都必须了解长期趋势的性质与方向。了解长期趋势的性质，意味着了解市场对经济基本面的看法（不论这种看法正确与否)、它在幅度与时间上的"年龄"、它所处的阶段（稍后讨论）以及其他等。

虽然了解长期趋势的方向较简单，却非常重要。如果你不了解长期趋势的方向，除了做短期的交易以外，你便很难做其他明智的判断。即使仅从事短期的交易，你也需要把短期趋势放在中期趋势与长期趋势的前后关联中来判断，这样才可以增加胜算。例如，如果你在多头市场的主升段中从事短期交易，你碰到的上涨行情将远多于下跌行情。另外，你也经常会遭遇法人机构计算机程式交易驱动的向上价格波动，而向下的价格波动则相对较有限，除非趋势即将变化。

市场的四种阶段

在任何市场（股票、债券或商品）中，长期趋势会处于以下四种阶段中的一种：

1. 承接（accumulation）（投资者逐步买进）。
2. 出货（distribution）（投资者逐渐卖出）。
3. 向上或向下的趋势。
4. 整理（consolidation）（在一个经过确认的趋势发展过程中，由于获利回吐造成的调整）。

就技术分析来说，当市场缺乏趋势时，它则处于窄幅盘整（line）中，这意味着它可能在整理、承接或出货。然而，仅根据技术分析并无法判定它究竟是这三种行为的哪一种，除非趋势持续发展（这是整理）；或者，除非趋势向上突破（这是承接）；或者，除非趋势向下突破（这是出货）。窄幅盘整会出现在所有市场中，这是众所周知的技术分析排列。此处所应该特别强调的或许是股票市场的情况，窄幅盘整的形成与突破，应该同时呈现于所有相关指数，这样才具有意义。所以，让我们把讨论的重心转移至趋势与趋势变动的评估。

趋势及其变动的性质

不论技术分析采取何种形式，它必然（至少是隐含地）建立于趋势的定义。然而，在我拥有的这 2000 多本有关交易的书中，我不曾见过趋势的完整定义。甚至是爱德华兹与迈吉所著的技术分析圣经《股票趋势技术分析》，㊀ 也没有明确定义何谓趋势。所以，包括爱德华兹与迈吉在内的大多数技术分析专家，他们重视的并不是技术分析的原理，而是技术分析的各种工具，这些工具一旦受到普遍的认同之后便失去了效果，因为它们具有自我破坏的性质。

我们可以这么说，只要有市场，便有趋势的存在。所以，我们需要一个在任何场合都能成立的有关趋势的明确定义。于是便产生一个问题，趋势有何共性与差异？换言之，所有趋势有何共通的性质，各种不同的价格走势之间又有何差异？

趋势是一种价格走势，这便是共性，而不需要进一步地解释。然而，具有趋势的市场与"震荡的"市场，两者之间有何根本的差异呢？这个问题的答案很简单，几乎是不证自明之理，我们可以用纯粹的技术名词来描述。

为了简便起见，我把基本的定义划分为两部分：一是上升趋势，二是下降趋势：㊁

上升趋势：上升趋势是一种价格走势，它由一系列的上升波段构成，每一个上升波段都向上穿越先前波段的高点，中间还夹杂着下降波段，但每一个下降波段的低点都不会向下跌破先前下降波段的低点。换言之，上升趋势是由一系列高点与低点都不断垫高的波段构成的（见图 27-1）。㊂

㊀ Robert D. Edwards and John Magee, *Technical Analysis of Stock Trends*（Springfield, MA: John Magee, 1966）.
㊁ 有关市场分析的细节部分请参考本书上卷。
㊂ 当这个定义运用于股票指数时，所有相关指数都必须确认此趋势。若未如此，则存在背离的现象，这显示趋势可能发生变化。

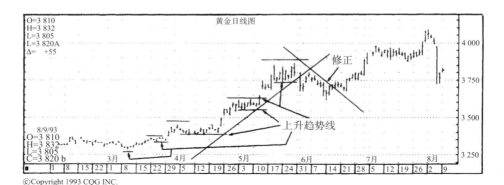

图 27-1　上升趋势与趋势线

下降趋势：下降趋势是一种价格走势，它由一系列的下降波段构成，每一个下降波段都向下穿越先前波段的低点，中间还夹杂着上升波段，但每一个上升波段的高点都不会向上穿越先前上升波段的高点。换言之，下降趋势是由一系列高点与低点都不断走低的波段构成的（见图 27-2）。

图 27-2　下降趋势与趋势线

一个好的定义，它应该可以简化我们的了解，并提供进一步扩展知识的基础。上述定义便是如此。它们是普遍性的定义，可以适用于每个市场与每种价格走势。另外，这些定义可以作为一种简单而始终有效的图形分析基础。

如何绘制趋势线

以技术分析评估趋势，第一步便是绘制趋势线。这看起来或许相当简单，但就如同趋势的定义一样，很少人能以一致的精确方法来绘制趋势线。我绘制趋势线的方法是直接引用先前的定义。可是，即使是运用先前的定义，绝大部分人仍然无法绘制正确的趋势线，他们绘制的线段仅代表大致上的趋势，这在趋势变动的判断上可能产生错误的信号。

以下方法可以提供一致而精确的结果，而且绝对不会产生错误的信号：

1. 选择考虑的时间：长期（数月至数年）、中期（数个星期至数月）或短期（数天至数个星期）。

2. 上升趋势线：在考虑的时间内，以最低的低点为起点，向右上方绘制一条直线，连接最高点前的某一个低点，使这条直线在两个低点之间未穿越任何价位。延伸这条直线而经过最高点（这是指水平轴上的位置而言）。趋势线经过所考虑的最高点以后，它可能穿越某些价位。事实上，这是趋势发生变化的一种现象，稍后将讨论这方面的问题（见图27-1）。

3. 下降趋势线：在考虑的时间内，以最高的高点为起点，向右下方绘制一条直线，连接最低点前的某一个高点，而使这条直线在两个高点之间未穿越任何价位。延伸这条直线而经过最低点（见图27-2）。

这个方法的优点在于其明确性，并可以用来判断趋势是否可能变动或已经变动。换言之，当根据此方法在图中绘制趋势线时，如果你判定需要重新绘制趋势线，那么这代表趋势已经变动。

1-2-3 准则

当趋势变动时，必须具备以下三个条件。

> **判定趋势变动的准则**
> 1. 趋势线必须被突破——价格必须穿越绘制的趋势线。

2. 上升趋势不再创新高，或下降趋势不再创新低。例如，在上升趋势的回档走势之后，虽然价格回升，但未能突破先前的高点，或仅稍做突破而又回档。类似的情况也会发生在下降趋势中。这通常被称为试探（test）高点或低点。这种情况通常（但不是必然）发生在趋势变动的过程中。若非如此，则价格走势几乎总是受到重大消息的影响，而向上或向下跳空，并造成异于"常态"的激烈价格走势。

3. 在下降趋势中，价格向上穿越先前的短期反弹高点；或在上升趋势中，价格向下穿越先前的短期回档低点。

当这三个条件同时成立时，相当于道氏理论对趋势变动的确认。当前两个条件仅发生一个时，则代表趋势可能发生变动。当三个条件发生两个时，这就增加了趋势发生变动的可能性。当所有三个条件都发生时，就是趋势变动的定义。

在走势图中观察趋势的变化，你只需要将先前的原则转换为图形的格式。首先，绘制趋势线。然后，犹如图27-3一样，绘制两条水平的直线。在下降趋势中，绘制一条水平的直线穿越目前的最低价，再绘制另一条水平的直线穿越前一波反弹的高点。在上升趋势中，绘制一条水平的直线穿越目前的最高价，再绘制另一条水平的直线穿越前一波回档的低点。

如果价格穿越趋势线，在穿越的位置标示1，如图27-3所示。如果价格测试先前的高点或低点——换言之，如果价格接近、接触或稍微穿越该条对应目前高价或低价的水平直线而未能突破，则在该点标示2。如果价格向下突破该条对应前一个折返高点或低点的水平直线，则在该点标示3。如果这三种情况出现两者，趋势很可能会发生变化。如果这三种情况全部出现，则趋势已经发生变化，并最可能朝新的方向继续发展。

图 27-3　1-2-3 准则的绘图

2B 准则

请回顾趋势变动的第二个条件：价格在上升趋势中不再创新高，或在下降趋势中不再创新低，通常被称为试探高点或低点。请注意，在趋势的变动中，试探并不是必要条件。例如，当市场呈现窄幅盘整时，不会出现试探的情况。价格将在区间内波动，突破趋势线，最后向上或是向下突破窄幅盘整的价格区间而创新高或新低。虽然如此，但试探的情况一旦发生，通常代表趋势即将变化。事实上，我将一种特殊情况的试探称为 2B 准则。

请注意第二项准则。在某些情况下，当价格测试先前的高点（低点）时，可能实际穿越先前的高点（低点），但稍后却又折返。这是一种特殊形式的测试（称为 2B），也是一种很重要的测试：它代表趋势即将发生变动的信号。在评估可能发生的趋势变动时，这是我最重视的一个准则。⊖

⊖　有关 2B 模式之所以发生测试的原因，请参考本书上卷。

> **2B 准则**
>
> 在上升趋势中，如果价格已经创新高而未能持续上升，稍后又跌破先前的高点，则趋势很可能会发生反转。下降趋势也是如此。

该准则适用于所有时间的趋势，如图27-4所示。如果2B准则在短期趋势（3～5天）中得以成立，则价格创新高（新低）之后，通常会发生在一两天以内便又向下跌破先前的高价（向上穿越先前的低价）。在中期趋势中，2B准则经常代表修正走势的开始，并发生于价格创新高或新低之后的3～5天之内。在市场的主要（长期）转折点上，价格创新高或新低之后，如果2B准则得以成立，则它通常会发生在7～10天之内。

图 27-4 在三种期间中的 2B 准则

我从来没有以严格的统计方法测试2B准则的有效性，因为完全没有必要。即使是每三次信号仅出现一次有效的趋势变动（我敢打赌其有效的概率绝不仅如此），我还是可以根据该准则赚钱，尤其是将它运用在中期趋势中。这是因为 2B 准则几乎可以让你精确地掌握顶部与底部，并建立风险－回报关系非常理想的交易。以上升趋势为例，运用 2B 准则最佳的方法是，当价格重新跌破先前的高点时，以止损单卖空（见图 27-5）。卖空之后，将回补的止损单设定在 2B 的高点。如果你是根据中期趋势交易，则回报－风险的比率几乎总是高于 5∶1。即使你因此而被连续震荡出场两三次，甚至四次，你成功一次的获利将多于先前的所有损失。

图 27-5　2B 准则的卖空信号

如果你经常以 1-2-3 准则与 2B 准则来练习，很快就能不再需要绘制趋势线与水平直线，而能够以目测的方式来判断趋势发生变动的准则，并以 1-2-3

准则思考：①突破趋势线；②测试先前的高点或低点而失败；③向下跌破前一波回档的低点或向上穿越前一波反弹的高点。另外，你也知道如何锁定 2B 准则的潜在交易机会，但当按照此方法交易时，务必采用止损单来限制可能发生的损失。

以 1-2-3 准则交易

以 1-2-3 准则来交易，最佳的方式是在第三个条件满足以前进场。以图 27-6 为例，你发现 NASDAQ 综合指数的中期趋势发生 1-2-3 的变化。从交易的角度来讲，当价格在 640 点的水平以大量跌破中期趋势线时，我们无法明确判断趋势是否会发生变动。虽然如此，但从风险－回报的角度判断，这是理想的卖空机会。以下让我们从纯粹的技术分析角度评估机会。

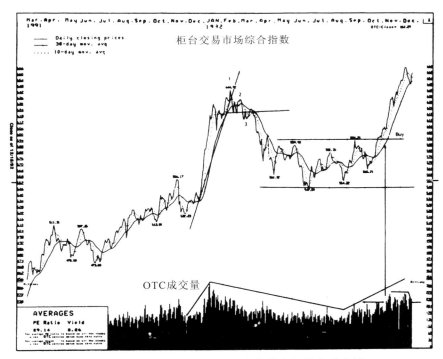

图 27-6 1-2-3 交易信号与柜台交易市场综合成交量

当价格在 640 点的水平向下跌破中期趋势线时（短期的 2B 准则已经成立），如果你假定趋势已经发生变化而卖空，当价格回升至日线图收盘价的高点 644 点（仅取整数）时，市场证明你的判断为错误。在 644 点水平设定回补的止损单，你的风险仅有 4 点。在潜在的回报方面，如果你的判断正确，市场应该至少下跌至 615 点，这相当于 25 点的潜在回报。所以，风险 - 回报的比率是 4:25，或 1:6.25。

在如此理想的风险 - 回报关系下，值得进一步进行技术分析。根据市场平均寿命的架构判断，趋势非常可能反转。以 2 月 12 日的收盘价 644.92 点为准，NASDAQ 综合指数的主要波段已经上涨 36.3%，时间为 230 天。在历史上所有的多头市场主要波段中，仅有 21.4% 的走势具有更大的涨幅，而仅有 22.1% 的走势持续更长的时间。根据这些数据衡量，柜台交易市场趋势反转的胜算为 3.6:1。你或许不知道这些统计数据，但只要根据一般常识判断，你也应该可以区分老年人与年轻人。

如果经济基本面的情况也配合（确实是如此），你有充分的理由在柜台交易市场中卖空，至少是建立少量的空头头寸。总之，你应该永远从各种不同角度评估，这样才可以确实掌握成功的胜算。

市场呈现窄幅盘整的走势时

在我进一步讨论其他辅助性的技术分析工具以前，我需要指出一种 1-2-3 准则并不适用的价格模式。犹如先前的说明，当市场处于整理（consolidation）或出货（distribution）的阶段时，它会形成窄幅盘整的走势。如果市场处于整理阶段，则它最后会"突破"盘整区而恢复原来的趋势（以股票市场来说，突破需要大的成交量）。如果市场处于出货阶段，它会以大的成交量向下突破盘整区。

不幸的是，仅从技术分析的角度来说，在随后的突破发生以前，我们无法辨别整理与出货。然而，当市场呈现窄幅盘整的走势时，我们仍然可以从纯粹的技术角度来交易。基本上，这涉及两个步骤（见图 27-6）：

1. 绘制两条水平的直线，以对应交易区间的最高价与最低价。

2. 如果价格以大的成交量突破上方的水平直线，则买进并在突破的位置设定卖出的止损单。如果价格以大的成交量突破下方的水平直线，则卖空并在突破的位置设定回补的止损单。

这种交易方法与2B准则有许多类似之处。撇开成交量不谈，它与2B准则一样，适用于每一种市场与所有三种趋势。另外，这种方法也反映了通常的情况。因为这是一种普遍的交易方法，所以可能会发生假突破的情况，你偶尔会挨耳光；但是，如果你采取有效的止损策略，这种方法的风险－回报关系相当不错。

虽然这是一种有效的交易工具，但你不应该在真空的状态运用它。避免挨耳光的最佳方法是掌握经济基本面的知识，以判断市场是处于整理还是出货的状况。就这种情形来说，所谓的经济基本面知识，我是指"索罗斯"的市场心理。

我希望在此谈论一个我亲身经历的负面情形。在整个1991年的下半年，市场几乎都处于窄幅盘整的状态。我从经济基本面的角度判断，市场是在出货，随后至少应该出现修正走势，甚至是空头市场。我显然误判了市场的心理，因为它相信利率走低将推动行情上扬。所以，我在11月的反弹行情中卖空，而11月中旬指数大幅下跌。可是，美联储在12月调降贴现率一个百分点时，我未意料到市场会相信利率调降将有助于改善当时的经济疲软状态。因此，我吐回一大部分利润，并错失12月的上涨行情，后者显然是典型的大量向上突破。

辅助性的技术分析工具

成交量的关系

虽然成交量关系是一种技术分析指标，但在我的方法中，它最不客观。虽说如此，但在股票市场中，如果不考虑成交量，便不应该交易。

我说成交量关系最不客观，因为它缺乏明确的法则。它仅能在某特定市场的前后关联中来解释。解释成交量关系的唯一方法是观察每天的市场发展，以体会何谓"正常量"，何谓"大量"，何谓"小量"？以下是观察成交量的一般性法则，然后，我将说明如何将该法则运用在柜台交易市场的行情评估中。以图 27-6 而言，上述第三点尤其正确，例如，1992 年 1 月底，成交量开始显著增加。我们知道，整个 1991 年，柜台交易市场始终是表现最佳的市场，价量关系也配合得很好，这尤其凸显 1 月底的情况不同寻常。如果你观察图 27-7，便可以发现"工业指数"和"运输指数"的成交量与柜台交易市场综合指数和 S&P 500 的成交量有明显的不同。具体来说，"工业指数"和"运输指数"在 2 月、3 月的跌势中，成交量显著缩小，但柜台交易市场综合指数和 S&P 500 的成交量仍然与前几个月差不多。

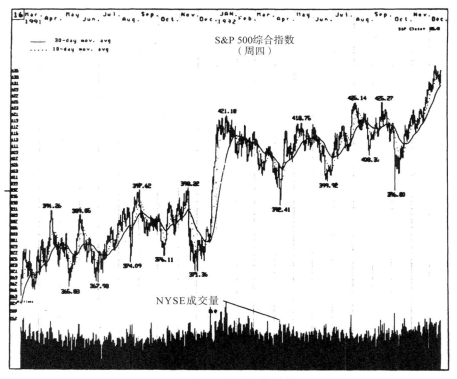

图 27-7　成交模式：道琼斯指数与 S&P 500

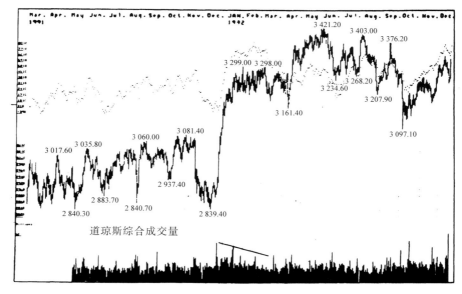

图 27-7 （续）

重要的成交量关系

1. 成交量通常会与趋势配合，换言之，在多头市场中，涨势的成交量会放大，跌势的成交量会缩小；在空头市场，情况则相反（请见图 27-6 的成交量部分）。当市场濒临修正时，则为例外，请参考下一点。

2. 在多头或空头市场的中期反弹中，市场若处于超买状况，则涨势的成交量将缩小，跌势的成交量将放大。反之，在中期的下跌过程中，市场若处于超卖状况，则涨势的成交量将放大，跌势的成交量将缩小。

3. 在多头市场中，末期的成交量很大（相较于先前的期间），初期的成交量很小。反之，空头市场的初期成交量很大，末期的成交量很小。

由于上述成交量关系，因此在 2 月 20 日我发行的投资报告《兰德市场风险观察》中，我向法人机构的订阅者建议："持有经济循环类股的多头头寸，减少柜台交易市场与高成长型类股的持股。"从各个角度来观察，柜台交易市场、S&P 500 以及扮演领导角色的其他多种指数，都呈现典型的技术性顶部，而且在最后的涨势与随后的跌势中，成交量关系也确认顶部的排列。尤其是柜台交易市场，它长期以来一直缺乏整理，所以至少应该出现一次大幅的中期修正走势；根据我的个人看法，它应该扮演领导角色以迈向新的空头市场。

同理，道琼斯指数与其他经济循环指数，都呈现多头的气势，在跌势中成交量缩小，在涨势中成交量放大。所以，我决定以两种不同的方式来交易：做多经济循环类股，卖空柜台交易市场与成长型股票。

上述讨论自然地引导至另一种重要的辅助性技术分析工具，这个技巧很少有人将它运用在整体市场上——相对强度（relative strength）。

相对强度

在 10～15 年以前，你只要分析道琼斯指数（"工业指数""运输指数"与"公用事业指数"），便可以对整个市场产生一种感觉。现在，情况已经不再是如此了。由于通信科技的进步，我们已经不能再分析个别类股的市场，而必须从较广的角度了解股价走势。在观察整个市场的发展时，我追踪的指数不超过 18 个，包括每种指数的每天收盘价、幅度与时间。以道氏理论作为分析的基础，我比较各种指数的价格走势、成交量关系、市场宽度（腾落比率），并观察它们之间的异同发展。

在强劲的多头或空头市场中，所有指数都会朝同一个方向发展。当各产业的经济情况有明显的强弱差异时（就如同目前的情形），某些指数会有类似的走势（例如，道琼斯工业指数与主要市场指数），另一些指数则互有领先与落后的现象。换言之，我会观察许多指数之间的相对强度关系。

雷亚首先提出相对强度的概念，而称此为"股票的习性与相互对照的绩效表现"。虽然他是针对个股而言的，现在却需要评估指数的习性，以及它们之间的相互对照表现。犹如我先前所述，整个1991年，S&P 500与柜台交易市场指数的表现都优于工业指数与其他涵盖面较广的指数（例如，道琼斯指数与AMEX），它们显然具有较强的相对强度。在交易之中，如果希望精确地预测未来，必须分析各个不同市场之间的相对强度与其含义。

让我们继续分析柜台交易市场，只要随意浏览1991年的价格走势图便可以发现，柜台交易市场是最强劲的市场。然而，正因为它长期以来都是最强劲的市场，并处于浓厚的投机气氛中，所以它也应该是首先大幅回档的市场——如果装瓷器的架子倒塌了，最上层的瓷器最可能被摔破。

200天移动平均线

我采用的另一种重要技术指标是200天移动平均线，虽然它并不适用于柜台交易市场的分析。我在1968年开始采用这种指标，当时我阅读威廉·戈登的一份研究报告，他将200天期移动平均的买卖准则运用于1917～1967年的道琼斯工业指数，每年的平均回报率为18.5%。

> **200天移动平均线的运用**
>
> 1. 如果200天移动平均线从先前的下降趋势中，开始转为平坦或上升，而且价格由下往上穿越均线，这代表主要的买进信号（见图27-8）。
>
> 2. 如果200天移动平均线从先前的上升趋势中，开始转为平坦或下降，而且价格由上往下穿越均线，这代表主要的卖出信号。

200天移动平均线的最大问题是时间严重滞后。由图27-8可以看出来，当道琼斯工业指数的200天移动平均线发出买进或卖出信号时，走势都已经过了一大半。另外，行情在投机性的长期涨势之后，如果突然发生崩盘，则200天移动平均线几乎毫无用处。所以，我仅把200天移动平均线视为辅助性的工具。例如，如果柜台交易市场综合指数跌破200天移动平均线，则我在2月底与3月初将会大量卖空柜台交易市场的股票。然而，我实际上建立的空头头寸并不是特别大。

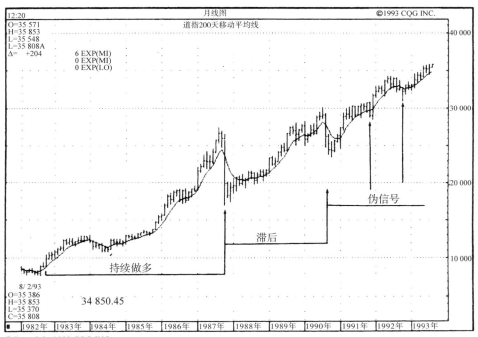

图 27-8　移动平均线的信号

市场宽度与动能震荡指标

我使用的最后两种指标分别是市场宽度，它经常被称为腾落线，以及动能震荡指标。

腾落线（A/D 线）是计算每天上涨家数与下跌家数的差值，并绘制为图。对所有加权性的股票指数来说，腾落线都可以弥补其缺失。以道琼斯工业指数为例，它仅由30种股票的价格加权而成。在某些情况下，如果某只权重较大的股票（例如 IBM）出现不寻常的走势，整个指数便不能有效地反映整体工业类股的表现。

一般来说，腾落线与大盘指数会呈现相同方向的走势，一旦两者之间出现背离的现象时，通常代表趋势即将变动的信号。事实上，我几乎把它视为一种大盘指数，并运用道氏理论分析它与其他指数之间的关系。然而，就腾落日线图来说，它仅必须确认先前的高点（低点），而不需确认你当时比较的高点或低点。另外，腾落周线图应该确认你的多头或空头看法。例如，自1990年10月的低点以来，腾落周线图便是最佳的技术性指标。再举另一个例子，1992年的3月与4月，道琼斯指数创新高，但柜台交易市场指数、S&P 500 与市场宽度都未创新高。我将这种情况视为可能的背离，并判断道琼斯指数可能做顶。

我始终密切注意市场宽度，并将它视为一种股票指数。我根据它而推演出另一种指标，这是一种动能震荡指标，以衡量整体市场向上或向下的偏离程度。每天早晨，我首先登录上涨与下跌家数的净值，我以纽约证券交易所近30天以来的资料为准，并计算、登录、绘制上涨与下跌家数之净值的移动总和。然后，再将计算结果除以3，以代表10天期的约数值，并称其为10天约数期 – 净变动 – 移动平均 – 行情宽度震荡指标（10-day equivalent, net change, moving average, breadth oscillator）。它经常可以有效衡量中期的"超买"或"超卖"情况。⊖

犹如200天移动平均线一样，我将市场宽度与动能震荡指标视为辅助性的工具，以配合其他较基本的技术分析方法，例如，1-2-3准则、2B准则与平均寿命架构，以判断交易的整体胜算概率。例如，在2月底与3月初，市场宽度未能创新高，而我的长期震荡指标也显示整体市场稍有超买的状况。所以，市场宽度支持我在柜台交易市场的空头头寸，而震荡指标也稍有支持。整体来讲，我虽然掌握胜算，但胜算的程度并不足以让我采取积极的空头策略。我个人或客户投入的风险资本都未超过2%～3%。

⊖ 相关的细节与计算方法，请参考本书上卷。

一种理想的新指标

我希望各位读者觉得，本书确实提供某些明确的概念与赚钱的方法。现在，我准备再提出另一种指标：4天准则。这是我所偏爱的趋势变动的中期指标，我已决定与各位分享这一指标。

犹如其他指标一样，这一指标也是来自长期的研究。我根据1926～1985年的道琼斯工业指数，衡量其中期走势的每一个顶部与底部。表27-1显示4天排列（换言之，连续4天上涨或下跌的走势）与顶部或底部的相关性。在观察这些资料时，我有两项发现。

表27-1 1926～1985年的4天准则样本（中期趋势）

天数	次数	频率（%）	累计频率（%）	天数	次数	频率（%）	累计频率（%）
69	2	0.9	90	26	1	0.4	77
56	1	0.4	90	25	4	1.8	76
53	1	0.4	89	24	1	0.4	75
52	1	0.4	89	23	2	0.9	74
50	1	0.4	88	22	3	1.3	73
48	1	0.4	88	21	1	0.4	72
45	2	0.9	87	20	1	0.4	71
40	2	0.9	86	19	4	1.8	71
38	2	0.9	85	18	5	2.2	69
36	1	0.4	85	17	2	0.9	67
35	3	1.3	84	16	5	2.2	69
34	1	0.4	83	15	4	1.8	64
33	1	0.4	82	14	10	4.5	62
32	1	0.4	82	13	4	1.8	57
31	2	0.9	81	12	8	3.6	55
30	3	1.3	80	11	2	0.9	52
29	1	0.4	79	10	7	3.1	51
28	3	1.3	79	9	3	1.3	48
27	1	0.4	77	8	6	2.7	46

(续)

天数	次数	频率（%）	累计频率（%）	天数	次数	频率（%）	累计频率（%）
7	5	2.2	44	3	10	4.5	32
6	5	2.2	41	2	5	2.2	28
5	9	4.0	39	1	56	25.0	25
4	6	2.7	35				

注：天数是指当高点或低点发生4天排列之后，至新趋势展开经过的天数。

次数是指在1926～1985年，当4天排列发生之后，经过某特定天数（列于第一栏）而出现新趋势的次数。

频率是指将第二栏的次数表示为百分比。但请注意，有10%的中期趋势并未出现4天排列，见图27-9 4天准则（S&P 500）。

4天准则

在中期走势中，当市场在高点或低点以连续4天下跌或上涨的走势而呈现反转时，趋势很可能发生变化。

在第一项发现中，中期顶部或底部所出现的4天排列，其方向几乎总是代表趋势变动的方向。根据表27-1的资料显示，当4天排列出现后，25%的中期趋势立即呈现与4天排列相同方向的反转，有41%的中期趋势在4天排列出现后的6天之内发生反转，75%的中期趋势在4天排列出现后的24天之内发生反转。在所有中期趋势内，仅10%未出现有效的4天排列。

如图27-9所示，它是S&P 500的周线图。1992年10月9日，该指数于402.66点出现底部。随后4天的变化如下：10月12日为+4.78，10月13日为+4.86，10月14日为+0.70，10月15日为+0.23。这是连续4天的上涨，显示底部的形成。该指数在10月16日仍然上涨，但这并不重要。如果这是真正的底部，则该指数在几个月内都不应该跌破1992年10月9日的低点，所以你可以将止损设定在此处。

4天准则在商品的交易中也非常有效，但我并未就商品的历史资料做统计性的研究。图27-10是9月日元的日线图，其中包括两个有效的4天排列。

第 27 章 | 市场分析的技术性原则 459

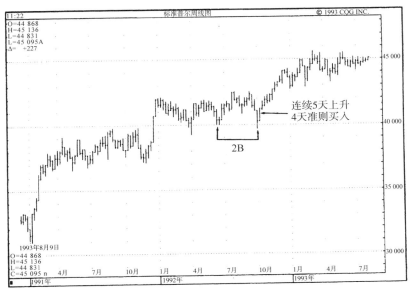

图 27-9　4 天准则（S&P 500）

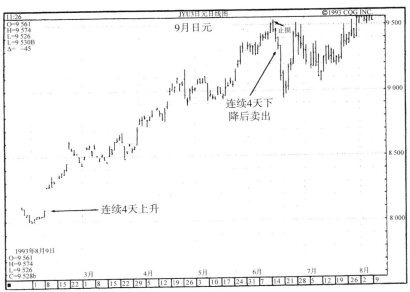

图 27-10　4 天准则（日元）

相关的第二项发现是：

> **4 天辅助准则**
>
> 中期走势发展到相当程度以后，如果出现顺势的 4 天（或以上）排列，随后出现的第一天逆趋势行情，经常代表趋势变动的顶部或底部。

图 27-11 是道琼斯运输指数的日线图，它充分显示 4 天辅助准则的有效性。上升趋势经过长期的发展，并出现连续 5 天的涨势，其后第一天下跌便代表中期的顶部。你可以在第一天的下跌过程中卖空，并把止损设定在 5 天排列的高点。

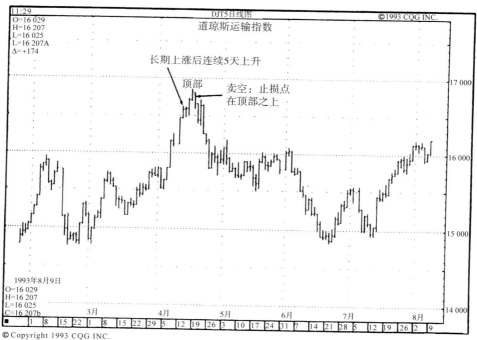

图 27-11　4 天准则（道琼斯运输指数）

该辅助准则之所以有效，原因是：行情的高潮是反映在连续数天，所以趋势反转蕴含的动能较大（相对于在一天之内已大量出现顶部或底部的行情）。请见图 27-12 的 9 月白银与图 27-13 的 S&P 500 日线图。

第 27 章 | 市场分析的技术性原则 461

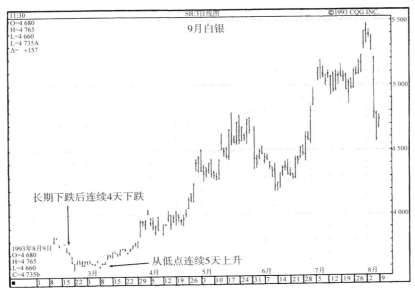

图 27-12　4 天准则（白银）

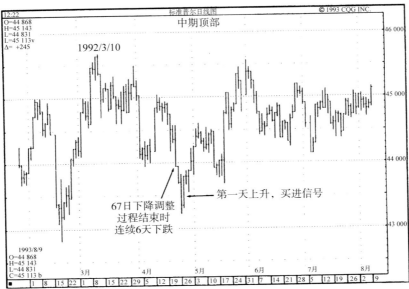

图 27-13　4 天准则（S&P 500）

请注意 4 天排列的现象，你将发现其重要性。

小结

在评估市场时，我主要运用三种技术分析工具，以及几种辅助性的工具。我根据 1-2-3 准则、2B 准则与市场平均寿命结构评估股票指数。如果我判断趋势可能发生变动，而且回报 - 风险的比率优于 3∶1，我会进一步观察成交量关系、移动平均线、市场宽度与动能震荡指标。经过这些评估以后，如果我认为自己颇有胜算，则建立头寸，有时候仅根据技术分析拟定交易决策（容我在此插入一段题外话，许多有效的技术指标并未纳入本书的讨论范围内。我建议各位参考一本相当不错的新书，它是亚历山大·埃尔德（Alexander Elder）博士著的《以交易为生》⊖，书中简要地说明了历史上所有的重要技术指标）。

然而，我必须强调一点，我很少仅根据技术分析来交易。我见过许多不修边幅而袖口磨破的交易员，他们如此信赖技术分析。虽然技术分析不是万灵丹，但它是一种衡量交易胜算的重要工具，我认为，任何人在分析市场与预测行情时，如果全然忽略技术分析，则是相当愚蠢的行为。

关键在于选择一些经过时间考验的主要技术分析工具（如 1-2-3 准则），**然后再结合其他辅助性工具**。然而，因为任何理想的工具终究会被市场认同，并因此失去其效力，所以不可执着于任何技术指标，并将它视为终极的必胜工具，否则你会因此发生亏损，我便曾经如此！

在本章的讨论中，我都是以柜台交易市场代表整体市场来分析的。然而，如果你对交易相当熟悉的话，则你应该知道目前并没有柜台交易市场的指数可供交易。相关的头寸必须建立在个股与个股的期权之上。所以，接下来如何进行？如何筛选个股或期权，以增加交易的胜算呢？

基本上，你仍然可以采取相同的程序，再引用一些其他技术分析的方法来提高胜算，这便是第 28 章将要讨论的内容。

⊖ 该书中文版已由机械工业出版社出版。——译者注

| 第 28 章 |

技术分析原则的运用

让我告诉各位一段有关卡迈恩·格里戈利（Carmine Grigoli）的故事，他是第一波士顿公司的金融交易策略专家。1991年上半年，他预期股票市场会出现新低，跌破1990年10月的低点2365点。然而，指数在年底却攀升至3188点。根据迪克·韦斯特在1992年3月5日发行的市场报告，格里戈利对这种现象的回答是："我相信大多数客户都认为我对经济基本面的判断相当正确，但我对市场的反应判断错误。"我可以体会格里戈利的感受，因为我与他一样犯下相同的错误，尤其是我们都知道基本面的真正情况。然而，关键在于市场心理，而不在于经济基本面。市场心理是反映人们认为的正确情况，而不是实际上的真正情况。金钱代表这场金融游戏的分数，这场游戏永远都不会结束，虽然某些玩家可能自愿或被迫退出。

根据市场的性质来说，它们也可能犯错，因为市场是由一群参与者构成的，而这些参与者都试图预先反映未来的事件。20世纪80年代后半期，许多精明的玩家都葬身市场，以房地产为例，它是"一种价值不应该下跌的资产"，实际上却下跌了。这涉及本章讨论的内容：技术分析的图形与解释以及价格的变化。

在上卷中，我曾经说明两种判断趋势变动的方法，我称它们为 1-2-3 准则与 2B 准则。第 27 章仅简略地解释了这两种方法，因为我不希望重复说明。如果你对这两种方法的细节有兴趣，请仔细阅读本章。

人们经常请我解释某特定的价格走势，或就某特定的股票提出操作的建议。在本章中，我将说明我如何分析走势图。我将以商品的走势图为范例，这样才不至于让人们认为相关的原则仅适用于股票市场。我所选的商品都是目前交易最活跃的商品。总之，我将根据我的原则分析走势图，并告诉各位我的看法与解释。我还会提出一些上卷中未讨论的内容。我称为缺口准则与 3 天的高低价准则（high-low 3-day rule）。

缺口准则很简单，当趋势线的上方或下方出现缺口时，它反映重大的变化（消息面或基本面），并显示趋势可能发生变动。该准则并不需要 2B，也不需要经过试探（趋势线）。然而，缺口必须穿越趋势线，该准则才有效。我会在相关走势图中说明该准则。

3 天的高低价准则（简称"3 天准则"），是运用最近 3 天的盘中高价与低价。当价格发生反转而穿越 3 天的高价或低价时，则做多或卖空，并以第三天的低价或高价作为止损点。如果止损点被触发，则将头寸反转。我也会在相关走势图中说明该准则。

请注意，这两个准则在运用上必须配合另一个确认原则。

图形分析

9 月燕麦（见图 28-1）。自从 12 月以来便处于下降趋势中，并在 2 月创低点，随后在 3 月试探低点，并展开反弹。3 月价格创新低（133.0 点），但立即回升，这是一个 2B 排列。你以第二天的收盘价（135.25 点）买进，并将止损点设定在 132.75 点。当 4 月价格穿越 3 月的高价时，你可以追加头寸。请注意，3 月的高价被穿越之后，价格便未再跌破此水平——相当强势的征兆。

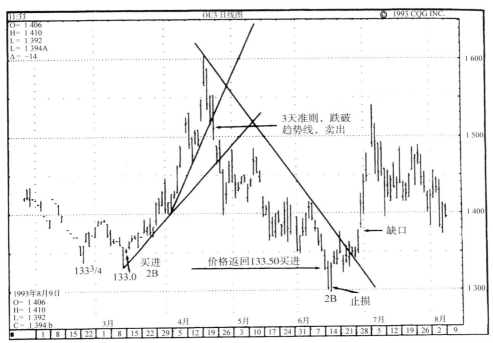

图 28-1　9 月燕麦

顶部的形成并没有技术性的征兆，此处将首次引用 3 天准则：经过相当大的涨势（主观的判断）之后，价格出现拉回，并跌破 3 天以来的低价与趋势线。

新的低价发生在 6 月，当价格向上突破 3 月的 2B 价位时，形成另一个 2B 排列。请注意，价格跌破先前的低点仅停留一天而已，所以这是一个有效的 2B。止损点设定在新 2B 的低点。

S&P 现货月线图（见图 28-2）。在我撰写这部分内容时，如果指数跌破以 1990 年低点为准绘制的长期趋势线，你应该卖空。目前的趋势线大约在 432.30 点，这也是 1993 年 4 月的低点。下档的强劲支撑在 332.00 点，大约是 100 点的幅度。

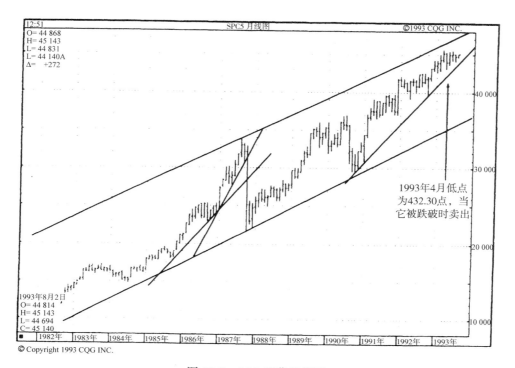

图 28-2　S&P 现货月线图

白金周线图（见图 28-3）。在 1993 年 1 月的 339.0 点，出现一个理想的 2B 买进信号。价格跌破先前的低点 338.50 点，并创新低点 335.50 点。当价格回升而 2B 排列生效时，你应该买进，并将止损点设定在 335.50 点。价格在 1992 年 6 月创下 400.00 点的高价以后，形成一个有效的 2B 卖出信号。

10 月白金（见图 28-4）。当 399.50 点出现 2B 的卖出信号以后，在 6 月初的 378.50 点出现一个假的 2B 买进信号，这个头寸在 6 月底平仓于 373.75 点。在交易中，最困难的一件事是当你"挨耳光"之后建立反向头寸。当价格回升至 378.00 点时，出现第二个 2B 的买进信号，我建议你加码 1 倍，让它付出双倍的代价！

第28章 | 技术分析原则的运用 467

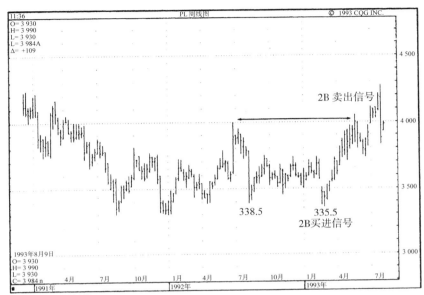

图 28-3 白金周线图

图 28-4 10月白金

10月棉花（见图28-5）。自1月的低点以来，价格已经出现相当的涨幅，当价格跌破近3天低点，并发生2B卖出信号时，建立空头头寸。在4月底买进，当价格跌破止损点时卖出。在次一个2B再买进，随后再根据3天准则反转卖空。接下来未出现新的交易信号，在跌势中一路持有空头头寸。请注意，在2B的高价与低价处，务必要设定止损点。

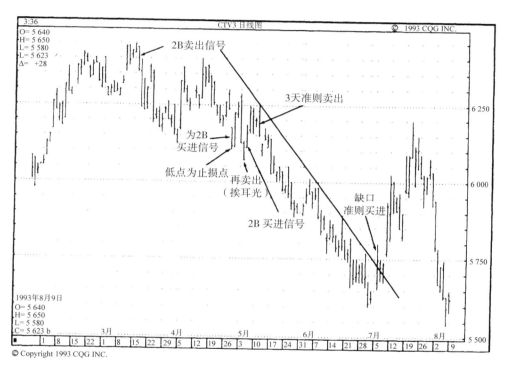

图28-5　10月棉花

8月黄金（见图28-6）。在3月的2B买进。在3月与4月的缺口加码。在5月的2B卖出，然后在6月的2B买进。

9月德国马克（见图28-7）。在3月初买进。你可以根据缺口准则在5月初卖出，或根据随后的1-2-3准则与3天准则而卖空。

图 28-6　8 月黄金

图 28-7　9 月德国马克

8月猪肚（见图28-8）。由于3天准则与缺口准则，你可以在1-2-3准则的"1"卖空，或是在"2"发生之后的3天准则出现时卖空。你可以在7月的2B反转做多，并以31.75点为止损点，也可以利用缺口准则。

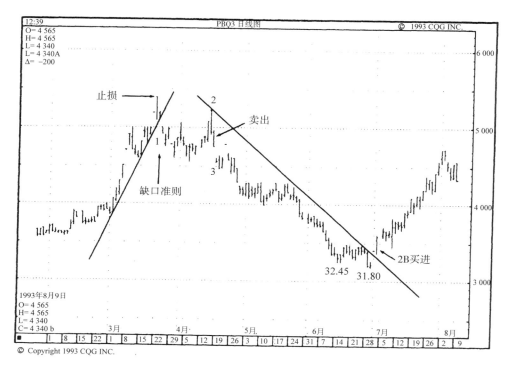

图28-8　8月猪肚

道琼斯工业指数周线图（见图28-9）。1991年年底道琼斯工业指数在2839点创新低之后，你可以在2861点根据2B买进。1992年年底，又出现另一个2B买进信号。

12月小麦（见图28-10）。此处有一个典型的1-2-3信号。在跳空开盘买进，并将止损点设定在缺口被填补的价位上。随后，根据2B准则在328点卖出。

第28章 | 技术分析原则的运用 471

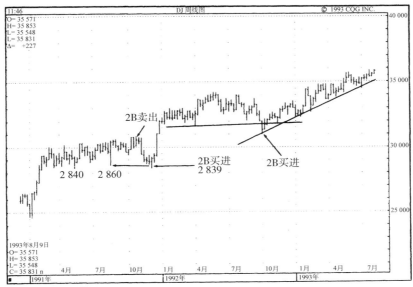

图 28-9　道琼斯工业指数周线图

图 28-10　12 月小麦

9月国库券（见图28-11）。4月底出现2B卖出信号，接下来是1-2-3卖出信号。6月则出现2B的买进信号。

图28-11　9月国库券

天然瓦斯周线图（见图28-12）。1992年1月出现2B买进信号。9月，当价格试探1990年12月的高价失败时，出现2B卖出信号。当下降趋势线被突破时，回补空头头寸。接着又发生另一次2B卖出信号。

英镑周线图（见图28-13）。在1992年3月的2B信号买进。随后，价格试探1991年2月的高价失败，出现2B卖出信号，接着又出现缺口的卖出信号。如果你是乔治·索罗斯，你已经因此而赚进数十亿美元。

9月债券（见图28-14）。4月初根据2B买进。4月中旬根据2B卖出。5月根据2B买进，这是一个错误的信号，稍后在止损点卖出，但同一天又加码买进。持续做多至8月底。

第28章 | 技术分析原则的运用 473

图 28-12　天然瓦斯周线图

图 28-13　英镑周线图

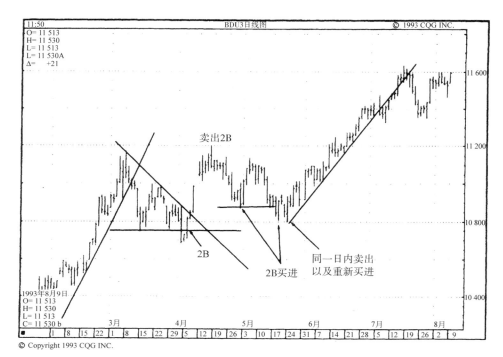

图 28-14　9 月债券

12 月玉米（见图 28-15）。3 月首先出现错误的 2B 卖出信号，4 月止损点回补。接着，在 250 点附近又出现一个 2B 卖出信号。你可以在第二天的跳空走势中卖空——价格同时跌破近 3 天的低价。在 5 月初根据 2B 反转做多，3 天之后又根据 2B 反转做空。然后，6 月出现 2B 买进信号，随后又出现标准的 1-2-3 模式。最后，7 月初再根据 2B 卖空。

11 月大豆（见图 28-16）。大豆自 1992 年 10 月便处于上升趋势中。1993 年 6 月出现错误的 2B 买进信号。接着，农产区出现大雨，1993 年 6 月 16 日是大量做多的机会，因为出现 2B 的买进信号，而且基本面也非常配合——洪水。第二天，价格向上跳空，并穿越近 3 天的高价。在点 1 处，你应该加码。在点 2 处，当价格向上突破先前的短期与中期高点时，你应该再加码。7 月的顶部，根据 2B 信号卖出，然后直接前往巴黎度假。

第 28 章 | 技术分析原则的运用　475

图 28-15　12 月玉米

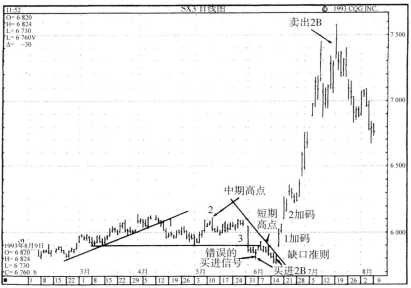

图 28-16　11 月大豆

9月橙汁（见图28-17）。2月出现短期的2B买进信号，3月出现短期的2B卖出信号。然后出现向上的跳空缺口与1-2-3买进信号！4月价格向下跳空而跌破趋势线，这是明显的卖空信号。5月出现跳空的买进信号。当价格在6月跌破趋势线时，多头头寸无须平仓，因为这并不满足1-2-3准则，仍然做多。

图28-17　9月橙汁

价值线现货周线与日线图（见图28-18）。1992年10月可以根据周线图上的2B信号买进。在日线图上，1993年2月可以根据3天准则卖空，稍后再根据3天准则反转做多。然后，4月初发生1-2-3卖出信号，4月底发生2B买进信号。6月，根据2B卖出。三天向下跌破低点的准则并不适用，因为价格走势的幅度不够大，天数也不够长。

第28章 | 技术分析原则的运用 477

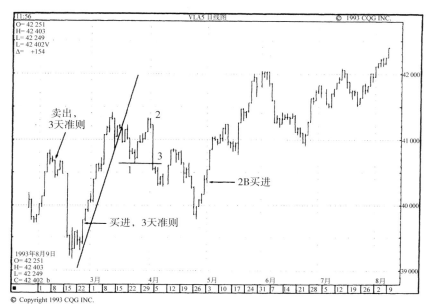

a)

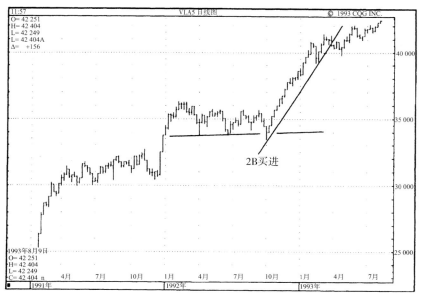

b)

图 28-18 价值线现货日线图

S&P 100（OEX 指数）（见图 28-19）。1993 年 6 月 1 日，根据 2B 准则卖空。继续持有空头头寸，将止损点由 6 月 1 日的高点，降低至 6 月 29 日的短期高点 418.55 点。7 月，根据 2B 准则反转做多。

图 28-19　S&P 100

日元周线图与日线图（见图 28-20）。在图 28-20a 上，你在 1992 年 6 月的 70.41 点买进，然后在年底的 79.13 点出现错误的卖空信号，稍后再于 1 月 20 日以 81.13 点的价位卖空。往后，4 月出现 2B 买进信号，10 月出现 2B 卖出信号，1993 年 1 月又出现 2B 买进信号。

在图 28-20b 上，上升的趋势非常明显。在 3 月出现 2B 卖出信号。请注意，跌势仅维持一天。这是相当不理想的情况，你可以回补而保持空手。当价格向上突破 3 月中旬的高点时，你可以做多。然后，在 6 月根据 3 天准则卖出，并等待价格创新高而买进，或等待 1-2-3 准则的"3"。换言之，当价格跌破 6 月的低点 89.41 点时，则卖空。目前保持空手！

第28章 | 技术分析原则的运用 479

a）日元周线图

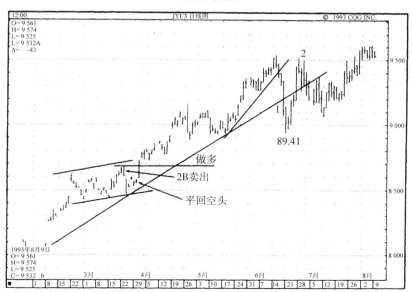

b）日元日线图

图 28-20　日元趋势

商品研究局指数现货（见图 28-21）。 在 5 月的 2B 买进，并在次一个 2B 卖出，然后遵循 1-2-3 买进信号。

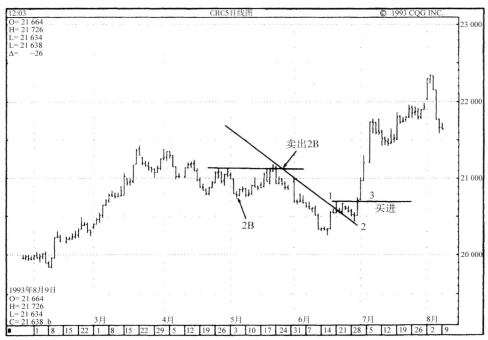

图 28-21　商品研究局指数现货

12 月小麦、12 月玉米与 11 月大豆的相对强度（见图 28-22）。 请注意，小麦未能突破 1～3 月的高价而创新高点，但玉米与大豆则创新高价。所以，小麦的走势是三者中最弱的。玉米突破 1 月低价而创新低，而大豆的走势则未创新低。这显示大豆的走势最强，其次是玉米，而小麦最弱。一种常见的策略是在价差交易中，卖空最弱者，买进最强者。图 28-22 中也显示 4 月底的 2B 信号。务必记住：永远要买进最强势者而卖空最弱势者。

第 28 章 | 技术分析原则的运用 481

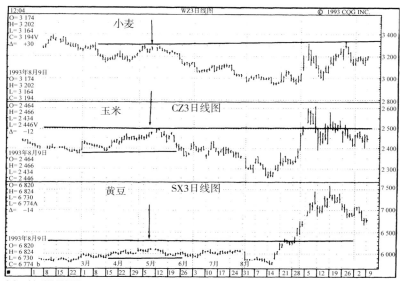

a）三种商品的相对强度

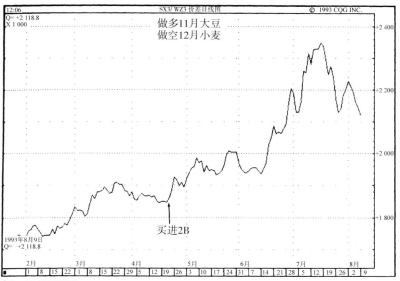

b）价差日线图

图 28-22　相对强度
（做多 11 月大豆／卖空 12 月小麦）

木材周线与日线图（见图 28-23）。在图 28-23b 中，1992 年年底出现典型的 1-2-3 买进信号。你也可以运用日线图上的 3 天买进准则。在图 28-23a 中，唯一的卖出信号发生在向下跳空跌破趋势线的缺口，它也构成一个短期而重要的 1-2-3 卖出信号。这个卖出信号之所以重要，是因为缺口与短期低点的试探是发生在相当大的涨幅之后。先前（上涨）走势的幅度越大，时间越长，随后的 1-2-3（卖出）信号便越重要。此外，这份走势图相当明白：在低点买进，在高点卖出。如果你以 3 天准则作为交易原则，则在 1～6 月的走势中，每份合约可以获利 1.5 万美元。我并未以它作为交易原则，因为我总是采用综合性的交易准则。

日经现货周线图（见图 28-24）。在长期的空头走势之中，出现典型的 1-2-3 买进信号。

a）木材日线图

图 28-23　木材趋势

b）木材周线图

图 28-23 （续）

图 28-24 日经现货周线图

| 第五篇 |

TRADER VIC

期权交易

| 第 29 章 |

期　　权
三位数回报率的交易工具

许多场内交易员，尤其是年轻的交易员，他们非常喜欢销售未经抵补的期权（naked option）。"那些傻瓜，"这是指期权的买家，"他们只是不断地提供资金，我则不断提供一些最后毫无价值的期权。"在一年的 11 个月里，他们销售期权的成功比率高达 90%，但在最后一个月，市场突然出现 10% 以上的行情，他们必须吐回先前的利润，或赔上老本，甚至破产。

华尔街存在一种共识，买卖期权是金融业内风险最高的游戏。"专家"认为，你绝对没有胜算，因为在期权的交易中获利，你不仅必须精确地判断价格走势，你还必须掌握完善的时效。反对者经常引用证券交易委员会 1960 年的一项研究，期权的买家发生亏损的比率超过 85%。然而，这项研究涵盖的期间只有一个季度，而且当时的行情非常沉闷。

不可否认，在期权的交易中获利，挑战性确实超过股票、债券与其他交易工具。虽说如此，但期权始终是我最偏爱的交易工具。我的交易生涯便是从期权开始的。1968 年 1 月，我在法勒－施米特公司担任期权交易员，从事所谓的"中间人"工作，安排柜台交易的期权。1968 年 3 月，我开始管理第一只对冲基金：通过一个规模 5 万美元的期权投资组合，我规避价值 100 万美元股票投资组合的风险。我开始了解期权交易的获利潜能。

在正确的运用下，期权具备很多其他交易工具不及的优点：

1. 它们使你可以绝对控制（下档的）风险，并享有（上档的）潜能。

2. 它们使你能够以小量的资本，控制大量的市场资产，可以提供最大的财务杠杆效应。

3. 它们使你可以根据最低的风险，设计一套弹性的交易策略。

4. 当行情的波动转为剧烈时，期权费的波动幅度与速度都经常超过相应的交易工具，所以获取卓越业绩的可能性可以大幅提高。

唯一的问题是：你必须知道在何时买进何种期权。本章希望就这部分内容加以说明。

限制风险

我在开始交易以前，经常玩扑克。我阅读许多这方面的书，并发现扑克不是一种赌运气的游戏，输赢的关键在于风险与胜算的管理。撇开唬人不谈，如果你可以根据掌握的胜算下注，并管理资金而使自己得以继续留在赌桌上，则你便居于赢面。这并不是说你可以赢每一手牌，完全不是如此。然而，如果你可以永远掌握胜算，并依此下注，长期下来，你一定可以成为赢家。

期权的交易也是如此。为了获得成功，你不可以只是坐下来，随意下注，而把其余的一切都交给老天爷。你必须知道胜算，并发展出一套下注的策略。就胜算的衡量来说，本书介绍的所有原则都适用于此，包括市场平均寿命的架构在内。

让我以目前的情况为例说明。在撰写本书时（1993 年 6 月），我们处于多头市场中，一个起始于 1992 年 10 月 9 日的中期上升走势。道琼斯工业指数在起涨点的收盘价为 3136.58 点，OEX（S&P 100）在当天的收盘价为 368.57 点。我们必须了解，唯有一个次级的中期修正走势才可以终止目前的中期上升趋势。我们称修正走势为"次级"，因为它与目前的长期趋势在方向上相反。

在多头市场中，次级修正走势的折返幅度通常是前一个主升段（就目前来说，这是起始于 1992 年 10 月 9 日的走势）的 1/3～2/3。根据表 26-1（第 26 章）的资料显示，中位数修正走势的期间为 47 天，幅度为前一个主要波段的 48%（就"工业指数"与"运输指数"的平均值而言）。

1993 年 6 月，在基本面与技术面上都有明显的证据显示市场正在做顶。上升趋势已经持续 235 天（1992 年 10 月 9 日～1993 年 6 月 1 日）。1982 年 9 月 30 日～1993 年 6 月 1 日，这是未出现次级修正趋势而延伸最长的主要上升波段。在这种情况下，这是一个年龄已经很老的走势，它随时都有可能一口气喘不过来。就我们目前的讨论而言，其他基本面与技术面的做多征兆并不重要，所以让我们假定价格走势随时都可能拉回，而你决定卖空。于是，目前的问题是：你应该怎么做？

你可以融通 1 倍的资金来卖空股票。你可以卖空 S&P 期货，但你必须承担行情暴涨的风险，万一你的判断错误，你必须承担无限的风险。或者，你可以买进股票指数的看跌期权，这可以绝对控制风险，同时享有无限的获利潜能。从风险 – 回报的角度衡量，期权当然是最理想的赌注。

可是，应该买进哪一种期权呢？在交易期权时，你永远必须记住一个关键性的问题：市场会在哪一段时间出现多大的走势（在这个例子中，多大的跌幅）？你的选择将由这个问题的答案来决定。

在目前情况下，我认为 OEX（S&P 100）看跌期权是最适当的对象。1992 年 10 月 9 日～1993 年 6 月 2 日，OEX 指数由 368.57 点上涨至 420.63 点，涨幅为 14.2%。我们已经确定股价下跌的胜算相当高，所以我们必须判断未来 30 天的可能跌幅。中期修正走势通常会持续 45 天（见表 26-1），最大的跌势会发生在最初的 30 天内，所以我们可以买进 1 个月的期权，必要的时候再展延。

表 29-1 列示道琼斯工业指数从 1939 年 1 月以来月份价格波动的概率分布情况，这使你可以推估未来价格波动的可能情况。自 1984 年以来，市场在

单月份内出现至少2%价格波动的概率为54.9%（即100%－45.1%），出现至少4%价格波动的概率为33.8%。这项分布自1939年以来便相当稳定，但我特别强调最后一栏的资料，因为计算机程式交易出现于这一期间。虽然计算机程式交易对长期趋势的影响颇值得怀疑，但绝对可以影响短期行情。所以，如果行情在30天内至少下跌20%，则购买看跌期权的策略便可以持平，或甚至有些许的获利。

表29-1　道琼斯工业指数——月份价格波动的比较（1939年1月～1993年5月）

（%）

这张表格显示了道琼斯工业指数每个月份的价格变动百分比。总共54年被划分为5个相等的期间，每个期间都涵盖大约126个月，然后列示每个期间内价格变动百分比的分布情况；根据表格内的资料，你可以知道每一期间的价格波动情况，并用以推估未来价格波动的可能发展；例如，如果你将过去54年的资料平均，可以发现月份价格波动介于0～1.9%的概率有42.1%；自1984年1月以来，这个概率已经稍有增加而成为45.1%；如果你销售未经抵补的期权，那么可以利用这项资料来评估你的胜算；请注意，自1973年1月以来，价格波动区间8%～9%与10.0%以上的概率明显增加，而4%～5.9%的概率则减少；这表明在某月份内，如果价格已经出现4%～5.9%的波动，价格波动很可能进一步增加；如果详细分析表格内的资料，你还可以有其他发现

价格波动区间	1939年1月～1949年6月	1949年7月～1962年6月	1962年7月～1972年12月	1973年1月～1983年12月	1984年1月～1993年5月
0～1.9	38.9	35.2	47.6	43.9	45.1
2～3.9	25.4	38.4	21.4	25.0	21.1
4～5.9	21.4	19.2	21.4	14.4	16.8
6～7.9	9.5	4.8	7.2	7.6	8.0
8～9.9	2.4	2.4	1.6	3.0	6.2
10以上	2.4	0.0	0.8	6.1	2.7

目前，OEX的收盘价为420.63，而"OEX7月415看跌期权"（7月到期，执行价格为415）的收盘价为 $4\frac{7}{8}$。该期权的溢价幅度为1.3%，还有44天到期。如果行情下跌2%，则OEX指数为412.22。在这个指数水平下，"415看跌期权"的价格可能在 $4\frac{1}{2}$～5，这取决于当时的价格波动程度，以及还有多少到期时间。如果行情在30天内下跌4%，则OEX指数为403.18，"415看跌期权"的价格至少为 $11\frac{3}{4}$——获利在1倍以上！根据表26-1的资料显示，

中位数的修正走势幅度为前一主要波段的48%。就目前的例子来说，这相当于6.8%的跌幅，在这种情况下，OEX指数为392.08，而看跌期权的价值至少为23，这几乎是原来投入成本的5倍。

7月的看跌期权相当理想，因为到期时间还有44天，这约等于表26-1中修正走势期间的中位数。这笔交易投入的资金不可以超过风险资本的3%。例如，如果你的风险资本是10万美元，你应该以487.50美元的价格买进6份看跌期权。当看跌期权在415的价格履约时，这项价值2925美元的投资相当于卖空价值246 075美元（即415×100×6－2925）的OEX指数（大约是总风险资本的2.5倍）。

在未来30天内，如果行情没有变化或上涨，你的损失相当有限。在交易期权时，我采取一个明确的原则：任何一个期权头寸，规模绝对不超过风险资本的10%。一般来说，我投入的资金都在1%～3%；对大多数交易者来说，我建议投入的资金约为2%～30%。然而，当我强烈认定行情将出现大幅的走势时，我可能投入10%的资金，例如，在1987年的"黑色星期一"之前，以及在1989年小崩盘之前。

我将期权的交易规模限制在相当小的范围内，所以我判断正确的比率不需很高便可以获利。只有掌握明显的胜算时，我才交易，而且我将风险－回报比率限制至少为1：5，并采取小量的投资，所以我的判断若维持在每4次正确1次便可以获利。当我的运气很顺时，获利将非常可观。如果我的判断维持在每4次正确1次，我还可以勉强获利。如果运气很差而判断每6次正确1次，我还有足够的资金可以参与游戏。

让我们回到先前的例子。OEX指数在1993年7月7日跌至406.50点而后展开反弹。此后，你随时都有获利了结的机会。所以，真正的修正走势并未出现，但这笔交易仍然小有获利。

例如，在1992年新罕布什尔州初选之前，我与一位投资者讨论有关生化科技股与药品股在整个1991年的飙涨走势。他持有相当大的投资组合，并要求我评估相关的下档风险。我告诉他，我看空这些类股，并给出我的理由。我认为，如果布什总统在这次初选中输给布坎南，则市场至少应该下跌5%～10%。在听过我的解释以后，他要求我为他价值280万美元的多头投资组合避险，并开立一张7.5万美元的支票给我。我在个股与OEX看跌期权中分别建立相当于200万美元与400万美元的避险头寸，投入的资金尚不满7.5万美元。

结果，虽然布坎南的表现相当不错，但他仍然输了，市场几乎没有什么反应，仅在选举当天下跌20点左右。然而，由于我买进的个股看跌期权都是我原本便看空的股票，而且我又在选举结果证明我的判断错误时，立即出清所有期权头寸，因此我在几天之内还是赚进了2.5万美元。我有效管理我的胜算，并在尽可能有利的情况下投入资金，所以即使我假设的情节发展没有实现，但我在整体15个头寸中，只有一个头寸发生损失。相反，如果布坎南因为赌烂票而获胜，市场至少应该下跌5%，我可以获得可观的利润。这便是我偏爱期权的理由。

另外，在某些情况下，期权可以让你以小量的资金进场一搏，虽然你没有明确的证据显示这是一个适当的交易机会。这就像扑克中的唬人。例如，1992年3月初，咖啡创17年以来的低价，5月合约跌至66.25。从技术分析的角度来说，情况非常不理想。从基本面来分析，结果也没有什么不同。然而，犹如我在电话咨询热线中的评论："虽然没有任何理由买进5月的咖啡，但当它创17年来的新低时，势必会反弹。"我建议买进5月80的看涨期权（5月到期，执行价格为80），当时每份价格为75美元。大约一星期之后，5月期货价格反弹至71.50，而期权的价格为243美元。运气？或许有一些！直觉？当然！这是一场赌博，但它是我能承受得起的赌博。我仅凭直觉而投入0.25%的资金。

我必须强调一点，在上述例子中买进咖啡的期权，这直接违反了我的交易准则："**不可仅因为价格偏低而买进，不可仅因为价格偏高而卖出。**"⊖可是，

⊖ 有关交易准则的详细内容，请参考本书上卷。

如果投入的资金非常有限，则可以仅根据直觉进场一搏，因为即使发生亏损也非常有趣，但不可以养成这种习惯。如果你习惯于根据渺茫的机会来交易，结果将不堪设想。

我并不建议各位专注于期权交易，而忽略其他金融交易工具。在中期趋势的发展过程中，每一种投资组合都应该包含表现相对强势的个股。然而，在市场的转折点附近，尤其是当时的价格波动相当剧烈的话，期权最能增加获利，并降低风险。理由在于财务杠杆效应。

> **维克托的期权交易准则**
> 1. 保持偏低的交易规模：投入的资金为风险资本的2%～3%。
> 2. 只有掌握胜算时才交易。
> 3. 风险－回报比率至少为1∶5。
> 4. 不可仅因为价格偏低而买进，不可仅因为价格偏高而卖出。

市场心理的重要性

从一开始，我的期权交易方法便不遵从传统的模式。1966～1968年，华尔街大约有15或20家的期权交易商，他们并不是以目前金融圈内的方式经营这方面业务，而是把期权当作二手车来买卖。价格几乎都是在一对一的情况下来制定，许多交易商都会欺骗客户而收取较高的期权费。这些交易商并不在意市场的行情变化，因为他们仅希望赚取买卖报价之间的价差。所以，大多数期权交易商都失败了。毕竟，如果交易商仅是试图剥削客户，这种生意绝对做不久。

犹如我在上卷中的解释，当时的交易程序大致如下：

当某甲打电话给ABC期权公司要求提供OXY（Occidental Petroleum）股票6个月零10天的看涨期权报价时，这并不保证他可以根据报价买进该期权。此外，如果他打电话给另外一两位交易商，则他可能发现价格有20%～

30%的差异！交易商提供给某甲的报价假定为每份合约225美元，这只是参考价（workout price）而已，交易商随后将寻找愿意接受150～175美元价格的卖方。如果可以找到，交易商就可以扮演中间人的角色，将低价买进的合约转卖给某甲。如果交易商无法在合理价格找到卖方，只能算运气不佳而毫无所得。㊀

当时，我曾经在几家公司从事期权的中介工作，业绩相当不错（我自己也交易期权与个股）。然而，当我发现大多数期权交易商的经营方式时，我认为我能够从完全不同的角度来经营——扮演真正的做市商角色。在几位合伙人的支持下，我在1971年年中成立雷纳期权公司。当时，我已经非常擅长判读盘势，并知道如何判断市场的趋势。所以，我们不再单纯地做期权中介，而且自己也交易期权。我们采取一种革命性的做法，对于任何期权，我们都提供所谓的"合理的明确报价"。换言之，我们担保客户可以根据报价来买卖期权。如果我们可以找到价格更理想的对应期权，我们仍然是中介。如果我们找不到理想的期权，我们便自行销售。所以，我们的业务急速扩展。当我们开张时，雷纳期权公司是第27家期权交易商；6个月以后，我们已经是全世界期权柜台交易市场交易量最大的交易商。

我们在市场中始终占有举足轻重的地位。1973年4月，当芝加哥期权交易所成立，并集中交易标准规格的期权时，我们买进多个会员席位。这个时候，期权的经营开始出现明显的变化。大多数公司都是根据价格波动与时间衰耗的模型，而由统计学家、数学家与经济学家制定期权的价格，最著名的模型是布莱克-斯科尔斯模型（Black-Scholes model）。从一开始，我便不赞同根据数学模型来制定期权的价格。在雷纳期权公司，我们继续根据我个人对市场趋势的判断以及市场的供需情况来制定期权的价格。

我之所以不赞同数学模型，这是因为它们无法处理期权定价上一种最重

㊀ 请参考本书上卷。

要的因素，我称为期权费的心理成分。例如，如果某期权的价格为300美元，这反映期权销售者在合理的风险－回报考量下，判断基本交易工具将在哪些期间内，呈现多少幅度的涨势或跌势。一旦你买进这项期权之后，假定其他条件不变，随着时间的流逝，期权费会下降。然而，如果基本交易工具的价格波动非常剧烈，期权费的时间成分便不是重要的考量因素。在这种情况下，期权费的主要驱动力量是市场心理，而不是时间因素，这将导致数学模型的失败。你不能根据过去的资料来赚钱。㊀

我在交易期权时会考虑时间因素，但我考虑的角度与大多数交易者不同。我并不将期权的价格视为是由内涵价值与时间价值构成的，我将它视为在某期间内从事纯粹杠杆操作的权利。如果经济基本面分析、技术分析、平均寿命架构以及市场心理状况，都显示市场在未来几天内将出现重大的跌势，我会买进到期时间很短的溢价看跌期权。

例如，1992年3月2日，我深信布什总统在随后的所有党内初选中都会失败，并对市场造成非常的影响。当时，OEX指数为384.65，我能够以 $3\frac{1}{8}$ 的价格买进3月OEX 380的看跌期权。换言之，我能够以315.20美元的代价在几个星期内控制价值38 465美元的资产——杠杆倍数相当于1∶121。如果我对初选结果与市场反应的判断都正确，我可以脱手或执行期权，并享有资产价格变动的全部效益，而仅需要负担不到1%的成本。以另一种方式来说，如果我管理一个规模为100万美元的投资组合，我能以大约3.2万美元的代价，卖空或避险4倍于投资组合价值的资产。

当然，如果价格没有发生波动，则上述杠杆效应也毫无用处。基于这个理由，在整个1991年里，我并没有因为交易期权而获得可观的利润。在整个一年内，经济基本面非常不理想。在许多场合中，统计分布与技

㊀ 期权的数学定价模型采用五种变数：标的资产的当时价格、执行价格、距离到期日的时间、利率与价格波动程度，前四者都是既定的数据，而价格波动是针对历史价格波动而言的。所以，以数学模型定价，相当于根据过去的资料定价。——译者注

面也显示市场将出现巨幅的下跌。市场在经济复苏的预期下走高，但经济复苏始终不曾出现。然而，整个年度内，股价大多都处于高点的5%交易区间内。

我知道，利率走低是主导行情的主要想法。我也了解，降低利率并不足以立即刺激经济复苏，这是当时市场不了解的事实。仅有一点是我所不了解的：市场参与者对美联储可以创造奇迹这种信念究竟还能持续多久。每当不佳的经济资料公布时，市场便趋于下跌，但美联储立即放宽信用，然后市场又恢复涨势。最后，当11月行情跌破10月的低点时，似乎显示市场已经失去信心，而且道氏理论也确认行情进入空头市场。在12月的反弹走势中，我利用期权大量做空，认定市场将拉回，并持续空头市场的主要下跌波段。然后，美联储采取一项史无前例的行动，在12月中旬调降贴现率1个百分点（相当于22%的调幅，这是历史上最大的调降幅度），于是市场在两个星期内飙涨10%。这是道氏理论首次发出错误的空头市场信号，而我的期权在数天之内便几乎一文不值。

这个教训让我想起一段话，但我忘记了它的出处："**市场非理性行为持续的时间，可以远胜过你的资金所能延续的时间。**"换言之，即使你较市场更了解经济的基本状况，这没有任何益处，除非该知识可以让你更精确地判断价格趋势的变动。即使你拥有胜算，你仍然需要掌握市场的心理脉动，为了做到这一点，你必须顺着市场主要看法驱动的技术趋势。市场对未来的看法而不是事实才是价格的驱动力量。在我的交易生涯里，缺乏这种认知，对我造成的伤害最为严重。

了解机构投资者的心理

道氏理论在整个96年的历史中，首次发出错误的空头市场信号，这也凸显另一个事实。自1982年以来，市场便开始受到机构投资者的显著影响，这对评估市场心理来说具有重大的意义。数以十万计甚至百万计的个人投资者，他们的判断已经被少数机构基金经理人的判断所取代，后者大多会根据类似的信息做出类似的反应。所以，大多数市场价格波动都是由信息面主导的。例如，如果大多数机构基金经理人都相信利率调降将导致经济复苏，当美联储宣布调降利率时，股票价格将走高。如果你了解机构投资者对新闻的反应，而且你又能够预先判断新闻的发展，你便可以预知价格的走势。所以，如果你希望在期权的操作中获得理想的业绩，你必须同时能够预测市场心理与新闻。

机构投资者的心态对期权定价来说也有重大的影响，尤其是指数期权。例如，1991年1月16日，波斯湾战争刚要爆发以前，我看多当时的中期走势，并预期会出现一波空头市场的反弹。当时，OEX的指数为295，我希望买进2月305的看涨期权。它们的价格是 $5\frac{3}{4}$！我还记得当时的想法："他们一定知道什么消息。""他们"是指机构基金经理人。以到期时间仅有一个月而溢价10点的期权来说，这个价格实在太离谱，所以我放弃了。另外，我认为战争会发生在星期五晚上，因为当时市场会连续休息两天。我的判断错误，战争在星期三晚上爆发，而联军显然立即掌握制空权。第二天，市场上涨150点，如果我决定接受超高的期权费，则获利将非常可观。

1992年3月3日的情况则相反，当时的OEX现货指数为384.65，而3月395看涨期权的期权费为 $1\frac{5}{16}$，这是比较正常的价格。我并不看多行情，机构基金经理人也是如此，所以你可以了解市场心理对期权定价的影响。

机构基金经理人在避险、套利与计算机程式交易时，都偏爱采用指数期权，而不喜欢个股期权。由于机构投资者拥有庞大的资产，市场的交易量大多来自机构投资者，因此个股期权的需求量大减，它们的价格也相对低廉。这是简单的供需原理——需求降低，代表价格低廉。可是，低廉的价格并不代表价格的波动程度便降低。所以，我的交易重心已经由指数期权转移至个股期权，而且结果相当不错，我先前就新罕布什尔州初选的交易便是一个例子。

运用第 28 章解释的方法，你可以选择与大盘有类似走势而价格波动更剧烈的个股。然后，在这些个股中，你可以进一步筛选市场流动性较佳的期权，它们的业绩通常优于指数期权。事实上，你可以追随这些大型机构建立的市场趋势，并以较低的价格买进更高的杠杆效益。

通常，对市场普遍认同的趋势来说，期权并不是一种理想的交易工具。如果你希望以期权来创造最大的利润，你必须领先市场，而且你必须非常精确地了解你领先的程度。你必须掌握正确的时机，在每个人都不想要期权的时候买进，并在每个人都想买进的时候卖出。这便是"索罗斯"的机会——顺着错误看法的趋势操作，并在看法改变之前及时脱身。期权就是这方面最理想的交易工具。

时间的进一步考虑

运用我先前讲解的原则，你通常可以相当精确地预测行情的发展情况。可是，在期权的交易中，你不仅要了解行情的发展情况，还必须知道它们"何时"发生。在某些情况下，这并不困难。例如，1987 年 10 月贝克宣布，他将听任美元对日元与德国马克贬值时，你不需要是天才就可以判定市场将大跌。然而，当市场处于"正常"情况时，换言之，当没有任何特殊事故发生时，通常非常难以预测市场走势的发生时间。

假定在一个正常的行情中，你希望买进或销售溢价 2% 而在两个星期到期时的看涨期权。你的胜算如何呢？

在这种情况下，判定胜算的最理想工具是运用市场平均寿命的架构，你可以进一步延伸这种架构的基本概念。表 29-2 列示了道琼斯工业指数在 1939 年 1 月～1992 年 2 月，每两个星期的价格走势的百分比变动绝对值。浏览表中资料，你可以发现在所有 1379 个样本中，仅有 591 个样本（43%）在两个星期内出现 2% 或 2% 以上的走势。所以，如果你销售看跌期权，你的胜算将是 1.3∶1（即 57∶43）；如果你购买看涨期权，你发生亏损的机会是 1.3∶1——

两者的情况都不甚理想。㊀

表 29-2 道琼斯工业指数——两周走势百分比变动绝对值（1939 年 1 月～1992 年 1 月）

这是道琼斯工业指数在 1939 年 1 月 21 日～1991 年 11 月 15 日，每两周（从星期五至星期五）的价格走势百分比，资料按数值的大小顺序排列；中位数（发生在第 689 个样本）为 1.71%；你可以根据这 54 年的价格波动资料，计算目前跨式价差交易或其他期权组合的价格是偏高还是偏低

1	0.00	2	0.00	3	0.01	4	0.01
5	0.02	6	0.02	7	0.02	8	0.02
9	0.02	10	0.03	11	0.03	12	0.03
13	0.03	14	0.03	15	0.03	16	0.03
17	0.03	18	0.04	19	0.04	20	0.05
21	0.05	22	0.05	23	0.05	24	0.05
25	0.06	26	0.06	27	0.06	28	0.06
29	0.06	30	0.06	31	0.06	32	0.07
33	0.07	34	0.07	35	0.07	36	0.08
37	0.08	38	0.08	39	0.08	40	0.08
41	0.09	42	0.09	43	0.10	44	0.10
45	0.10	46	0.10	47	0.10	48	0.11
49	0.11	50	0.11	51	0.12	52	0.12
53	0.12	54	0.13	55	0.13	56	0.13
57	0.13	58	0.13	59	0.13	60	0.13
61	0.13	62	0.13	63	0.13	64	0.13
65	0.14	66	0.14	67	0.15	68	0.15
69	0.15	70	0.15	71	0.16	72	0.16
73	0.16	74	0.16	75	0.16	76	0.17
77	0.17	78	0.17	79	0.18	80	0.18
81	0.18	82	0.19	83	0.19	84	0.19
85	0.19	86	0.19	87	0.20	88	0.20
89	0.20	90	0.20	91	0.20	92	0.21
93	0.21	94	0.21	95	0.21	96	0.21
97	0.22	98	0.22	99	0.22	100	0.22
101	0.22	102	0.22	103	0.22	104	0.22

㊀ 事实上，根据这些资料你无法计算胜率。以销售期权为例，在计算胜率时，你必须知道价格走势在 2% 以下的概率，还有价格跌幅超过 2% 的概率，后者的资料并未列示在表 29-2 中，但我们知道胜算绝对不止 1.3∶1。——译者注

（续）

105	0.22	106	0.23	107	0.23	108	0.23
109	0.23	110	0.23	111	0.24	112	0.25
113	0.25	114	0.25	115	0.25	116	0.25
117	0.25	118	0.25	119	0.26	120	0.26
121	0.26	122	0.27	123	0.27	124	0.27
125	0.27	126	0.27	127	0.28	128	0.29
129	0.29	130	0.29	131	0.29	132	0.29
133	0.29	134	0.30	135	0.30	136	0.30
137	0.30	138	0.30	139	0.30	140	0.31
141	0.31	142	0.31	143	0.31	144	0.32
145	0.32	146	0.32	147	0.32	148	0.33
149	0.33	150	0.34	151	0.34	152	0.34
153	0.35	154	0.35	155	0.36	156	0.36
157	0.36	158	0.36	159	0.36	160	0.36
161	0.36	162	0.36	163	0.36	164	0.37
165	0.37	166	0.37	167	0.37	168	0.38
169	0.38	170	0.38	171	0.38	172	0.38
173	0.38	174	0.38	175	0.39	176	0.39
177	0.39	178	0.39	179	0.39	180	0.40
181	0.40	182	0.40	183	0.40	184	0.40
185	0.41	186	0.41	187	0.42	188	0.42
189	0.42	190	0.43	191	0.43	192	0.43
193	0.44	194	0.44	195	0.45	196	0.45
197	0.45	198	0.45	199	0.46	200	0.46
201	0.46	202	0.47	203	0.47	204	0.47
205	0.47	206	0.47	207	0.47	208	0.47
209	0.47	210	0.48	211	0.48	212	0.48
213	0.49	214	0.49	215	0.49	216	0.49
217	0.50	218	0.51	219	0.51	220	0.52
221	0.52	222	0.52	223	0.52	224	0.53
225	0.53	226	0.53	227	0.53	228	0.53
229	0.54	230	0.54	231	0.54	232	0.55
233	0.55	234	0.55	235	0.55	236	0.56
237	0.56	238	0.56	239	0.56	240	0.56
241	0.56	242	0.57	243	0.57	244	0.58

(续)

245	0.58	246	0.58	247	0.58	248	0.59
249	0.59	250	0.59	251	0.59	252	0.59
253	0.59	254	0.59	255	0.59	256	0.59
257	0.60	258	0.60	259	0.60	260	0.60
261	0.60	262	0.60	263	0.60	264	0.60
265	0.60	266	0.60	267	0.61	268	0.61
269	0.61	270	0.61	271	0.62	272	0.62
273	0.62	274	0.62	275	0.62	276	0.62
277	0.62	278	0.63	279	0.64	280	0.64
281	0.64	282	0.64	283	0.64	284	0.65
285	0.65	286	0.66	287	0.66	288	0.66
289	0.66	290	0.66	291	0.66	292	0.66
293	0.67	294	0.67	295	0.67	296	0.67
297	0.68	298	0.68	299	0.69	300	0.69
301	0.69	302	0.70	303	0.70	304	0.70
305	0.70	306	0.70	307	0.70	308	0.71
309	0.71	310	0.72	311	0.72	312	0.73
313	0.73	314	0.73	315	0.73	316	0.73
317	0.73	318	0.74	319	0.74	320	0.74
321	0.75	322	0.75	323	0.75	324	0.75
325	0.75	326	0.75	327	0.75	328	0.76
329	0.76	330	0.77	331	0.77	332	0.77
333	0.78	334	0.78	335	0.78	336	0.78
337	0.79	338	0.79	339	0.79	340	0.80
341	0.80	342	0.80	343	0.80	344	0.80
345	0.80	346	0.80	347	0.80	348	0.80
349	0.81	350	0.81	351	0.81	352	0.81
353	0.82	354	0.82	355	0.82	356	0.83
357	0.83	358	0.83	359	0.83	360	0.83
361	0.83	362	0.83	363	0.83	364	0.84
365	0.84	366	0.84	367	0.85	368	0.85
369	0.85	370	0.86	371	0.86	372	0.86
373	0.86	374	0.86	375	0.86	376	0.86
377	0.87	378	0.87	379	0.87	380	0.87
381	0.87	382	0.88	383	0.88	384	0.88

(续)

385	0.88	386	0.89	387	0.89	388	0.89
389	0.89	390	0.89	391	0.89	392	0.89
393	0.90	394	0.90	395	0.90	396	0.90
397	0.90	398	0.91	399	0.91	400	0.91
401	0.92	402	0.92	403	0.93	404	0.93
405	0.93	406	0.93	407	0.93	408	0.93
409	0.94	410	0.94	411	0.94	412	0.95
413	0.95	414	0.96	415	0.96	416	0.96
417	0.96	418	0.96	419	0.97	420	0.97
421	0.98	422	0.98	423	0.98	424	0.98
425	0.98	426	0.98	427	0.98	428	0.99
429	0.99	430	0.99	431	0.99	432	1.00
433	1.00	434	1.00	435	1.00	436	1.00
437	1.00	438	1.01	439	1.01	440	1.01
441	1.01	442	1.01	443	1.02	444	1.02
445	1.02	446	1.03	447	1.03	448	1.04
449	1.04	450	1.04	451	1.04	452	1.04
453	1.05	454	1.05	455	1.05	456	1.05
457	1.06	458	1.06	459	1.06	460	1.07
461	1.07	462	1.07	463	1.07	464	1.08
465	1.08	466	1.08	467	1.08	468	1.09
469	1.09	470	1.09	471	1.09	472	1.09
473	1.10	474	1.10	475	1.10	476	1.10
477	1.10	478	1.11	479	1.12	480	1.12
481	1.13	482	1.13	483	1.13	484	1.14
485	1.14	486	1.15	487	1.15	488	1.15
489	1.15	490	1.15	491	1.16	492	1.16
493	1.16	494	1.16	495	1.16	496	1.16
497	1.17	498	1.17	499	1.17	500	1.17
501	1.18	502	1.18	503	1.19	504	1.19
505	1.19	506	1.19	507	1.20	508	1.20
509	1.20	510	1.20	511	1.20	512	1.21
513	1.21	514	1.21	515	1.21	516	1.22
517	1.22	518	1.22	519	1.22	520	1.23
521	1.24	522	1.24	523	1.24	524	1.24

（续）

525	1.24	526	1.25	527	1.25	528	1.26
529	1.26	530	1.26	531	1.26	532	1.27
533	1.27	534	1.27	535	1.28	536	1.28
537	1.28	538	1.28	539	1.29	540	1.29
541	1.29	542	1.30	543	1.30	544	1.31
545	1.31	546	1.32	547	1.32	548	1.32
549	1.32	550	1.33	551	1.33	552	1.33
553	1.33	554	1.34	555	1.34	556	1.35
557	1.35	558	1.35	559	1.35	560	1.35
561	1.36	562	1.36	563	1.36	564	1.36
565	1.36	566	1.36	567	1.37	568	1.37
569	1.37	570	1.37	571	1.38	572	1.38
573	1.38	574	1.38	575	1.39	576	1.39
577	1.39	578	1.40	579	1.40	580	1.40
581	1.41	582	1.41	583	1.41	584	1.41
585	1.41	586	1.41	587	1.41	588	1.41
589	1.42	590	1.43	591	1.43	592	1.44
593	1.44	594	1.44	595	1.44	596	1.45
597	1.45	598	1.45	599	1.46	600	1.46
601	1.46	602	1.46	603	1.47	604	1.47
605	1.47	606	1.48	607	1.48	608	1.48
609	1.48	610	1.48	611	1.49	612	1.49
613	1.52	614	1.50	615	1.50	616	1.50
617	1.50	618	1.51	619	1.51	620	1.52
621	1.53	622	1.53	623	1.53	624	1.53
625	1.53	626	1.54	627	1.54	628	1.54
629	1.55	630	1.55	631	1.55	632	1.55
633	1.55	634	1.55	635	1.56	636	1.56
637	1.56	638	1.57	639	1.57	640	1.58
641	1.58	642	1.58	643	1.59	644	1.59
645	1.59	646	1.60	647	1.60	648	1.60
649	1.61	650	1.61	651	1.61	652	1.61
653	1.61	654	1.62	655	1.62	656	1.62
657	1.63	658	1.63	659	1.64	660	1.64
661	1.64	662	1.64	663	1.64	664	1.64

（续）

665	1.65	666	1.65	667	1.65	668	1.65
669	1.65	670	1.66	671	1.66	672	1.66
673	1.66	674	1.66	675	1.66	676	1.67
677	1.67	678	1.67	679	1.67	680	1.68
681	1.68	682	1.69	683	1.70	684	1.70
685	1.70	686	1.70	687	1.71	688	1.71
689	1.71	690	1.71	691	1.71	692	1.72
693	1.72	694	1.72	695	1.72	696	1.72
697	1.72	698	1.73	699	1.73	700	1.73
701	1.73	702	1.74	703	1.75	704	1.75
705	1.75	706	1.75	707	1.76	708	1.77
709	1.77	710	1.77	711	1.77	712	1.77
713	1.77	714	1.77	715	1.78	716	1.78
717	1.79	718	1.79	719	1.79	720	1.80
721	1.80	722	1.80	723	1.80	724	1.80
725	1.81	726	1.82	727	1.82	728	1.82
729	1.82	730	1.82	731	1.82	732	1.83
733	1.84	734	1.84	735	1.84	736	1.84
737	1.85	738	1.85	739	1.86	740	1.86
741	1.86	742	1.86	743	1.86	744	1.86
745	1.86	746	1.87	747	1.88	748	1.88
749	1.88	750	1.88	751	1.88	752	1.89
753	1.89	754	1.89	755	1.90	756	1.91
757	1.91	758	1.92	759	1.92	760	1.93
761	1.94	762	1.94	763	1.94	764	1.94
765	1.95	766	1.95	767	1.95	768	1.96
769	1.96	770	1.96	771	1.96	772	1.96
773	1.97	774	1.97	775	1.97	776	1.97
777	1.97	778	1.97	779	1.98	780	1.98
781	1.98	782	1.98	783	1.98	784	1.98
785	1.99	786	1.99	787	1.99	788	2.00
789	2.00	790	2.00	791	2.00	792	2.00
793	2.00	794	2.00	795	2.01	796	2.01
797	2.01	798	2.02	799	2.02	800	2.02
801	2.03	802	2.03	803	2.03	804	2.03

（续）

805	2.04	806	2.04	807	2.04	808	2.04
809	2.04	810	2.05	811	2.05	812	2.05
813	2.05	814	2.06	815	2.07	816	2.07
817	2.08	818	2.08	819	2.09	820	2.09
821	2.09	822	2.10	823	2.11	824	2.11
825	2.11	826	2.11	827	2.12	828	2.12
829	2.13	830	2.13	831	2.13	832	2.13
833	2.13	834	2.13	835	2.13	836	2.14
837	2.14	838	2.14	839	2.14	840	2.14
841	2.14	842	2.14	843	2.15	844	2.15
845	2.15	846	2.15	847	2.15	848	2.16
849	2.17	850	2.17	851	2.17	852	2.18
853	2.18	854	2.18	855	2.18	856	2.18
857	2.18	858	2.19	859	2.19	860	2.20
861	2.20	862	2.20	863	2.20	864	2.20
865	2.21	866	2.21	867	2.22	868	2.23
869	2.23	870	2.24	871	2.24	872	2.25
873	2.25	874	2.25	875	2.26	876	2.26
877	2.26	878	2.26	879	2.27	880	2.27
881	2.28	882	2.28	883	2.28	884	2.29
885	2.29	886	2.29	887	2.29	888	2.30
889	2.30	890	2.30	891	2.30	892	2.31
893	2.31	894	2.32	895	2.32	896	2.32
897	2.33	898	2.33	899	2.34	900	2.34
901	2.34	902	2.34	903	2.35	904	2.36
905	2.36	906	2.37	907	2.37	908	2.38
909	2.38	910	2.38	911	2.38	912	2.39
913	2.39	914	2.39	915	2.40	916	2.40
917	2.40	918	2.41	919	2.41	920	2.42
921	2.42	922	2.43	923	2.44	924	2.45
925	2.46	926	2.46	927	2.46	928	2.47
929	2.47	930	2.47	931	2.48	932	2.48
933	2.48	934	2.49	935	2.50	936	2.50
937	2.51	938	2.51	939	2.51	940	2.51
941	2.51	942	2.51	943	2.52	944	2.52
945	2.53	946	2.53	947	2.53	948	2.53

（续）

949	2.54	950	2.54	951	2.54	952	2.54
953	2.54	954	2.56	955	2.56	956	2.57
957	2.58	958	2.60	959	2.60	960	2.60
961	2.60	962	2.61	963	2.61	964	2.62
965	2.62	966	2.63	967	2.64	968	2.64
969	2.64	970	2.65	971	2.65	972	2.65
973	2.65	974	2.66	975	2.66	976	2.66
977	2.68	978	2.68	979	2.68	980	2.69
981	2.69	982	2.69	983	2.70	984	2.70
985	2.71	986	2.71	987	2.71	988	2.71
989	2.72	990	2.73	991	2.73	992	2.73
993	2.74	994	2.74	995	2.75	996	2.75
997	2.75	998	2.77	999	2.78	1 000	2.79
1 001	2.79	1 002	2.79	1 003	2.79	1 004	2.79
1 005	2.80	1 006	2.80	1 007	2.80	1 008	2.81
1 009	2.81	1 010	2.81	1 011	2.82	1 012	2.82
1 013	2.83	1 014	2.83	1 015	2.83	1 016	2.84
1 017	2.84	1 018	2.84	1 019	2.85	1 020	2.85
1 021	2.86	1 022	2.87	1 023	2.87	1 024	2.87
1 025	2.87	1 026	2.88	1 027	2.88	1 028	2.89
1 029	2.89	1 030	2.89	1 031	2.89	1 032	2.90
1 033	2.92	1 034	2.92	1 035	2.93	1 036	2.93
1 037	2.93	1 038	2.93	1 039	2.94	1 040	2.94
1 041	2.94	1 042	2.95	1 043	2.95	1 044	2.95
1 045	2.96	1 046	2.96	1 047	2.96	1 048	2.97
1 049	2.97	1 050	2.98	1 051	2.99	1 052	2.99
1 053	2.99	1 054	2.99	1 055	3.00	1 056	3.00
1 057	3.00	1 058	3.00	1 059	3.01	1 060	3.01
1 061	3.02	1 062	3.04	1 063	3.04	1 064	3.04
1 065	3.04	1 066	3.05	1 067	3.05	1 068	3.06
1 069	3.06	1 070	3.06	1 071	3.06	1 072	3.07
1 073	3.07	1 074	3.07	1 075	3.07	1 076	3.08
1 077	3.08	1 078	3.08	1 079	3.08	1 080	3.09
1 081	3.10	1 082	3.10	1 083	3.11	1 084	3.11
1 085	3.12	1 086	3.12	1 087	3.12	1 088	3.13
1 089	3.13	1 090	3.14	1 091	3.14	1 092	3.14

（续）

1 093	3.15	1 094	3.15	1 095	3.15	1 096	3.16
1 097	3.16	1 098	3.17	1 099	3.17	1 100	3.18
1 101	3.21	1 102	3.23	1 103	3.23	1 104	3.24
1 105	3.25	1 106	3.25	1 107	3.27	1 108	3.27
1 109	3.28	1 110	3.29	1 111	3.29	1 112	3.30
1 113	3.30	1 114	3.30	1 115	3.30	1 116	3.31
1 117	3.31	1 118	3.32	1 119	3.32	1 120	3.32
1 121	3.32	1 122	3.32	1 123	3.33	1 124	3.34
1 125	3.35	1 126	3.40	1 127	3.40	1 128	3.40
1 129	3.41	1 130	3.41	1 131	3.41	1 132	3.41
1 133	3.42	1 134	3.42	1 135	3.42	1 136	3.42
1 137	3.43	1 138	3.44	1 139	3.44	1 140	3.44
1 141	3.45	1 142	3.45	1 143	3.46	1 144	3.46
1 145	3.46	1 146	3.46	1 147	3.47	1 148	3.47
1 149	3.47	1 150	3.47	1 151	3.49	1 152	3.49
1 153	3.49	1 154	3.50	1 155	3.51	1 156	3.51
1 157	3.52	1 158	3.52	1 159	3.53	1 160	3.56
1 161	3.57	1 162	3.58	1 163	3.59	1 164	3.61
1 165	3.61	1 166	3.61	1 167	3.62	1 168	3.64
1 169	3.64	1 170	3.65	1 171	3.66	1 172	3.67
1 173	3.67	1 174	3.68	1 175	3.68	1 176	3.68
1 177	3.68	1 178	3.69	1 179	3.69	1 180	3.70
1 181	3.70	1 182	3.71	1 183	3.73	1 184	3.74
1 185	3.77	1 186	3.78	1 187	3.79	1 188	3.80
1 189	3.81	1 190	3.81	1 191	3.83	1 192	3.84
1 193	3.84	1 194	3.85	1 195	3.87	1 196	3.87
1 197	3.88	1 198	3.88	1 199	3.88	1 200	3.88
1 201	3.88	1 202	3.90	1 203	3.91	1 204	3.92
1 205	3.92	1 206	3.94	1 207	3.95	1 208	3.97
1 209	3.97	1 210	3.98	1 211	4.01	1 212	4.02
1 213	4.02	1 214	4.02	1 215	4.03	1 216	4.03
1 217	4.04	1 218	4.04	1 219	4.07	1 220	4.07
1 221	4.07	1 222	4.08	1 223	4.08	1 224	4.09
1 225	4.09	1 226	4.10	1 227	4.11	1 228	4.11
1 229	4.16	1 230	4.17	1 231	4.18	1 232	4.21
1 233	4.23	1 234	4.27	1 235	4.27	1 236	4.28

（续）

1 237	4.28	1 238	4.30	1 239	4.30	1 240	4.31
1 241	4.32	1 242	4.33	1 243	4.34	1 244	4.35
1 245	4.35	1 246	4.36	1 247	4.39	1 248	4.40
1 249	4.40	1 250	4.42	1 251	4.42	1 252	4.42
1 253	4.43	1 254	4.43	1 255	4.44	1 256	4.45
1 257	4.45	1 258	4.47	1 259	4.48	1 260	4.48
1 261	4.48	1 262	4.51	1 263	4.53	1 264	4.54
1 265	4.55	1 266	4.63	1 267	4.64	1 268	4.64
1 269	4.65	1 270	4.65	1 271	4.66	1 272	4.67
1 273	4.67	1 274	4.68	1 275	4.68	1 276	4.69
1 277	4.70	1 278	4.72	1 279	4.72	1 280	4.73
1 281	4.77	1 282	4.81	1 283	4.81	1 284	4.81
1 285	4.83	1 286	4.85	1 287	4.86	1 288	4.86
1 289	4.88	1 290	4.88	1 291	4.89	1 292	4.91
1 293	4.91	1 294	4.92	1 295	4.93	1 296	4.94
1 297	4.98	1 298	4.99	1 299	5.00	1 300	5.04
1 301	5.13	1 302	5.16	1 303	5.16	1 304	5.21
1 305	5.21	1 306	5.22	1 307	5.23	1 308	5.30
1 309	5.31	1 310	5.36	1 311	5.45	1 312	5.50
1 313	5.53	1 314	5.54	1 315	5.54	1 316	5.56
1 317	5.61	1 318	5.62	1 319	5.70	1 320	5.72
1 321	5.77	1 322	5.82	1 323	5.89	1 324	5.94
1 325	5.98	1 326	6.02	1 327	6.03	1 328	6.03
1 329	6.05	1 330	6.05	1 331	6.07	1 332	6.09
1 333	6.12	1 334	6.20	1 335	6.22	1 336	6.24
1 337	6.27	1 338	6.29	1 339	6.31	1 340	6.39
1 341	6.42	1 342	6.44	1 343	6.46	1 344	6.47
1 345	6.67	1 346	6.69	1 347	6.69	1 348	6.76
1 349	6.77	1 350	6.82	1 351	6.85	1 352	6.85
1 353	7.02	1 354	7.13	1 355	7.23	1 356	7.35
1 357	7.51	1 358	7.53	1 359	7.57	1 360	7.58
1 361	7.67	1 362	7.67	1 363	7.74	1 364	7.77
1 365	7.96	1 366	8.25	1 367	8.27	1 368	8.60
1 369	8.99	1 370	9.14	1 371	9.16	1 372	9.23
1 373	9.40	1 374	10.18	1 375	10.37	1 376	10.83
1 377	11.80	1 378	20.78	1 379	21.41		

这是假定你处于历史标准中所谓的"正常"行情之中。如果当时有一周处于整理的走势，则你购买看涨期权的胜算将更差。如果市场近6个月以来都处于5%的交易区间内，美联储非常可能采取宽松的货币政策，你的胜算将会增加。

现在，让我们假定市场处于稳定的窄幅盘整走势中，没有什么重大的消息，经济指标好坏参半，美联储也无法放宽信用——换言之，几乎没有任何征兆显示，市场在未来两周内可能会出现5%以上的走势。根据表29-2中的资料判断，94%的两周走势未能够超过5%。所以，如果你销售溢价5%的看涨期权，你的胜算为15.7∶1。

你也可以根据这些统计数据评估期权的定价。例如，假定市场走势相当沉闷，而到期时间还有两个星期。你考虑是否应该销售未经抵补的跨式价差交易（naked straddle，同时销售执行价格与到期日都相同的看涨期权与看跌期权）。当时的OEX为381，所以你将执行价格定为380。假定当时跨式价差交易的期权费为 $5\frac{7}{8}$，你是否应该销售此跨式价差交易的期权？

期权费为 $5\frac{7}{8}$，这相当于指数出现1.54%的走势。表29-2显示，自1939年以来，在两个星期内出现1.54%走势的概率大约为55%，所以你销售跨式价差交易的胜算为0.82∶1，而买进的胜算也仅为1.22∶1。在这种胜算的情况下，除非有特殊的原因，否则你不应该买进或销售跨式价差交易。

波斯湾战争濒临爆发之前，便属于特殊状况，购买看涨期权在历史资料中仅有些许的胜算，但我还是非常希望交易。市场中弥漫着恐惧的气氛，人们谈论着每桶100美元的油价。我深信我们可以赢得战争，而且从技术面判断，市场也将出现反弹。我希望买进溢价10点而仅剩1个月到期时间的看涨期权。事实上，我判定市场至少会出现3.5%的涨幅，而且市场心理将驱动期权的价格大幅走高。

不幸的是，市场的恐惧心理转化为超高的期权费，我必须承担将近2%

的风险⊖才能参与赌局。我实在无法接受这笔交易所代表的风险 – 回报关系。如果期权的价格是 2½ 或 3，而不是 5¾～6，我会建立大量头寸。

我希望上述范例可以说明统计分析对期权交易的重要性。我不仅整理两周的走势资料，还经常运用单周与月份的走势资料，以拟定期权在时效与定价上的策略。

市场价格波动的新趋势

如果你每天都沉浸于这个市场达 30 年之久，你可以感觉市场价格波动的发展趋势。这几年来，我深信机构投资者主导的市场，其价格波动的性质已经发生根本性的变化，尤其是对盘中交易来说。于是，我整理价格的统计资料，并尝试分析价格波动是否有所改变，改变的程度为多少。

浏览月份的资料，并结合我对市场历史发展的知识，可以发现一个明显的现象：20 世纪 30 年代的情况非常特殊，换言之，它经常出现 10% 以上的走势，频繁程度远超过先前与后来的期间。所以，我的统计资料取自 1939 年之后。我将资料分为 5 个期间，并比较每个期间价格走势百分比的概率分布，结果列示于表 29-1 中。

事实上，我非常诧异于概率分布的一致性，其中仅有一个例外。1982～1992 年（见表 29-2），两周价格走势幅度落在 3%～4% 的频率明显降低，降低的程度平均大约为先前期间的 5.2%。价格走势幅度落在 7%～8% 的频率则明显上升，上升的程度平均大约为先前期间的 4.7%。很明显，价格波动由低百分比区间移至高百分比区间。我非常惊讶于这种转移的明显程度，并使得这两个百分比区间的概率分布发生显著的变化。你或许认为，信息传递科技的进步，以及机构投资者对市场的影响，这已经造成市场价格波动的普遍增加。然而，实际上并非如此，价格波动程度加剧仅出现在盘中交易与上述特定百分比区间。这验证了道氏理论的一个假设：人为操纵仅能影响短期趋势。

⊖ 期权费 ÷ 指数水平 =5¾÷295=1.95%。——译者注

期权的策略性计划

截至目前，我们的讨论重点是如何运用期权在短期内掌握价格的波动。然而，期权的优点之一是你几乎可以根据任何市场情况设计相应的策略。让我以最近的一个实例来说明。

1991年是一个适合操作个股的年份，大盘只有在12月的最后两个星期才出现一波大约10%的涨势。在随后的两个月内，市场处于窄幅的交易区间，但柜台交易市场与二类股则出现缓慢的修正走势。截至3月，S&P 500 出现的修正走势为前一波中期涨势的37%，道琼斯指数却仍然创新高。换言之，这是一个涨跌互见的市场。各种指数的走势相当不一致，这使我很难根据大盘来交易。在这种涨跌互见而相对稳定的情况下，你可以运用期权赚取稳定而低风险的利润。

1991年3月，市场呈现上下震荡而稍偏向多头的走势，我认为市场在未来几个星期内将保持稳定。在这种情况下，我设计了一套相当成功的策略：销售未经抵补的跨式价差交易，并在执行价格的两翼建立保护性头寸。当时，OEX 现货指数稍高于383。4月385看涨期权与4月385看跌期权的价格分别为 5⅜ 与 6⅞，这使1个月期的跨式价差交易的期权费为 12¼。因为我认为市场将保持稳定，所以我进行跨式价差交易。然而，为了防范意外，对于每一份跨式价差交易合约，我都分别以 7/8 与 2¼ 的价格格买进400看涨期权与375看跌期权，这使得我的期权费净收益为 9⅛，而后者便是两翼头寸。⊖

表29-3列示道琼斯工业指数自1982年5月以来月份走势百分比的变动情况。根据资料显示，月份走势的中位数为2.2%，而且自1982年以来，月份走势少于3%的概率为59%。在期权到期时，如果 OEX 出现中位数2.2%的涨幅而成为391.4，则我大概要以 7½ 的价格回补买进期权，但我仍可以保有 7⅝ 的净期权费收益。如果涨幅更高，我会发生一些亏损，但不会太严重，

⊖ 事实上，这是在建立一个空头的跨式价差交易，并在其执行价格的两翼建立一个多头的宽跨式价差交易以锁住风险。——译者注

因为我以 400 看涨期权锁住风险。另外，一般来说，跨式价差交易的期权费，时间耗损比两翼头寸严重，这显然也有利于我的头寸（期权越接近平价，期权费的时间耗损越严重）。当行情下跌时，情况也一样。总之，如果行情如同我的预期维持在 1%～2%，我便可以获得些许的利润。换言之，即使市场几乎没有变动，我也可以获利。

表 29-3　道琼斯工业指数——变动绝对值（1982 年 5 月～1993 年 6 月）

这是道琼斯工业指数的月份价格走势百分比，资料按数值的大小顺序排列；资料是从 1982 年 5 月开始，因为 S&P 期货在这个时候开始交易；月份走势的中位数为 2.2%，由月初起算的单月份价格走势超过 10% 的概率尚不足 4%

0～1%		1%～2%		2%～3%		3%～4%		4%～5%		5%～6%		6%～7%		7%～10%		10% 以上	
1	0.0	31	1.0	64	2.0	79	3.0	92	4.0	1	5.0	12	6.1	20	7.1	28	10.0
2	0.0	32	1.0	65	2.1	80	3.0	93	4.0	2	5.2	13	6.2	21	7.5	29	10.6
3	0.1	33	1.0	66	2.2	81	3.0	94	4.0	3	5.3	14	6.2	22	8.0	30	11.4
4	0.1	34	1.1	67	2.3	82	3.3	95	4.1	4	5.4	15	6.2	23	8.2	31	13.8
5	0.1	35	1.3	68	2.3	83	3.4	96	4.5	5	5.4	16	6.3	24	8.5	32	23.2
6	0.2	36	1.3	69	2.3	84	3.4	97	4.5	6	5.4	17	6.4	25	8.7		
7	0.2	37	1.3	70	2.4	85	3.5	98	4.7	7	5.5	18	6.8	26	9.0		
8	0.2	38	1.4	71	2.4	86	3.5	99	4.8	8	5.6	19	6.9	27	9.7		
9	0.3	39	1.4	72	2.5	87	3.6	100	4.8	9	5.7						
10	0.3	40	1.4	73	2.5	88	3.8			10	5.7						
11	0.4	41	1.4	74	2.5	89	3.9			11	5.9						
12	0.4	42	1.4	75	2.7	90	3.9										
13	0.4	43	1.5	76	2.8	91	3.9										
14	0.4	44	1.5	77	2.8												
15	0.4	45	1.5	78	2.9												
16	0.5	46	1.5														
17	0.5	47	1.5														
18	0.6	48	1.5														
19	0.6	49	1.5														
20	0.6	50	1.6														
21	0.6	51	1.6														
22	0.6	52	1.6														
23	0.7	53	1.7														

			（续）
24	0.8	54	1.7
25	0.8	55	1.7
26	0.8	56	1.7
27	0.8	57	1.8
28	0.8	58	1.8
29	0.9	59	1.8
30	0.9	60	1.9
		61	1.9
		62	1.9
		63	1.9

虽然这不是什么了不起的交易，但也不算太差。风险很低，胜算很不错，杠杆倍数也很理想。对一般投资者来说，上述每单位头寸的保证金大约为 2000 美元，而 200 美元的获利便代表每月 10% 的回报率——对窄幅盘整的行情来说，这是相当不错的业绩。

这仅是许多期权策略的一种。它们可以用来避险与套利，而且不仅适用于股票市场，也适用于期货市场。目前有许多这方面的著述，所以我不打算进一步说明。

小结

对许多人而言，期权是金融圈内风险最高的游戏。然而，它们也是最具挑战性、最具弹性与最具获利潜能的金融交易工具。你只要保持谨慎的态度，运用健全的资金管理方法，唯有在很有利的风险／回报关系下才交易，并耐心地等待机会，则长期获利的可能性应该很高。根据保守的估计，我个人交易生涯的获利至少有 40% 来自期权。

务必记住以下重点：

1. 偏高的期权费代表消息面非常敏感。

2. 任何一个期权头寸的规模绝对不可以超过风险资本的 30%。

3. 永远必须了解交易的胜算与风险／回报比率。

4. 不可采用一般的数学模型。

5. 虽然销售期权的获利频率颇高，但长期而言，你通常会发生亏损。

6. 建立的交易策略应该要限制风险，而风险－回报比率至少要 1∶3，最好是 1∶5。

我成功的关键在于控制风险，并配合技术分析、基本面分析与统计上的平均寿命结构。如果你善于运用这些工具，你必然可以有效地掌握胜算，并获得最后的胜利。

| 第30章 |

当日冲销的专业交易方法[1]

洛伦佐·吉贝尔蒂（Lorenzo Ghiberti）是15世纪的雕塑家，他拥有当日冲销交易员所必备的特质：投入、专注、决心以及完成工作的毅力。吉贝尔蒂以48年的时间雕塑意大利佛罗伦萨圣乔凡尼大教堂的四扇铜门。你可以设想其中的景象，以48年的时间投入一件作品，整天几乎都没有交谈的对象，这似乎是一件永无止境的工作。

从许多角度来说，一位交易员的心态与毅力无异于这位伟大的雕塑家。他们都必须单独工作，专注而集中精神于烦琐的细节，在心智上盘算各种构想，并付诸执行。他们都从事非常孤独的工作，结果的累积非常缓慢，但最后却可以成为一件杰作。

1968年，我进入法勒-施米特公司工作时，便从事当日冲销的交易，随后的18年也都是如此。1986年，我的交易步调越来越快：在S&P期货市场，每天进行30笔当日冲销的交易。可是，这也引起我的血压偏高，所以我决定转向中期趋势的交易。毕竟，成为全墓园里最富有的死人，并没有什么意义。

---

[1] 本章献给霍华德·夏皮罗，他是我所知道的最佳当日冲销交易员。

1987年，我仅交易5笔，回报率为资本的168%，而且也赚回自己的健康。

这段故事的启示是什么？在1991年1月波斯湾战争之后，股票市场陷入97年以来最沉闷的行情中（见第24章），而中期趋势的交易几乎不可能。所以，我又重操旧业而从事当日冲销。在本章中，我希望就这个非常困难又非常紧张的领域提供一些建议。

必要的心理特质

对我个人而言，当日冲销的交易十分简单，因为我的个性非常适合，"认赔"从来都没有困扰过我。

大多数人都痛恨犯错。我不认为有人会很高兴地说："我的判断完全错误。"自我是一个致命杀手，就心理意义（而不是哲学意义）而言，自我与自尊完全相反。自我（或谬误的自尊）会在潜意识中说："我不可能犯错，因为我很了不起。如果我判断错误，我将无法获得人们的尊敬。"然而，人类不是"上帝"，交易者也不可能无所不知，他们偶尔也会犯错。不愿意承认这个事实，显然不合理。

身为一位当日冲销的交易员，你必须要有自尊，觉得自己能够胜任，还觉得自己有价值。如果你不能相信自己的判断，就无法进行恰当的交易。为了交易，你必须能够认赔，接受数以千计或万计的损失，并再次充满信心地交易。务必注意：绝对不可以让自我（谬误的自尊）取代自尊的地位。

一位当日冲销交易者必须具有内省能力，深刻地了解自己是谁。如果你希望成为一位成功的当日冲销交易者，必须永远诚实地对待自己。如果你缺乏诚实面对自己的能力，请你跳过本章的内容，因为你不适合从事当日冲销的交易。这是一个你绝对不可以欺骗自己的场合。事实的真相很简单：你偶尔也会亏损。你无须为此寻找合理的借口，也无须躲在谬误的防御机制之后。你只需要大声地说"我错了"。承认错误并不代表你很愚蠢，或无法胜任。犯错是金融交易的一部分，也是生命的一部分。在当日冲销中，你是你自己唯一的敌人；你是你自己的主人，你必须决定自己的命运。

必要的知识

在上述心理背景下，让我告诉你一些必要的知识。首先，购买一本耶尔·赫希（Yale Hirsch）所著最新版的《股票交易者年鉴》。⊖这本书提供了股票市场绝佳的信息。20世纪60年代末期与70年代初期，仅是阅读这本书，便让我在市场中颇有收获。虽然计算机程式交易对市场已经造成某些变化，但耶尔·赫希提供的内容还是很重要、务实。就如同你必须认识字母才能阅读一样，你必须拥有这本书提供的知识，才能开始交易。

在本章中，我将告诉你如何预测行情的模式并从事当日冲销的交易。如果你曾经利用我的电话咨询热线，你应该了解我预测行情的方法。大致如下：**你必须知道应该发生的情况，如果情况并未如此发展，你必须判定自己错误，并立即调整**。例如，如果你准备明天外出旅游，天气预报说这将是一个晴朗的好天气。第二天早上，当你在雨声中醒来时，你不应该说"没有下雨"，并走到门外对沾满雨水的草地撒谎。你应该对自己说道："正在下雨，气象局大概误判卫星气象图，所以我要改变计划而去看场电影。"交易的关键在于预先知道应该发生的情况，如果情况未如预期那样发展，必须立即根据事实调整！

你的预测必须根据下列考虑因素来进行：

1. 长期、中期与短期趋势的知识。

2. 对当天经济新闻的了解与感觉。

3. 季节性的知识（了解每年这个时候的特殊现象），这可以参考《股票交易者年鉴》。

4. 掌握技术性的因素，例如，期权的到期、计算机程式交易的动向、图形的排列、机构基金经理人的动作（如每季度结束时的美化账面）、盈余报告、

⊖ Yale Hirsch, *Stock Trader's Almanac*（Old Tappan, N1：Hirsch, 1993）。

共同基金的资金流入与流出。

5. 了解近期内的政治动向。

6. 了解美联储的政策以及其干预市场的态度与动作。

7. 了解世界局势，并阅读相关报道。例如，《巴伦周刊》与《华尔街日报》（尤其是两者的社论）、《纽约时报》与《华盛顿邮报》（两者的社论不需阅读）、《福布斯》《财富》《投资者日报》《伦敦时报》《经济学人》《新闻周刊》《商业周刊》以及《机构投资者》。

8. 健全的心智态度，不要承受外来的压力。

9. 良好的生理状况——健康、清醒、机警。

10. 专注，留意观察，态度机警，专心思考所有的市场，以及它们相互之间的关系。

在上卷中，我曾经将相关交易准则编为一章"让你发生亏损的方法至少有50种"。其中，某些准则仅适用于场内交易员。因为我培养了许多场内交易员，为了让他们了解这些准则的重要性，我将它们印制在卡片上（深入的解释，请参见上卷）。以下是另一套稍有不同的交易准则，我在交易的时候，一定会把这些准则摆在身边：

> **交易员准则**
>
> 1. 不可过度交易。
> 2. 不可把亏损带回家。
> 3. 不理想的交易头寸不可加码。
> 4. 不可让获利演变为亏损。
> 5. 在交易前，务必先决定你的止损位置。
> 6. 不可以成为单方向的交易员，务必保持弹性。
> 7. 在适当的情况下，可以追加获利的头寸。最佳的买进与卖空时机是整理或交易区间被突破的时候。

8. 如果你在场内，务必仅专注于一个营业厅的行情发展。

9. 了解所有场内交易员与经纪人的癖性。

10. 除非行情非常活跃，否则不要在交易时段的中间突然插进交易。

11. 当你离开场内或报价机时，每个头寸都必须设定止损点。

12. 当你建立新头寸而在涨势中买进或在跌势中卖空时，务必谨慎。

13. 务必控制自己的情绪，包括：恐惧、贪婪、期待、焦虑、草率、陶醉与谬误的自尊。

14. 保持耐心。

15. 迅速认赔，并让获利头寸持续发展。

16. 如果你没有把握，不要交易。

当日冲销：逐步讲解

现在，你已经准备妥当，首先必须预测全天应发生的情况。对一位具有28年交易经验的人来说，我阅读当天的报纸，并登录我的走势图以后（道琼斯工业指数、道琼斯运输指数、S&P的收盘价、最高价与最低价以及腾落线），这一切都会从潜意识中浮现。这是我每天早上的第一件工作，而且在早上5:30以前完成。

当你知道整个世界市场的交易情况时，包括美国债券与股票的晚间交易在内，并了解当天的新闻，尤其是未来几天内可能影响行情的新闻，就可以开始预测。这是非常重要的。当通货膨胀是市场关注的重点时，经济学家会在数天以前便提供他们的预估值，所以当重要数据将在数天内公布时，你必须留意经济学家的预测。如果数据将在5天内公布，你必须非常留意市场的开盘，尤其是跳空的开盘，它们代表经济学家的预测以及预测的内容。

现在，你可以开始预测行情。债券在前一天晚上有交易，但资料还未公布。这些资料将在纽约时间上午 8:30 才陆续发布。在我的电话咨询热线中，我的第一次预测是在上午 8:50 左右；这时，我已经了解债券市场的情况、相关的新闻，以及前一天晚上股票市场的动态。在预测行情时，我会把本书所讨论的一切都综合起来，并将我的评论留在咨询热线中。

在交易日盘中，我会在下列时间分别预测：上午 9:00、中午 12:00、下午 3:00 与下午 5:00。在星期日的下午 5:00，我会在电话中录制较长期与中期的行情预测。当我的判断完全错误，或市场价格波动非常剧烈时，我会在上午 10:30 或下午 1:30 做出更新的预测。以下便是一个晨间预测的样本。

1993 年 7 月 12 日上午 9:00 星期一：晨间预测

明天将公布的生产者物价指数预告会发生（−0.3%）～（−0.2%）的波动，债券价格走高，市场已经做出充分的反应。债券行情目前为 +3，今天稍后应该介于（−2）～（+8）。到 +16 的时候，应该获利了结，因为这些预测值在上星期四已经知道。股票市场也应该出现类似于债券的走势：以平、高盘开出，然后走高，再拉回，收盘时又走高。这是一个涨跌互见而偏于上涨的行情。黄金在上星期五的获利回吐走势之后，今天回升，这与生产者物价指数或消费者物价指数都没有关联。黄金目前的价位在 394 美元，星期三以后会攀升至 400 美元以上。由于天气的缘故，大豆价格会下滑。不要在跌势中卖出，等待反弹。我们在大豆的头寸上已经有 100 点的获利，即 615～717 点。到中午 12:00 时，我将告诉各位如何操作。

在当日冲销交易时，这类蓝图非常重要，因为实际的发展如果与你的预测相反，这代表一种信号：发生差错。或许是因为计算机程式交易，或许是你对新闻的解读发生错误，或许是你低估某项法案的重要性。重点是：**你必须预先知道这一切所代表的意义，反转头寸是转亏为盈的关键所在**。在整个交易生涯中,我经常引用一句口头禅:"应该发生的事情没有发生,立即反转头寸。"

让我以此讨论 S&P 期货的开盘,这是一天行情的关键部分。交易是否能够获利的重要考量因素是:①开盘的交易区间,以及开盘之后的价格走势;②开盘价是否高于昨天的收盘价;③开盘价是否高于昨天的最高价或低于昨天的最低价。

撇开其他资料不谈,如果行情的后续发展高于当天开盘的交易区间,你应该买进,并将止损点设定在交易区间高价的下方一档处。例如,假定昨天收盘价为 450.00,今天的开盘交易区间是 450.00～450.25,则应该在 450.30 买进,并将止损点设定在 450.20。然而,止损单仅可以用来平仓,不可以用来建立反转的空头头寸。如果价格向上突破开盘区间的高价,并跳空走高,你很可能已经看见今天的低价。如果开盘的最初价格是当天的最低价,这尤其重要,这可能代表当天的向上走势非常强劲(下跌的情况则恰好相反)。

作为交易员,你必须了解你的工作是买进与卖出,而不是持有。在进行 S&P 期货的交易时,关键之一是在开盘价上方 1 点了结部分获利(这是指你必须至少交易两份以上的合约),就我们的例子而言,这是在 451.00 价位上。在这个价位上,你平仓一半的头寸,为什么?因为场内交易员都会这么做,这是圈内的默契。

如果有跳空缺口,盘势会反转,在 95% 的情况下,这会发生在开盘后的 10～15 分钟。请相信我其中的胜算,确实如此。在 10～15 分钟之后,如果行情持续向跳空缺口的方向发展,则有强烈的征兆显示当天剩下来的走势都会保持这个方向,收盘的走势也是如此。即使在 10～15 分钟之后的期间内,行情出现反转,而又未填补缺口,则收盘走势会朝缺口方向发展的可能性还是较高的。这种现象适用于股票与其他商品。

让我在这里暂时谈一段题外话。开盘与开盘后的走势大约会持续半个小时。在这段时间之后,盘势通常以场内交易员为导向,根据技术面、基本面、消息面、某些评论或内部的发展，市场之间会产生互动。债券市场便是一个典型的例子。当债券市场的走势出现时，股票市场便会跟进，然后黄金市场跟进，接着是商品研究局指数，最后是其他商品。当然，这些走势都有一定的限度，它们可能完全不会发生，但在大多数情况下，多少会产生某种程度的互动影响。这种互动关系的根本原因很重要，必须了解，我在本卷与上卷中已经给出间接的解释。你越了解总体经济的情况，获利的机会就越大。典型的一天走势如下。

上午 10:00～上午 11:45，走势相当平静，通常专注于美联储的行动，后者通常发生上午 11:40 左右。虽然市场大多数时候都已经预期美联储的行动，但交易员还是必须保持警惕，以防范政策突然改变。上午 11:45～下午 2:30，股票市场倾向于保持平静，一般会有上下震荡的情况。下午 2:30 之后，交易员必须提高警觉——大多数走势会开始显现。

下午 3:10 开始的走势，市场在这个时候出现的走势方向，在 80% 的情况下，也会发生在收盘走势中。同样地，必须留意下午 3:10 以后的走势，然后留意反转。如果市场出现相反方向的走势，然后又恢复下午 3:10 当时的走势方向，这显示市场会朝这个方向呈现更大的走势。请注意，这仅是一般的模式，而不是"太阳会从东方升起"的现象。

在大多数情况下，S&P 期货每天的走势可以划分为四个不同阶段：①开盘与反开盘走势；②上午 10:00～中午 12:00，出现单方向的震荡走势；③中午 12:00～下午 2:30，出现反方向的震荡走势；④收盘走势通常呈现单一方向。关键的字眼在于"通常"。假定其他条件不变，你应该预期会发生"通常"的情况，并随时准备反应意外的状况。大多数商品也会呈现类似的交易模式，但时间架构必须根据个别商品的交易时间来调整（见图 30-1）。

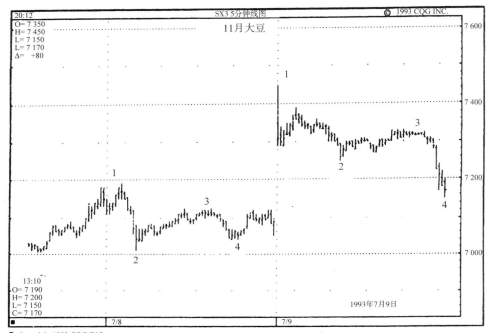

图 30-1　每天的走势

短期趋势

在本书中，我始终强调历史资料的统计分析方法，并借此掌握投机的胜算。这种方法必须被综合到整体交易方法中，才不至于过分偏重单一的层面。我提到的所有要素都应该融会贯通地加以综合，以确保业绩的一致性。

在综合时，你必须了解当日冲销的交易属于短期趋势，后者持续的时间为数天至数个星期，几乎绝对不会超过 14 天。任何较长的趋势，则属于中期趋势，它们的持续时间为数个星期至数个月。短期趋势经常被视为非理性的波动，这种看法并不正确。

今天的盘势是判断明天盘势的重要线索。图 30-2 是一个实际的例子。重点在于：当日冲销必须在短期趋势的前后关联中交易。

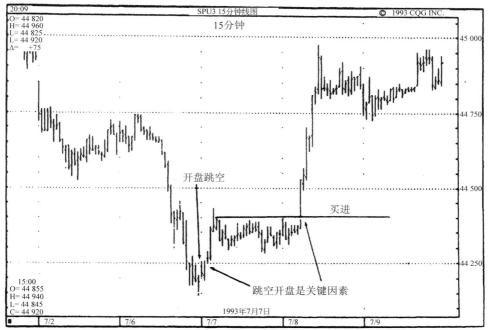

图 30-2 S&P 期货

图 30-2 是 9 月 S&P 期货的 15 分钟走势图，这张走势图相当不寻常。一般来说，股票市场应该遵循债券市场的走势，但在 7 月 7 日，债券价格下跌，而 S&P 期货开盘向上跳空，这是很"不寻常"的信号。这是因为 7 月 13 日与 14 日将分别公布生产者物价指数和消费者物价指数，而其预测值在 7 月 7 日已经出现。

交易员必须立即回答一个问题：为什么股票期货走高而债券下跌？你是否知道这个问题的答案，这并不重要，但关键在于这个缺口自 7 月 6 日收盘以来便不会被填补，这是非常强劲的多头信号。这使我们预测 7 月 8 日的盘势将向上。犹如图 30-2 所显示，在 7 月 7 日的时候，盘势告诉你市场发生某些有利于上涨的情况，因为股票原本应该遵循债券的下跌走势。

如果短期趋势向上，则你可以预估第二天的走势，除非事实的发展证明情况并非如此。换言之，你可以预测明天的情况应该如何，如果明天的情况并非如此，你知道市场发生了一些变化而可能影响短期趋势。这也完全适用于短期趋势演变为中期趋势，以及中期趋势演变为长期趋势。

在图 30-3 中，我给出一些 K 线图的模式，包括：开盘价 – 最高价 – 最低价 – 收盘价，这可以揭示短期趋势以及第二天的可能发展。请详细研究这些模式，并将它们纳入你的记忆中。短期趋势经常会与中期趋势相反，而且通常会持续 1～3 天。

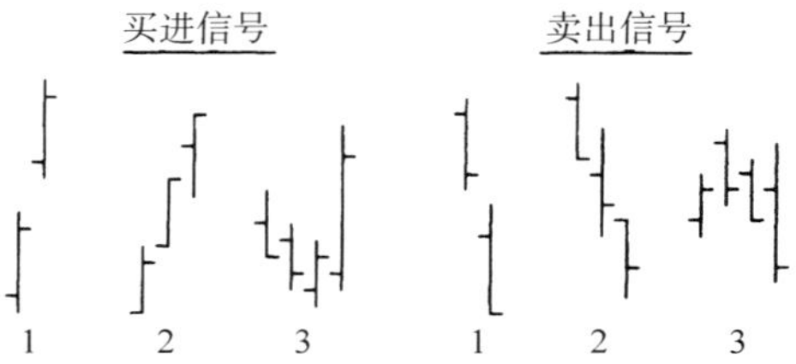

图 30-3　买进信号与卖出信号

以下给出一些项目，你可以运用它们来解释盘中走势。请采取一般的点数评估系统，每一项目的重要性大致相同。

股票或商品是否……

1. 比昨天创新高或新低？
2. 开高或开低？
3. 收盘上涨或下跌？
4. 收盘价位于交易区间的上半部分（50%）或下半部分（50%）？
5. 收盘价高于或低于今天的开盘价？
6. 今天的低价高于昨天的低价，或今天的高价低于昨天的高价？
7. 今天的收盘价高于昨天的高价，或低于昨天的低价？

每个多头的现象加一点，每个空头的现象减一点。为了清晰起见，将多头的现象列示如下：

1. 今天的高价高于昨天的高价。
2. 今天的开盘价上涨（相对于昨天收盘价）。
3. 今天的收盘价上涨（相对于昨天收盘价）。

4. 今天的收盘价位于交易区间的上半部分（50%）。

5. 今天的收盘价高于今天的开盘价。

6. 今天的低价高于昨天的低价。

7. 今天的收盘价高于昨天的高价。

如果上述 7 个项目都显示多头的现象，则在 90% 的情况下，第二天的高价会高于今天的高价；在 80% 的情况下，第二天的收盘价会高于今天的收盘价。如果你愿意的话，可以把上述 7 个项目整理为一套交易系统。我曾经这么做过，但我并不是在推销交易系统。我只是希望告诉你，如何综合多头或空头的现象，形成一套相当精确的方法，以预测第二天的盘势。然而，这仅是其中的一种方法，还有其他有效的方法（见图 30-4）。

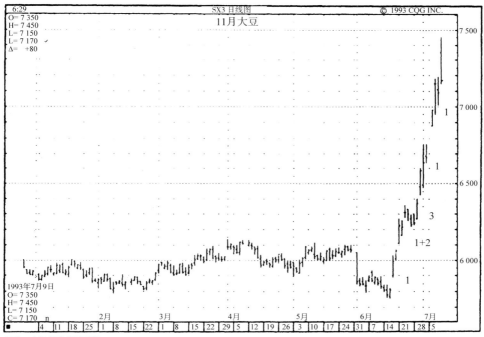

图 30-4　买进信号

在此说明我的思考过程，这样你才可以自行观察，并建立你自己的预测。我最好是以一个比喻说明这个思考过程。你是否还记得由尤尔·伯连纳（Yul Brynner）与史蒂夫·麦奎因主演的西部片《豪勇七蛟龙》（*The Magnificent Seven*）。墨西哥某村落雇用尤尔·伯连纳与另六位枪手抵抗盗匪的抢劫。在挑选枪手时，一位村民看着一位脸上有一道巨大疤痕的人说，"他一定很勇猛，看看他脸上的疤痕。"另一位说："不！你应该找造成这道疤痕的人。"尤尔·伯连纳回过头说："你现在又学习了一个诀窍！"

你必须学习与观察重复出现的制胜模式。我无法告诉你这一切，因为我无法给出全部的模式，而且每种商品与股票都有不同的模式，但我可以告诉你如何观察，从何处着手。

趋势的分析

犹如本书的惯例一样，检验一套理论的有效性，其最佳方式便是以历史资料测试。此处便是一个典型的范例。

> **在中期趋势内交易**
> 了解中期趋势的方向，交易者应该利用该知识在短期趋势内交易。这适用于每一种中期趋势。

归根结底，这在每天盘势的判断上是有一定胜算的。例如，在股票市场的中期上升趋势中，每天的胜算如下。

连续下跌天数	第二天上涨的胜算（%）
1	60.0
2	85.9
3	94.4

这是简单的，但我如何取得这些胜算的资料呢？要取得这些数据，你首先必须归类中期趋势，如表30-1所示。对多头市场来说，你必须衡量中期上

升趋势与修正（中期下降）走势中的连续上涨和下跌天数。对空头市场来说，你必须衡量中期下降趋势与修正（中期上升）走势中的连续上涨和下跌天数。我将提供总数（统计）的资料以及衡量的方法。最初，我是以人工方式来计算的，稍后则采用计算机。归类是以道氏理论为标准的。

表 30-1　中期走势分析

道琼斯工业指数：多头市场中期趋势		
下降（底部）	1923 年 7 月 31 日	86.91
上升	1923 年 8 月 29 日	93.70
下降	1923 年 10 月 27 日	85.76
上升	1924 年 2 月 6 日	101.31
下降	1924 年 5 月 20 日	88.33
上升	1924 年 8 月 20 日	105.57
下降	1924 年 10 月 14 日	99.18
上升	1925 年 3 月 6 日	125.68
下降	1925 年 3 月 30 日	115.00
上升	1926 年 2 月 11 日	162.31
下降	1926 年 3 月 30 日	135.20
上升	1926 年 8 月 14 日	166.64
下降	1926 年 10 月 19 日	145.66
上升	1927 年 10 月 3 日	199.78
下降	1927 年 10 月 22 日	179.78
上升	1928 年 5 月 14 日	220.88
下降	1928 年 6 月 18 日	201.96
上升	1928 年 11 月 28 日	295.62
下降	1928 年 12 月 8 日	257.33
上升	1929 年 2 月 5 日	322.06
下降	1929 年 5 月 27 日	293.42
上升（顶部）	1929 年 9 月 3 日	381.17

（续）

道琼斯工业指数：空头市场中期趋势		
上升（顶部）	1929 年 9 月 3 日	381.17
下降	1929 年 10 月 4 日	325.17
上升	1929 年 10 月 10 日	352.86
下降	1929 年 11 月 13 日	198.69
上升	1930 年 4 月 17 日	294.07
下降	1930 年 6 月 24 日	211.84
上升	1930 年 9 月 10 日	245.09
下降	1930 年 12 月 16 日	157.51
上升	1931 年 2 月 24 日	194.36
下降	1931 年 6 月 2 日	121.70
上升	1931 年 6 月 27 日	156.93
下降	1931 年 10 月 5 日	86.48
上升	1931 年 11 月 9 日	116.79
下降	1932 年 1 月 5 日	71.24
上升	1932 年 3 月 8 日	88.78
下降（底部）	1932 年 7 月 8 日	41.22

多头市场中期上升走势（单一中期走势的样本）

起始日：1926 年 3 月 30 日 道琼斯起始点数：140.46 变动百分比：18.6%	终止日：1926 年 8 月 14 日 道琼斯终止点数：166.64	天数：113 点数：26.18
连续涨势平均值：2.05% 连续涨势中位数：1.74% 连续涨势平均天数：3.04 连续涨势天数中位数：3	连续跌势平均值：−1.21% 连续跌势中位数：−0.99% 连续跌势平均天数：1.73 连续跌势天数中位数：1	

连续上涨天数	发生次数	走势幅度中位数（%）
1	6	0.28
2	4	1.13
3	6	1.56
4	4	1.77
5	2	2.27
6	0	—
7	1	6.13
8	1	4.49

（续）

连续下跌天数	发生次数	走势幅度中位数（%）
1	15	−0.79
2	5	−1.68
3	0	—
4	1	−2.80
5	1	−2.77
6	1	−1.89

总数：所有多头市场的中期上升走势（1926～1985年）

连续上涨天数	发生次数	走势幅度中位数（%）
1	692	0.39
2	530	1.06
3	349	1.72
4	168	2.29
5	114	2.82
6	61	2.90
7	31	3.46
8	21	4.07
9	12	3.30
10	7	4.96
11	2	2.83
12	1	8.23

连续下跌天数	发生次数	走势幅度中位数（%）
1	1 042	−0.33
2	523	−0.83
3	214	−1.45
4	86	−1.87
5	35	−2.36
6	19	−2.59
7	3	−3.12

连续下跌天数	发生次数	走势幅度中位数（%）
8	0	—
9	1	−3.05

（续）

多头市场中期上升走势（单一中期走势的样本）		
起始日：1926年8月14日 道琼斯起始点数：166.10 变动百分比：-12.3%	终止日：1926年10月19日 道琼斯终止点数：145.66	天数：53 点数：-20.44
连续涨势平均值：1.05% 连续涨势中位数：0.92% 连续涨势平均天数：1.69 连续涨势天数中位数：2	连续跌势平均值：-1.92% 连续跌势中位数：-1.71% 连续跌势平均天数：2.21 连续跌势天数中位数：2	

连续上涨天数	发生次数	走势幅度中位数（%）
1	6	0.71
2	5	1.29
3	2	0.91

连续下跌天数	发生次数	走势幅度中位数（%）
1	5	-0.58
2	5	-1.84
3	2	-2.40
4	0	—
5	2	-4.58

总数：所有多头市场的中期上升走势（1926～1985年）

连续上涨天数	发生次数	走势幅度中位数（%）
1	233	0.43
2	142	0.95
3	52	1.64
4	14	1.77
5	18	2.25
6	6	1.89
7	2	1.48
8	0	—
9	1	8.27

连续下跌天数	发生次数	走势幅度中位数（%）
1	195	-0.43
2	117	-1.15
3	90	-1.94
4	61	-2.89
5	29	-3.09
6	11	-4.21
7	7	-4.08
8	2	-7.56

（续）

空头市场中期上升走势（单一中期走势的样本）		
起始日：1929年9月3日	终止日：1929年10月4日	天数：27
道琼斯起始点数：381.17	道琼斯终止点数：325.17	总数：-56.00
变动百分比：-14.6%		
连续涨势平均值：1.08%	连续跌势平均值：-2.89%	
连续涨势中位数：0.96%	连续跌势中位数：-3.00%	
连续涨势平均天数：1.42	连续跌势平均天数：2.12	
连续涨势天数中位数：1	连续跌势天数中位数：2	

连续上涨天数	发生次数	走势幅度中位数（%）
1	5	0.67
2	1	2.10
3	1	1.65

连续下跌天数	发生次数	走势幅度中位数（%）
1	3	-1.23
2	4	-3.00
3	0	—
4	0	—
5	0	—
6	1	-5.03

总数：所有空头市场的中期上升走势（1926~1985年）

连续上涨天数	发生次数	走势幅度中位数（%）
1	421	0.47
2	202	1.11
3	84	1.79
4	36	2.14
5	19	2.64
6	6	2.24
7	2	2.84
8	0	—
9	0	—
10	1	5.59

连续下跌天数	发生次数	走势幅度中位数（%）
1	244	-0.04
2	218	-1.40
3	165	-2.23
4	72	-2.72
5	64	-3.55
6	29	-4.69
7	21	-5.68
8	10	-8.99
9	1	-4.37

（续）

空头市场中期上升走势（单一中期走势的样本）		
起始日：1929年10月4日 道琼斯起始点数：325.17 变动百分比：8.5%	终止日：1929年10月10日 道琼斯终止点数：352.86	天数：5 总数：27.69
连续涨势平均值：4.26% 连续涨势中位：2.27% 连续涨势平均天数：2 连续涨势平均中位数：2	连续跌势平均值：-0.21% 连续跌势中位数：-0.21% 连续跌势平均天数：1 连续跌势天数中位数：1	

连续上涨天数	发生次数	走势幅度中位数（%）
1	0	—
2	2	2.27

连续下跌天数	发生次数	走势幅度中位数（%）
1	1	-0.21

总数：所有空头市场的中期上升走势（1926～1985年）

连续上涨天数	发生次数	走势幅度中位数（%）
1	231	0.51
2	205	1.14
3	120	1.73
4	61	2.10
5	43	2.84
6	22	3.12
7	5	2.19
8	6	3.47
9	2	2.44
10	1	4.62

连续下跌天数	发生次数	走势幅度中位数（%）
1	339	-0.36
2	170	-0.74
3	76	-1.16
4	34	-1.89
5	19	-2.16
6	10	-3.39
7	4	-4.36
8	1	-4.58

此处以道琼斯工业指数来研究，虽然其资料起始于1897年，但我仅采用1926年以后的资料，因为这项研究是针对S&P期货的交易，而S&P期货起

始于 1926 年。我采用道琼斯工业指数而不用 S&P 指数，因为我已经拥有道琼斯工业指数的资料，而且这两种指数之间有很显著的相关性。

这一切能够告诉你什么呢？这取决于你的洞察力。举例来说，请观察多头市场中期上升趋势的总数部分。在多头市场中，如果中期趋势处于上升状态，则连续 3 天涨势的平均涨幅为 2.068%。当价格连续下跌 3 天时，平均跌幅为 1.666%。另外，在这种中期上升趋势中，单日下跌的次数（1042）远大于单日上涨的次数（692）。可是，连续 2 天、3 天与 4 天的上涨次数则多于下跌的次数。在当日冲销的交易中，我们可以建立一种范例来运用这些资料。假定当时处于多头市场的中期上升趋势中，而价格已经连续下跌 3 天，跌幅为 1.666%。你可以运用上述资料：在连续下跌 3 天之后，第 4 天上涨的胜算是 94.4%；所以，如果你在第 3 天收盘时买进，则在未来两天之内的平均获利率为 1.309%，获利率的中位数则为 1.06%。你可以从各种不同的角度来运用这些资料。

你需要的只是想象力与时间而已，并朝我告诉你的方向前进。我是否可以提供给你一套交易系统呢？可以！然而，所有系统并不是永远有效的，我本身就不是这样运用这些资料的。如果我提供给你任何系统，当你阅读本书时，它可能已经需要修正了。除此之外，如果你要根据一套系统来交易，你必须全然信赖它，因此我可以提供的任何交易系统都比不上你自己的创造力。我希望提供给你的是我已经提供给你的宏观处理方法。祝你幸运，业绩卓越！

| 第六篇 |

交易者的心理架构

| 第31章 |

交易者的特质与个性

如何才能成为一位成功的交易者？经验？对市场的敏锐"感觉"？精通技术分析的技巧？虽然这一切都很重要，但即使拥有最高境界的专业技巧，这仍不够。作为一位真正成功的交易者（不论你如何界定"成功"的意义），你必须具备交易者所特有的心理架构：理想的特质、一定类型的个性以及特殊的思考方式。

真正的成功

如同大部分类似图书一样，本书处理的对象主要是市场，专注于认知的层面：我们的心智所能知道与理解的一切。前面数章的内容都是讨论明确、理性与科学的观念：技术分析的技巧、经济的基本原则以及各种图表阐释的资料。这些工具并以敏锐的心智运用它们，这当然是成功交易者的必备条件。但是，真正的成功是针对个人整体而言的，这不仅需要优异的头脑，还需要个人特质的配合。

特质（character）可以反映出个人的道德伦理哲学。《韦氏字典》对特质所给出的定义是"个人特有的心智与伦理性质"。伦理是一组价值观，以指引个人的行为与抉择。你是否把你个人或家人的利益摆在最优先的地位，或你更关心其他人的福祉？你如何选择诚实与说谎、诚恳与虚伪、生产与空闲？你是否可以前后一致地判断何谓正确与错误、何谓正义与宽恕、何谓理性与情绪性的反复、何谓骄傲与谦卑？这些抉择过程或许仅来自直觉，而且很难解释，但它们完全仰赖你个人对伦理道德所持的观念——换言之，你的特质。

个性（personality）是指你如何行为，而不是指你相信什么。再次引用《韦氏字典》："①……个人特有的一组特性；②个人在行为与情绪上的整体倾向；③个人特有的一组性质、态度或习惯；④他们的性情。"

你是否具备成功交易者所需要的特质与个性？何谓健康的心理，它是由哪些要素构成的？人类是否可以通过学习来改变？如果你希望追求快乐与成功的生活，这都是非常重要的问题，但对艰难的金融交易生涯来说，它们更是关键性的问题。

金融交易为何如此困难？因为你不能说谎、逃避、佯装或为失败找寻合理的借口。在交易的生涯里，事实就是事实。以亚里士多德的说法来表示，A就是A！如果你是一位律师，当你败诉时，你可以找寻借口："陪审团不公正。"如果你是一位医生，当病人过世时，你可以说道："我已经尽一切所能，但这是老天爷的旨意。"在这两种情况下，你仍能获得报酬。然而，对一位交易者来说，在计算期间结束时（不论这是1天、1个月、1个季度或1年）"业绩报告"上显示的必然是盈或亏。没有任何借口，因为金融交易的关键仅在于盈或亏。金融交易者不会因为失败而获得报酬。

艾茵·兰德对于交易者的原则有非常精辟的看法，包括以下这段评论。

> 交易者是"理性"人类之间所有关系的象征，也是人类尊严的道德象征。不论在物质上还是精神上，我们都是交易者，因为我们的生存仰赖的是价值而不是掠夺。一位交易者将以自己的力量赚取他的收入，他不会要求或给予非分之物。交易者不会对自己的失败要求偿付，也不会要求人们赞许他的错误。

这便是金融交易的要义所在。了解并接受它，或者离开这个行业。

神经质的交易者

当我们进入特质与个性的领域时，我们处理的对象是心理上的问题。直截了当地说，如果你的心理不健全，你不可能是成功的交易者。不健全的人（神经质的人）希望逃避现实，这在金融交易中并不可能，至少长期而言不可能。

在遭遇困难时，神经质的人不希望面对问题，他们会逃避。逃避的方式可能是酗酒、吸食毒品、暴饮暴食——任何可以让他们暂时麻醉的方法。在金融交易圈内，最经常出现的形式是赌博性的刺激。

神经质的交易者，他们的交易目的是获取"快感"。他们需要永远保持在深渊的边缘。他们在白天交易，晚上则赌棒球、篮球、足球、拳击……周末则赌马，甚至休假也是以赌博为中心。对他们来说，快感来自赌博本身而不是结果。他们的心智永远放在下一场赌局、下一笔交易，或任何有关输赢的事物。除此之外，他们没有任何目标。我们在后面将发现，这便是冲动性行为的基本心理，这与成功交易者的健全心理截然相反。

两种类型的个性

另一种相反的类型是卡伦·霍妮描述的"全心，没有虚假，在情绪上真诚，能够将自己投入感觉、工作与信念中"。这是很贴切的描述，我真心建议各位汲取她的思想，因为这些性质对生活的每一层面来说都很重要，不仅是交易而已，对于一些具有重大意义的关系来说尤其重要，如心爱的人、配偶、家庭成员、儿女与朋友。

一位成功的交易者在个性上有哪些特色？就外表来说，有两种极端不同的类型。一种是安静而保守，在聚会中通常不会引起任何人的注意；另一种是外向、行为招摇、充满嬉戏之心而与众不同，有时候甚至离经叛道。然而，就内在来说，这两种类型却非常相似。在大学的时候，他们对许多课外活动都很有兴趣，成绩的表现相当不一致——某些学科为 A，某些学科为 C。一般来说，他们并不会特别为人们所喜爱或讨厌，很容易适应新的人、事与环境。他们具有非常的决心，极度的个人主义，从来不要求他人的协助。他们或许会听取你的意见，阅读许多分析报告，但他们的决策都是来自自己的判断。他们对自己非常诚实，完全仰赖自己的智慧与勇气。当发生亏损时，他们或许会大声诅咒；当交易指令执行不当时，他们或许会大声怒骂，但这通常只是他们宣泄紧张情绪的途径。他们把所有的盈亏都视为自己的责任，绝对不会归咎于他人。最明显的特色在于情绪的控制，他们会强忍痛苦，即使在发生亏损时，他们也会强挤出笑容。大多数专业交易者只会谈论自己的亏损，而不会炫耀自己的获利。

不适合从事交易的人，他们会听取别人的意见，并据此交易，一旦发生亏损，便把责任归咎于他人。这类交易者永远不会为自己的决策负责，对于任何亏损都会寻找一些合理的借口，或是责怪运气。他们将永远试图与别人比较，充满嫉妒之心，不会从错误中学习和改进。事实上，他们根本就是拒绝自己有犯错的可能！

我认识一位交易员，姑且称他为约翰，有一次，他坐在酒吧与他的朋友保罗闲聊着。

"保罗，"他问，"我是不是一个伟大的交易员？"

"你很棒，约翰，"保罗回答，"但称不上伟大。"

"你这是什么意思？上个月，我在 34 笔交易中获利 32 笔，只不过亏损几千美元而已。"

这便是寻找合理的借口。这也是一个最典型的例子，它说明某些交易者为何不能成功——缺乏认赔的能力。

成功交易者的心理条件

成功的交易者究竟需要具备哪些素质呢？我列出了一些我认为重要的心理条件，但并不做过多的说明，因为它们的意义都很明显，但其代表的绝对不仅是字面上的意思。这些单纯的字眼蕴含着生活的真正原则。

一般来说，成功的交易者应具备以下特质：

- 判断力
- 勇气
- 自省
- 投入
- 荣誉感
- 正直
- 忠诚
- 自信
- 获胜的决心
- 诚实

成功的交易者应具备以下个性：

- 自律
- 专心
- 耐心
- 敏锐
- 获胜的强烈欲望
- 完美主义—A型个性
- 热情
- 竞争
- 专注
- 客观

成功交易者的态度（感觉、行动与信念的整合）包括：

- 自尊——感觉自己很棒、有能力、有价值
- 乐观——永不放弃，总是看见未来的积极面
- 信心——具有胜任的感觉

- 弹性——应变的能力
- 毅力——不断地研究与学习
- 赞赏——认同别人的成功，不会嫉妒

智识也是必要的——不仅是智商而已，还需要内在的了解。这包括：

- 清晰——就目的而言
- 智慧——以观察客观的关系
- 想象力——想象未来的可能发展
- 创造力——以建立投资组合
- 明确——以建立头寸

这些素质不能在真空状态下来了解。思考"你应该做什么"的最佳方式是"了解你不应该做什么"。让我来描述一种冲动型的个性，这与成功交易者的个性与特质恰好相反。

冲动性的行为

以正常的思维与意图评判，冲动的人对事物的了解角度与行为方法，我们认为是有所残缺的。行为的方式有所残缺，这反映在缺乏控制上——行为反复，易于受到诱惑，无法克制而明知故犯。某人决定交易10份合约，结果却交易100份合约，然后说："我就是这么做了，我也不晓得为什么。"这便是冲动性的行为。

冲动或反复的行为，其基本形式都相同：扭曲正常的欲望而表现出失控的行为。冲动的人对自己缺乏信心，他们仅是期待与希冀某些结果。他们没有长期的目标，仅有立即的冲动。他们的行为相当突兀而直接，没有计划，想法与行动之间所隔的时间非常短暂。这并不是说反应迅速在交易中是一种负面的特质。恰好相反，这是优秀交易者的必备条件，但差异在于采取行动当时的决心以及预先的基本规划。

缺乏计划的行为，其后果是：当失败发生时，整体程序将失去功能，而且无法从失败中有效汲取教训。在没有计划的情况下，冲动的人缺乏一致性的标准判断哪种方法有效，而哪种方法无效。他们不了解自己为何失败，他们不能像成功的交易者那样把失败的计划视为一种有益的机会，因为这可以在未来避免犯相同的错误。

缺乏计划仅是问题的一部分。冲动的人也缺乏思考的方法。一般人会通过评估、分析、研究，而形成一种初步的看法，但冲动的人只会猜测，心存侥幸，不愿意深入思考。他们缺乏耐心、专注、反省与抽象的能力。他们的判断经常相当离谱，但"不佳的判断"并不是因为智识，而是来自个性与特质。

对原则的坚持来说也是一个问题。以一位具有特质的人来说，他不愿意违背某些道德原则。特质意味着你的生活是根据某些重要的原则进行的，即使他人并不了解这些无形的原则，甚至这些原则的价值主要在于长期。冲动的人为了渴求立即的满足，他们必须放弃原则。对他们来说，这些道德原则仅是一种障碍。对他们来说，生命仅是一系列的诱惑。这些诱惑看起来始终像是机会，但最后却导致失望、挫折、焦虑与沮丧，而这又将造成各种神经质与自我毁灭的行为。如果任何人质疑他们，他们的回答将是："我无法克制。"在某一层面上，他们的说法绝对正确：你确实无法克制你不希望克制的行为。

更糟的是，冲动的人在生活上也缺乏平衡。他们对外在世界没有兴趣，他们除了追求立即的满足以外，便没有任何目标。他们并不十分关心家庭、朋友与社会。他们也不期待建立积极的人际关系，对于文化、知识与政治的议题也都没有兴趣。所以，当他们的工作开始分崩离析时（通常都会如此），他们的生活将没有任何寄托。

小结

从事金融交易，你必须彻底了解自己。为了在交易与生活中取得胜利，你必须了解自己如何思考、自己相信什么以及你对生命的看法。很少有人了解或认知交易的微妙之处。在其他行业中，你可以混日子，但在交易中，如果你也这样的话，你可能会立即被摧毁。最悲哀之处是：大多数人并不理解他们为何失败。

推荐阅读

序号	中文书名	定价
1	股市趋势技术分析（原书第11版）	198
2	沃伦·巴菲特：终极金钱心智	79
3	超越巴菲特的伯克希尔：股神企业帝国的过去与未来	119
4	不为人知的金融怪杰	108
5	比尔·米勒投资之道	80
6	巴菲特的嘉年华：伯克希尔股东大会的故事	79
7	巴菲特之道（原书第3版）（典藏版）	79
8	短线交易秘诀（典藏版）	80
9	巴菲特的伯克希尔崛起：从1亿到10亿美金的历程	79
10	巴菲特的投资组合（典藏版）	59
11	短线狙击手：高胜率短线交易秘诀	79
12	格雷厄姆成长股投资策略	69
13	行为投资原则	69
14	趋势跟踪（原书第5版）	159
15	格雷厄姆精选集：演说、文章及纽约金融学院讲义实录	69
16	与天为敌：一部人类风险探索史（典藏版）	89
17	漫步华尔街（原书第13版）	99
18	大钱细思：优秀投资者如何思考和决断	89
19	投资策略实战分析（原书第4版·典藏版）	159
20	巴菲特的第一桶金	79
21	成长股获利之道	89
22	交易心理分析2.0：从交易训练到流程设计	99
23	金融交易圣经II：交易心智修炼	49
24	经典技术分析（原书第3版）（下）	89
25	经典技术分析（原书第3版）（上）	89
26	大熊市启示录：百年金融史中的超级恐慌与机会（原书第4版）	80
27	敢于梦想：Tiger21创始人写给创业者的40堂必修课	79
28	行为金融与投资心理学（原书第7版）	79
29	蜡烛图方法：从入门到精通（原书第2版）	60
30	期货狙击手：交易赢家的21周操盘手记	80
31	投资交易心理分析（典藏版）	69
32	有效资产管理（典藏版）	59
33	客户的游艇在哪里：华尔街奇谈（典藏版）	39
34	跨市场交易策略（典藏版）	69
35	对冲基金怪杰（典藏版）	80
36	专业投机原理（典藏版）	99
37	价值投资的秘密：小投资者战胜基金经理的长线方法	49
38	投资思想史（典藏版）	99
39	金融交易圣经：发现你的赚钱天才	69
40	证券混沌操作法：股票、期货及外汇交易的低风险获利指南（典藏版）	59
41	通向成功的交易心理学	79

推荐阅读

序号	中文书名	定价
42	击败庄家：21点的有利策略	59
43	查理·芒格的智慧：投资的格栅理论（原书第2版·纪念版）	79
44	彼得·林奇的成功投资（典藏版）	80
45	彼得·林奇教你理财（典藏版）	79
46	战胜华尔街（典藏版）	80
47	投资的原则	69
48	股票投资的24堂必修课（典藏版）	45
49	蜡烛图精解:股票和期货交易的永恒技术（典藏版）	88
50	在股市大崩溃前抛出的人：巴鲁克自传（典藏版）	69
51	约翰·聂夫的成功投资（典藏版）	69
52	投资者的未来（典藏版）	80
53	沃伦·巴菲特如是说	59
54	笑傲股市（原书第4版.典藏版）	99
55	金钱传奇：科斯托拉尼的投资哲学	69
56	证券投资课	59
57	巴菲特致股东的信：投资者和公司高管教程（原书第4版）	128
58	金融怪杰：华尔街的顶级交易员（典藏版）	80
59	日本蜡烛图技术新解（典藏版）	60
60	市场真相：看不见的手与脱缰的马	69
61	积极型资产配置指南：经济周期分析与六阶段投资时钟	69
62	麦克米伦谈期权（原书第2版）	120
63	短线大师：斯坦哈特回忆录	79
64	日本蜡烛图交易技术分析	129
65	赌神数学家：战胜拉斯维加斯和金融市场的财富公式	59
66	华尔街之舞：图解金融市场的周期与趋势	69
67	哈利·布朗的永久投资组合：无惧市场波动的不败投资法	69
68	憨夺型投资者	59
69	高胜算操盘：成功交易员完全教程	69
70	以交易为生（原书第2版）	99
71	证券投资心理学	59
72	技术分析与股市盈利预测：技术分析科学之父沙巴克经典教程	80
73	机械式交易系统：原理、构建与实战	80
74	交易择时技术分析：RSI、波浪理论、斐波纳契预测及复合指标的综合运用（原书第2版）	59
75	交易圣经	89
76	证券投机的艺术	59
77	择时与选股	45
78	技术分析（原书第5版）	100
79	缺口技术分析：让缺口变为股票的盈利	59
80	预期投资：未来投资机会分析与估值方法	79
81	超级强势股：如何投资小盘价值成长股（重译典藏版）	79
82	实证技术分析	75
83	期权投资策略（原书第5版）	169
84	赢得输家的游戏：精英投资者如何击败市场（原书第6版）	45
85	走进我的交易室	55
86	黄金屋：宏观对冲基金顶尖交易者的掘金之道（增订版）	69
87	马丁·惠特曼的价值投资方法：回归基本面	49
88	期权入门与精通：投机获利与风险管理（原书第3版）	89
89	以交易为生II：卖出的艺术（珍藏版）	129
90	逆向投资策略	59
91	向格雷厄姆学思考，向巴菲特学投资	38
92	向最伟大的股票作手学习	36
93	超级金钱（珍藏版）	79
94	股市心理博弈（珍藏版）	78
95	通向财务自由之路（珍藏版）	89